Eberhard Bondick · Französische Mittelmeerküste und Korsika

Handbücher für Sportschiffer

Lieferbare Titel (1974):

Dänemark
Französische Mittelmeerküste und Korsika
Jugoslawische Küstengewässer
Schippers Handbuch für die Niederlande und Belgien
Süditalien, Sizilien, Sardinien

Eberhard Bondick

Französische Mittelmeerküste und Korsika

Mit 92 Hafenplänen
und 3 Übersichtskarten

BUSSE

ISBN 3-87120-365-3

Einband: Ernst-A. Eberhard
Satz und Druck: Busse-Druck, Herford
Buchbinderische Verarbeitung: Hunke & Schröder, Iserlohn
Printed in Germany

Küsten, Fahrwasser, alle Wasserstraßen und Hafenanlagen unterliegen ständigen Änderungen. Seezeichen, Bojen usw. können jeden Tag abgetrieben werden. Leuchtfeuer und Funkfeuer können ausfallen, Radio-Sendezeiten können geändert werden, die Kennung von Leuchtfeuern und Funkfeuern wechselt zum Teil jedes Jahr. Offizielle Benachrichtigungen darüber, Änderungen und Berichtigungen amtlicher Handbücher, Seekarten usw. erfolgen oft erst Jahre später, manchmal auch gar nicht.
Hafenpläne und andere Skizzen in diesem Buch sind nicht unbedingt maßstabgerecht. Sie dienen daher ausschließlich der Orientierung, nicht der Navigation.
Autor und Verlag übernehmen daher keinerlei Gewährleistung und Haftung für Fehler, Irrtümer, Weglassungen usw., gleich aus welchen Gründen sie aufgetreten sind.

Geleitworte

Lieber Leser, dieses Buch lädt Sie ein, mit dem Boot eine der schönsten Regionen der Welt, die französische Mittelmeerküste – gewissermaßen gemeinsam mit dem Verfasser – zu befahren. Dieser Küstenstrich hat schon Jahrhunderte vor der Zeitwende immer wieder Seefahrer aus Griechenland und vielen anderen Ländern angezogen. Für Sie als Urlaubs-Seefahrer der Neuzeit kann wohl kaum etwas verlockender sein, als sich von der Sonne an der Côte d'Azur, im Languédoc-Roussillon und auf Korsika zum »süßen Nichtstun«, zum »farniente«, verführen zu lassen. Die Häfen, Ferien-Zentren und Sportboot-Marinas, die Strände und Felsbuchten bieten sich gerade dem Naturliebhaber an, damit er hier unter einem beinahe immerblauen Himmel unbeschwert das Leben genieße.

Wenn Sie Ihren Urlaub an den französischen Küsten verbringen, dann versuchen Sie einmal, sich als erstes von Ihren Alltagsgewohnheiten zu lösen. Dazu gehört auch, daß Sie sich innerlich gelöst unter die örtliche Bevölkerung mischen. Sie sprechen kein Französisch? Schon ein paar Worte und Redewendungen reichen völlig aus, um sich verständlich zu machen und Kontakte zu schließen. Die Bewohner dieser Küsten sind besonders für den Fremden aufgeschlossen und ihm gefällig, wenn er von sich aus versucht, sich mit ihnen in ihrer Sprache zu unterhalten.

Ich selbst war mein Leben lang Seemann. Ohne Sie in Ihrer Eigenschaft als Skipper bevormunden zu wollen, möchte ich Ihnen für Ihren Bootsurlaub einen dringenden Rat geben: Denken Sie immer an Ihre Verantwortung für Boot und Besatzung. Achten Sie z. B. ständig auf Wetterberichte und Wetter, selbst wenn der Himmel wolkenlos blau ist. Im Mittelmeer kann zu jeder Zeit unglaublich schnell ein Wetterwechsel eintreten. Wenn ein Skipper nicht stets hierauf eingerichtet ist und sich nicht sofort auf eine derart veränderte Situation einstellen kann, geht er ein großes Risiko ein. Gewiß ist es beruhigend zu wissen, daß das »Cross-Med« – der Seenotrettungsdienst – über viele Möglichkeiten verfügt, einem Boot in Seenot zu helfen. Das entbindet aber in keinem Falle den Führer eines Sportbootes von den Verpflichtungen, durch eigene geeignete Maßnahmen einen Seenotfall nach menschlichem Ermessen auszuschließen.

Aber neben dem Wetter und den Eigenarten von Land und Leuten muß der Urlaubsskipper in fremden Gewässern von der Anfahrt bis zur glücklichen Heimkehr vieles wissen und beachten. In erster Linie natürlich nautische Dinge! Gerade für diesen Zweck wurde dieses Buch geschrieben. Es bietet eine Unmenge, vor allem nautischer, Informationen und Kenntnisse, die dem Leser unschätzbare Dienste leisten werden. Ich kenne niemanden, der es besser vermocht hätte, eine solches Buch zu schreiben, als *Eberhard Bondick*.

Es ist nun fünf Jahre her, seit ich Monsieur *Bondick* kennenlernte und von der Marina »La Grande Motte« am Rande der Camargue aus mit ihm gemeinsam die Küste des Languédoc-Roussillon bis zur spanischen Küste hin befahren habe. Er kannte diese Landschaft und ihre Küste besser als ich, der ich als Direktor der Vereinigung von Sportboot-Häfen hier zuständig bin. Wegen seiner genauen Kenntnisse, die sich mit außerordentlicher geistiger Aufgeschlossenheit und großer Liebenswürdigkeit verbinden, habe ich Monsieur *Bondick* von vornherein die größten Sympathien entgegengebracht. Diese menschlichen Grundbedingungen sind es meiner Meinung, die dabei helfen, alle wichtigen menschlichen Beziehungen zu schaffen, um ein fremdes Land und seine Menschen verstehen und würdigen zu lernen. Fahren Sie daher getrost mit ihm an das Mittelmeer und genießen Sie die französischen Küsten und Korsika. Es lohnt sich!

Contre-Amiral *Jean P. Graignic*

Wenn man vor einigen Jahren von der französischen Mittelmeerküste unter nautischen Gesichtspunkten sprach, so war damit fast ausschließlich die Assoziation an die Côte d'Azur, an millionenschwere Yachten, deren Anker bereits in den Grund eingewachsen waren, oder an Filmfestivals verbunden. Von der Camargue kannte man die wilden Pferde, von der weiteren Küste des Languédoc-Roussillon wußte man nur von Mückenplagen zu berichten und der Golfe de Lyon erschien wegen seiner hafenarmen Küsten und der häufigen starken Winde für Wassersportler ungeeignet.

Alle diese Aspekte haben sich geändert: Die Mücken sind tot, die Pferde zwar noch vorhanden, aber auf Weiden eingezäunt, auch die Küsten haben in kurzen Abständen yachtfreundliche Häfen, und auch an der Côte d'Azur sind hunderte kleiner Yachten außerhalb der Häfen anzutreffen.

Diese Wandlung wurde durch das steigende Interesse der Wassersportler am westlichen Mittelmeer hervorgerufen, durch großzügige Hafenbauten, aber auch durch seetüchtige kleine Boote, deren Mannschaften der frische Wind im Löwengolf nichts ausmachte. Das rein sportliche Interesse hatte eine Notwendigkeit zur Folge: Da die amtlichen nautischen Veröffentlichungen auf die Belange der Berufsschiffahrt abgestimmt sind, wurde die Nachfrage nach einem verständlich verfaßten, in deutscher Sprache geschriebenen Handbuch für Sportschiffer immer dringender.

Dieses Buch liegt nun hier vor und es erfüllt seine Zielsetzung auf vielfache Art: Der Autor ist durch sein ständiges Domizil in diesem Gebiet geradezu für eine Beschreibung »seiner« Küste prädestiniert, und seine aktive Tätigkeit im Wassersport bringt ihn an den Ort des Geschehens. Aber gerade diese Tätigkeit läßt ihn auch die Notwendigkeiten erkennen, die den Benutzer eines Hafen- und Küstenhandbuches erwarten: Es beginnt mit den rechtlichen Grundlagen, die ein Ausländer beim Befahren der Gewässer kennen muß, es beschreibt die klimatischen Verhältnisse, Wind, Wetter und Seegang, Tatsachen, die auch ein Handbuch nicht beschönigen, sondern nur objektiv und sachlich – wie im vorliegenden Falle – schildern kann, und es geht schließlich hin zur präzisen Beschreibung der Häfen, Ankerbuchten und Küsten. Das Buch will – und kann – nicht die amtlichen Unterlagen ersetzen, es will vielmehr dort anfangen, wo das Seehandbuch meist aufhört, es will dem Skipper großer oder kleiner Yachten das Einlaufen in unbekannte Häfen erleichtern, ihm die Versorgungsmöglichkeiten schildern, auf die lukullischen Spezialitäten hinweisen, aber auch vor Gefahren, z. B. Klippen vor ruhigen Ankerbuchten, warnen.

Die Verwirklichung dieses vor langer Zeit begonnenen Buches ist dem Autor dank einer extremen Kleinarbeit hervorragend gelungen; er bietet den Yachtsportlern das erste deutschsprachige Küsten- und Hafenhandbuch der französischen Mittelmeerküste. Wir alle, die wir davon profitieren werden, haben lange darauf gewartet, freuen uns nun darüber und hoffen, daß es den vielen Yachtskippern eine wertvolle Hilfe bei ihren Fahrten in diesem reizvollen Revier sein wird.

Dr. Hans Schmidt
Leiter der Informationsstelle Mittelmeer
der Kreuzer-Abteilung
des Deutschen Seglerverbandes

Inhalt

Teil A / Bootsurlaub in Frankreich

Teil B / Küsten und Häfen

Einführung

In aller Welt gibt es bestimmte Gebiete, die von Wassersportlern besonders bevorzugt werden. Die französische Riviera, d. h. die Côte d'Azur bis zur italienischen Grenze, war schon immer ein Dorado des Urlaubsvergnügens an und auf dem Wasser; neuerdings gewinnt aber auch das Languédoc-Roussillon bis zur spanischen Grenze rasch an Bedeutung. Die Rhône, natürliche Trennlinie zwischen beiden Gebieten, ist für viele der Zubringer, sei es auf dem Wasserweg oder parallel zum Strom auf der Straße. Weiteres Urlaubsziel wurde in den letzten Jahren die Insel Korsika.

In der reichhaltigen Sportschiffahrts-Literatur gab es bisher keinen deutschsprachigen Gewässerführer der französischen Mittelmeerküsten, selbst in französischer Sprache fehlt ein solches Werk. Der vorliegende Band der Reihe HANDBÜCHER FÜR SPORTSCHIFFER will diese Lücke schließen.

Er gibt eine Einführung in die Voraussetzungen und Bedingungen eines Bootsurlaubs in Frankreich und beschreibt die dicht unter der Küste liegenden Gewässer einschließlich der vorgelagerten Inseln, die Fahrwasser, Häfen und deren Anlagen, Ansteuerungen usw. Amtliche Seekarten, Handbücher und andere nautische Publikationen soll und kann dieses Buch nicht ersetzen. Aber die für die Berufsschiffahrt bestimmte Literatur gibt nur in Ausnahmefällen die für den Sportskipper unmittelbar unter der Küste wichtigen Auskünfte. Und hier liegt die Aufgabe dieses Buches.

Den speziellen Gewässerbeschreibungen geht jeweils ein einführender Überblick über einen Küstenabschnitt voraus; dabei wird auf Gefahrenstellen ebenso hingewiesen wie auf unbedenkliche Strecken, Buchten und Strände. Leuchtfeuer und sonstige Befeuerungen sind aufgeführt. Das Buch nennt Wellenbereiche von Radiosendern, gibt Auskünfte über Verlademöglichkeiten von Booten, Tragfähigkeit von Kranen, über Ankergründe, Festmachebojen, Service- und Bunkerstationen und viele andere Einzelheiten. Bei allen Streckenabschnitten sind die dazugehörigen Seekarten aufgeführt.

Der Sportskipper auf eigenem Kiel oder mit Charterboot kann mit genauen Kursangaben selten etwas anfangen. Selbst auf großen Yachten fällt ein ganz genaues Absetzen des Kurses schwer. Die meisten Sportboote im Küstenbereich sind kleinere Boote und Yachten, denen präzise Kursangaben in diesem Buch wenig Nutzen bieten. Wenn hier und da doch sehr genaue Kursangaben gemacht sind – z. B. bei Leitfeuern –, dann nur, weil das Einhalten dieses Kurses lebenswichtig sein kann.

Der Verfasser hat seit mehr als 20 Jahren Boote aller Art und Größe an dieser Küste gefahren. Aus seiner Praxis und Erfahrung soll jeder Sportskipper profitieren können. Aber alle Sorgfalt beim Sammeln und Auswerten der Daten und Informationen kann einen möglichen Fehler hier und da nicht ausschalten, noch weniger dauernde Gültigkeit aller Angaben garantieren. Gerade an der französischen Mittelmeerküste ändert sich vieles. Verfasser und Verlag richten an jeden Benutzer dieses Handbuches die Bitte, diesen Gegebenheiten Rechnung zu tragen.

Frühjahr 1974 *Eberhard Bondick*

Teil A

Bootsurlaub in Frankreich

Vorbereitungen · Allgemeines · Gewässer · Nautik

1. Reisevorbereitungen

Nicht nur über Land und Leute wird man sich vor Antritt einer Auslandsreise sehr genau orientieren, sondern vor allem auch über die verschiedenen Bestimmungen, die von jedem Ausländer beachtet werden müssen. Und weil die geforderten Formalitäten lange Zeit beanspruchen können, sollte man die Reisevorbereitungen früh genug einleiten. Diese Planung und Reisevorbereitung im Familienkreise macht einen Teil der Vorfreude aus. Wenn auch die Kinder dabei eine Aufgabe erhalten, werden sie sich von Anfang an als zugehörig zur Crew fühlen.

Empfehlenswert ist eine Checkliste, die vom »Reiseleiter« geführt wird. Auf ihr ist all das von dem jeweils verantwortlichen Familienmitglied abzustreichen und abzuzeichnen, was erledigt wurde. Das gilt sowohl für die rein persönlichen Dinge wie Gepäck und Kleidung als natürlich auch für die Beschaffung von Material, Karten, Reiseunterlagen und all die Bedingungen, die grundsätzlich erfüllt sein müssen. Nachfolgend in Stichworten eine Zusammenstellung all der Punkte, die besonders der Wassersportler beachten muß:

Personen

Für die Reise nach oder durch Frankreich genügt ein Personalausweis. Kinder unter 16 Jahren müssen einen Kinderausweis haben oder in einen Familienpaß eingetragen sein.

Jeder, der aus Afrika einreist, muß ein Pocken-Impfzeugnis vorweisen.

Boot

a) Grenzformalitäten

Für die sportliche Benutzung eines Bootes in Frankreich – man nennt das »vorübergehende Einfuhr« – ist kein Schiffsdokument erforderlich. Jedoch muß ein Eigentumsnachweis geführt werden. Hierfür wird vorausgesetzt:

Bei der Einreise nach Frankreich mit dem Boot auf Binnengewässern oder aber über Land muß jedes Sportboot, gleich welcher Länge, mit Motor – auch wenn es nur ein »Quirl« von 1 PS ist – und ebenfalls jedes Boot ohne Motor mit einer Länge von mehr als 5,50 m über ein Grenzdokument verfügen. Zur einmaligen Einreise und Ausreise genügt das *Triptik*. Zur mehrmaligen Einreise und Ausreise – z. B. auch für die Durchfahrt, also Transit durch Frankreich – ist ein *Carnet de Passage* erforderlich. Diese Grenzdokumente werden durch die großen deutschen Automobil-Clubs auch an Nichtmitglieder ausgegeben.

Wer bei der Einreise auf dem Landweg oder aber mit dem Boot auf den Binnengewässern nicht über Triptik oder Carnet de Passage für sein Boot verfügt, kann bei der Grenz-Zollstelle ein *Aquit à caution,* also einen Zollbegleitschein gegen Kaution ausstellen lassen. Hierbei muß jedoch eine Kaution in bar in Höhe des Neuwertes für das Boot hinterlegt werden.

Bei der Einreise nach Frankreich über See ist für jedes Sportboot mit Motor und für motorlose Boote von mehr als 5,50 m Länge ein *Flaggen-Zertifikat* (Acte de Nationalité) notwendig. Dieser Flaggenschein kann für Motorboote in der Bundesrepublik Deutschland nur durch den »Deutschen Motoryachtverband e. V.«, Hamburg 76, Stormsweg 3, für die Mitglieder angeschlossener Clubs ausgestellt werden. Für Club-Mitglieder im »Deutschen Wasserski-Verband« erfolgt die Ausstellung durch den DWSV in Kassel, Bahnhofplatz 3. Für Segelboote erfolgt die Ausstellung durch den »Deutschen Segler-Verband e. V.« in Hamburg 13, Harvesterhuder Weg 19. Wer nicht über einen Club Mitglied in einem dieser anerkannten deutschen Wassersportverbände ist, kann sich bei der Einreise auf dem Seeweg beim ersten Hafen-Zollamt einen *Passeport pour Navire de Plaisance Etranger* (Boots-Paß) kostenlos ausstellen lassen.

Ausländische Sportboote jeder Größenklasse (mit Motor oder ohne Motor über 5,50 m Länge) müssen sich, sobald sie französische Küstengewässer befahren wollen, bei der nächsten *Inscription Maritime* (also der nächsten Meldebehörde für Schiffahrt) in einem der größeren Häfen anmelden und registrieren lassen. Das wird aus Unkenntnis leider oft unterlassen; das Versäumnis kann zu sehr unangenehmen Folgen führen. Diese Anmeldung dauert nur wenigen Minuten und ist kostenlos.

b) Genehmigungen und Führerscheine

Für französische Motorboote und deren Skipper bestehen eingehende Vorschriften. Die Bootszulassung (permis de navigation) wird nur nach einer eingehenden technischen Abnahme des Bootes und seiner Ausrüstung ausgestellt. Auf allen Binnengewässern sind Binnen-Führerscheine für Motorboot-Führer (certificat de capacité) erforderlich. Der Skipper eines Motorbootes auf See einschließlich der Küstengewässer und der mit der See in direkter Verbindung stehenden Gewässer, wie Lagunen usw., muß unterschiedlich nach Bootsgröße und Entfernung von der Küste ein Patent der Klassen A, B oder C besitzen. Dieses Patent wird auch von dem Führer eines Motorseglers mit starker Motorisierung gefordert. Und schließlich ist je nach Bootstyp und Entfernung von der Küste auch die Mindest-Ausrüstung mit amtlich geprüftem Zubehör usw. genau vorgeschrieben.

Für ausländische Skipper von Motorbooten wurden teilweise erhebliche Erleichterungen geschaffen. Beispielsweise werden ausländische Motorboot-Führerscheine auf den Binnengewässern anerkannt. Für die See und Küstengewässer ist ein amtlicher Sportboot-Führerschein (noch) nicht erforderlich. Beides gilt auch, wenn der ausländische Skipper ein in Frankreich registriertes Motorboot führt.

Nachfolgend werden die wichtigsten Bestimmungen für die Führer von Motorbooten aufgeführt.

Permis de circulation: Diese Genehmigung für das Befahren aller kanalisierten Binnengewässer und aller Schleusen wird ab Mitte 1974 nicht mehr gefordert. Es wird an dieser Stelle trotzdem aufgeführt, um den Skippern, die Frankreich schon seit Jahren befahren, die nun unnötige langwierige Beantragung zu ersparen.

Permis de navigation: Für Sportboote französischer Eigner oder aber für solche Boote ausländischer Eigner, die in Frankreich ständig stationiert sind, ist ein *Permis de navigation* erforderlich, soweit diese Sportboote über Motoren verfügen. Ausgenommen hiervon sind nur solche Sportboote mit festem Einbaumotor, bei denen das Ergebnis aus dem Zylinderinhalt (cm^3) mal Umdrehungsgeschwindigkeit der Kurbelwelle in Minuten (U/min) bei Zweitaktmotoren weniger als 600 000 oder bei Viertaktmotoren weniger als 900 000 beträgt. Für jeden Ausländer wichtig zu wissen ist, daß ein in Frankreich gechartertes Motorboot – auch wenn es nicht französischer Herkunft oder im Besitz eines anderen Ausländers ist – über dieses Boots-Dokument verfügen muß.

Certificat de capacité: Dieser Boots-Führerschein wird auf allen französischen Binnengewässern von Bootsführern französischer Nationalität gefordert. Ausländische Bootsführer benötigen diesen Führerschein nur, wenn sie (auch als Gast) ein in Frankreich registriertes Boot führen. Diese Bescheinigung ist nicht erforderlich für solche Motorboote mit Einbaumotoren, die kein *Permis de navigation* brauchen. Der Boots-Führerschein ist jedoch auch dann erforderlich, wenn das Boot eines ausländischen Eigners seinen ständigen Liegeplatz in Frankreich hat. Der freiwillige Motorboot-Führerschein A (binnen) des DMYV sowie alle amtlichen Sportboot-Führerscheine werden anerkannt.

Führerschein für Küste und See

Ausländische Bootsführer von Sportbooten, die nicht ständig in Frankreich stationiert oder in französischem Eigentum sind, benötigen den gesetzlichen französischen Boots-Führerschein für Küste und See zur Zeit noch nicht.

Dieser Führerschein ist jedoch für alle französischen Bootsführer vorgeschrieben. Für Ausländer ist er in dem Falle erforderlich, in dem ihr Boot länger als 6 Monate insgesamt gefahren wird. Dieser Führerschein wird benötigt für alle Arten von Motorbooten, die mit mehr als 10 PS motorisiert sind. Der deutsche amtliche Sportboot-Führerschein für Küste und Seeschiffahrtstraßen wird anerkannt.

Segelboote – wenn sie zu mehr als 50 % als solche anzusprechen sind – benötigen keinen Führerschein. Voraussetzung hierfür ist, daß die Besegelung (einschließlich Genua, ausschließlich Spinnaker) mindestens doppelt so viel an Quadratmetern besitzt als der Hilfsmotor an PS, also 2:1.

Der Führerschein *A* ist erforderlich für alle motorisierten Sportboote bis zu einem Gesamtgewicht von 800 kp vor der Küste oder auf See und gilt außerdem für Motorboote und Motoryachten aller Größenklassen in einer Zone von 5 sm vor der Küste.

Der Führerschein *B* wird für die Küstenfahrt bei Motoryachten bis zu 25 BRT benötigt.

Der Führerschein *C* gilt auf See für Motorboote und Motoryachten jeder Größenordnung und wird als Befähigungsbescheinigung für das Führen von Sportmotorbooten bezeichnet.

Wer ein Boot führt, das »dem Verdienst« dient – also auch wer beruflich ein Charter-Boot führt –, benötigt auch als Ausländer das Patent eines Berufs-Kapitäns.

c) Kennzeichnung und Flaggen

Sportboote ausländischer Eigner, die nicht ständig in Frankreich stationiert sind, benötigen nicht die für alle französischen Boote vorgeschriebene Kennzeichnung durch Buchstaben und Ziffern an der Bordwand. Für Sportboote von Ausländern, die nur vorübergehend auf französischen Gewässern eingesetzt sind, wird die in dem jeweiligen Heimatland vorgeschriebene oder übliche Kennzeichnung des Bootes anerkannt, vorausgesetzt, daß das Boot unter der Nationalflagge des Bootseigners läuft. Vorausgesetzt allerdings auch, daß vor einem Befahren französischer Küstengewässer die Registrierung dieses ausländischen Kennzeichens bei der *Inscription Maritime* erfolgte. Aus all dem geht hervor, daß jedes ausländische Sportboot auf französischen Gewässern eine außenbords gut sichtbare Kennzeichnung besitzen und stets seine Nationalflagge zeigen muß. In Häfen gilt die Flaggenführung in der Zeit vom 1. Mai bis 30. September ab 0800 h bis Sonnenuntergang, in den übrigen Monaten ab 0900 h. Soweit in dem Hafen ein Flaggenmast vorhanden ist oder aber Kriegsschiffe im Hafen liegen, richten sich Sportboote nach der örtlichen Flaggenparade. Als Größe für die am Heckflaggstock gefahrene Nationale sind übrigens 7–8 cm je 1 m Bootslänge üblich.

Üblich ist es auch, auf Sportbooten die Flagge des Gastlandes zu führen. Bei Motorkreuzern und Motoryachten mit Mast geschieht das im Steuerbord-Want. Bei mastlosen Sportbooten wird die Nationale des Gastlandes – kleiner als die eigene Nationale – am Bugflaggstock gefahren.

d) Fahrtbereich und Ausrüstung

Fahrtbereich und Ausrüstung von Sportbooten sind in Frankreich gesetzlich vorgeschrieben und auch für ausländische Boote bindend.

Binnengewässer

Signalhorn, 2 Paddel oder Riemen, Anker mit Ankergeschirr, 1 wasserdichter Kasten für Erste Hilfe, 2 Rettungsringe, 1 Bootshaken, erforderliche Leinen. Empfohlen werden außerdem 1 Schwimmweste je Person, Feuerlöscher ABCE, 1 Ösfaß (Wasserschaufel) oder Bilgenpumpe, je 1 rote und blaue Flagge (Notsignale).

Küstengewässer und See

Man unterscheidet 5 Kategorien von Booten, ganz gleich ob ohne oder mit Motor, die jedoch nochmals in Gruppe A und Gruppe B unterteilt sind. Bei der Gruppe A handelt es sich um Segelboote mit mehr als 2 t Verdrängung bzw. um Motorboote mit mehr als 800 kp Eigengewicht. Die Gruppe B umfaßt sinngemäß Segelboote mit weniger als 2 t Verdrängung und Motorboote mit weniger als 800 kp Gewicht. Dabei wird der Aktionsradius für die Gruppe B – da nur eine entsprechend geringe Ausrüstung an Bord mitgeführt zu werden braucht – auf die Kategorien 4 (bis 20 sm) bzw. 5 (bis 5 sm vor der Küste) beschränkt.

Wichtig: Boote der Gruppe B müssen so viele festmontierte Auftriebskörper besitzen, daß sie mit Besatzung mindestens 24 Stunden schwimmfähig bleiben, wenn sie vollschlagen oder kentern.

Wichtig: Kleinboote bis 300 kg Eigengewicht – und zwar Motorboote und Segelboote – dürfen nur bei Tageslicht fahren und sich nicht mehr als 2 sm vom Hafen oder Liegeplatz entfernen.

Kategorie 1 — Sportboote auf hoher See.
Kategorie 2 — Sportboote bis 200 sm vor der Küste.
Kategorie 3 — Sportboote bis 100 sm vor der Küste.
Kategorie 4 — Sportboote bis 20 sm vor der Küste.
Kategorie 5 — Sportboote bis 5 sm vor der Küste.

Gruppe B (Segelboote bis 2 t — Motorboote bis 800 kp), nur Kategorie 4 und 5. Je Person 1 Schwimmweste, 1 Nebelhorn, Positionslichter, Anker mit Kette, 2 schwimmfähige Riemen oder Paddel, 1 Ösfaß, 1 Ankerklüse bzw. Klüsenklampe und 1 Belegklampe bzw. Poller für Schleppleine, 1 gebrauchsfähige Taschenlampe, 1 Kompaß, 3 rote Handfeuer. Motorboote außerdem 1 automatischer Sicherheitsschalter zum Abschalten von Zündung und Gashebel bei Überbordgehen oder Bewußtlosigkeit des Bootsführers, 1 oder mehr Feuerlöscher ABCE. Segelboote mit Hilfsmotor ebenf. 1 oder mehr Feuerlöscher ABCE.

Gruppe A (Segelboote über 2 t – Motorboote über 800 kp) Kategorie 4 und 5. 1 Rettungsring, je Person 1 Schwimmweste, 1 Leuchtboje, 1 Bilgenpumpe, Eimer, mech. Bilgenpumpe (bei mehr als 10 m Länge), Feuerlöscher ABCE je nach Bootsgröße, 1 wasserdichter Erste-Hilfe-Kasten, Positionslichter (Kat. 4), 1 Nebelhorn, 1 Kompaß, Radar-Reflektor (Kat. 4), Anker mit Kette, 1 Hammer, 1 Bootshaken, 1 Ösfaß, mind. 20 m Leinen, 1 Schleppleine, Klampen oder Poller sowie Klüsenklampe für Schleppleine, 1 Notruder, 1 Lotleine (Kat. 4), 1 Signalspiegel, 6 Sternraketen (Kat. 4), 3 Handrotfeuer, 1 Nationalflagge, Notsignal-Flaggen N und C, Hydr. Handbuch Nr. 1 (Kat. 4), Winkelmesser (Kat. 4), 1 Kompaß (zusätzlich 1 Peilkompaß für Kat. 4), Tidenkalender (nicht für Mittelmeer), 1 gebrauchsfähige Taschenlampe, 1 Radioempfänger (Kat. 4), Seekarten und Handbücher (Kat. 4). Boote mit Benzinmotor: 1 Satz Werkzeug, 1 Zündkerzenschlüssel und 1 Satz Zündkerzen, 1 Keilriemen, 1 Zündspule, 1 Kondensator, elektr. Sicherungen, Rohr- und Schlauchstücke mit Verbindern, Bolzen. Boote mit Dieselmotoren: 1 Satz Werkzeug, 1 Einspritzdüse mit Halter, Keilriemen, Bolzen, Rohr- und Schlauchstücke mit Verbindern, elektr. Sicherungen.

Boote der Kategorien 1 bis 3 müssen eine noch erheblich umfangreichere Ausrüstung an Bord mitführen.

Ein zusätzlicher Rat: Scheuen Sie sich nie, auch in nicht kritischen Situationen die Rettungsweste anzulegen. Wenn es erst soweit ist, haben Sie nämlich alle Hände voll zu tun! Und lassen Sie eine verschließbare Tasche – besser noch zwei – außen auf die Rettungsweste aufnähen. Da gehören ein oder zwei wasserdicht verpackte Verbandspäckchen hinein, ein wasserdichter Handkompaß, ein Bordmesser und ein Leuchtsignalstift mit genügend Munition. (In Frankreich darf man ihn führen).

Empfehlenswert je nach dem Ankergrund sind Patentanker, Pflugscharanker, Stockanker und Draggen bzw. für kleine Boote Klappanker. Sie sollten jedoch stets mit Loch oder Öse am Ankerfuß versehen sein, um mit Hilfe einer Sorgleine oder der Ankerbojenleine den Anker über Kopf aus Fels oder Bewuchs lösen zu können (siehe »Die kleine Bootspraxis« und »Ausrüstung von Booten und Yachten« im gleichen Verlag).

Handbücher und Karten

a) Binnengewässer

Obwohl nur in französischer Sprache veröffentlicht, sei jedem die französischen Binnengewässer befahrenden

Wassersportler die von Henri Vagnon im Eigenverlag herausgegebenen Spezial-Bücher empfohlen, die beim Autor zu beziehen sind (H. Vagnon, 25, Rue Mistral, F-69 Caluire). Der Grund hierfür ist weniger der Text der einzelnen Bestimmungen, Verordnungen usw. als vielmehr die Teile, die sich anhand vieler Skizzen mit den Fahrregeln, Verkehrszeichen bzw. Seezeichen, Lichtern usw. befassen. Hinzu kommt, daß in diesen Broschüren auch jeweils die Vordrucke für alle eventuell benötigten Anträge enthalten sind.

»Code de la Route . . . fluvial«, von Henri Vagnon, nennt sich das beste kleine Spezialbuch für alle französischen Binnengewässer.

Karten für Binnengewässer im Maßstab 1:500000 erhält man in vier Teilen über das *Office National de la Navigation*, 2, Boulevard de Latour-Maubourg, Paris 7. (In dieser Karte sind jedoch die Angaben über die Rhône unterhalb von Lyon nicht enthalten.)

Für die Rhône wurde die beste Karte für Sportschiffer von Henri Vagnon herausgegeben. Sie heißt *»Guide du Rhône de Lyon à la mer«* und wird fast jedes Jahr berichtigt. Diese in Form eines Handbuches herausgegebene Karte über einzelne Streckenabschnitte enthält neben allen erforderlichen Einzeichnungen über diesen sehr gefährlichen Strom auch (allerdings in französischer Sprache) alle wichtigen Auskünfte für Sportbootfahrer.

Die Berufsschiffahrt benutzt für den Rhône-Abschnitt stromab von Lyon hauptsächlich eine Sonderkarte, die die Firma *Salagnac*, 142, Cours Lafayette, Lyon, herausgibt.

Ein *Führer für die Binnenschiffahrt* in französischer Sprache ist erhältlich bei der Buchhandlung *Berger-Levrault*, 5, rue Auguste Comte, Paris 6. Dieser Führer besteht aus 2 Bänden. Im ersten Teil sind alle Wasserstraßen beschrieben sowie die Tabellen für Entfernungen und eine Monographie der wichtigen Häfen enthalten, während der zweite Teil einen Atlas des französischen Binnenwasserstraßennetzes enthält.

Für die schiffbaren Binnengewässer empfehle ich außerdem ein Handbuch, das allerdings in englischer Sprache erschienen ist. Hierbei handelt es sich um *»Inland Waterways of France«* von E. E. Benest, erschienen bei Imray, Laurie, Norie & Wilson Ltd. in London. Dieses Buch behandelt vor allem Flüsse mit Schleusenanlagen und Kanäle und enthält viele Detail-Angaben. Da dieses Buch hauptsächlich aus Tabellen, Registern usw. besteht und außerdem alle Maße auch nach dem metrischen System angegeben werden, kann es jeder benutzen, selbst wenn er der englischen Sprache nicht mächtig ist.

b) Küste und See

Vom Deutschen Hydrographischen Institut (DHI) in Hamburg wurde unter der Nummer 2027 das *Mittelmeer-Handbuch* herausgegeben, für das laufend Nachträge erscheinen. Teil I behandelt die Ostküste Spaniens und die Balearen sowie die gesamte Südküste Frankreichs und Korsika. Die Angaben über die Gewässer direkt unter der Küste — also über den eigentlichen Sportbootbereich — sind naturgemäß gering; diese Handbücher werden ja für die Großschiffahrt herausgegeben. Dennoch sollte der Band an Bord nicht fehlen.

Empfehlenswert für jeden Wassersportler, der Küste oder See befährt, ist das vom DHI herausgegebene Handbuch Nr. 2000 *Für Brücke und Kartenhaus*. In diesem Buch ist u. a. alles über deutsche und fremde Seekarten und Seebücher zu lesen, es sind aber auch alle Betonnungssysteme farbig dargestellt und was man sonst überhaupt wissen muß, einschließlich Zollbestimmungen usw. Dieses ausgezeichnete Werk ist leider viel zu wenig bekannt.

Code de la Route . . . mer von Henry Vagnon, ist ein kleines Buch, das alle Bestimmungen für die Sportschiffahrt an der Küste und auf See enthält. Obwohl an sich als Fahrschul-Buch zum Erwerb der für Franzosen ja vorgeschriebenen Boots-Führerscheine auf See und in Küstengewässern gedacht, ist es ohne weiteres auch für den ausländischen Wassersportler gut geeignet, selbst wenn er die französische Sprache nicht beherrscht.

Sehr zu empfehlen ist auch das *Annuaire du nautisme,* das in jedem Jahr bei Les Editions de Chabassol, 30 Rue de Gramont, Paris 2, herausgegeben wird. Dieses Firmen-Handbuch für die Sportschiffahrt enthält, nach einzelnen Gewässergebieten aufgegliedert, jeden Hafen mit genauen Angaben der in ihm vertretenen Wassersport-Firmen, außerdem aber auch nach Sachgruppen aufgeteilt die wichtigsten Fachfirmen.

Chambre Syndicale Méditerranéenne du commerce et des industries nautiques (Industrie- und Handelskammer für die Schiffahrt) in 4b, Avenue du Parc-Borely, Marseille 8, gibt jährlich ein kleines Heftchen heraus, in dem nach 10 Punkten aufgeteilt alle wichtigen Fachfirmen des Wassersports unter den alphabetisch geordneten Hafenangaben zu finden sind. Auch dieses Büchlein ist durch sein Punktsystem ohne Sprachkenntnisse zu lesen, wenn man sich die Bedeutung der 10 Grundpunkte hat erklären lassen.

Ports de France (Plaisance) nennt sich ein Büchlein, das man vom Service d'Information der Direction des Ports Maritimes vom Ministère de l'Equipement et du Logement in 244, boulevard Saint-Germain, Paris 7e, erhält und das die wichtigsten Seehäfen mit Sportbootanlagen in ganz Frankreich kurz behandelt.

Deutsche Seekarten für die französische Mittelmeer-Küste und die Insel Korsika, erschienen beim *Deutschen Hydrographischen Institut* in Hamburg und sind in Deutschland über die folgenden Seekarten-Vertriebsstellen zu beziehen:

Amtlich zugelassene Vertriebsstellen für Seekarten und nautische Bücher

1. *Vertriebs- und Berichtigungsstellen (AVB-Stellen):*

Bremen 1: »Seekarte«, Kapt. A. Dammeyer, Korffsdeich 3, Telefon 38 05 51/52.

Hamburg 11: Deutsches-Seekarten-Berichtigungs-Institut Bade & Hornig, Stubbenhuk 10, Telefon 36 45 87/88.

Kiel-Holtenau: Nautischer Dienst, Kapt. Stegmann & Co., KG, Schleuse, Telefon 3 64 05, Telex über 02 98 35.

Die amtlich zugelassenen Vertriebs- und Berichtigungsstellen (AVB-Stellen) unterstehen in der Berichtigung von Seekarten der Aufsicht der See-Berufsgenossenschaft. Sie übernehmen die sachgemäße Berichtigung von Seekarten und nautischen Büchern gegen Erstattung der Kosten.

2. *Vertriebsstellen (ohne zugelassene Berichtigung — AV-Stellen):*

Berlin 45: Dietrich Reimer (Andrews & Steiner), Drakestraße 40, Telefon 76 68 09.

Cuxhaven: Georg Bening, Neue Reihe 4, Telefon 3 50 37.

Duisburg-Ruhrort: Binnenschiffahrtsverlag GmbH, Dammstraße 15/17, Haus Rhein, Telefon 8 20 04.

Düsseldorf 1: Ferdinand Ditzen KG, Marktstraße 11, Telefon 1 87 62, 1 82 03 und 32 19 83, Telex 8 582 496.

Emden: Nautisch-technisches Büro OHG, Kapt. Hermann B. Frese, Friedrich-Ebert-Straße 78, Tel. 2 04 54, Telex 02 78 43.

Flensburg: Th. Thomsen, Schiffbrücke 40, Telefon 2 32 62 und 3 56 65.

Hamburg 11: Eckardt & Messtorff, Rödingsmarkt 16, Telefon 36 43 74.

Lübeck: Firma »Hanö«, Wall-Halbinsel 25, Telefon 7 36 23. Auslieferungsstelle der AVB-Stelle »Deutsches Seekarten-Berichtigungs-Institut Bade & Hornig«, Hamburg.

Norddeich/Ostfriesland: Fritz Venske, GmbH, Telefon Norden 26 01.

Schleswig: Karl Liesegang, Stadtweg 8, Telefon 2 31 18.

Wilhelmshaven: Carl Lohse Nachf. Fritz Eissing, Marktstraße 38, Postfach 846, Telefon 2 16 87.

Französische Seekarten werden herausgegeben vom *Service Hydrographique de la Marine* in Paris. Diese Seekarten der französischen Mittelmeerküste beruhen auf französischen Messungen und sind ausgezeichnet. Alle Zeichen und Abkürzungen sind auf der französischen Seekarte SH 88 enthalten. Eine Übersicht dieses Seekartennetzes und auch die meisten Seekarten sind in den französischen Seestädten bei den Fachfirmen erhältlich. Andernfalls wende man sich an *Service Central Hydrographique,* 13, rue de l'Université, Paris.

Französische Seekarten erhält man in Deutschland über die Ausrüstungsfirmen, in Frankreich jedoch in den größeren Häfen auch durch Vermittlung des Hafenkapitäns, wenn die örtlichen Ausrüstungsfirmen diese Seekarten nicht führen. Auch die französischen Seekarten für das Mittelmeer sind für einzelne Küstenabschnitte erhältlich. In den nachfolgenden Kapiteln über die Küste erfolgt die Angabe der einzelnen Seekarten jeweils im Zusammenhang mit den besprochenen Häfen.

Das *Kartennull* auf französischen Seekarten für das Mittelmeer bezieht sich stets auf das niedrigst mögliche Niedrigwasser.

Das *Leuchtfeuerverzeichnis,* Teil V, für das ganze Mittelmeer gibt das Deutsche Hydrographische Institut unter Bestellnummer 2105 heraus. (Darauf achten, daß es auf dem laufenden Stand des Kalenderjahres berichtigt ist!)

Livre des Phares, also das französische Leuchtfeuerverzeichnis, erhält man bei den Shipchandlern in französischen Häfen.

Sportboot-Küstenkarten: Für die französische Mittelmeerküste gibt es ausgezeichnete Küstenkarten für Sportbootführer, die als *Carte-Guide de Navigation Côtière* beim Verlag Blondel la Rougery, 17, Rue Jacob, Paris 6e, herausgegeben werden.

Diese Karten sind auch in Deutschland erhältlich. Die mehrfarbigen Küstenkarten sind sehr gut zu lesen und auch durch ihre Angaben über Feuer, Funkfeuer usw. instruktiv und deshalb vor allem auch für den Sportbootfahrer geeignet, der keine großen navigatorischen Erfahrungen besitzt. Allerdings muß man wissen, daß es bei diesen Karten zwar kaum Veränderungen im Küstenverlauf, dafür aber laufend Veränderungen in Seezeichen, Feuern und Hafenbeschreibungen gibt, so daß man stets die neueste, berichtigte Ausgabe bestellen muß. Über Seezeichen kann man sich örtlich oder anhand der offiziellen Seekarten orientieren. Über Veränderungen in der Befeuerung gibt das neueste Leuchtfeuer-Verzeichnis stets Auskunft.

Ebenfalls wird laufend ein Verzeichnis der *Funkfeuer* herausgegeben. Sehr empfehlenswert ist die *Carte de Radionavigation Maritime* – R X 5 – von Blondel La Rougery, Paris.

All diese Einzelheiten sind jedoch in den meisten Fällen nur dann erforderlich, wenn man längere Küstenfahrten durchführt und vor allem bei Dunkelheit seine Position feststellen oder in einen Hafen einlaufen will. — Die Hafenpläne dieses Buches, die für den Sportschiffer wichtig sein können, wurden durch Recherchen des Autors nach dem derzeitigen Stand berichtigt.

Bei den genannten Karten, die den Küstenbeschreibungen dieses Buches weitgehend zugrunde liegen, handelt es sich um:

»Carte Marine de Navigation Côtière« im Maßstab 1:50 000

Rhône-Mündung bis italienische Grenze

Nr. 505 Rhône-Mündung bis Marseille
Nr. 504 Marseille bis Toulon
Nr. 503 Toulon bis Cavalaire
Nr. 502 Cavalaire bis Cannes
Nr. 501 Cannes bis italienische Grenze

Rhône-Mündung bis spanische Grenze

Nr. 508 Rhône-Mündung bis Sète
Nr. 509 Von Sète bis Valras Plage
Nr. 510 Valras Plage bis Port Leucate
Nr. 511 Port Leucate bis Banyuls

Insel Korsika

Nr. 1006 Nordteil der Insel Korsika
Nr. 1007 Mittelteil der Insel Korsika
Nr. 1008 Südteil der Insel Korsika

c) Reiseführer, Campingführer und Autokarten

In deutscher Sprache ist der Baedeker-Reiseführer »Frankreich« auch für den Küsten-Wassersportler gut brauchbar. Als Grieben-Reiseführer gibt es »Côte d'Azur« und »Provence«, ebenfalls empfehlenswert. Und schließlich kann ich noch zum Heyne-Reiseführer »Urlaubsziel Côte d'Azur« raten. Dagegen kenne ich keinen ausgesprochen guten Reiseführer für das Küstengebiet westlich der Rhône. Sehr gut für denjenigen, der ausreichend französisch versteht, sind die »Guide du Pneu« von Michelin. Für die französische Mittelmeerküste östlich der Rhône sind es die Reiseführer »Provence« und »Côte d'Azur«, westlich der Rhône »Provence«, »Gorges du Tarn« und »Pyrénées«.

Für den Camper empfehle ich den *Internationalen Camping-Führer* des ADAC, Band I, Südeuropa. Ausgezeichnet ist von Michelin der Camping-Führer *Camping en France,* der ebenfalls jedes Jahr neu herausgegeben wird und auch ohne französische Sprachkenntnisse gut auszuwerten ist.

Als Autokarten, nicht nur für die Anreise durch Frankreich, sondern auch für einen Überblick über den Küstenverlauf, sei zu den *Michelin-Karten* im Maßstab 1:200 000 geraten. Die Karte Nr. 84 umfaßt das ganze Gebiet von der Rhône-Mündung bis zur italienischen Grenze, die Karte Nr. 83 (Carcassonne–Nîmes) reicht von Port St. Louis bis Narbonne Plage, die Karte Nr. 86 (Luchon–Perpignan) von Narbonne Plage bis zur spanischen Grenze, die Karte Nr. 90 umfaßt die Insel Korsika (La Corse).

Zoll

Hafen-Zollämter bestehen zumeist in größeren Häfen mit Berufsschiffahrt. In fast allen kleineren Häfen, auch in reinen Sportboot-Marinas, gibt es jedoch oft eine Zollstelle. Wer mit seinem Boot über See in die französischen Hoheitsgewässer einläuft, muß sich im nächstgelegenen Hafen-Zollamt anmelden. Hierbei sind die entsprechenden Schiffspapiere vorzulegen, Personalausweise oder Reisepässe vorzuzeigen und Zollerklärungen abzugeben. Diese Hafen-Zollämter sind in den meisten Fällen von 0800 bis 1200 h und dann wieder von 1400–1800 h geöffnet. Für die Abfertigung außerhalb der Dienststunden werden Gebühren erhoben.

Hafen-Zollämter

Rhône bis ital. Grenze	*Rhône bis span. Grenze*
Port-Saint-Louis-du-Rhône	Sète
Fos-sur-Mer	Port-la-Nouvelle
Port-de-Bouc	Le Barcarès
Marseille	Port-Vendres
La Ciotat	*Korsika*
Toulon-La-Seyne	Ajaccio
Saint-Tropez	Bastia
Saint-Raphaël	Porto-Vecchio
Cannes	Propriano
Antibes	Calvi
Nice	Ile-Rousse
Menton-Garavan	Bonifacio

Straßen-Zollämter an den Hauptverkehrsstraßen sind zumeist Tag und Nacht geöffnet. An kleineren Straßen sind die Zollämter im allgemeinen nur von 0800–1200 h und dann wieder von 1400–1800 h offen. Außerhalb der Dienststunden müssen für die Abfertigung Gebühren bezahlt werden.

Zollfreien Proviant kann man nur auf den *Passport de Navire* beziehen.

Alle Auskünfte über Zollfragen erteilt die *Direction générale de Douanes,* 93, rue de Rivoli, Paris 1.

Haftpflichtversicherungen

Für das Auto empfiehlt es sich, die *Internationale grüne Versicherungskarte* mitzuführen und den Bootstrailer ebenfalls eintragen zu lassen. Für Boote sind Versicherungen nicht vorgeschrieben.

Reisezeit

Beste Reisezeit mit dem Boot an die französische Mittelmeer-Küste und nach Korsika ist von Mitte Mai bis Ende September. Davor – und mitunter auch noch bis in den Juni hinein – und danach kann die See so gefährlich sein, daß selbst mit Motorkreuzern, ja sogar mit seetüchtigen Motoryachten die Küstenfahrt unverantwortlicher Leichtsinn bedeuten kann. Die den meisten Sommer-Urlaubern bekannte »bleierne« See gibt es praktisch nur im Juli und August, seltener im Juni und September.

2. Land und Leute

Das Land hat die Menschen geprägt und die Menschen haben das Land geformt: ein Prozeß ständiger Wechselwirkungen, der nie aufhört. Über das Land Frankreich, seine Geschichte und seine Gegenwart, über Sehenswürdigkeiten und Urlaubsziele sollte man sich vor der Urlaubsreise informieren. Bücher, insbesondere geeignete Reiseführer, tun dabei gute Dienste.

Die Menschen kann man nur im persönlichen Kontakt kennen- und verstehenlernen. Und wer von vornherein die Vorurteile beiseite läßt, die im Laufe der letzten Jahrhunderte Franzosen und Deutsche gegeneinander hegten, der wird sehr schnell zu einem Kontakt kommen, auch wenn er die französische Sprache nicht spricht. Gewiß, der Franzose – und vor allem der Südfranzose – ist anders als der Deutsche; er hat eine andere Mentalität, einen uns fremden Lebensrhythmus, andere Gewohnheiten. Das Anderssein berechtigt nicht zu Werturteilen – das sollten wir gelernt haben. Als Gast im fremden Land sollten wir uns anpassen.

Der Lebensrhythmus wird nicht zuletzt vom Klima geprägt. Dieses Klima ist es dann auch, das den Menschen aus nördlicheren Breiten verändern kann und ihn anfangs gereizt und rechthaberisch werden läßt. Dessen sollte man sich bewußt sein und sich ein Beispiel nehmen an der Liebenswürdigkeit, ja sogar Herzlichkeit des Südfranzosen dem Fremden gegenüber.

Post und Telefon

Die Post *(poste)* (PTT) ist an Wochentagen allgemein von 0800–1230 h und von 1430–1900 h geöffnet. Sie bleibt zumeist von Sonnabend-Mittag bis Montag früh geschlossen. Nur hier und im *Bureau de Tabac* erhält man Briefmarken *(timbre-poste)*. Während man in den Postämtern Ferngespräche am Schalter anmeldet und dort bezahlt, können alle Fernsprech-Zellen nicht mit Geldmünzen, sondern nur mit speziellen Telefonmarken *(jeton)* benutzt werden. Diese Telefonmarken erhält man in den Postämtern und im Bureau de Tabac.

Rauchwaren – Bureau de Tabac

Tabakwaren stehen in Frankreich unter staatlicher Regie und können daher nur im *Bureau de Tabac* gekauft werden. Das gilt auch für Feuerzeuge und Feuersteine, Streichhölzer usw. In größeren Hotels und Restaurants erhält man als Hotelgast, bzw. wenn man die Mahlzeiten einnimmt, ebenfalls Tabakwaren. Ein *Bureau de Tabac*, das zumeist auch Zeitungen und Zeitschriften sowie Briefmarken und Telefonmarken führt, erkennt man an der »Carotte«, einem außen am Haus senkrecht angebrachten roten Aushänger in Form einer stilisierten Zigarre.

Geschäfte

Alle Läden in Frankreich, die durchweg zu festen Preisen verkaufen, sind vor allem in kleineren Orten bis in den späten Abend hinein geöffnet. Bäckereien, Fleischereien und Lebensmittelgeschäfte sowie auch die Tabakwarengeschäfte sind auch am Sonntagvormittag offen. Dafür bleiben sie zumeist am Montag geschlossen. Vor allem im Mittelmeerraum, wo die Läden teilweise bis 2200 h geöffnet bleiben, sind sie jedoch mittags, etwa von 1230 h bis 1500 h, geschlossen.

Kraftstoffe

Alle Arten von Kraftstoffen sind in Frankreich teuer. Es gibt auch keinerlei Ermäßigung für Ausländer auf Benzin *(essence)*, Super *(super)* oder Diesel *(diesel* oder *mazout)*. Zweitaktgemisch heißt *mélange à deux temps.*

Auch seegehende Yachten erhalten für alle Kraftstoffe keinerlei Zollerleichterungen oder andere Preisnachlässe.

Die französischen Preise

Die Preise in Frankreich werden Ihnen recht hoch erscheinen. Nun, der Franzose hat ganz andere Grundlagen für die Bemessung des Geldes, der Arbeit und der Leistung als wir. Das wirkt sich auch auf die Preisstruktur aus.

Essen und Kleidung spielen im Budget unseres Nachbarn im Westen eine große Rolle. Auch für die Wohnung muß er hohe Kosten aufbringen. Also bleibt für Wohnungs-Einrichtung, für kulturelle Dinge usw. beim Normal-Franzosen weniger übrig.

Teurer als in deutschsprachigen Ländern sind zeitweise alle Kraftstoffe, Alkohol in Form von Schnäpsen oder Likören, feine Fleisch- und Wurstwaren, aber auch Rindfleisch und Kalbfleisch, Hummern und Langusten, Fisch, Bier in kleinen Flaschen oder aus dem Ausland, und praktisch alle Bekleidung, elektrische Geräte und auch Bootszubehör.

Gleiche Preise muß man in Frankreich für Butter, Speiseöl, Gemüse, Obst, Schweinefleisch, kleine Fische für die Suppe, einige Muscheln und Crevettes (das, was wir Krabben nennen) zahlen.

Billiger sind die örtlich üblichen weißen und roten Landweine, Tabakwaren aus französischer Herstellung, Weißbrot, Muscheln und Großkrabben (wie z. B. die »Araignée oder Große Seespinne bzw. *»Dormeur«* oder Taschenkrebs), französisches Bier in großen Flaschen, Tee und Kaffee. Allerdings sind viele Kaffeesorten von einer nicht jedem zusagenden Geschmacksrichtung.

Im Restaurant, im Hotel und in allen Dienstleistungsbetrieben werden heute Bedienungsgelder (service) meist in Rechnung gestellt. Andernfalls erwartet man 15 %. Das gilt auch für Taxi-Chauffeure, Tankstellen-Bedienung usw.

Noch ein Tip für all die, die selber einkaufen und ihre Mahlzeit selbst zubereiten: Das französische Fleisch ist meist sehr frisch, also nicht abgehangen, und damit für unsere Begriffe unverhältnismäßig zäh. Wer gern mürbes Fleisch ißt, sollte es *bien rassis* (gut abgehangen) verlangen.

Hotels und Restaurants

Übernachtungspreise in Hotels, aber auch die Preise für Mahlzeiten in Hotels und Restaurants, sind für deutsche Verhältnisse sehr hoch. Hinzu kommt, daß selbst in Fremdenverkehrsorten die meisten Hotels mittlerer und niedriger Preisklassen für deutsche Verhältnisse primitiv, ja sogar ungepflegt sind. Im Gegensatz hierzu bieten selbst kleine Restaurants qualitativ und quantitativ hervorragende Mahlzeiten.

Wenn hier gesagt wird, daß Hotels für das, was geboten wird, oft übermäßig teuer sind, so gilt diese negative Feststellung nicht für die Preise in Restaurants. Die Mahlzeiten in Restaurants sind aus unserer Sicht oft als teuer anzusprechen; aber für den Preis wird so vieles zugleich so gut geboten, daß der Vergleich mit den Preisen in deutschen Restaurants nur bedingt möglich ist. Das Essen im Restaurant ist – außer bei sogenannten Touristen-Menüs

– so reichlich, daß man selbst als starker Esser eigentlich nur einmal am Tage eine warme Mahlzeit zu sich nehmen kann.

Petit déjeuner nennt man das erste Frühstück am Morgen. Normalerweise besteht es aus Kaffee mit sehr viel Milch, etwas Butter und einem der langen, dünnen Weißbrote *(baguette)* oder Hörnchen *(croissant)*. Konfitüre oder Honig werden seltener angeboten. In den meisten kleineren Hotels muß man dieses Frühstück bis 1000 h auf dem Zimmer zu sich nehmen. Man braucht aber nicht überall im Hotel zu frühstücken, denn viele Franzosen ziehen es vor, irgendwo in einem Café oder an einem Tischchen auf der Straße »un café au lait« zu trinken und dazu nur ein Croissant zu essen.

Déjeuner heißt das Mittagessen. Es wird zwischen 1200 und 1430 h serviert. Zumeist gibt es ein festes Gedeck *(Menu)* mit mehreren Gängen zu einem festen Preis. Auf der Speisekarte ist extra angegeben, ob Wein und Brot *(Vin, pain)* in dem Preis einbegriffen sind. Innerhalb der einzelnen Gänge – meist 3 bis 6 – kann man die einzelnen Speisen selbst zusammenstellen. Das *entrée* umfaßt verschiedene Vorspeisen oder Suppe nach Wahl. Darauf folgen als 1. Gang zumeist Fisch oder Krustentiere bzw. Muscheln. Der 2. Gang wird im allgemeinen als Fleischgang angeboten. Kartoffeln oder pommes frites, aber auch Salat oder grüne Bohnen (harricots verts) sind alle für sich wieder einzelne Gemüse-Gänge. Als Nachspeisen werden Käse oder Früchte, Eis oder Süßspeisen gereicht.

Diner ist der auch in Frankreich übliche Name für das warme Abendessen, das man meist nach 1830 h erhält. In Hotels und Restaurants ähnelt die Karte sehr der Mittagskarte. Nur die wenigsten werden es schaffen, zweimal am Tage eine derart üppige Mahlzeit essen zu können.

Souper ist ein verspätet eingenommenes Abendessen, meist nach 2200 h. Üblich ist es nur in sehr großen Hotels oder in Spezial-Restaurants nahe einer Oper oder einem Theater. Man erhält aber auch in fast jedem Restaurant noch nach 2200 h das Diner oder Essen *à la carte*, also nach der Karte.

Als Tischwein *(vin)* sollte man vor allem die am Ort üblichen weißen oder roten offenen Landweine *(un petit blanc* oder *un petit rouge)* bestellen und zwar entweder *une carafe* (1/2 l) oder *un carafon* (1/4 l). Flaschenweine sind sehr viel teurer, ohne besser sein zu müssen.

Für den Gebrauch im Hause, an Bord oder im Caravan empfiehlt es sich, den Landwein bei einem Weinhändler oder einfach in einem der großen Lebensmittelgeschäfte zu kaufen. Mit 10° sind die Weine sehr leicht, mit 11° oder 12° jedoch gut trinkbar. Die Preise pro Liter sind je nach der Gegend unterschiedlich, jedoch überall recht niedrig.

Bier *(bière)* ist in Frankreich nur selten gut. Man kann die elsässischen Biere trinken, andernfalls Importbiere. Alle sind sie verhältnismäßig teuer. Das Bier in 0,7-l- oder 1-l-Flaschen, oft als »Export« oder »Special« angepriesen, ist meist billiger als Mineralwasser, jedoch nur in sehr kaltem Zustand als durstlöschende, beinahe alkoholfreie »Männer-Limonade« zu genießen.

3. Anreise auf dem Landweg

In Frankreich sind einige Verkehrsregeln anders als in Deutschland. Ihre Kenntnis ist vor allem dann sehr wichtig, wenn man z. B. einen Bootsanhänger mitführt.

Die Höchstgeschwindigkeit für private Kraftfahrzeuge ist z. Z. außerhalb von Ortschaften nicht unbegrenzt, mit Bootsanhänger oder Caravan 80 km/h. Innerhalb von Ortschaften beträgt die Höchstgeschwindigkeit 60 km/h, soweit nicht durch Hinweis-Schilder geringere oder auch höhere Geschwindigkeiten vorgeschrieben bzw. zugelassen sind. Um das Stadtzentrum, verkehrsreiche Stadtteile und unnötige Umleitungen auszusparen, sollte man mit dem Bootsanhänger in Städten stets nur die für *poids lourds* (Schwerverkehr) bezeichneten Straßen benutzen, die man praktisch mit Umgehungsstraßen vergleichen kann.

In Frankreich hat grundsätzlich jedes Fahrzeug Vorfahrt, das von rechts kommt. Ausgenommen natürlich, wenn ein entsprechendes Hinweiszeichen diese Bestimmung aufhebt. Hauptverkehrsstraßen *(routes nationales)* sind auf freier Strecke grundsätzlich bevorrechtigte Straßen. Sie verlieren ihre Vorfahrtsberechtigung jedoch innerhalb von Ortschaften und Städten! Dort hat also jeder, der von rechts, auch aus der kleinsten Gasse, kommt, Vorfahrtrecht!

Im Kreisverkehr hat grundsätzlich das von rechts kommende Fahrzeug Vorfahrt. Die Straßenbahn hat stets Vorfahrt vor allen anderen Fahrzeugen. Überholen kurz vor oder an und auf Kreuzungen und Einmündungen ist verboten. Vor dem Überholen ist der Richtungszeiger (Blinker) zu betätigen. Ebenfalls in dem Augenblick, in dem man sein Fahrzeug wieder auf der rechten Straßenseite einordnen möchte. An unübersichtlichen Stellen – und auch wenn beim Überholen eine Gefahr auftreten könnte – wird (aber nur außerhalb von Ortschaften) gehupt.

In Ortschaften und Städten, deren Straßen bei Nacht gut beleuchtet sind, darf nur mit Standlicht gefahren werden. Parkende Fahrzeuge müssen bei Dunkelheit auch unter Straßenlaternen beleuchtet sein. Innerhalb von Ortschaften und Städten ist das Hupen verboten, ausgenommen zur Abwendung einer Gefahr.

Parken ist vor Polizeistationen, Krankenhäusern, Postbehörden, Ausfahrten, Hydranten und überall dort grundsätzlich verboten, wo der Rinnstein abwechselnd rot und weiß markiert ist. Außerhalb von Ortschaften darf nicht auf der Fahrbahn geparkt werden. Innerhalb von Ortschaften ist die Parkseite einer Straße meist vorgeschrieben. Sobald auf einem Halteverbots-Schild ein senkrechter weißer Strich zu sehen ist, und z. B. auf der linken Hälfte die Zahlen 1–15 und rechts 16–31, so bedeutet das, daß in der ersten Hälfte des Monats auf der linken Straßenseite und in der 2. Hälfte des Monats auf der rechten Straßenseite geparkt werden darf. Heißt es auf dem Halteverbotsschild jedoch *reglémenté* ohne Zusatz von Daten, so bedeutet das, daß vom 1.–15. eines jeden Monats das Parken auf der Straßenseite mit ungeraden Hausnummern gestattet ist, und vom 16.–31. des Monats auf der Straßenseite mit geraden Hausnummern. In Ortschaften und Städten mit einer *zone bleue* (blaue Zone) darf an Wochentagen nur mit einer örtlich speziell ausgegebenen Parkscheibe und auch dann nur für 1 Stunde geparkt werden.

Einige wichtige Bezeichnungen im Straßenverkehr sollte man sich unbedingt noch merken: *sense unique* bedeutet Einbahnstraße, und *sans issue* ist eine Sackgasse. Gefahr heißt *danger, virages* bedeutet Kurven (das Schild zeigt an, ob nach rechts oder links), *route protégée* ist eine Vorfahrtstraße, Vorfahrt von rechts heißt *priorité à droite,* und jede Umleitung wird als *déviation* ausgeschildert.

4. Anreise auf dem Binnen-Wasserweg

Rhein – Saône – Rhône

Der *Rhein* als »Zubringer« bietet zwei Möglichkeiten – genau genommen sind es sogar drei – um mit Booten aller Größenklassen die Rhône-Mündung und damit das *Mittelmeer* zu erreichen.

Sehr schön ist die Strecke von Koblenz über die *Mosel,* die bis Thionville auf 270 km Stromlänge insgesamt 14 Schleusen aufweist. Von Thionville bis Nancy muß man auf 87 km Strecke nochmals 15 Schleusen passieren.

Hier bei Nancy mündet der *Rhein-Marne-Kanal* ein, in den man bei Straßburg vom Rhein aus direkt einlaufen kann. Zwischen Straßburg und Nancy sind auf 152 km Strecke immerhin 78 Schleusen.

In den Fällen – gleichgültig ob man über die Mosel oder über den Rhein-Marne-Kanal kommt – geht die Weiterfahrt über den *Canal l'Est*, der bis Corre auf 177 km Länge sage und schreibe 109 Schleusen hat.

Auf der *Saône* bis St. Symphorien sind es dann auf 158 km nochmals 19 Schleusungen.

Eine weitere Anfahrt ist von Straßburg über den *Canal d'Alsace* möglich, der zwischen Straßburg und Mulhouse auf 120 km Länge über 5 Schleusungen verfügt. Von Mulhouse aus über den *Rhein-Rhône-Kanal* und den *Doubs* bis zu seiner Einmündung in die *Saône* bei St. Smphorien findet man auf 210 km Strecke insgesamt 118 Schleusen. (Der Rhein-Rhône-Kanal kann nach dem 15. Mai für tiefergehende Yachten evtl. sehr knapp Wasser führen.)

Von St. Symphorien aus führt nun für alle bisherigen Anfahrten der gemeinsame Weg über die *Saône* und die *Rhône* zum Mittelmeer. Auf 217 km Streckenlänge zwischen St. Symphorien und Lyon ist die Passage von 10 Schleusen erforderlich.

Während die bisherige Fahrt über die Ströme und Kanäle trotz der vielen Schleusungen verhältnismäßig einfach und mit den entsprechenden Gewässerkarten auch ohne weiteres möglich gewesen ist, so wird die Weiterfahrt auf der *Rhône,* also gerade auf dem großen Strom, sehr kompliziert.

Hauptsächlich hängt das mit den sich ständig verändernden Fahrrinnen und Kiesbänken zusammen, die sich in jedem Jahr, vor allem durch Schneeschmelze und Hochwasser, völlig verschieben und gemeinsam mit der überaus starken Strömung noch zusätzliche Gefahrenmomente bergen. Stromab von Lyon darf nicht ohne Lotsen gefahren werden. Jedoch können sich mehrere Sportboote zusammentun und dann dem mit einem Lotsen besetzten Führungsboot im Kielwasser folgen. Dadurch vermindern sich die Gebühren erheblich.

Wichtig zu wissen ist, daß eine Fahrt die Rhône aufwärts nur gestattet ist, wenn das betreffende Sportboot auf ruhigem Gewässer eine Höchstgeschwindigkeit von mindestens 30 km/h erreichen kann. Anderenfalls ist dieses Schiff nicht in der Lage gegen den starken Strom »anzudampfen«.

Auf der 282 km langen Strecke von Lyon bis Arles – also auf der sogenannten Lotsen-Strecke – gibt es nur 5 Groß-Schleusen.

In Arles zweigt hinter der Stadt, zwischen Strom-km 283 und 284, linksseitig der *Canal d'Arles à Fos* ab – früher »Canal de Navigation de Marseille au Rhône« –, der ca. 35 km lang ist und bis zum Industriehafen am »Golfe de Fos« führt. Von einer Benutzung mit Sportschiffen sei trotz 2 m Tiefe und 3,70 m Brückenhöhe abgeraten. (Als »Fossae Marianae« bestand dieser Kanal übrigens schon seit 104 v. Chr., wurde aber erst zwischen 1911 und 1927 bis Port de Bouc ausgebaut, um dann jedoch bei Errichtung der großen Tankerhäfen Ende der 60er Jahre weitgehend außer Betrieb gesetzt zu werden. Er ist über Fos hinaus nicht mehr in Richtung Port de Bouc befahrbar.)

Von *Arles* auf der 40 km langen Rhône-Strecke bis Port St. Louis kann man ohne Lotsen fahren. Vorsicht ist allerdings trotzdem geboten, und ohne berichtigte Rhône-Karte sollte man es keinesfalls versuchen.

Port St. Louis liegt etwa 10 km stromauf der Rhône-Mündung. Stromab des viereckigen Naturstein-Wachturmes St. Louis mit rundem Wächterhäuschen auf der Plattform ist ebenfalls linksseitig die Zufahrt zu dem fast parallel zum Strom bergauf gerichteten Schleusen-Kanal und damit zur Einfahrt in den eigentlichen Hafen. Alle Einzelheiten sind im Abschnitt »Port St. Louis« zu finden.

Vorsicht: Auslaufen durch die Rhône-Mündung in das Mittelmeer ist wegen der Kies- und Sandbänke sowie wegen Barren nicht möglich.

Canal du Rhône à Sète

Vom Unterlauf der Rhône – genauer gesagt ab *Tarascon* – kann man auf einem Kanalnetz der Groß-Schiffahrt auch das Küstengebiet westlich der Rhône-Mündung erreichen. Dieser *Canal du Rhône à Sète* zweigt nahe der Straßenbrücke zwischen Tarascon und dem am westlichen Rhône-Ufer gelegenen Beaucaire ab. Bei *Aigues Mortes* kann man erstmals in das Mittelmeer einlaufen, wenn man im Angesicht des großen Eck-Stadtturmes »Tour de Constance« aus dem Hafenbecken an der Eisenbahnbrücke nach Süden wendet und in den *Chenal Maritime* einläuft, der bei *Le Grau du Roi* in die See einmündet. Der große Durchgangs-Kanal – auf dem man bis zur Atlantik-Küste bei Bordeaux kommen kann – führt größtenteils durch ausgebaggerte Rinnen in den Lagunen zum Hafen *Sète*, wo man wiederum die Möglichkeit hat, auf die See auszulaufen. Und schließlich kann man auch bis *Agde* weiterfahren, um dort in der kreisrunden Schleuse nach Backbord abzubiegen, von wo es durch die Mündung des *Hérault* ebenfalls in das Mittelmeer geht. Die Schleusen und Brücken sind für Lastschiffe (péniches) bis 750 t mit Durchfahrtshöhen bis 3,50 m ausgelegt.

Petit Rhône

Nördlich von *Arles* zweigt in Richtung *Fourques* der Lauf der *Kleinen Rhône* ab, der die Grenze zwischen der eigentlichen Camargue und der Kleinen Camargue bildet. An sich nicht schiffbar, teilweise sogar ziemlich verschilft und flach, kann man mit Sportmotorbooten bis etwa 7 m Länge dieses hart westlich *Les Stes Maries* in das Meer einmündende, oft bis 100 m breite Flüßchen befahren. Vorausgesetzt allerdings, daß man über einen Außenbordmotor bzw. über einen Inbordmotor mit hochklappendem Z-Antrieb verfügt. Ich warne davor, die Petit Rhône mit größeren Booten bzw. mit solchen zu befahren, die eine feste Welle im Schiffsboden haben. Wichtig zu wissen ist übrigens, daß es von See einlaufend bei *Les Stes Maries* keine Zollstelle gibt. Man kann sein Schiff also (beispielsweise aus Spanien kommend) nicht einklarieren und bekommt später – wenn man auf dem Binnen-Wasserweg direkt nach Deutschland fahren möchte – beim Ausgangszoll Schwierigkeiten, weil man offiziell ja gar nicht nach Frankreich eingereist bzw. dort gemeldet ist.

Wegerecht, Lichter und Signale auf Binnengewässern

Auf allen Binnengewässern haben prinzipiell alle anderen Wasserfahrzeuge »Vorfahrt« vor Sportmotorbooten gleich welcher Größe.

Auf Kanälen und kanalisierten Flüssen muß scharf rechts gefahren werden. Auf diesen Gewässern darf nur links überholt werden.

Auf allen Binnenseen hat stets das von Steuerbord (rechts) kommende Motorboot Vorfahrt vor dem an Backbord (links) laufenden Motorboot. Überholt werden darf auf Seen rechts oder links.

»Halteverbot« besteht grundsätzlich im Gebiet einer Fähre, an oder vor Schleusen und an Biegungen von Flüssen. Auf Kanälen und kanalisierten Flüssen außerdem grundsätzlich auf der Seite, auf der sich der Leinpfad befindet. Außerdem ist es verboten, ein Sportboot an Bauwerken oder an Bäumen festzumachen.

Lichter müssen Sportboote aller Art von Einbruch der Dunkelheit bis Sonnenaufgang auch auf Binnengewässern führen. Bei Sportbooten mit weniger als 12 m Länge müssen alle Lichter mindestens 500 m weit sichtbar sein. Das weiße Buglicht muß nach jeder Seite 112½ Grad (insgesamt also 225°) sichtbar sein und das grüne Positionslicht an Steuerbord 112,30°, desgleichen das rote Positionslicht an Backbord 112,30°, beide auf 300 m Entfernung. Ein weißes Hecklicht muß nach jeder Seite 67,30 °, zusammen also 135 °, auf eine Entfernung von 500 m zu sehen sein. Motorkreuzer oder Motoryachten mit mehr als 12 m Länge müssen die gleichen Lichter führen, jedoch müssen das Buglicht mindestens 1000 m und das grüne bzw. rote Positionslicht wie auch das weiße Hecklicht mindestens 500 m weit zu sehen sein.

Schallsignale

•		Ich halte mich steuerbords
• •		Ich halte mich backbords
— •		Ich gehe auf Steuerbordkurs
— • •		Ich gehe auf Backbordkurs
— — •		Ich will an Steuerbord überholen
• •	*(Antwort)*	In Ordnung, ich halte mich links
— — • •		Ich will an Backbord überholen
•	*(Antwort)*	In Ordnung, ich halte mich rechts
• • •		Ich laufe rückwärts
• • • •		Ich bin manövrierunfähig
• • • • • • •		Gefahr!
— — — •		Ich laufe über Steuerbord in den Hafen ein
— — — • •		Ich laufe über Backbord in den Hafen ein
— — —		Ich kreuze die Hafeneinfahrt

Beschränkungen

Motorboote dürfen auf französischen Binnengewässern, soweit für diese keine Geschwindigkeitsbegrenzung besteht (das ist jedoch fast überall der Fall), nicht so schnell fahren, daß andere gefährdet oder belästigt werden. Auf den Kanälen und kanalisierten Flüssen bestehen unterschiedlich angezeigte Geschwindigkeitsbegrenzungen. Desgleichen ist die Geschwindigkeit auf den Binnenseen reglementiert. Wichtig zu wissen ist außerdem, daß auf dem Genfersee *(Lac Léman)* innerhalb einer 200 m breiten Uferzone nur senkrecht zum Ufer mit Schrittgeschwindigkeit gefahren werden darf.

Bei Nebel mit einer Sichtweite von weniger als 300 m dürfen Sportboote nicht fahren.

Schleusen

Die Schleusen der meisten französischen Kanäle und kanalisierten Flüsse sind von 0700 bis 1900 h geöffnet, die Schleusen der Rhône von 0500 bis 2100 h. Das gilt auch für Sonntage und Feiertage. Geschlossen sind alle Schleusen nur am Pfingst-Sonntag, 1. Mai, 14. Juli, 11. November und 1. Weihnachtstag.

Sportboote werden erst nach der Berufsschiffahrt geschleust, wenn nicht die Möglichkeit besteht, die Schleuse gleichzeitig mit der Berufsschiffahrt zu benutzen. Grundsätzlich ist den Anweisungen des Schleusenpersonals Folge zu leisten.

Die Benutzung der Schleusen in französischen Binnengewässern ist kostenlos. Eine Ausnahme bilden nur die Schleusen der Mosel stromab von Thionville, an denen Gebühren erhoben werden.

5. Anreise über See

Wenn man über See in die französischen Hoheitsgewässer einläuft, muß man sich stets im ersten Hafen beim Zoll (Douane) und der *Inscription Maritime* melden, gleichgültig, *woher* man kommt. Die erforderlichen Papiere und Grenzformalitäten wurden bereits in den Kapiteln über *Reisevorbereitungen für das Boot* eingehend behandelt.

Wer mit einer seegehenden Yacht von weit her über See die Küstengewässer anläuft, versteht genügend von Navigation und auch von Betonnung und Befeuerung. Der Mehrzahl der Eigner von Kleinbooten dagegen fehlen meist die auf See geforderten Kenntnisse. Gerade am Mittelmeer kommt es des öfteren vor, daß ein ausländischer Bootseigner von Italien – aber auch von Spanien – her über See nach Frankreich einreist; meist dicht unter der Küste und selbst mit kleinen Booten. Deshalb sollen an dieser

Stelle die wichtigsten Kenntnisse über Tonnen und Feuer, aber auch über Wegerecht und Signale ganz knapp zusammengestellt werden.

Befeuerung und Tonnen

Für die See, einschließlich der Küstengewässer und der mit der See in Verbindung stehenden Flußmündungen, Reeden und Buchten sowie brackigen Gewässer, gilt für die Bezeichnung von Tonnen und Feuern grundsätzlich als Richtungsangabe die Einfahrts-Richtung. Die Steuerbord-Tonne liegt daher auf das Land zulaufend rechts.

Lateral-System nennt man das Betonnungs- und Befeuerungs-System, das hauptsächlich dazu dient, Fahrrinnen, Hafeneinfahrten usw. gut sichtbar zu machen. Dieses System ist so ausgelegt, daß man mit seinem Fahrzeug zwischen den auf jeder Seite der Fahrrinne befindlichen Markierungen hindurchläuft.

Steuerbord-Tonnen, wie gesagt einlaufend gesehen, haben eine konische Form, sind von schwarzer Farbe und führen schwarze Toppzeichen.

Steuerbord-Leuchtfeuer zeigen grünes Licht oder aber (in Ausnahmefällen) 1 oder 3 weiße Blitze, also in ungerader Zahl.

Backbord-Tonnen sind zylindrisch und in roter Farbe. Sie führen rote Toppzeichen.

Die *Backbord-Feuer* zeigen rotes Licht oder (in Ausnahmefällen) 2 oder 4 weiße Blitze, also in gerader Zahl.

Kardinal-System nennt man das Betonnungs- und Befeuerungs-System, das hauptsächlich dazu dient, einzelne Gefahrenpunkte (wie z. B. Riffe) kenntlich zu machen. Dazu sind nach allen vier Himmelsrichtungen Tonnen oder Baken verlegt.

Die im N des Hindernisses liegende spitzkonische Tonne oder konische Bake ist schwarz-weiß mit zwei übereinanderstehenden schwarzen Dreiecken als Toppzeichen, Spitzen oben. Dieses Seezeichen ist im N-Quadranten zu runden. Die W-Tonne ist zylindrisch, schwarz-weiß-schwarz und besitzt als Toppzeichen zwei schwarze Dreiecke, die mit den Spitzen zueinander zeigen (Stundenglas). Die S-Tonne ist ebenfalls konisch, bzw. handelt es sich um eine konische Bake, jedoch rot-weiß-rot gestrichen, und besitzt als Toppzeichen zwei mit den Spitzen nach unten zeigende rote Dreiecke. Sie ist im S-Quadranten zu runden. Rot-weiß ist die spitzkonische Tonne bzw. konische Bake O des Hindernisses. Sie verfügt über ein Toppzeichen aus zwei roten Dreiecken, von denen eins mit der Spitze nach oben und das andere nach unten zeigt. Es gibt übrigens auch eine

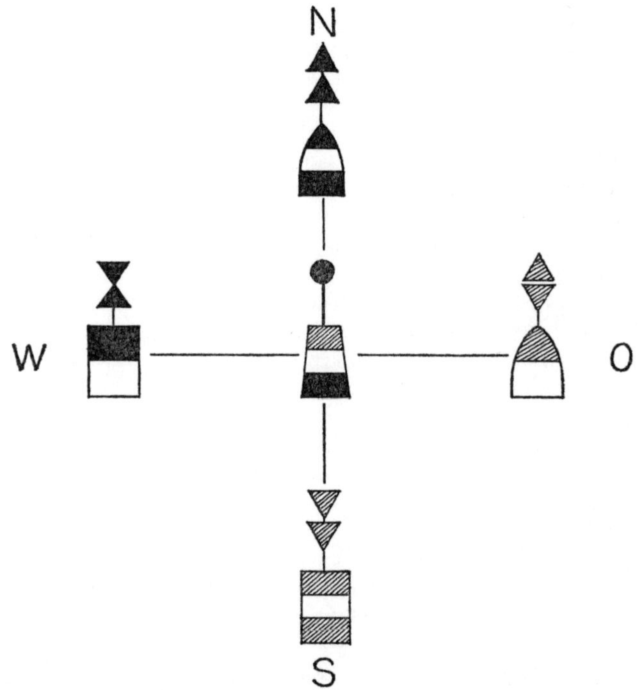

Tonne, die direkt auf dem Hindernis steht und an allen Seiten – nicht zu dicht – passiert werden kann. Hierbei handelt es sich um eine rot-weiß-schwarze Tonne oder Bake mit schwarzem Kugel-Toppzeichen.

Wrack-Tonnen sind in grüner Farbe gehalten mit grünen Toppzeichen, wobei eine kugelförmige Tonne auf beiden Seiten passiert werden kann, während die Fahrrinne zwischen einer konischen grünen Tonne (Steuerbord; und einer zylindrischen grünen Tonne (Backbord) in der Mitte hindurchführt. Das Wrack-Feuer ist ebenfalls grün.

Lichter an Bord

Auf Motorbooten von weniger als 19,80 m Länge müssen die gleichen Lichter mit demselben Ausstrahlungswinkel wie auf Binnengewässern bei Fahrzeugen unter 12 m Länge vorhanden sein. Das weiße Buglicht muß jedoch mindestens 3 sm weit leuchten, die Positionslaternen an Steuerbord und Backbord mindestens 1 sm und das weiße Hecklicht mindestens 2 sm.

Kleinboote ohne Motor benötigen keine festen Lichter, sondern müssen eine weiße Laterne oder eine Taschenlampe mit weißem Licht griffbereit zur Hand haben, die bei Annäherung anderer Fahrzeuge gezeigt wird.

Segelboote benötigen nur Positionslaternen an Steuerbord und Backbord sowie ein Hecklicht mit den gleichen Lichtwinkeln wie Motorboote. Erforderlich ist eine Mindestreichweite des Lichtes von 2 sm.

Genaue Angaben hierfür findet man in dem bereits früher genannten Büchlein *»Code de la Route . . . Mer«*.

Wegerecht

Motorboote aller Größenklassen haben in Küstengewässern und auf See grundsätzlich allen anderen Wasserfahrzeugen auszuweichen. Ein Wegerecht besteht also nur zwischen Motorbooten. Dabei haben sich begegnende Motorboote beide nach Steuerbord auszuweichen. Bei sich kreuzenden Kursen ist das Motorboot zum Ausweichen verpflichtet, das das andere Motorboot an Steuerbordseite hat. Überholt werden darf auf beiden Seiten.

Notsignale

Auf See sind die internationalen Notsignale gültig.

Schallsignale

·	Ich laufe steuerbord
· ·	Ich laufe backbord
· · ·	Ich laufe zurück
· · · · ·	Achtung auf Kurs, Gefahr!

Geschwindigkeitsbegrenzung

Vor allen französischen Küsten darf die 300 m breite Uferzone nur mit einer Höchstgeschwindigkeit von 5 kn (9 km/h) und nur senkrecht zum Land befahren werden.

Sperrgebiete

Gebiete mit dauernder – fast ausschließlich militärischer – Sperrung sind in den Seekarten eingezeichnet.

Gebiete mit zeitweiser Sperrung werden in Aushängen bei der jeweiligen Capitainerie bekanntgemacht. Außerdem werden oft an Land, stets jedoch auf Wachschiffen, Warnsignale gezeigt: bei Tage 3 Bälle übereinander, bei Nacht 3 rote Lichter übereinander. Ein- und auslaufende Schiffe müssen Signale zeigen und die Ankunft eines Wachschiffes abwarten: bei Tage das Lotsenrufsignal, bei Nacht Blinken von Lotsenrufsignal »PT« und internationales Unterscheidungssignal bzw. die üblichen Lotsenrufsignale nach dem Internationalen Signalbuch. Sportboote die solche Signale nicht geben können, dürfen nicht ein- oder auslaufen.

Schießübungen werden durch Anschläge im Hafen, Nachrichten für Seefahrer (Avis de Navigation) und über Funk bekanntgegeben. Außerdem werden während der Dauer von Tag-Schießübungen auf dem nächsten Semaphor und auf Wachbooten – bei Schießen von Land aus auch an der jeweiligen Feuerstellung – 1 rote Flagge gezeigt. Vor Nacht-Schießen zeigen die gleichen Stellen tags zuvor 2 rote Flaggen.

6. Wasserskisport

Ein Wasserski-Boot muß grundsätzlich mit 2 Personen besetzt sein, wobei der Co-Pilot nicht nur die Strecke und den Wasserskiläufer zu beobachten hat, sondern auch in der Lage sein muß, selbst das Boot zu führen.

Binnengewässer

Auf französischen Binnengewässern gibt es keine direkten Reglementierungen für den Wasserskisport, jedoch dürfen andere Wasserbenutzer nicht behindert oder belästigt werden. Auch der ausländische Wasserskisportler muß den *Code des Règlements pour la Traction des Skieurs Nautiques* genau kennen, der durch die *Fédération Française de Ski nautique* herausgegeben wird.

Küstengewässer

Die Ausübung des Wasserskisports innerhalb der 300 m breiten Uferzone vor der Küste ist grundsätzlich verboten. Ausgenommen hiervon sind nur solche Wasserski-Gassen die durch farbige Bojen gekennzeichnet sind. Diese Gassen dürfen nur senkrecht zur Abfahrt bzw. zum Landen benutzt werden. Das Befahren dieser Wasserski-Gassen mit anderen Booten ist ebenso verboten wie Baden, die Ausübung des Tauchsports usw. in diesem Abschnitt.

7. Unfälle in Frankreich

Im Straßenverkehr

müssen Unfälle von Ausländern – auch wenn es nur geringen Sachschaden gab – innerhalb von Städten bei der Polizei *(police)*, außerhalb von Städten, Dörfern und auf Landstraßen jedoch bei der nächsten *Gendarmerie*-Station oder im nächsten Ort beim *huissier* (Gerichtsvollzieher) gemeldet werden. Es empfiehlt sich, den Beamten zu bitten, in das Unfallprotokoll auch die Nummer der Versicherungs-Police des Unfallgegners aufzunehmen.

Auf dem Wasser

Im Binnenland ist die nächste örtliche *Gendarmerie*-Station für die Unfall-Meldung zuständig. Auf Kanälen und kanalisierten Flüssen empfiehlt es sich, den nächsten Schleusenwärter zu benachrichtigen, der die für diesen Bereich zuständige Dienststelle kennt und auch telefonisch benachrichtigen kann.

Auf See, und damit auch in allen Küstengewässern und mit der See in Verbindung stehenden Gewässerteilen, muß bei jedem Unfall die nächste *Inscription Maritime*, also das in fast jedem größeren Hafen bestehende Meldebüro, benachrichtigt werden. Das gilt auch für sogenannte Bagatell-Unfälle, wenn man als Ausländer daran beteiligt ist.

8. Angeln

Ob man nun die Rhône hinabschippert oder einen der Kanäle entlangtuckert, ob man in einem der großen oder kleinen Häfen festgemacht hat oder zwischen den Felsen einer Bucht an der Küste ankert, überall sieht man Angler. Und da gerade viele Sportbootfahrer mit der Angel fischen möchten, sei es nun aus Passion oder zum Zeitvertreib,

sind nachfolgend die wichtigsten Punkte für die Ausübung der Sportangelei in Frankreich zusammengefaßt.
Entlang der insgesamt etwa 4100 km langen Küste Frankreichs und in den Häfen dieser Küste – seewärts der ersten Schleuse – kann jeder angeln, auch jeder Ausländer, ohne irgendeinen Fischereischein, eine örtliche Genehmigung oder sonst irgendein Papier besitzen zu müssen. Ausgenommen hiervon sind nur militärische Gebiete, Anlagen der Berufsfischerei und Muschel-Zuchtkolonien sowie einzelne Sperr-Zonen, die man jeweils örtlich erfragen muß. Voraussetzung für das Angeln ist jedoch, daß man nur eine Leine benutzen darf, an der bis zu 2 Haken zugelassen sind. Ob man nun diese Leine in der Hand hält oder an der Angelrute, ohne oder mit Rolle, befestigt hat, ist gleichgültig. Vom Boot aus darf in Küstengewässern und auf See mit 2 Angeln gefischt werden, an denen ebenfalls bis zu 2 Haken zugelassen sind. Wer mit mehr als 2 Leinen bzw. Angelruten oder mit anderen Geräten von Bord eines Sportbootes aus die Sportfischerei ausüben möchte, kann hierfür durch das örtliche *Quartier d'Inscription Maritime* gegen eine Taxe von F. 20,– eine für das Kalenderjahr gültige Ausnahmegenehmigung erhalten. Voraussetzung hierfür ist allerdings, daß das betreffende Sportboot nicht mehr als 5 t Wasserverdrängung hat. Wichtig zu wissen ist, daß Sportangler und Sporttaucher in keinem Falle ihre Beute verkaufen dürfen.

Entlang der Küste dürfen übrigens auch überall ohne jede Genehmigung Muscheln oder Krustentiere (z. B. Krabben) gesucht und gesammelt werden. Selbstverständlich nicht dort, wo Muscheln oder Krustentiere in Schutzgebieten vorkommen oder innerhalb von Zuchtkolonien der Berufsfischerei. Beachten muß man jedoch überall in Frankreich, auch in Binnengewässern, daß sowohl für die einzelnen Fischarten als auch für Krustentiere und Muscheln gesetzliche Mindestmaße vorgeschrieben sind.

Für alle *Binnengewässer* – seien es nun Flüsse oder Kanäle, Teiche oder Seen – benötigt man in jedem Falle eine Angel-Genehmigung. Alle Binnengewässer sind in 4 Kategorien eingeteilt; es würde an dieser Stelle zu weit führen, die einzelnen Bedingungen zu erklären. Da man jedoch, auch als Ausländer, grundsätzlich Mitglied der Sportfischer-Vereinigung des betreffenden Départements sein muß, ehe man überhaupt eine Angel-Genehmigung erhalten kann, erfährt man jeweils an Ort und Stelle alles Wissenswerte für die in Frage kommenden Gewässer. Wer also während seiner Reise mal hier und mal dort an Binnengewässern fischen möchte, muß in jedem Département Mitglied der dortigen Sportfischer-Vereinigung sein und eine örtliche Genehmigung besitzen. Das geht wegen des damit verbundenen Zeitaufwandes jedoch nur, wenn diese Anträge auf Mitgliedschaft bereits Monate voraus gestellt werden. Ein ganz billiges Vergnügen ist das dann natürlich nicht, denn die örtlich zuständige *Association de Pêche et de Pisciculture* (APP) erhebt teilweise sehr erhebliche Mitgliedsbeiträge. Hinzu kommt, daß man außerdem auch noch Fischereimarken kleben muß *(timbre-taxe piscioles)*, die in unterschiedlicher Preislage erhältlich sind für Grundangelei, für Wurfangelei und für Lachsfischerei. Selbstverständlich gibt es auch in allen Binnengewässern Schonzeiten und Mindestmaße, die jedoch ebenfalls örtlich verschieden sind. Ein Trost jedoch für Urlauber: Viele Bürgermeisterämter *(mairies)* und gemeindeeigene Campingplätze *(Camping Municipal)* geben örtliche Angelscheine ohne große Formalitäten aus, die als Tagesscheine oder Wochenscheine jedoch nur Gültigkeit an einem bestimmten Gewässerabschnitt haben.

Ich empfehle jedem, der an Binnengewässern angeln möchte, sich für das zu bereisende Départment mit der zuständigen *Fédération Départementale d'Association de Pêche de Pisciculture* in Verbindung zu setzen, die alle erforderlichen Auskünfte gibt. Eine Liste aller dieser Stellen ist in dem ausgezeichneten Merkblatt *»Pêche en France«* (leider nur in französischer Sprache) enthalten, das man über das französische Reisebüro in Frankfurt/M.

anfordern kann. Auf diesem Merkblatt sind auch die wichtigsten Fischarten mit Namen und Abbildungen sowie Mindestmaße enthalten.

9. Sporttauchen

Sporttauchen ist in französischen Binnengewässern grundsätzlich nicht erlaubt. Entlang der Küste kann man es ohne Genehmigung überall dort ausüben, wo keine militärischen Schutzgebiete, Fischereischutzgebiete oder andere Sperrgebiete vorhanden sind.

Die Unterwasser-Jagd darf nur von Personen ausgeübt werden, die älter als 16 Jahre sind. Wer nicht im Besitz der Mitgliedskarte der *Fédération Française d'Etudes des Sports Sous Marins* ist, kann für das laufende Kalenderjahr kostenlos auf Antrag (mit Gebührenmarke) eine Erlaubnis zum Ausüben der Unterwasserjagd beim nächsten *Bureau d'Inscription Maritime* erhalten. Die Unterwasserjagd darf nur zwischen Sonnenaufgang und Sonnenuntergang ausgeübt werden. Die Benutzung von Tauchgeräten ist hierbei nicht gestattet.

☆

Alle erforderlichen Auskünfte über Sportangeln und Sporttauchen erteilt jedes örtliche Verkehrsbüro *(Syndicat d'Initiative).*

10. Fische, Krustentiere und Muscheln

Eßbar sind fast alle Fische, auch die allerkleinsten, und alle *fruits de mer,* also Krustentiere und Muscheln, ja selbst viele Schnecken am Strand und im Tang. Welche der Fischarten *(poisson)* man besser kochen *(cuir)* und welche man braten *(rôtir)* oder grillen *(griller)* sollte, erfragt man am besten örtlich.

Alle Krustentiere *(crustacés)* wie Hummer *(hommard),* Langusten *(langoustes),* Schlankhummer *(langoustines)* – in Italien als *scampi* bekannt – und Großkrabben *(crabes)* wirft man mit dem Kopf voran lebend in kochendes Salzwasser, in dem sie in Sekundenschnelle tot sind. Man kocht sie 10–12 Minuten. Hummer und Langusten, aber auch Schlankhummer sind teuer, an normalen kleinen Krabben – bei uns zu den Taschenkrebs-Familien gerechnet – ist außer für Suppe nichts dran. Billig und ausgezeichnet im Geschmack ist die *araignée,* und auch der *dormeur* läßt sich gut essen. Nur sind leider die »Große Seespinne« mit ihrem ovalen, roten Stachelpanzer und sehr langen Beinen und Scheren sowie auch der an zweiter Stelle genannte große Taschenkrebs, nur selten an der Mittelmeerküste, dagegen aber zu Anfang des Sommers auf Korsika, zu bekommen. Fischgabeln mit messerartiger Schneide sollten nirgends bei der Kombüsen-Ausstattung fehlen. Aber auch keinesfalls ein stabiler, rostfreier Nußknacker zum Aufknacken der Beine von Krustentieren, ebenfalls nicht die langen Hummern-Gabeln mit leicht gebogenen Spitzen und schließlich auch nicht lange Nadeln mit großen Köpfen – ich selbst nehme rostfreie Kartennadeln mit großen Glasköpfen – zum Auspuhlen der Meeresschnecken. Wer es ganz gut machen will, der kaufe sich auch eines der kurzen, sehr festen Austern-Messer. Natürlich kann man auch mit einem anderen Messer eine Auster *(huitre)* aufbrechen, jedoch schützt beim Spezialmesser ein Korb die Hand vor Verletzungen. Und vergessen Sie bitte keinesfalls ausreichend große Töpfe zum Kochen, denn gerade Krustentiere sind groß, und Miesmuscheln *(moule)* meist sehr reichlich. Allerdings werden nicht nur Austern, sondern auch Miesmuscheln oft roh (meist mit etwas Zitrone) gegessen, während man die übrigen kleinen Schalentiere kurz in Weißwein ankocht oder in Olivenöl anbäckt. Übrigens immer mit Knoblauch *(aille).*

11. Wind und Wetter

Wind und Wetter an der französischen Mittelmeerküste sind sehr unterschiedlich. In den Sommermonaten, also gerade in der Urlaubszeit, regt sich oft kein Lufthauch, bzw. gibt es nur morgens bis 1000 h und vorübergehend abends Wind. Das Mittelmeer liegt manchmal wochenlang wie Blei da. Doch wenn von N her der *Mistral* bzw. die *Tramontane* von NW einfallen, dann tun sie es urplötzlich. Die Temperatur kann bis um 10° sinken. Diese Winde setzen oft mit solcher Gewalt ein, daß selbst Dickschiffe in Gefahr kommen können. Innerhalb von Minuten ist das Meer dann so aufgewühlt, daß das Einlaufen in einen Hafen unmöglich werden kann. Nicht umsonst liegt alles voller Wracks, von phönizischen, griechischen und römischen ebenso wie von Frachtern oder Yachten die erst gestern strandeten oder auf Klippen und Riffe liefen.

Die nachfolgende Zusammenstellung kann nur als Anhalt gelten. Örtlich sind nicht nur die Wirkungen der einzelnen Winde unterschiedlich, sondern auch deren Bezeichnungen, teilweise sogar ihre Richtung.

Mistral nennt man auch in diesem Raum des Mittelmeeres den von Norden durch das Rhône-Tal oder über die Berge hinunter blasenden Wind. Während er zwischen dem Languédoc und Cannes jederzeit einfallen kann, ist er zwischen Cannes und der italienischen Grenze selten. Dieser Wind, oft ganz harmlos beginnend, ist mit keinem der im nördlichen Europa üblichen Winde zu vergleichen. Es kommt vor, daß er innerhalb von Minuten wie eine Fallbö einfällt und unvorstellbares Unheil anrichten kann. Vor allem im Frühjahr und Herbst oder Winter sollte man mit kleineren Booten gar nicht erst auslaufen, wenn das Barometer nicht beharrlich auf Schönwetter stehenbleibt. Man erkennt den *mistral* unter Umständen bereits ein oder gar zwei Tage voraus an ausgesprochen roter Sonne in einem roten Himmel, der teilweise von einzelnen langgezogenen Wolken bedeckt sein kann. Diese Wolken mit anfangs rosa Farbe werden zu einem bleiernden Grau und vereinzelt gewittrig schwarz. Hierzu kann man sich merken, daß, je schneller die Wolken grau und schwarz werden, auch der *mistral* nicht nur schneller kommt, sondern auch entsprechend stärker auftritt. Mit zunehmender Verdunkelung beginnt Seegang von Nord nach Süd. Das gilt selbst für die frühen Morgenstunden, in denen es keine Brise gibt und das Meer trotzdem in südlicher Richtung läuft. Während der Nachtstunden kann das Meer wieder völlig ruhig daliegen.

Tramontane nennt man einen Wind aus allgemein nördlicher Richtung, der dem Mistral sehr ähnlich ist. Er kommt zwischen der spanischen Grenze und Marseille zumeist aus NW-Richtung, bis zum *Cap Sicié* (westlich *Toulon)* sogar aus allgemeiner nördlicher Richtung und ist auch zeitweise auf den *Iles du Levant* sehr kräftig zu spüren. Die Vorzeichen der *tramontane* sind an der Küste von Westen bis etwa Marseille hin gleich. Der Himmel wird selbst im Hochsommer ausgesprochen bleich, ja oft sogar fast weiß, während Wolken erscheinen und sich zeitweise zu riesigen Haufenwolken auftürmen, die sich dann wieder zerstreuen. Die Farbe der See wird immer dunkler bis fast blauschwarz. Vor allem abends scheinen die Berge handgreiflich nahe zu sein. Die See selbst wird hin und wieder aufgeworfen, um dann wieder bleiern dazuliegen. Anschließend beginnt das Wasser in allgemein südlicher Richtung zu »laufen«, also nur kleine Windwellen zu bilden. Wenn dann die *tramontane* einfällt, so mit einer Windstärke 5–8, die sofort schwere Seen aufwirft und überaus gefährlich ist.

Est (Ost-Wind), örtlich auch *marin* genannt, kommt im Sommer selten vor. Er ist feuchtwarm, bringt diesige Luft mit und leitet zumeist eine Schlechtwetterperiode ein. Durch seine oft sehr kurzen und harten Seen versetzt er den Strom, ist aber auch für vor Anker liegende Boote sehr gefährlich. Voraussagen kann man ihn, wenn bei grauwerdendem Himmel das Meer gleichzeitig von O oder SO her auf das Land zu in Bewegung kommt, und zwar bis in die Buchten der Küste hinein, soweit sie nicht ausschließlich nach W und NW geöffnet sind. Dieser Ostwind entsteht vor allem nach besonders strahlenden Tagen mit blauem oder sogar goldfarbenem Himmel im Frühjahr oder Herbst. Er tritt meist nicht sehr plötzlich auf, dafür jedoch sehr hart, und dauert allgemein einige Tage.

Der *Sud* (Südwind) wird je nach der Gegend an der Mittelmeerküste auch *Lagarde* oder *Schirokko* genannt. Er kommt von Afrika her, bringt schwüle Hitze mit feuchter Luft und diesiges Wetter, manchmal sogar rötlichen Sandstaub aus der Sahara. Er verursacht meist nicht viel mehr als eine lange, oft jedoch hohe Dünung, die auf See kaum gefährlich ist.

Ouest bezeichnet man den Wind aus westlicher Richtung, der allerdings auch in den Sommermonaten seltener vorkommt. Er bringt meist über den Atlantik hinweg starke Abkühlung und kann überall dort gefährlich werden, wo er in nach Westen oder Südwesten offene Buchten hineinsteht. Gerade während der Urlaubsmonate kommt es kaum vor, daß er plötzlich auftritt. Meist erhebt er sich erst nach 1200 h mittags und braucht dann oft 24 Stunden oder mehr, um sich zu voller Stärke zu entwickeln.

Ponant ist ein Wind aus West, der auch zwischen der Rhône-Mündung und den *Iles du Levant* vorkommt, jedoch hauptsächlich zwischen der Provence und über die spanische Grenze hinaus an der iberischen Küste. Zumeist zeigt er sich vormittags noch gar nicht besonders an, sondern beginnt etwa um die Mittagszeit bei klarem Himmel mit einem plötzlichen Einfall über völlig ruhiger See. Es handelt sich um einen Wind, der vom Atlantik her über die Nordwestspitze von Afrika hinwegsteht und daher schon viel von seiner Kraft verloren hat, ehe er das Mittelmeer erreicht.

Der *Sudouest* (SW) – auf Korsika wird er *Libeccio* genannt – kann vor allem auf offener See und vor der korsischen Küste fast ohne Anzeichen sehr plötzlich und äußerst hart auftreten. Es ist keine Seltenheit, daß aus der Windstille heraus plötzlich Böen mit Beaufort 7 und mehr einfallen.

Brises solaires ist die Bezeichnung für umlaufende Winde, die vor allem in den Sommermonaten vor der Küste zwischen der *Camargue* und den *Iles d'Hyères* auftreten. Dieser Wind beginnt vor Sonnenaufgang schwach aus NO oder ONO zu wehen, dreht im Verlauf des Vormittags auffrischend auf SO bis SSO, weht um die Mittagszeit aus S bis SSW, nachmittags aus W und flaut abends bei NW ab.

Eine Eigenart gerade in diesem Raum des Mittelmeeres ist, daß man Seen (Wellen) aus drei bis vier Richtungen gleichzeitig, auch über ganze Tage hinweg, erleben kann. Ich bin einmal zu den *Iles d'Hyères* bei West um 5 aus *Le Lavandou* ausgelaufen, um überrascht festzustellen, daß gleichzeitig eine See aus Ost stand, die sich kaum 0,5 sm von der Küste entfernt mit einer langen Dünung aus Süd zu unangenehmen Kreuzseen vermischte. Kurz vor der Insel *Porquèrolles* kam dann noch die See eines Mistrals ins Genick, so daß man nur noch von »Schietseen« sprechen konnte. Wir befanden uns in einer recht unangenehmen Lage.

✫

An dieser eigenartigen Küste muß man jederzeit auf jede Überraschung gefaßt sein, selbst bei ruhigstem Sonnenwetter im Hochsommer. Nicht umsonst ist deshalb eine Grundausrüstung für Sportboote an französischen Küsten durch das Gesetz vorgeschrieben. Sie hat tatsächlich ihren Sinn, und man sollte lieber zu viel des Guten als zu wenig daran tun. Das gilt vor allem für all die, die aus dem Binnenland kommen, das herrlichste, glühendheiße Sommerwetter ohne ein Katzenpfötchen auf der See sehen ... um dann auf einmal erleben zu müssen, wie in drei oder vier Minuten das Meer »kocht«.

Die gesamte französische Mittelmeerküste ist gerade für den Wassersportler ein herrliches Revier. Auch das Wetter ist im Hochsommer wie im Bilderbuch – zumeist. Man sollte sich aber auch auf das Gegenteil einrichten und ja nicht irgend etwas »besser wissen wollen« als die Küstenbewohner.

Barometer und Wetterberichte (siehe Angaben für Küstenfahrer) sind überaus wichtig für den Sportbootfahrer an der Küste. Die Ratschläge der alten Leute im Hafen sind noch wichtiger. Und wenn kleine Fischerboote oder ortsansässige Sportboote selbst bei Sonnenwetter nicht auslaufen, dann sollte man es auch nicht tun. Diese Leute wissen schon, warum sie zuhause bleiben.

12. Wasser und Strömungen

Das Wasser an der Oberfläche des Mittelmeeres ist im Sommer warm, für unsere nördlichen Begriffe sogar sehr warm. Diese Temperatur nimmt jedoch mit zunehmender Tiefe stark ab. Das ist vor allem für Sporttaucher wichtig zu wissen, denn auch hier im Süden sollte man unbedingt einen Tauchanzug tragen, um sich vor Unterkühlung zu schützen. Schließlich sind in wenigen Meter Tiefe nur noch höchstens + 10° C zu finden, die nach der Hitze an Land oder an Bord einen schweren Kollaps herbeiführen, ja sogar tödliche Wirkung haben können.

Selbst bei bleiernem Wasser gibt es entlang der französischen Mittelmeerküste eine ganze Reihe von Strömungen, die bis zu 2 kn, also fast 4 km/h, laufen und natürlich viele Probleme ergeben können. Das gilt sowohl für Ankerungen als auch für die Zeit, die man irgendwo treibend in einer Bucht dösend verträumen möchte. Jedes Sportboot muß grundsätzlich verankert oder irgendwo festgemacht werden. Das gilt vor allem für Boote von Sporttauchern, die ihr Boot irgendwo unbesetzt liegen lassen.

Ein Tip: Die in diesem Buch aufgeführten Strömungen sind zumeist Oberflächenströmungen. Daraus ergibt sich, daß bei starkem Westwind ein von Ost her stehender Strom oft fast völlig aufgehoben werden kann. Das zu wissen kann lebenswichtig sein, wenn man bei Nebel, diesigem Wetter oder Dunkelheit nach Karte und Kompaß navigieren muß und keine Peilungsmöglichkeit besteht.

Gezeiten

Entlang der französischen Mittelmeerküste sind die Gezeiten kaum meßbar. Sie treten zwar zweimal innerhalb von 24 Stunden auf, bringen jedoch selbst bei Springtide kaum mehr als 0,1 m, also kaum 10 cm Differenz im Wasserstand.

Wenn schon Änderungen im Wasserstand entstehen, so durch auflandigen Wind. In einzelnen Häfen sogar bis etwa + 1,00 m oder durch ablandigen Wind bis zu — 0,50 m.

13. Häfen

In allen französischen Sportboothäfen herrscht während der Saison eine unbeschreibliche Fülle und Enge. Wer nicht bereits Monate voraus einen Liegeplatz bestellt hat, hat kaum eine Chance, einen Dauerplatz für die Ferien zu erhalten. Vielmehr kann er oft zufrieden sein, für einige Stunden festmachen zu dürfen. Fast in allen Häfen ist es nur erlaubt, mit Heck zum Kai oder Steg festzumachen. Soweit keine Festmache-Bojen vorhanden sind, muß man Anker ausbringen. Am besten sogar 2 Anker, wenn man nicht in einer ausgesprochen geschützten Ecke des Hafens liegt. Noch wichtiger als Leinen — denn man liegt sowieso Bord an Bord — sind viele Fender. Anderenfalls ist man zumindest den Lack außenbords los, oft sogar einige Planken oder Spanten.

Freies Ankern in Häfen ist selten möglich. Sollte einem eine Festmache-Boje zugewiesen worden sein, so muß man unbedingt auch einen Heckanker ausbringen, denn anderenfalls rammt das schwoiende Boot nicht nur die Nachbarn, sondern auch Kai oder Pier.

Grundsätzlich sollte man wissen, daß die Benutzung von Häfen zumeist nicht nur gebührenpflichtig und teilweise sogar sehr teuer, sondern auch nur an dem Platz gestattet ist, der einem durch den Hafenkapitän oder den Hafenwart zugewiesen wurde. Es kann vorkommen, daß dieser Platz täglich gewechselt werden muß. Das ist keine Schikane, sondern hängt mit den Planungen für größere und tiefergehende Schiffe, aber auch mit erwarteten Aenderungen der Windrichtung zusammen.

14. Auskünfte

In Deutschland erhält man alle erforderlichen Auskünfte für Reisen nach Frankreich in deutscher Sprache über das *Amtliche Französische Verkehrsbüro* in Frankfurt/Main.
In Frankreich erhält man schriftlich oder telefonisch alle Auskünfte durch:

Touring-Club de France
Service Nautique
65, Avenue de la Grande Armée — 75 Paris 16
Telefon: 7 27 - 89 - 89 und 5 53 - 39 - 59
Cercle Nautique du Touring Club de France
Port des Champs Elysées — 75 Paris 8
Telefon: 2 65 - 92 - 49
Bureau Regional du T. C. F. de Toulon
7, Place d'Armées — 83 Toulon
Telefon: 92 - 80 - 83

In Frankreich verfügt praktisch jeder Ort mit Fremdenverkehr über das *Syndicat d'Initiative* (Verkehrsbüro). Sollte in einem Ort kein Verkehrsbüro vorhanden sein, so frage man den nächsten Polizeibeamten *(agent de police)*, die durchweg überaus höflich sind, oder im Bürgermeisteramt *(mairie)*.

Auskünfte über den Wassersport in Frankreich für die Mitglieder seiner Clubs geben der *Deutsche Motoryachtverband e. V.* in 2 Hamburg 76, Stormsweg 3, Telefon 22 47 27, sowie auch die großen Automobil-Clubs (*ADAC, AvD* usw.) für ihre Mitglieder.

Auskunft über Binnengewässer

Sous-direction des Voies Navigables, *Ministère de l'Equipement,* 246, Boulevard Saint Germain, Paris 6.

Auskunft über Küste und See

Für die französischen Küstengewässer und die See erhalten ausländische Bootseigner bzw. Bootsführer alle erforderlichen Auskünfte durch das Generalkonsulat der Handelsmarine:

Bureau de la Navigation de Plaisance, 3, Place Fontenoy, Paris 7.

Deutsches Generalkonsulat

Das für die französische Mittelmeerküste einschließlich Korsika zuständige deutsche Generalkonsulat befindet sich: 333, Avenue du Prado, F-13 Marseille 8e, Telefon 77 60 90 und 77 08 98.

Wassersport-Verbände

Motorbootsport:

Fédération Française Motonautique, 8, Place de la Concorde, Paris 8, Telefon: 2 65 - 34 - 70.

Segelsport:

Fédération Francaise de Yachting à Voile, 82, Rue Saint-Lazare, Paris 9, Telefon: 5 26 - 00 - 30.

Wasserski:

Fédération Française de Ski Nautique, 9, Boulevard Péreire, Paris 17, Telefon: 2 67 - 15 - 66.

Meldebehörden für Sportboote an der Küste
(Inscription Maritime)

Teil I: *Rhône – italienische Grenze*

Port Saint Louis du Rhône, Port, Telefon 0 - 52
Port de Bouc, quai des Salins in Martigues, Telefon 09 - 00 - 41
Martiques, quai des Salins, Telefon 09 - 00 - 41
Marseille, 23 rue des phocéens, Telefon 20 - 39 - 65
Cassis, quai Stalingrad, Telefon 08 - 04 - 20
Sanary, quai des Baux
Brusc, rue Marius-Boudil, Telefon 94 - 03 - 96
Seyne, Telefon 94 - 82 - 75
Toulon, rue Henri-Pastoureau, Telefon 92 - 67 - 62
Giens, Telefon 66 - 22 - 45
Salins d'Hyères, Telefon 66 - 41 - 04, Le Lavandou, Tel. 3 - 09
St. Tropez, quai de l'Epi, Telefon 97 - 02 - 72
St. Raphaël, Place Kennedy, Telefon 95 - 11 - 79
Cannes, quai St. Pierre, Telefon 39 - 38 - 39
Golfe Juan, Telefon 34 - 71 - 18
Antibes, bv. d'Aquillon, Telefon 34 - 15 - 26
Nice, 22 quai Nunel, Telefon 85 - 53 - 39
Villefranche, Telefon 80 - 70 - 02
Menton, Villa Faraldo, quai Laurenti, Telefon 35 - 78 - 27

Teil II: *Rhône – spanische Grenze*

Grau du Roi, 23 de l'Aurore, Telefon 0 - 68
Palavas-les-Flots, Telefon 29 - 01 - 07
Sète, quai F.-Maillol, Telefon 74 - 24 - 31
Agde, Telefon 55
Valras Plage, 24 bd. Marine, Telefon 93 - 01 - 33
Port-la-Nouvelle, rue Pasteur, Telefon 26
Port Vendres, Place Castellane, Telefon 12

Teil III: *Korsika*

Ajaccio, Telefon 2 - 53
Bastia, Vieux Port, Telefon 2 - 55
Bonifacio, Port, Telefon 50
Calvi, quai Landry, Telefon 1 - 71

15. Angaben für Küstenfahrer

Wind

Beaufort	Bezeichnung	mittl. Geschw.		mögl. Wellenhöhe (m)	
		kn	km	Küste	hohe See
0	Calme	—1	—1	—	—
1	Très légère brise	1—3	1—5	0,1	0,1
2	Légère brise	4—6	6—11	0,2	0,3
3	Petite brise	7—10	12—19	0,6	1
4	Jolie brise	11—16	20—28	1	1,5
5	Bonne brise	17—21	29—38	2	2,5
6	Vent frais	22—27	39—49	3	4
7	Grand frais	28—33	50—61	4	5,5
8	Coup de Vent	34—40	62—74	5,5	7,5
9	Fort Coup de Vent	41—47	75—88	7	10
10	Tempête	48—55	89—102	9	12,5
11	Violente Tempête	56—63	103—117	11,5	16
12	Ouragan	64—71 u. +	118—133 u. +	14	+

Wellen (See)

Beaufort	Bezeichnung frz.	Erklärung frz.	Bezeichnung dtsch.	Wellenhöhe m
0	Calme	sans rides	unbewegt	0
1	Calme	ridée	gekräuselt	0,1
2	Belle	vaguelettes	ruhig (Katzenpfötchen)	0,1—0,5
3	Peu agitée	—	leicht bewegt	0,5—1,25
4	Agitée	—	mäßig bewegt	1,25—2,5
5	Forte	—	ziemlich grob	2,5— 4
6	Très forte	—	grob	
7	Grosse	—	hoch	6— 9
8	Très grosse	—	hoch	9—14
9	Énorme	—	sehr hoch	über 14

Wetterberichte

	Radio	kHz	Uhrzeit
Großwetterlage	Marseille	1906	0705 — 1220 — 1615 h
	Marseille	1906	0103 h (außer Korsika)
	Grasse	2649	0733 — 1233 — 1645 h
Sturmwarnung		2182	jede volle Stunde + 3 und + 33 min
Küstenwetterlage	Monte Carlo	1466	0825 — 1703 h
	Nice	1554	0530 — 0630 — 1130 — 1815 h (alltags) 1830 h (sonntags)
	Genova	1722	0135 — 0735 — 1335 — 1935 h
	Livorno	2591	0135 — 0735 — 1335 — 1935 h
	Roma	519 4292	0050 — 0650 — 1250 — 1850 h
	Barcelona	1730	0750 — 0803 — 1303 — 1350 h

Alle Zeitangaben = MEZ + 1 h.
(Die Zeiten können — oft jährlich — wechseln.)

Himmelsrichtungen

(deutsch)		(französisch)	
Nord =	N	Nord =	N
Süd =	S	Sud =	S
Ost =	O	Est =	E
West =	W	Ouest =	O
Südwest zu West =		(q = quarty = Viertel) =	SOqO
		aber auch =	SWqW

Uhrzeit	0 Uhr 12 min	= 0012 h
	13 Uhr 52 min	= 1352 h
Entfernung	1 Seemeile (sm)	= 1825 m
	1 Kabellänge (Kblg.)	= 182,5 m
Geschwindigkeit	1 km/h	= 1000 m/h
	1 kn (Knoten) = 1 sm/h	= 1825 m/h

Funkfeuer

	Morse	Reichw. sm	kHz	Ausstrahlg. (Beginn . . . min nach voller Std.) Nebel/klar		Dauer
Cap Béar 42°31'N-3°08'E	BR	100	287,3	0, 6, 12 . .	./.	2 min
Porquèrolles 42°59'N-6°12'E	PQ	100	287,3	2, 8, 14 . .	./.	2 min
La Garoupe 43°34'N-7°08'E	GO	100	287,3	4, 10, 16 . .	./.	2 min
Port de Bouc 43°24'N-4°59'E	BO	10	310,5	ständig		10 sec
Cap Couronne 43°20'N-5°03'E	CR	10	303,4	ständig		10 sec
Sète	SE	20	305,7	0, 4, 8, 12 . .	./.	2 min

Notruf

Telefonie 3x »MAYDAY« 2182 kHz (137,5 m)

☆

Sehr empfehlenswert für alle Radio-, Funk- und Telefonie-Angaben: »Carte de Radionavigation Maritime« 1:1 000 000 — RX 5 — Méditeranée Occidentale, von Editions Maritimes et d'Outre-Mer, Blondel La Rougery, Paris.

Erklärungen für Leuchtfeuer

F	Festfeuer
Ubr.	Unterbrochenes Feuer m. Einzelunterbrechung
Ubr. ( )	Ubr. mit Gruppen von 2 u. mehr Unterbr.
Glt.	Gleichtaktfeuer
Blk.	Blinkfeuer m. Einzelblinken
Blk. ( )	Blk. mit Gruppen von 2 u. mehr Blinken
Blz.	Blitzfeuer mit Einzelblitzen
Blz. ( )	Blz. mit Gruppen von 2 u. mehr Blitzen
Fkl.	Funkelfeuer mit dauerndem Funkeln
Fkl. unt.	Funkelfeuer mit Unterbrechungen
Wchs.	Wechselfeuer
Mi.	Mischfeuer
Mo.	Morsefeuer
w.	weiß } Sektoren
r.	rot } Sektoren
gn.	grün } Sektoren

16. Die wichtigsten Begriffe der Navigation

Wissen muß man:

Seekarten gibt es für alle Meere. »Segelkarten« werden für größere Abschnitte herausgegeben, eignen sich also für Langfahrten, bei denen es nicht darauf ankommt, jede Bucht genau zu kennen. »Küstenkarten« in größerem Maßstab dagegen sind gerade für die Bucht-Schipperei und das Anlaufen aller Häfen besonders geeignet. Außerdem gibt es »Sonderkarten«, zu denen auch die reinen Hafenkarten gehören. Küstenkarten und Sonderkarten sollte man in dem Land kaufen, dessen Gewässer man befährt.

Maßstab beispielsweise 1:100 000 bedeutet, daß 1 cm auf der Karte = 100 00 cm in der Natur darstellt, also 1 cm = 1 km. (Beim Maßstab 1:25 000 ist 1 cm also = 250 m, 4 cm = 1 km.) Der Maßstab am seitlichen Kartenrand bei Seekarten ist in sm (1852 m) dargestellt. Die Breite nimmt man am »stehenden« Kartenrand und die Länge am »liegenden« Kartenrand ab.

Breite sind parallele Linien von 0° (Äquator) ausgehend (wie quergeschnittene Apfelscheiben) jeweils 90° bis zum Nordpol und 90° bis zum Südpol.

Länge sind gleichlange Linien (Meridiane) von 0° (Greenwich) vom Pol zu Pol ausgehend (wie Apfelsinenstücke) mit jeweils 180° nach West und 180° nach Ost.

Karten-Null wird auf den Karten einzelner Länder unterschiedlich definiert; wie, das sagen die Handbücher. Vom Karten-Null aus werden die Tiefen angegeben. Übrigens auch unterschiedlich nach Meter, nach Faden (1,83 m) oder Fuß (30,5 cm), was aber auf jeder Karte angegeben ist.

Kompaß als Instrument zur Nordweisung unterliegt — neben konstruktiven Mängeln vor allem billiger Geräte — einer Reihe von Abweichungen, die man unter allen Umständen bei der Kursbestimmung berücksichtigen muß. Um Fehler von vornherein zu vermeiden, sollte man für OST stets die internationale Abkürzung E benutzen. (Die Abkürzung O bedeutet in vielen Ländern WEST.)

Mißweisung ist die Differenz zwischen wahrer (rechtweisender) N-Richtung und magnetischer N-Richtung. (Sie ist an jedem Ort der Welt verschieden und im Laufe der Jahre veränderlich, was aber auf jeder Seekarte eingetragen ist.) Die Mißweisung wird nach E mit (-) und nach W mit (+) bezeichnet.

Ablenkung oder *Deviation* erfolgt durch Magnetfelder des Schiffes. Sie wechselt mit dem Kurs des Schiffes. Eine entsprechende *Steuertafel* sollte auf seegehenden Yachten vorhanden sein. (Sie muß jedes Jahr neu festgelegt werden. Übrigens verändert schon ein Batterie-Radio oder ein Foto-Belichtungsmesser, wenn sie näher als 1,50 m vom Kompaß sind, die Deviation ebenso wie Schweißarbeiten an Bord oder Winterlagerung.)

Fehlweisung ist das Ergebnis aus Mißweisung + Ablenkung, also Winkel zwischen wahrer N-Richtung (WN) und Kompaß-N-Richtung (KN).

Kurs ist die Fahrtrichtung des Schiffes. Zum Aussetzen (Bestimmen) des Kurses ist neben der Fehlweisung auch noch die Einwirkung von Wind, also die seitliche Abtrift (die bei langsamen Schiffen und hohen Aufbauten zunimmt), zu berücksichtigen. Das gleiche gilt für das Versetzen durch Strom. Berechnet werden Trift und Versetzen von Bb. mit (+) und von Stb. mit (-). Weiterhin muß – mit Ausnahme großer Teile der Ostsee und des Mittelmeeres – die Gezeitenströmung berücksichtigt werden.

Wind wird *aus* der Richtung, aus der er kommt,
Strom in der Richtung, in die er läuft, bezeichnet.

Peilung ist die Bestimmung des augenblicklichen Standpunktes (Ort) eines Schiffes nach Länge und Breite. Die wichtigsten Arten der terrestrischen Peilung, also der Ortsbestimmung nach Landmalen, muß jeder beherrschen, der ein Boot auf See führt; auch, wenn es nur dicht unter der Küste ist.

Seezeichen, schwimmende und feste, müssen ebenso bekannt sein wie

Betonnungs-Systeme der einzelnen Länder.

Feuer dienen dazu, sich bei Dunkelheit genau orientieren zu können. Jedes Feuer hat eine andere Kennung. Sowohl diese Kennung als auch ihre Höhe über Karten-Null, seine Sichtweite über See und die Art des Feuerträgers (z. B. Leuchtturm) mit genauer Position nach Länge und Breite und sogar die Beschreibung dieses Feuerträgers bei Helligkeit sind genau dargestellt im »*Leuchtfeuerverzeichnis*«, das für einzelne Meere oder Meeresteile jährlich herausgegeben wird.

Fest nennt man ein Feuer (ganz gleich ob weiß oder rot oder grün), das ununterbrochen leuchtet.

Ununterbrochen ist ein Feuer, bei dem die Dauer des Lichtes länger ist als die Dunkelperiode.

Blink nennt man ein Feuer, bei dem die Dunkelperiode länger ist als die Lichtdauer.

Blitz bedeutet, daß das Licht jeweils höchstens 1 sec aufleuchtet.

Funkel sind sehr schnelle Blitze (40 und auch erheblich mehr pro Minute).

Gruppen können (außer Funkel) alle Feuer bilden. Zwischen den Gruppen müssen jedoch längere, ebenfalls genau angegebene Dunkel-Perioden bestehen.

Wissen bzw. kennen sollte man:

Funk-Navigation, auch mit einfachen Ferrit-Stabantennen in Kofferradio-Empfängern.

Wetterfunk-Stationen mit ihrer Wellenlänge und den Sendezeiten.

Wetterbericht und Wetterkarte und wie sie zu lesen sind, auch die entsprechenden Grundbegriffe in fremden Sprachen.

Barometer-Stand und wie er von Wetteränderungen beeinflußt wird.

Thermometer-Stand und der Einfluß des Wetters auf ihn. (Dazu gehört, daß jede extreme Änderung des Standes von Barometer und Thermometer — insbesondere, wenn beide sich in etwa zur gleichen Zeit nach oben oder nach unten verändern — eine schnell einsetzende Gefahr bedeuten kann.)

Haben muß man:

Handbuch Nr. 2000 »Für Brücke und Kartenhaus« vom Deutschen Hydrographischen Institut (DHI), aus dem man alles über Seekarten und Handbücher, auch über deren Berichtigung, und noch vieles andere ersehen kann.

Handbuch Nr. 2452 »Verzeichnis der nautischen Karten und Bücher«.

Handbuch Nr. 2100—2112, je nach Revier, »Verzeichnis der Leuchtfeuer und Signalstellen«. (Überaus wichtig nicht nur wegen der einzelnen Kennungen bei Dunkelheit, sondern auch wegen der Ansichts-Beschreibung des betreffenden Feuerträgers und seiner geographischen Breite und Länge. Werden jährlich neu herausgegeben.)

Abkürzungen, die auf Seekarten angegeben werden, findet man auf Seekarte deutsch Nr. 1, britisch Nr. 5011, italienisch Nr. 1111, französisch Nr. SH 88 und spanisch Nr. OD.

Handbuch Nr. 2157 »Verwendung der Wetterfunksprüche an Bord . . .« braucht man unbedingt, um Seewetterberichte verstehen zu können.

Gezeitentafeln werden für jedes Meer bzw. einzelne Küsten jährlich neu herausgegeben. (Nicht erforderlich im Mittelmeer)

Seehandbuch gibt es vom DHJ praktisch für jede Küste.

Hafenhandbuch wird von der Kreuzerabteilung im DSV für Ostsee, Nordsee und Mittelmeer (nicht für die französische Küste) herausgegeben.

Seekarten, die es für jedes Revier gibt, müssen jährlich vor Beginn der Saison — möglichst amtlich — berichtigt werden.

Kompaß, möglichst mit Peilaufsatz, anderenfalls zusätzlich zum Kompaß ein Hand-Peilkompaß. Für Kleinboote ist ein Handpeilkompaß oft besser als ein fest eingebauter. Im Kleinstboot und als Reserve ist auf jeden Fall ein wasserdichter Kleinst-Handkompaß mit Peilvorrichtung besser als ein Autokompaß mit Gummihaftscheibe.

Kartenzirkel, 2 Kursdreiecke — davon eins mit Winkelmesser, beide möglichst mit Handhabe — oder aber ein Parallel-Lineal und zusätzlicher Winkelmesser, mittelweiche Bleistifte, Bleistiftanspitzer und Radiergummi braucht man unbedingt.

An Bord sollten sein: **Log** (Geschwindigkeitsmesser), **Lot** (Tiefenmesser), genaugehende wasserdichte **Uhr** mit großem Sekundenzeiger, **Barometer** und **Thermometer**. Außerdem ausreichend großer Kartentisch bzw. Kartenbrett und hierzu eine nicht blendende Beleuchtung. Zu guter Letzt sollte auch im kleinsten Boot ein **Fernglas** vorhanden sein.

Haben sollte man . . .

Radio-Empfänger (mit Grenzwellenbereich) zum Abhören der Seewetterberichte. (Es gibt preiswerte Koffergeräte, die völlig ausreichen.)

Peil-Empfänger. (Für Küstengewässer reicht — wenn man nicht dicht unter Land, hinter Kaps oder hohen Bergen ist — auch ein Kofferradio mit Grenzwellenbereich und Ferrit-Stabantenne aus.) Bei in Deutschland registrierten Booten ist jedoch in jedem Falle sowohl eine Genehmigung der Deutschen Bundespost als auch eine Funkbeschickungstabelle erforderlich.

17. Seefahrt-Lexikon

Auf jeder Seekarte findet man eine Reihe von Ausdrükken, die natürlich gerade in fremden Sprachen kaum verständlich sind. Aus diesem Grunde sind hier die wichtigsten französischen Ausdrücke zusammengestellt, die für den Sportskipper von Bedeutung sein könnten.

abri	Schutz
aiguille	Nadel (Fels-)
amarrer	vertäuen
amont	stromaufwärts
anse	kleine Bucht
appontement	Landungsbrücke
arrière-port	Innenhafen
au-dessus du zéro	über Kartennull
au-dessous du zéro	unter Kartennull
aval	stromabwärts
avant-port	Vorhafen
bâbord	Backbord
baie	Bucht
balisage	Betonnung
banc	Bank
barrage	Damm, Wehr
barre	Barre
bas, -se	niedrig
basse	Untiefe, Riff
basse mer	Niedrigwasser
bassin à flot	geschlossenes Hafenbecken
bâteau	Boot
bâteau à moteur	Motorboot
bouche	Mündung
bouée	Tonne
boussole	Kompaß
brisant	Brandung, Brecher
brouillard	Nebel, Dunst
brume	Nebel
cable	Kabel
cale	Slip
capitainerie	Hafenamt
chaîne	Kette
chantier	Werft
chapelle	Kapelle
château	Schloß, Burg
château d'eau	Wasserturm
chaussée	Riff
chemin de fer	Eisenbahn
cheminée	Schornstein
chenal	Durchfahrt, Fahrwasser
clocher	Kirchturm
compas	Kompaß
coquille	Muschel, auch Rumpf
côte	Küste, Abhang
courant	Strom
crique	kleine Bucht, Nothafen
droite	rechts
dangereux, dangereuse	gefährlich
darse	Hafenbecken
débarcadère	Landeplatz
digue	Deich, Wellenbrecher, Mole
douane	Zollamt
eau potable	Trinkwasser
écluse	Schleuse
écueil	Klippe
église	Kirche
élévateur	Fahrstuhl-Slip
encablure	Kabellänge
entrée	Einfahrt
évape	Wrack
est	Ost
étang	Lagune, Salzsumpf, Teich
feu	Feuer
fleuve	Fluß
fond	Grund
gauche	links
grand, -e	groß
gravier	Kies
grève	Sandstrand
grue	Kran
haut-fond	Untiefe, Grund
haute mer	Hochwasser

hélice	Propeller
houle	Dünung
île	Insel
îlot	Inselchen
inscription maritime	Melde- und Registrierstelle für Schiffe und Sportboote
jetée	Hafendamm
maison	Haus
marée descendante	fallende Gezeit
marée montante	steigende Gezeit
mer	Meer, See
milieu	Mitte
môle	Hafendamm
mont	Berg
montagne	Gebirge
moteur (horsbord — inbord)	Motor (Außenbord — Inbord)
mouillage	Ankerplatz
neuf, -ve	neu
nez	Huk, Landvorsprung
niveau	Wasserspiegel
noeud (nd)	Knoten (kn)
nouveau	neu
ouest	West
passe	Durchfahrt, Paß
pavillon national	Nationalflagge
petit, -e	klein
phare	Leuchtturm
pierre	Stein
pilier	Hafenfeuer auf kleinem Turm
plage	Strand
plat	flach, eben
pont	Brücke
port	Hafen
presqu'île	Halbinsel
rade	Reede
récif	Riff
rivière	Fluß
roch, rocher	Klippe, Felsen
ruisseau	Bach
sable	Sand
temps	Zeit, Wetter
tête	Kopf, Spitze
tonneau	Tonne
tour	Turm
tout droit	geradeaus
travel lift	fahrbarer Portalkran
tribord	Steuerbord
usine	Fabrik, Hüttenwerk
val, vallée	Tal
varec, varech	Seegras
vase	Schlick
vent	Wind
vieux, vieil, -le	alt
village	Dorf
ville	Stadt
vitesse	Geschwindigkeit
voilier	Segelboot

Im Hafen

Hafen	**port**
Yachthafen	yacht-bassin
Yachtclub	Yacht-Club, Club Nautique
Hafenamt	Capitainerie
Hafenkapitän	capitaine de port
Hafengebühr	droits de port
Zollamt	bureau de Douane
Lotsenstation	station de pilotage
Mole	môle
Wellenbrecher	brise-lame
Fahrrinne	chenal navigable
Pier	quai
Anleger	jetée
Dalben	duc d'Alba
Pfahl	poteau
Boje	bouée
an Steuerbord (Backbord) halten bzw. passieren	laisser à tribord (bâbord)
links	à gauche
rechts	à droite
geradeaus	tout droit

wie weit	quelle distance
wie tief	quelle profondeur
Kanal	canal
Schleuse	écluse
Ankerplatz	**mouillage**
Anker	ancre
ankern	mouiller
Ankerkette	chaîne
Ankerleine	aussière
festmachen	**amarrer**
ablegen	dégager
längsseits liegen	accoster
Bug (Heck) zur Pier	avant (arrière) au quai
Poller	bitte d'amarrage
Festmachering	organeau d'amarrage
Klampe	taquet
Bootshaken	gaffe
Fender	défense
Tauwerk	**cordage**
Festmacher	amarre
Spring	garde montante
Fangleine	bosse
Knoten	noeud(-s)
Palstek	noeud de chaise
Roringstek	noeud de grappin
Schotstek	noeud d'écoute
Kink	coque
Schiffswerft	**chantier navale**
Kran	grue
Fahrstuhl-Slip	élévateur
fahrbarer Portalkran	travel lift
Slip	cale
Bootsanhänger	remorque
zu Wasser bringen	mettre à l'eau
an Land bringen	tirer au sec
Reparatur	réparation
Flagge	**pavillon**
Nationalflagge	pavillon
Gastlandflagge	pavillon du pays visité
Clubstander	guidon
Signalmittel	**signeaux**
Horn	corne
Nebelhorn	corne de brume
Glocke	cloche
Sicherheit	**sécurité**
Schwimmweste	brassière
Ölzeug	cirés
Notsignalfeuer / Rakete	feux de détresse / fusée
Feuerlöscher	extincteur d'incendie
Schiffspapiere	**papiers de bord**
Registrierung	certificat de bâteau
Meßbrief	certificat de jauge
Logbuch	livre de bord
Zollpapiere	congé de douane
Reisepaß	passeport
Personalausweis	carte d'indité
Schiffsbesatzung	**équipier**
Schiffer (Schiffsführer)	skipper
Navigator	navigateur
Rudergänger	timonier
(Steuerbord/Backbord-) Wache	quart (de tribord/de bâbord)

An Bord

Wasserfahrzeug	**vaisseau**
Schiff	navire
Motorboot	bâteau à moteur
Motoryacht	motoryacht
Segelboot	canot à voile
Segelyacht	yacht à voile
Motorsegler	motor-sailer
Beiboot	dinghy
Schlauchboot	bâteau pneumatique
Rumpf	**coque**
Länge	longueur

Breite	largeur
Bug	avant
Heck	arrière
Bordwand	œuvres
Schiffsboden	carène
Bilge	fonds
Kajüte	cabine
Steuerbord	tribord
Backbord	bâbord
vorn	avant
achtern	arrière
Motorraum	**chambre du moteur**
Motor	moteur
Außenborder	moteur hors-bord
Innenborder	moteur in-bord
Zweitakter	à deux temps
Viertakter	à quatre temps
PS	c.v.
U/min	tr/min
Benzin	essence
Super	super
Diesel	diesel
Petroleum	pétrole
Motoröl	huile à moteur
Instrumente	instruments
Vergaser	carburateur
Einspritzpumpe	pompe d'injection
einstellen	régler
Filter	filtre
Batterie	batterie
Zündkerze	bougie
Zündeinstellung	réglage d'allumage
Sicherung	fusible
Lenzpumpe	pompe de cale
Wasserpumpe	pompe d'eau
Anlasser	démareur
Lichtmaschine	dynamo
Propeller	hélice
Propellerwelle	arbre d'hélice

Leerlauf	point mort
vorwärts	(marche) avant
rückwärts	(marche) arrière
Oelwechsel	vidange d'huile
Batterie aufladen	charger la batterie
prüfen, kontrollieren	controller
gebrochen	cassé
beschädigt	endommagé
Steuerung	**gouvernail**
Steuerrad	roue
Ruder	barre
Material	**matérial**
Holz	bois
Sperrholz	bois plaqué
Kunststoff	plastique
Eisen	fer
(rostfreier) Stahl	acier (inoxydable)
Bronze	bronze
Aluminium	aluminium
Gummi	gomme
Nagel	clou
Schraube	vis
Schraubenmutter	écrou
Bolzen	boulon
Hammer	marteau
Schraubenzieher	tournevis
Schraubenschlüssel	clé à écrous
Zange	pinces
Meißel	ciseau
Säge	scie
Metallsäge	scie à métaux
Elektrische Anlagen	**système électrique**
Lampen	feux
Positionslampen	feux de navigation
Leitung	câblage électrique
Strom	courant
(durchgebrannte) Sicherung	fusible (fondu)
Kurzschluß	court-circuit

Glühbirne	ampoule
Taschenlampe	torche électrique
(Taschenlampen-)Batterie	pile de torche

Navigation

Navigationsgeräte	**instruments de navigation**
Kompaß	compas, boussole
kompensieren	compenser
Strich	quart
Grad	degré
Sextant	sextant
(Patent-)Log	loch (enrégistreur)
Lot	sonde
loten	sonder
Echolot	échosondeur
Radioempfänger	récepteur de radio
empfangen	recevoir
Sender	station d'émission
senden	émettre
Sprechfunkgerät	radio-téléphone
Seekarten usw.	**cartes marines etc.**
Maßstab	échelle
Seemeile	mille marin
Seehandbuch	instructions nautiques
Gezeitentafel	annuaire des marées
Leuchtfeuerverzeichnis	livre des phares
Deviationstabelle	courbe des déviations
Nachrichten für Seefahrer	avis aux navigateurs
Terrestrische Navigation	**navigation côtière**
Kurs	route
Peilung	relèvement
Mißweisung	déclination
Deviation	déviation
Schiffsort	position
Abdrift	dérive
Sichtweite	visibilité
gut, schlecht, Nebel	bonne, mauvaise, brouillard

Küste	côte
Dünen	dunes
Steilküste	côte escarpée
Kap, Huk	cap, pointe
Klippen	rochers
Insel, Inselchen	île, îlot
Bucht	baie
Einfahrt	entrée
Durchfahrt	passage
Fahrwasser	chénal
Grund	**fond**
Sand	sable
Schlick	vase
grober Kies	galets, gravier
Steine	pierres
Fels	roches
Gezeiten	**marée**
Hochwasser	pleine mer
Niedrigwasser	basse mer
Flut	marée montante
Ebbe	marée descendante
Springflut	grande marée
Tidenhub	amplitude
Wetter	**temps**
Wetterbericht	bulletin du temps
steigen/fallen/gleichbleibend	monter/baisser/stable
Temperatur	température
Zunahme/Temp.-Sturz	hausse/chute
Himmel	ciel
wolkenlos/bewölkt	clair/nuageux
Regen	pluie
Gewitter	orage
glatte See	mer calme
grobe See	grosse mer
Dünung	houle
Windstille	calme
Brise	brise
steifer Wind	grand frais
Sturm	fort coup de vent, tempête

Binnengewässer	**eaux intérieures**	Fähre	bac
Fluß	rivière	stromauf	amont
See	lac	stromab	aval
Fahrrinne (betonnt/befeuert)	chenal (balisé/éclairé)		
Kanal	canal	**. . . und wer sagt's einem?**	
Schleuse	écluse		
Brücke	pont	Lexikon	dictionaire
Durchfahrthöhe	tirant d'air	Dolmetscher	interprète
geringste Tiefe	profondeur minimum	übersetzen	traduire

Zeichen-Erklärung der Hafenpläne

Feuer (feu); Intervalle und Farbe aus Karten bzw. Handbüchern entnehmen

Tonne, Boje (tonneau, boué)

Festmachetonne (tonne d'amarrage)

Ankergrund (mouillage)

Riff, Unterwasser-Felsen (récif)

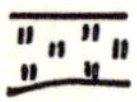
Strand (plage)

Schleuse (écluse)

2,5 2,5-m-Wassertiefe

Schienen-Slip (cale-slip)

Kran 3 t (grue)

Fahrbarer Kran 9 t (travel lift)

W Werft (chantier naval)

M Motorendienst

T Tankstelle

A Anmeldung

C Hafenamt (Capitanerie)

D Zollamt (douane)

Teil B

Küsten und Häfen

Die Hafennummern ⟨⟩ im Text stimmen mit den Nummern auf den Übersichtskarten überein

I. Rhône bis italienische Grenze

Die Küste des Mittelmeeres östlich der Rhône-Mündung in Richtung Italien ist ein Teil der Provence. Hierbei handelt es sich jedoch um keine Provinz, sondern vielmehr um eine Landschaft, die die *Camargue* westlich der Rhône umfaßt und sich bis zur italienischen Grenze erstreckt. Östlich der Rhône handelt es sich dabei um die Departements *Bouches-du-Rhône* und *Var*, und von Le Trayas aus auch noch um das Departement *Alpes-Maritimes*, das auch das Fürstentum Monaco umschließt. Kaum größer als die Stadt Monte Carlo, verbindet dieses Fürstentum eine Zoll- und Währungs-Union sowie außenpolitische und andere Vertretungsrechte mit Frankreich. Schlagbäume oder sonst irgendwelche Grenzformalitäten gibt es nicht. Als »Französische Riviera« oder – wie der Franzose es selbst zärtlich ausdrückt – als *Côte d'Azur* bezeichnet man dagegen nur den Küstenabschnitt vom Ort *Cassis* östlich Marseille bis zur italienischen Grenze.

Diese Küstenregion hat seit Urzeiten besonders gute Witterungsbedingungen. Die klimatischen Verhältnisse begünstigten die Entwicklung des Menschen in diesem Raum. Bedeutende frühzeitliche Kulturen konnten hier entstehen. Viele der kleinen Heimatmuseen in den Städten zeigen überaus interessante prähistorische Funde. Die dem offenen Meer zugewandte Küstenregion stand auch stets unter dem Einfluß von Völkerverschiebungen und Völkerwanderungen. Schon die Griechen siedelten hier und gründeten um 600 vor der Zeitwende Marseille (Massilia), Antibes (Antipolis), Nice (Nicaia), Monaco (Monoikos) und andere Städte. Später waren es die Römer, die in diesem Küstenabschnitt nicht nur militärische Garnisonen und Handelshäfen ausbauten, sondern auch kolonisierten; sie herrschten hier bis fast um 500 nach der Zeitwende. Franken prägten diesem Land ihren Stempel auf, sarazenische Seeräuber fielen ein, zeitweise gehörte die Küste zum Karolingischen Reich, aber auch zu Niederburgund, den Grafen von Arles ebenso wie dem Hause Anjou, und erst ab 1481 ging dieses Gebiet an das Königreich Frankreich über. Viele Völkerschaften formten das Land, und es ist kein Wunder, wenn überall große Wasserleitungen, Arenen oder Tore, Tempel oder Triumphbogen – vor allem aus römischer Zeit –, aber auch Burgen, frühmittelalterliche Kirchen und Klöster, uralte Siedlungen und Hafenbauten zu finden sind. Ebensowenig dürfte es verwundern, daß die Bevölkerung gerade dieser Küste überaus unterschiedlich ist. Wer da glaubt, daß alle Südfranzosen verhältnismäßig klein, schwarzhaarig und von braunem Teint seien, wird bald eines Besseren belehrt. Hier gibt es hellblonde oder rothaarige und blauäugige nordische Typen von hünenhaftem Wuchs ebenso, wie alle anderen Völkermischungen.

Ebenso wechselhaft wie die Geschichte ist auch die Küste selbst. Von den brackigen Schilfteichen der *Camargue* über das Kalkgebirge beiderseits Marseille mit den fjordähnlichen *Calanques* und die rote Porphyr-Felsküste des *Esterel* reicht sie bis zu den steilen Granitabstürzen der Alpen an der italienischen Grenze.

Noch erstaunlicher und eindrucksvoller gerade für den in nördlichen Gefilden lebenden Ausländer ist der Bewuchs dieses Küstengebietes. Vor allem in den verkarsteten Felsengebieten besteht die Pflanzenwelt fast ausschließlich aus Macquis und anderen Dornenbüschen, sonst aber zeigt sie neben vielen Arten von Pinien – also einer Kiefernart – unendlich viel fremde Bäume, Sträucher, Blumen und Kräuter. Agaven und Kakteen, Eukalyptus und Bambus, aber auch Zitronenbäume und Orangenbäume, Oleander und Korkeichen, Lorbeerbäume und vielerlei Palmen sowie Olivenbäume und eine unvorstellbare Vielzahl von Blumen, Bougainvillien und Mimosen sind hier zu finden.

Wirtschaftlich lebt dieses Gebiet heute weniger vom Fischfang, wie allgemein angenommen wird, als vor allem von Frühkartoffeln und Gemüse, Zuckerrüben, Tabak, Weinbau, Tomaten und Artischocken und natürlich vom Fremdenverkehr.

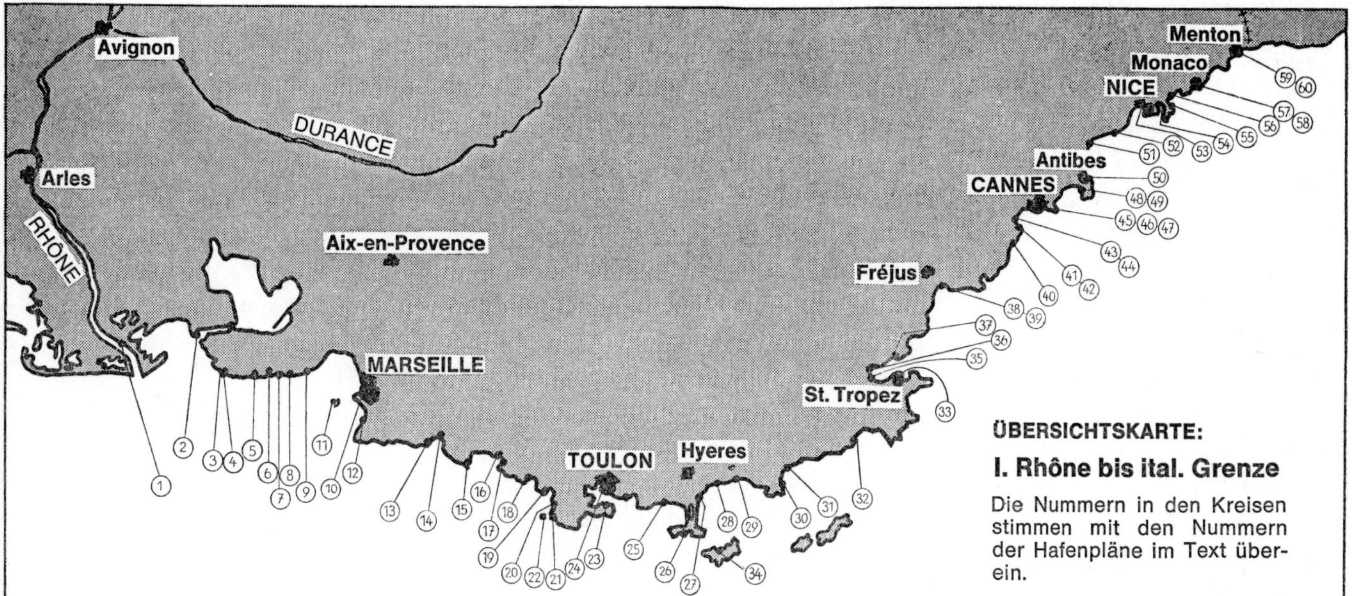

ÜBERSICHTSKARTE:

I. Rhône bis ital. Grenze

Die Nummern in den Kreisen stimmen mit den Nummern der Hafenpläne im Text überein.

1 Port St. Louis-du-Rhône
2 Port de Bouc
3 Martigues
4 Carro
5 Sausset les Pins
6 Carry
7 La Redonne
8 Méjean
9 Niolon
10 Marseille
11 Port du Frioul
12 Port de la Pointe Rouge
13 Cal. d'En Vau – Port Pin – Port Miou
14 Cassis
15 La Ciotat
16 Les Lècques
17 La Madrague
18 Ile de Bendor – Bandol
19 Sanary-sur-Mer
20 Coudourière
21 Le Brusc
22 Ile des Embiez
23 Port de St. Mandrier
24 Toulon
25 Les Salettes
26 Port du Niel
27 Port d'Hyères
28 Port Pothuau
29 Port de Miramar
30 Port de Bormes les Mimosas
31 Port du Lavandou
32 Cavalaire
33 St. Tropez
34 Port de Porquerolles
35 Les Marines de Cogolin
36 Port Grimaud
37 Port de Ste. Maxime
38 Port St. Raphaël
39 Port de Santa-Lucia
40 Port de Miramar-Trayas
41 Port La Galère
42 Port de Théoule
43 Port de la Rague
44 Port Mandelieu-La Napoule
45 Port Cannes Marina
46 Port de Cannes
47 Port Pierre Canto
48 Port Golfe Juan
49 Port Gallice – Port du Croton
50 Port d'Antibes-Port Vauban
51 Marina Baie des Anges
52 Cros de Cagne
53 Port de Nice
54 Port de Villefranche
55 St. Jean-Cap Ferrat
56 Port de Beaulieu
57 Port Cap d'Ail
58 Port de Monaco
59 Port de Menton
60 Port de Menton-Garavan

Rhône-Mündung bis Marseille

Deutsche Seekarte Nr. 436, 494, 495
Französische Seekarte Nr. 5034, 6096, 5318
(nur Marseille auch Nr. 5180, 5193)
Carte Marine Blondel Nr. 505

Beiderseits der Rhône-Mündung dehnt sich Flachland bis an den Horizont. Entstanden aus dem Geröll und Sand, den der Strom mit sich führt, teilweise auch mit dem Schlick des Meeres aufgefüllt, durchzogen von Brackwasser-Gräben und Salzteichen, bedeckt von Schilf, kleinem Buschwerk und messerscharfen Gräsern, die selbst für Schafe ungenießbar sind, bietet dieses Land einen ganz eigenartigen Anblick. In den ersten Tagen mag es einem hier zwar trostlos vorkommen; dann aber wird es auf einmal irgendwie reizvoll in seiner Monotonie unter der blendenden Helligkeit des Sonnenlichts der Provence.

Dieses Stromland, das sich beiderseits der Mündung ausbreitet, wird westlich der Rhône als *Camargue,* östlich dagegen als *La Crau* bezeichnet.

Wirklich trostlos ist der Küstenstreifen zwischen der Rhône-Mündung und dem Port-de-Bouc. In der salzverkrusteten Weite der Ebene *La Crau,* die sich von der Küste bis hinauf nach Arles zieht, entsteht das neue Schwerindustrie-Zentrum von Frankreich. Riesige Erzhäfen und Tankerhäfen, für 500 000-Tonner ausgelegt, Rohöllager mit Raffinerien und Pipelines, aber auch große Walzwerke sind im Bau, zum Teil bereits fertiggestellt. Das alles zieht sich hin bis zu dem kleinen Ort *Plage de Fos* unterhalb eines steinigen Hügels mit der uralten winzigen Burgstadt *Fos-sur-Mer.* Dort beginnt der allmähliche Übergang in ein hügeliges Gebiet, das schließlich mit felsigen Abbrüchen in das Meer abfällt und den Hafen *Port-de-Bouc* umschließt.

Im Hinterland, durch den etwa 5 km langen *Canal de Caronte* verbunden, liegt der ca. 20 km lange und durchschnittlich 6 km breite *Etang-de-Berre* mit ausreichender Tiefe auch für seegehende Yachten.

Zwischen Port-de-Bouc und Marseille erstreckt sich die *Chaîne-de-l'Estaque* mit ihren wild durcheinandergewürfelten Felsenketten aus brüchigem, weißgrauen Kalkgestein, weitgehend ein totes Land, nur hin und wieder von Dornenbüschen und Pinien bedeckt. Trotzdem sind die fjordähnlichen Buchten, *Calanques* genannt, von *Carry-le-Rouet* aus nach Osten bis kurz vor *l'Estaque* reichend, reizvoll. Die steile Felsküste ist jedoch bei auflandigem Wind und Seegang sehr gefährlich.

An diese Steilküste schließt sich der Hafen von *l'Estaque* an, der bereits zum erweiterten riesigen Hafenkomplex von Marseille gehört. Er beginnt am Ausfluß des z. Z. stillgelegten *Rove*-Kanaltunnels und reicht bis zum *Vieux Port,* dem alten Hafen inmitten der Stadt *Marseille,* der heute weitgehend für Sportboote aller Größenklassen zur Verfügung steht.

Port Saint Louis-du-Rhône ⟨1⟩

Deutsche Seekarte Nr. 436	*Position*
Französische Seekarte Nr. 5034	*Breite: 43° 23' N*
Carte Marine Blondel Nr. 505	*Länge: 4° 48' O*

Eine kleine, stille Hafenstadt (6500 Einw.), die heute nach Norden hin erheblich ausgebaut wird, um Wohnraum für die Menschen aus den nahen Tankerhäfen und Zentren der Schwerindustrie zu schaffen. Von Bedeutung ist dieser Hafen – neben riesigen Lagern von Importhölzern – vor allem als Durchgang von der Rhône über den Canal St. Louis *in den* Golfe de Fos *und damit zum offenen Meer.*

Von See aus kann man die Rhône-Mündung, den *Grau-de-Roustan,* bereits etwa 6 sm vor der Küste an weißgelblichem Wasser ausmachen. Etwa an der 10-m-Tiefenlinie sind zwei rot-weiß-rote feste Seezeichen, sogenannte Turmbaken (Zuckerhüte mit abgeschnittener Spitze). Das westliche ist befeuert (Lf. 08530), das östliche, mit Radarreflektor, gibt Schallzeichen.

Vorsicht: Von See her ist bei diesigem Wetter und erst recht bei Nacht oder Nebel der flache Küstenstreifen praktisch nicht mit dem bloßen Auge auszumachen.

Die Rhône-Mündung ist nicht befahrbar. Auch nicht mit flachgehenden Sportbooten! Nicht nur eine Vielzahl von sich ständig verändernden Untiefen und Bänken ist gefährlich, sondern zumeist ist auch die Barre direkt an der Mündung des Stromes völlig geschlossen. Im Zweifelsfalle erkennt man sie an einer regelrecht stromab laufenden Brandung, die sogar Gischt führen kann.

Die Fahrt Rhône-abwärts endet daher praktisch stets in *Port Saint-Louis.* Kurz vor den ersten Häusern der Stadt am linken Stromufer, etwa 2 km vor dem vierekkigen Naturstein-Wachtturm (Tour St. Louis), liegt ein kleiner Binnenhafen. Obwohl an sich für Fischerboote und den Bedarf einer städtischen Werft gedacht, kann man hier immer Platz finden, um eine Nacht als Gast zu liegen bzw. um zu Fuß die Gegebenheiten an der Schleuse zu erkunden und sich einen Liegeplatz im eigentlichen Hafen durch die Capitainerie anweisen zu lassen. Die schmale Einfahrt in der steinernen Rhône-Ufermauer ist beiderseits auf dem Mauerwerk durch Stangen mit Toppzeichen gekennzeichnet. Nach dem Einlaufen muß man sofort über Backbordbug gehen und möglichst bis in den hinteren Teil dieses kleinen Hafens laufen, der sich parallel zur Rhône stromauf hinzieht. Ein breiter Slip ist

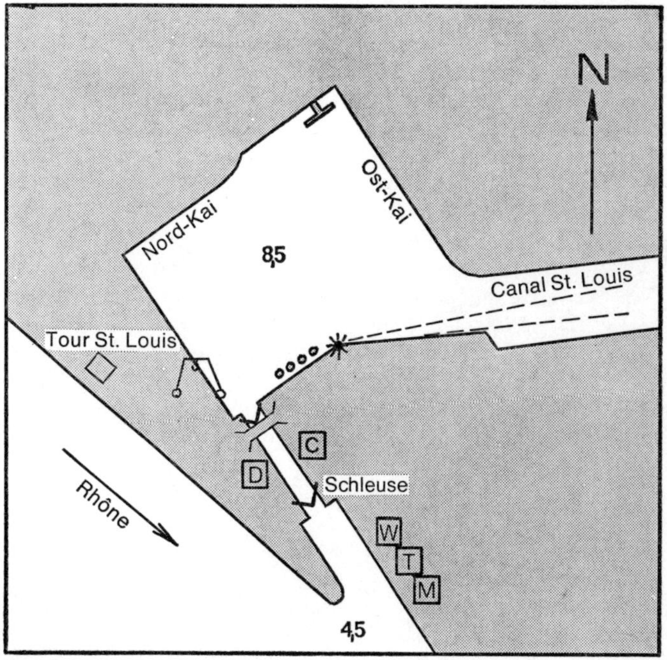

Port St. Louis-du-Rhône ⟨1⟩

an der Einfahrt steuerbords vorhanden. Abstellplätze für Wagen und Trailer stehen unbeschränkt zur Verfügung. Wie gesagt, kein offizieller Sporthafen, jedoch hat niemand etwas gegen eine kurzfristige Benutzung.

Etwa 250 m stromab des viereckigen, mittelalterlichen Schutzturmes, *Tour St. Louis,* auf der linken Seite des Stromes, befindet sich die Einfahrt in den eigentlichen Hafen der Stadt. In dem fast parallel zur Rhône nach NNO, also stromauf gerichteten Stichkanal kann man steuerbords vor der kleinen Werft oder auch vor der Capitainerie vorläufig festmachen, die Zuweisung eines Liegeplatzes und das Öffnen der Hafenschleuse abwarten. Der Hafenzoll ist auch nur 100 m entfernt auf der Backbordseite der Schleuse. Reparaturen an Boot und Motor führt die Werft aus, die auch Kraftstoff beschafft. Über den Schleusenwärter kann ein Shipchandler bestellt werden.

Der Hafen dient der Berufsschiffahrt, und zwar sowohl der Binnen- als auch der Seeschiffahrt. Er ist nicht nur Umschlagplatz; hier gibt es auch Pipelines für Tanker, riesige Lager und Sägebetriebe für Importhölzer. Am günstigsten ist der *Quai Nord* für Sportboote, also der der Schleuse gegenüberliegende Kai. Ungünstig wegen vieler Abwässer ist dagegen die NO-Ecke, also dort, wo *Quai Nord* und *Quai Est* aufeinandertreffen. Am Hafen sind Krananlagen, Trinkwasser und ein 25-t-Schienenslip vorhanden. Die Kais können mit dem Auto befahren werden.

Canal St. Louis

Die Verbindung zwischen dem Hafen von *Port Saint-Louis* und dem *Golfe de Fos* stellt der bis zum Molenkopf etwa 5 km lange *Canal St. Louis* dar, in dem eine Reihe von Kran-Anlagen — zumeist 5 t, aber auch 100 t — vor allem zur Holzverladung vorhanden sind. Steuerbords, am Abgang dieses Kanals in der SO-Ecke des Hafens, gibt es ein rotes Festfeuer. Je ein rotes Festfeuer (auslaufend steuerbords) und ein grünes Festfeuer (auslaufend backbords) befinden sich 200 m landeinwärts vom Molenfuß. Auslaufend am Fuß des roten Festfeuers, also steuerbords, ist in den Steindämmen die schmale Einfahrt zu einem kleinen Vorhafen. Für Fischerboote und Sportboote der örtlichen „Société Nautique" gibt es hier Liegeplätze, einen 3-t-Kran mit Heißgeschirr und einen Slip. Einzelne Gästeboote bis zu etwa 8 m Länge können evtl. vorübergehend Platz finden.

Auslaufend sollte jeder Skipper sich dicht an die lange Südmole mit ihrem roten, oben weißen, 12 m hohen Leuchtturm (Lf. 08680) halten, denn die 8,50 m tiefe Fahrrinne ist im Schlickgebiet nicht breiter als der Kanal selbst und nach N nur durch 3 schwarze Tonnen mit Toppzeichen gekennzeichnet.

Vorsicht: Die Wassertiefe außerhalb der Fahrrinne beträgt teilweise nur 0,20 m.

Golfe de Fos

Aus dem *Canal St. Louis* auslaufend nach *Port de Bouc* hält man Kurs 4° S der gedachten Verlängerung der Südmole. Selbst bei diesigem Wetter kann man von hier aus die Schornsteine der Fabriken und Raffinerien von *Lavéra,* dem Ölhafen im Südteil des Hafens von *Port de Bouc,* ausmachen.

Vorsicht: Nicht verwechseln mit den 4 im Karree stehenden hohen Schornsteinen der Werkanlagen 7,5 km südlich *Port de Bouc* zwischen den Buchten *Port de Ponteau* und *Anse de Lauron.*

Nördlich dieses Kurses liegen im flachen Festland die Einfahrten in große Industriehäfen, deren gut betonnte Fahrrinne 1,5 sm von OSO nach NNW führt. In diese neuen Häfen mündet auch der von der Rhône bei Arles ausgehende Schiffahrtskanal ein.

Aus dem *Canal St. Louis* auslaufend, um die offene See zu erreichen, hält man anfangs Kurs auf *Port de Bouc.* Nicht vor Erreichen der betonnten Fahrrinne zu den Industriehäfen von *Fos* neuen Kurs OSO und am seewärtigen Ende der Betonnung SO absetzen bis zur schwarzweiß quergestreiften Ansteuerungstonne „Lavera" (Lf. 08580). Erst hier ist das Schiff wirklich frei von Land und Untiefen.

Die 250 m breite und 20 m tiefe Fahrrinne in die Einfahrt des Hafens von *Le Fos* ist von der Ansteuerungstonne „Lavera" aus in NW-Richtung durch Richtfeuer (287°) zwischen den Leuchttonnen leicht von See aus auszumachen.

Vorsicht: Nicht dicht an dem Schwemmsandgebiet der Rhône-Mündung entlanglaufen, das sich halbkreisförmig nach NO als „They de la Gracieuse" bis auf weniger als 1 sm an die Fahrrinne zu den Häfen von Fos heranschiebt und kaum aus dem Meer ragt, daher auch kaum auszumachen ist.

Am Nordende dieses Schwemmsandgebietes stehen mehrere Baken mit Radar-Reflektoren, die jedoch nur schwer zu erkennen sind.

Die molenartige „Plate-Forme" am O-Rand dieses They ist gefährlich.

Jeder Skipper mit Kurs SW ab Seezeichen „Lavéra" sollte sich unbedingt O des befeuerten rotweißen Seezeichens „Balancelle" (Lf. 08540) und später S der beiden rotweißen Baken „Roustan" (Lf. 08530) halten.

In diesem Buch ist kein Platz für einen Navigations-Lehrgang; es soll nur auf die örtlichen Gefahren hingewiesen werden. Ein Befahren des *Golfe de Fos* ohne Seekarten und kompensierten Kompaß ist nicht einmal bei guter Sicht am Tage ratsam. Bei Nacht benötigt man unbedingt zusätzlich ein Leuchtfeuerverzeichnis.

Plage-de-Fos

Diesen „Badeort" dicht neben den Tanker-Häfen kann man nur in Anführungsstrichen nennen. Westlich der *Pointe St. Gervais* — also in Richtung auf die Häfen von Fos – kann man im Flachwasser vor den Sandstränden mit kleineren Booten eine „Notlandung" durchführen, wenn sich keine andere Rettung mehr bietet. Von der *Pte. St. Gervais* nach O erstreckt sich Steinstrand und Fels bis zur Hafeneinfahrt von *Port de Bouc.*

Port de Bouc ⟨2⟩

Deutsche Seekarte Nr. 436	*Position*
Französische Seekarte Nr. 5034	*Breite: 43° 24' N*
Carte Marine Blondel Nr. 505	*Länge: 4° 59' O*

Port de Bouc (15000 Einw.), bereits im IX. Jh. v. Chr. von Phöniziern besiedelt, ist Handelshafen und Ölhafen, zugleich Ausgang des Canal de Caronte als Verbindungsweg zum großen Binnensee Etang de Berre und dem von ihm weiterführenden Binnenwasserweg nach Marseille, dem früheren Canal de Marseille au Rhône, der jedoch vom Rove-Tunnel an z. Z. wegen Baufälligkeit nicht befahrbar ist.

Die an einem Hügel gelegene Stadt mit einer Reihe von Hochhäusern nördlich und den Öltanks, teilweise auch Raffinerien und Fabriken im Stadtteil Lavéra südlich der Hafeneinfahrt, ist von See her auch bei Nacht deutlich auszumachen.

Bei Dunkelheit sollte man auch mit Sportbooten nahe der roten Leuchttonne mit Zylindertoppzeichen »Les Tasques« (Lf. 08800) vorbeilaufen, um von hier aus im nur 37° breiten Sektor eines roten Gleichtakt-Richtungsfeuers gewissermaßen durch die Einfahrt gelotst zu werden. Bei »Les Tasques« handelt es sich um eine 7 m hohe rote Tonne mit rotem Zylinder, die 0,3 sm vor der Einfahrt des Hafens liegt.

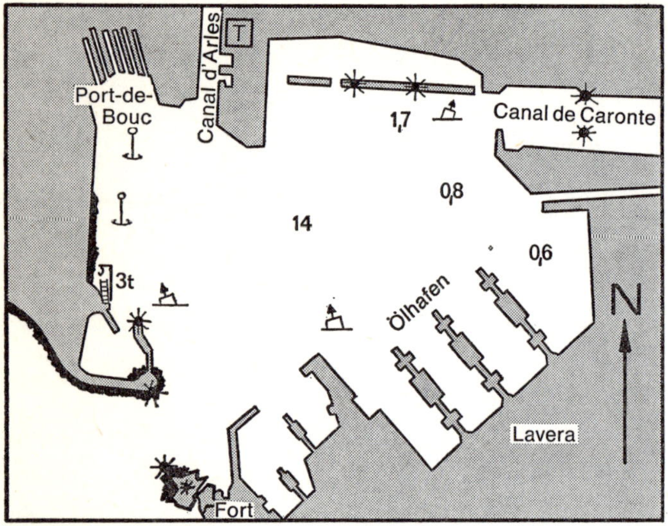

Port de Bouc ⟨2⟩

Die Hafeneinfahrt wird an Steuerbord durch das auf der Felsküste erbaute alte Fort mit seinem eckigen Turm aus Natursteinen (Lf. 08560) und an Backbord von einer hohen, hafeneinwärts abgeknickten Mole begrenzt. Am Fuß der Fort-Wälle befindet sich ein grünes und auf dem Molenkopf ein rotes Feuer.

Vorsicht: Bei SW-Wind kann vor und in der Einfahrt oft schwere See stehen, die selbst Seeschiffen Schwierigkeiten bereitet. Dazu versetzt dann eine starke Strömung ziemlich unkontrolliert hafeneinwärts. Seen und Strömung brechen sich leicht an den Stb.-Felsen und am Bb.-Molenkopf, so daß daraus noch zusätzlich schwere Kreuzseen werden können. Skipper von Sportbooten bis 10 m Länge sollten die Einfahrt dann nur bei Tageslicht wagen und auch nur, wenn sie ausreichend kräftige Motoren besitzen. Bei NO-Wind und vor allem dann, wenn es geregnet hat, kann eine Strömung bis zu gut 4 kn aus dem Canal de Caronte durch den Hafen und aus der Hafenausfahrt heraus stehen.

Einlaufend nach etwa 150 m an Backbord liegt der kleine Schutzhafen *La Lèque.* Er wird vor allem von Schleppern, Fischerbooten und einigen Yachten belegt. In ihm können kleine bis mittlere Booten eventuell einen Liegeplatz für kurze Zeit finden. Zwei Krane und Slip sind vorhanden.

Praktisch in der Stadt und auch besser liegt man im *Bassin d'Entrée,* dem 300 × 60 m großen und 3 m tiefen Vorhafen des mittlerweile nicht mehr bis hierher in Betrieb befindlichen von der Rhône bei Arles abgehenden Kanals. Dieser geräumige Schleusenhafen liegt im Nordteil des großen Hafens und ist nicht zu verfehlen, wenn man zwischen den hohen Helligen (links) und der querstehenden Halle mit der Aufschrift »Chantier de Provence« (rechts) hindurchläuft. An Steuerbord liegt hier eine Wasser-Tankstelle. Hafenkapitän und Zoll finden sich in der Straße, die über die ehemalige Schleusenbrücke nach links führt. Die nächste Inscription Maritime ist allerdings erst in Martigues.

Canal de Caronte

In der NO-Ecke des Hafens von Port de Bouc beginnt der 9 m tiefe und mindestens 50 m breite *Canal de Caronte,* der nach 5 km in dem Städtchen *Martigues* in den *Etang de Berre* einläuft. Die Einfahrt verläuft von W nach O und ist – einlaufend – grün an Steuerbord und rot an Backbord befeuert. Die Eisenbahnbrücke über den Canal de Caronte zwischen Port-de-Bouc und Martigues hat übrigens eine zugelassene Höhe für 21-m-Masten.

Martigues ⟨3⟩

Deutsche Seekarte Nr. 436
Französische Seekarte Nr. 6096
Carte Marine Blondel Nr. 505

Martigues (25 000 Einw.) war einst Hauptstadt eines Fürstentums und ist heute noch im Bereich der Altstadt trotz ihrer unbeweglich gewordenen Drehbrücke nett anzuschauen. Sehenswert ca. 3 km NW ist die auf einem Berg gelegene Kapelle N. D. de Miséricorde. Von ihr aus erreicht man nach etwa 7 km auf der D 5 den kleinen Ort St. Mitre-les-Remparts mit alten Befestigungen und nahebei die Chapelle St. Blaise (XII. Jh.) sowie die Reste einer griechischen Burg (IV. Jh. v. Chr.) und einer Basilika.

Von Port de Bouc durch den *Canal de Caronte* kommend, läuft man unter der Autobahnbrücke hindurch und legt praktisch neben dem Hochleitungsmast das Ruder nach Backbord. Hier läuft man *vor* der Stadtinsel in den Hafenarm ein, der vom *Etang de Berre* jedoch durch eine in 1,50 m Höhe über dem Wasserspiegel führende, feste Straßenbrücke abgetrennt ist. Liegeplätze gibt es für Sportboote nur links, also an der N-Seite dieses Beckens, da der Insel-Kai den Fischern vorbehalten ist.

Vorsicht: Erst kurz vor der niedrigen Straßenbrücke läßt die Wassertiefe das Festmachen von Yachten mit dem Heck zum Land zu.

Der Hafenkapitän residiert vor der Straßenbrücke links, der Zoll rechts, die Inscription Maritime am Quai des Salins. Slip-Möglichkeit und Kran sind bei der kleinen Werft neben dem Hochleitungsmast am Anfang des Hafenbeckens vorhanden. Ein weiterer 1,5-t-Kran steht jenseits der ehemaligen Drehbrücke auf dem Kai am *Etang de Berre.*

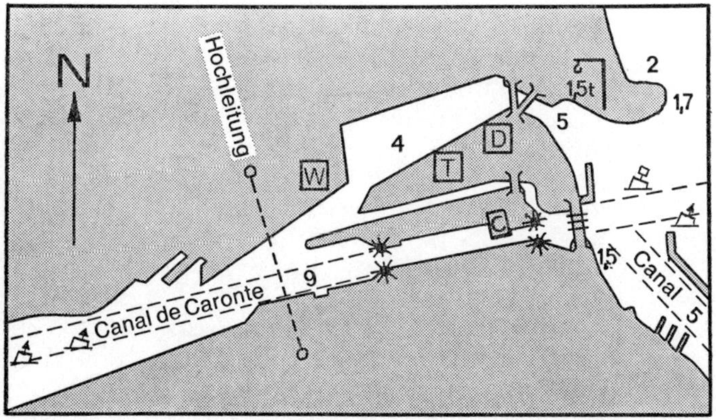

Martigues ⟨3⟩

Canal Maritime

Von *Martigues* aus verläuft am Südrand des *Etang de Berre* der Kanal weiter, der einst von der Rhône bei Arles über Port de Bouc bis Marseille führte. Dieser *Canal de Marseille au Rhône* läuft, von Arles her kommend, heute bei *Fos* in den Ölhäfen aus und soll zukünftig nur noch den Binnen-Tankschiffen der Rhône zum Bunkern in Fos dienen. In den letzten Jahren ist auch das von Martigues nach Marseille verlaufende Schlußstück nicht mehr ganz befahrbar, da der 7266 m lange, 22 m breite und 14,5 m hohe Tunnel de Rove, der unter dem Kalkgebirge l'Estaque hindurchführt, verfällt und noch nicht wieder repariert wurde. Man kann jedoch den Anfang des *Canal Maritime* bis *La Mêde* benutzen.

Im *Canal de Caronte* unter der 5,80 m hohen Bogenbrücke von Martigues in den *Etang de Berre* auslaufend, muß man sofort über Steuerbordbug gehen. Der eigentliche Kanal wird durch einen Steindamm begrenzt, der parallel zum Ufer des Sees verläuft.

In O-Richtung nach ca. 400 m liegen die Stege eines Clubs, die allerdings meistens überfüllt sind.

Etwa 5 km in dem Kanal weiterlaufend, endet der begrenzende Steindamm in einer hohen Felsgruppe – Trois Frères –, in deren Verlängerung die durch zwei grünweiße Baken gekennzeichnete Nordmole zur Ausfahrt in den *Etang de Berre* beim Ort *Mêde* führt.

Port de Bouc bis Cap Couronne

Von *Port de Bouc* in südlicher und später vom *Cap Couronne* in östlicher Richtung erstreckt sich eine meist steile Felsküste aus weißlichgrauem Kalkgestein, Chaîne de l'Estaque, der fast durchgehend Klippen vorgelagert sind. Aus diesem Grunde sind viele der kleinen Buchten nicht befahrbar.

Port de Ponteau heißt eine nach O tief in das Land geschnittene, jedoch verhältnismäßig flache Bucht. Brauchbar ist sie nur als Nothafen bei Wind aus allgemein östlicher Richtung.

Vorsicht: Den beiden die Einfahrt begrenzenden Huks sind Klippen vorgelagert, die teilweise überwaschen sind.

Im Inneren der Bucht befinden sich verfallene Kaianlagen eines stillgelegten Werkes, an denen nicht mehr als 1 m Wasser ist.

Anse de Lauron, eine weite Bucht mit gutem Ankergrund, bietet nur in ihrem südlichen – durch eine Landnase nach W von der See abgetrennten – etwa 100 m breiten Teil Schutz gegen Wind aus allgemein östlicher Richtung, nicht jedoch gegen die gefährlichen Winde aus Nord. Die Wassertiefe beträgt zwischen 1,30–2,00 m.

Anse de Bonnieu, nur durch eine Halbinsel von der Anse de Lauron getrennt, kann ebenfalls bei schlechtem Wetter Schutz gegen allgemein östliche Winde bieten. In der nach OSO in den Berg eingeschnittenen Bucht, die nach S durch die Pte. de Bonnieu geschützt wird, befindet sich in der hinteren Hälfte guter Ankergrund mit ca. 2 m Wassertiefe.

Als Erholungsgegend eignet sich dieser Küstenabschnitt nicht, da er sehr unter Rauch und Gestank der Raffinerien und vor allem eines nahegelegenen Werkes (4 Schornsteine) leidet.

Bis zur *Pte. de Carro* bleibt die Küste weiterhin felsig, schattenlos und besonders beiderseits der *Pte. Donelle* durch vorgelagerte Riffe nicht gefahrlos. Bei grober See sollte man auch mit Sportschiffen die der Pte. de Carro SW vorgelagerten schwarzweißen Leuchttonnen »außenrum«, also seewärts, runden. Beide bezeichnen sie Riffe in 1–4 m Tiefe. Die nördliche »Les Ragues d'Arnette« (Lf. 09140) hat als Kennung ein schwarzes Stundenglas-Toppzeichen, die südliche »Les Ragues de Carro« (Lf. 09150) desgleichen mit Radarreflektor. Sie brummt auch noch leise vor sich hin (Heultonne).

Carro ⟨4⟩

Deutsche Seekarte Nr. 436	*Position*
Französische Seekarte Nr. 5034, 5318	*Breite: 43° 20' N*
Carte Marine Blondel Nr. 505	*Länge: 5° 03' O*

Carro, ein kleines Dorf, zieht sich an schattenlosen Hängen am Berg hoch. Selbst der Blick auf die See ist reizlos, da die zackigen Buchten im nur flach aus dem Meer herausragenden weißlichen Fels eher Steinbrüchen ähneln als einem Badeort. Bekannt ist Carro nur als Hafen von Thunfisch-Fängern.

Von See einlaufend erkennt man an Steuerbord den 29 m hohen rot-weißen Leuchtturm (Lf. 09190) auf dem niedrigen, felsigen *Cap Couronne*, von dem man sich gut 0,4 sm freihalten sollte. Die W hieran fast anschließende *Anse du Verdon* besitzt zwar an ihrem Ende einen Flachstrand vor dem 6bogigen Viadukt und auch guten Ankergrund, eignet sich aber nicht als Liegeplatz, da sie allen Winden ausgesetzt ist. Im Sommer wimmelt sie von Tausenden von Badenden und Schnorcheltauchern. Noch weiter W erkennt man die flache *Pte. de Carro* – die den eigentlichen Hafen schützt – an einem Kreuz und außerdem an einer weit sichtbaren – in die Karten nicht eingezeichneten – rot-weiß gestreiften Säule mit einem großen orangeroten Ball als Toppzeichen.

Die Hafenmole läuft von ihrem Fuß nach NO und knickt dann nach O ab. Sie ist an ihrer Spitze durch einen befeuerten weißen Turm mit rotem Oberteil (Lf. 09180) gekennzeichnet. Da steuerbords an der Felsküste ein mit dem Land in Verbindung stehendes Riff, *Pte. Roquetaillade,* gefährlich werden kann, läuft man am besten genau mit N-Kurs auf das Molen-Feuer zu, das man dann hart über Backbord rundet. Klappt dieses Manöver bei schwerem Wetter nicht, so ist es möglich, recht voraus in die tiefe Bucht *Crique de Caroussel* einzulaufen und hier zu wenden, um dann von NO aus in den Hafen einzulaufen.

Vorsicht: Am O-Rand der *Crique de Caroussel* befindet sich eine Reihe von kaum auszumachenden Klippen.

Der von Tiefstrahlern ausgeleuchtete Hafen von *Carro* ist etwa 250 m lang und 100 m breit. Auf dem Molenstummel an Steuerbord ist eine Tankstelle, anschließend eine breite schräge Ebene, die in einen bis zum kleinen Strand reichenden Kai übergeht. An Backbord liegt eine Werft mit Motorenservice und Tankstelle, Slip und 6-t-Kran. In diesem Gebäude findet man den Zoll, während der Hafenmeister in einem kleinen Haus am Strand amtiert. Abstellplätze für Auto und Trailer gibt es reichlich auf der Halbinsel zur Pte. de Carro nahe dem Kreuz.

Vom Cap Couronne bis zum Ort Sausset ist die Küste durchgehend felsig, von vielen kleinen und größeren Buchten zerschnitten – einzelne mit Badestrand, fast alle mit gutem Ankergrund je nach Windrichtung – großenteils durch nicht oder kaum sichtbare Klippen allerdings so gefährdet, daß man hier unter Land nur mit geringster Fahrt bei spiegelglatter See fahren sollte. Mit nicht mehr als 1,50 m Tiefgang kann man auch zwischen der winzigen Insel *Aragnon* und den Festland-Klippen hindurch in die *Anse de Bourmandariel* einlaufen, die in Landnähe jedoch nur 1 m Wasser hat. Der Ankergrund ist gut. Im Gegensatz hierzu ist das nach O anschließende steile Fels-Kap mit seinen vielen kleinen Buchten zum Baden von Bord aus nett, jedoch nur bei ruhiger See, da von hier aus bis *Sausset* ein ganz ekelhafter Klippen-Gürtel liegt, auf den man bei W-Wind und sommerlicher Unachtsamkeit leicht auflaufen kann.

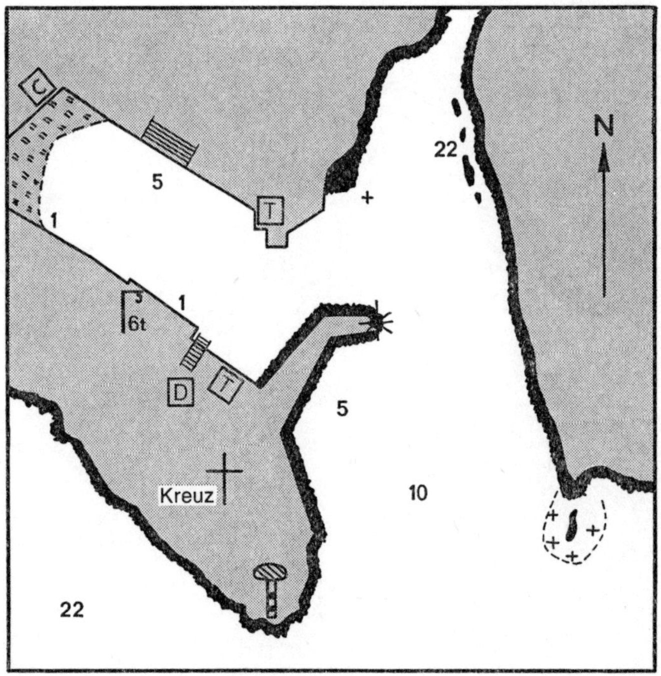

Carro ⟨4⟩

Sausset les Pins ⟨5⟩

Deutsche Seekarte Nr. 436	*Position*
Französische Seekarte Nr. 5318	*Breite: 43° 20' N*
Carte Marine Blondel Nr. 505	*Länge: 5° 06' O*

Sausset les Pins (1500 Einw.) ist ein ausgesprochener Badeort, in dem die Fischerei ebenfalls an Bedeutung verloren hat. Im Sommer von Gästen zwar überfüllt, liegt das Dorf inmitten verhältnismäßig niedriger Berge und von Pinien umsäumt doch recht nett.

Mit N-Kurs läuft man an dem nach SW gerichteten Wellenbrecher an Steuerbord – 10 m hoher weißer Turm mit grünem Oberteil (Lf. 09200) – vorüber in die Bucht *Crique de Sausset* ein. Erst nach 100 m rundet man die nach NO gerichtete kleine Bb-Mole über Backbord-Bug. Direkt hinter dieser kleinen Mole liegt eine Werft mit 5-t-Kran und Slip. Eine von NNO in die Bucht hineinstoßende Landzunge trennt den ostwärts gelegenen Strand von dem westlich liegenden, gut geschützten Hafen, der allerdings weitgehend von Fischerbooten (nur 90 Sportboote) beansprucht wird. Die Diesel-Tankstelle befindet sich an der NW-Ecke des Hafens, die offiziellen Dienststellen am Ortsanfang nahe dem Strand. An seinem W-Rand ist übrigens ein breiter Slip für Sportboote vorhanden. Benzin muß man von der 300 m entfernten Straßen-Tankstelle holen. Parkplätze in Hafennähe sind nicht vorhanden.

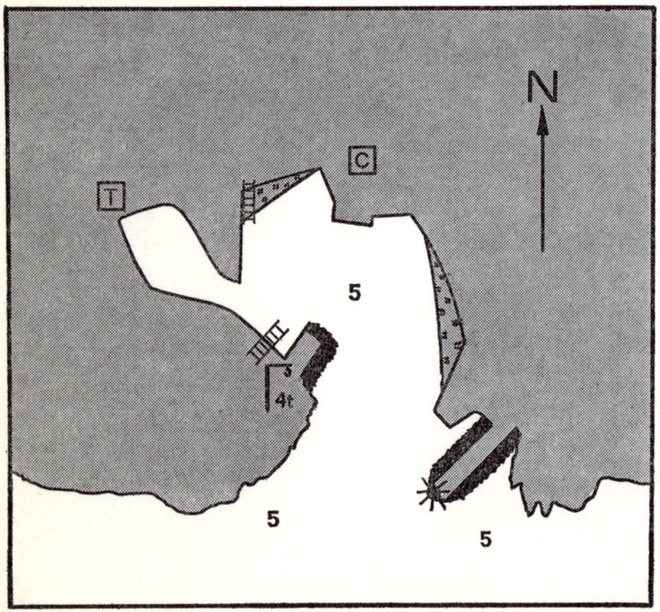

Sausset les Pins ⟨5⟩

Die *Küste von Sausset bis Carry* ist ebenfalls wild zerrissen mit vielen kleinen Buchten im meist noch verhältnismäßig flachen Fels. Durch die sich fast ununterbrochen aneinanderreihenden Klippen ist sie selbst für kleine, flachgehende Boote nicht ungefährlich. Schritt-Tempo bei glatter See mit Ausguck auf dem Vordeck ist hier die einzige Fortbewegungsmöglichkeit. Die drei auch von Land aus zu erreichenden Badebuchten – davon zwei etwa 1 km O von Sausset und eine ca. 1 km vor Carry – sind von Menschen überlaufen. Hinzu kommt, daß fast der gesamte Abschnitt in Privatbesitz ist, so daß man nicht anlanden kann. Kurz vor *Carry* sieht man am Berg einen Campingplatz jenseits der Straße, die hier überall fast direkt an der Küste entlangläuft.

Carry ⟨6⟩

Deutsche Seekarte Nr. 436	*Position*
Französische Seekarte Nr. 5318	*Breite: 43° 20' N*
Carte Marine Blondel Nr. 505	*Länge: 5° 09' O*

Carry ist ein Fischerort, der heute weitgehend vom Fremdenverkehr lebt. (Ein mehr als 15stöckiges Appartementshaus inmitten des Strand- und Hafen-Komplexes – von

See aus sehr gut auszumachen – macht diese Entwicklung ganz deutlich.) Nett gelegen an teilweise bewaldeten Hängen ist der Ort im Sommer jedoch hoffnungslos überfüllt. Das gilt auch für den Hafen. Er soll jedoch erneut sehr erheblich vergrößert werden.

Eine schwarz-weiße unbefeuerte Turmbake steht einlaufend an Bb. auf der flach auslaufenden, dem Hafen vorgeschobenen *Pte. du Moulin.* Etwas erhöht sind dicht dahinter alte Bastionen mit Villen und Baumbewuchs auszumachen. Auf der O-Seite der Bucht steht auf dem Riff *l'Esteo* – das die Einfahrt in die *Crique de Carry* an Stb. begrenzt – eine Stange mit Toppzeichen.

Von der Turmbake bis zur etwa 50 m breiten unbefeuerten Hafeneinfahrt sind es ca. 0,2 sm. Der Wellenbrecher an Bb. ist gegen die Lichterkette gut auszumachen. Das gilt ebenfalls für die Mole an Stb., die an ihrem Kopf dem Hafeninneren zu abknickt. Einlaufend an Bb. liegt ein langer Kai, der am Ende der Bucht in den Strand übergeht. Dieser Kai ist unrein und nur für flachgehende Boote benutzbar. Tiefgehende Jachten machen am besten vorsichtig an der Innenseite des W-Wellenbrechers über Heck fest und lassen sich dann einen Platz einweisen. Der an Stb. gelegene – von der Mole und einer unterhalb des Hochhauses seewärts abgehenden Pier gebildete – Osthafen mit seinen Steganlagen ist stets überfüllt und hat für tiefgehende Jachten nicht genügend Wasser.

Hafenmeister und Zoll sind am W-Kai. Die Tankstelle liegt auf der Pier, an deren W-Seite auch ein Slip zu finden ist. In der SO-Ecke des Osthafens steht ein 3-t-Kran.

Auch die Küste bis *Le Rouet,* steiler als die bisherige, ist von vielen, ganz kleinen Buchten übersät, die weitgehend in Privatbesitz sind. Hier steht Villa neben Villa. Die Strandbucht hart O des Ortes ist beiderseits durch Riffe gefährlich, desgleichen die 0,2 sm weiter O gelegene tiefere Felsbucht. Von hier aus bis in die große Bucht von Rouet hinein zieht sich ein Klippen-Gürtel direkt unter Land bis auf 0,1 sm seewärts.

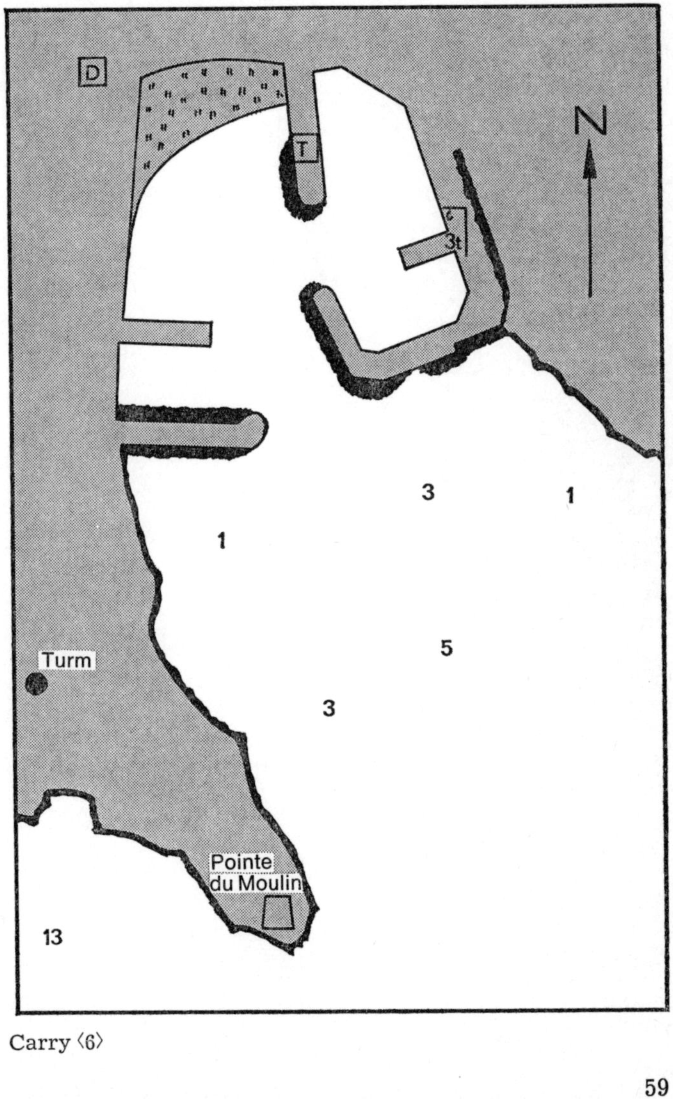

Carry ⟨6⟩

Le Rouet

Deutsche Seekarte Nr. 436	*Position*
Französische Seekarte Nr. 5318	*Breite: 43° 20' N*
Carte Marine Blondel Nr. 505	*Länge: 5° 10' O*

Le Rouet ist ein stark besuchter Badeort, der von der Ostseite der breiten Bucht bis zur ostwärts nächsten, kaum 500 m entfernten Bucht reicht.

Die etwa 300 m breite und nur ca. 1,50 m tiefe Bucht ist von steilen Felswänden eingefaßt. Bis auf die beiden kleinen Strände ist sie durch Riffe, die sich weit bis vor die östliche Huk unterhalb der Kirche ziehen, gefährlich und kann daher nur bei gutem Wetter bzw. bei N-Wind als Ankerplatz dienen. Der Ankergrund ist meist gut. Gefährlich durch die 0,2 sm vorgelagerte Klippe *La Grande Mona* ist die darauf folgende, unter dem Ostteil des Ortes von hohen Felswänden eingerahmte Bucht. Auch ihr Nordteil ist gespickt mit Riffen und keinesfalls als Liegeplatz geeignet.

Bildhübsch ist der kurze, nur etwa 1 km lange *Küstenabschnitt bis La Redonne,* mit dem das eigentliche wildromantische Gebiet der *Chaîne de l'Estaque* beginnt. Steile Felswände mit kleinen Buchten bieten bei ruhigem Wetter herrliche Möglichkeiten zum Baden und Tauchen vom Boot aus. Sobald die Küste einen kleinen Knick nach N macht, darf man keinesfalls unter Land bleiben, sondern muß 100 m S der langgestreckten Felsinseln weiterlaufen bis zur Einfahrt in die Bucht *Port de Gignac.*

La Redonne ⟨7⟩

Deutsche Seekarte Nr. 436	*Position*
Französische Seekarte Nr. 5318	*Breite: 43° 20' N*
Carte Marine Blondel Nr. 505	*Länge: 5° 12' O*

Die *Anse de Redonne,* auch *Port de Gignac* genannt, liegt zwischen hohen, fast senkrechten Felswänden und ist bis zu ihrer schmalsten Stelle nach beiden Seiten von einem dichten Riff-Gürtel begrenzt. Sie öffnet sich dann wieder etwas und läuft in zwei kleine, nicht miteinander zusammenhängende Buchten aus, zwischen denen auch keine direkte Landverbindung durch Wege oder Straßen besteht. Der Ort *Redonne* liegt an der östlichen, der winzige Ort *Madrague* an der westlichen der beiden Buchten. Beide sind sie sehr empfehlenswert für den Familien-Wassersportler. Besonders Kinder fühlen sich hier wohl, da überall flache, reizende Badestellen zu finden sind. Campingmöglichkeiten bestehen nicht. Es gibt auch keine Möglichkeit, in den engen Tälern einen Caravan aufzustellen. Parkplätze sind sehr rar.

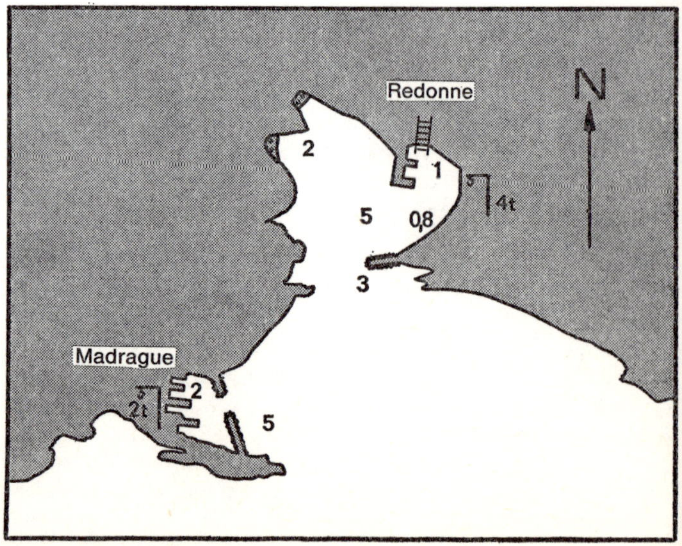

La Redonne ⟨7⟩

Madrague

In der westlich gelegenen, winzigen Bucht gibt es einen noch winzigeren Hafen. Die Breite der Einfahrt liegt bei 5 m. Die Breite des Hafenbeckens einschließlich der beiderseitigen, gerade noch überspülten Klippen dürfte etwa 60 m und seine Länge knapp 100 m betragen. Die Tiefe ist unterschiedlich und wohl kaum mehr als 1,50 m. Es gibt zwei kleine Piers und zwei breite schräge Ebenen zum Wassern von Booten. Der Ankergrund ist sandig bis steinig und hält gut. Nur O–SO-Wind kann etwas in den Hafen blasen, während entsprechende starke Seen unangegenehm werden könnten. Geeignet ist er vor allem für kleine Außenbordboote und Schlauchboote.

Vorsicht: Einlaufend zieht sich von dem Kopf der kleinen Mole an Steuerbord bis zu dem diesseitigen Slip eine kleine Ausbuchtung hin. Hier steht aber kaum handbreit Wasser über messerscharfem Felsgrund.

Von Land her ist der Ort nur auf einer sehr steilen, sehr engen und kurvenreichen Straße zu erreichen. Ausweichen ist nicht möglich. Wer mit dem Gespann kommt, sollte von der Gabelung der D 48^{D} aus, etwa 1,5 km vor dem Ort, ein Besatzungsmitglied zu Fuß vorschicken, das an der Bucht etwaigen Gegenverkehr aufhält. In diesem kleinen Ort gibt es zwei Hotels in ruhiger Lage.

Redonne

Dieser Ort, nach dem die Bucht ihren Namen trägt, ist wesentlich größer als Madrague und besitzt auch einen größeren Hafen mit einer Reihe von Parkplätzen.

Einlaufend hält man sich möglichst genau in der Mitte der Bucht. Nur wenige Meter weiter von der nach Backbord abgehenden Einfahrt nach *Madrague* trennt eine steile Fels-Huk die beiden Teile der Bucht. Ihr gegenüber ragt von der Felswand an Steuerbord eine Mole quer in die Bucht hinein. Dicht an ihrem nicht befeuerten Kopf vorüberlaufend ist man bereits im Hafen. Seine Abmessungen betragen etwa 150 m in der Länge und 100 m in der Breite. Sportboote können sicher an dem terrassenförmigen Kai festmachen, an dem sich ein 4-t-Kran befindet. An den Kai schließt sich in der Breite des Hafens eine etwa 50 m lange schräge Ebene an, die den Fischern vorbehalten ist und in einen kleinen Slip für Sportboote übergeht. Am Fuß der Westmole mit ihren beiden in den Hafen nach O hineinragenden kleinen Piers besteht noch ein weiterer, breiter Slip. Von dieser W-Mole teilweise abgetrennt gibt es noch eine kleine Bucht mit Badestrand.

Die Zufahrt von Land her mit dem Gespann ist von der Straßengabelung D 48^{D} aus ebenso kompliziert wie nach Madrague. Im Ort gibt es mehrere nette Hotels und Pensionen.

Méjean ⟨8⟩

Deutsche Seekarte Nr. 436	*Position*
Französische Seekarte Nr. 5318	*Breite: 43° 20' N*
Carte Marine Blondel Nr. 505	*Länge: 5° 13' O*

Nur 2 km Luftlinie trennen den kaum nennenswerten Ort *Méjean* von Redonne. Die Felsküste ist steil, die Buchten und das Wasser unter Land sind auf 100 m seewärts wegen ununterbrochener Klippen auch mit kleinen Außenbordbooten nicht befahrbar. Bei der Einfahrt in die ca. 350 m tiefe Bucht steht die O-Huk weit nach Süden vor; die *Pte. de la Loude* an der Westseite erscheint verlängert durch hohe Klippen, und die steile Insel *Loude* ragt ebenfalls weit nach Süden. Die Doppel-Bucht vor dem an ihrem Ende liegenden Dorf hat Abmessungen etwa 70 x 70 m und besitzt an der O- und W-Seite je eine kleine flache Pier für Kleinboote, an der W-Seite einen breiten Slip. Vor der O-Bucht findet man in 4–7 m Tiefe guten Ankergrund, der jedoch gegen S ungeschützt ist. Bucht und Ort sind für Urlauber mit Kindern und Kleinbooten geeignet. Auslaufen kann man allerdings – wie überall an dieser Küste – nur bei ganz ruhigem Wetter.

Vorsicht: In der Einfahrt O der *Pte. de la Loude* liegen bis zur halben Breite der Bucht kleine Inseln und Klippen. Der O-Huk genau nach W vorgelagert und 50 m SSO der Felsinsel *Loude* liegt eine Untiefe (1,4 m).

Die Zufahrt an Land zweigt in *Redonne* ab und ist so eng, daß nicht einmal Auto und Motorrad aneinander vorbeikommen. Dazu ist sie sehr steil und kurvenreich. Für Gespanne also nur mit Vorwarner zu befahren. Im Ort gibt es nur einen Gasthof. Camping ist nicht möglich.

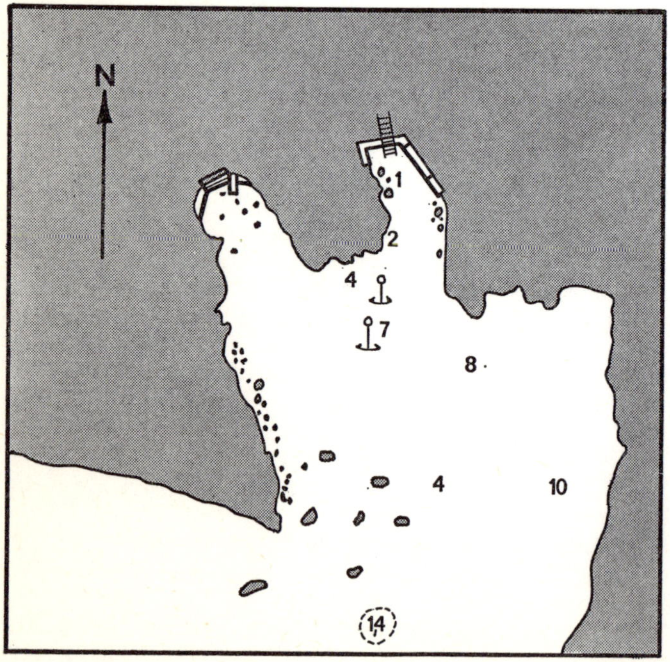

Méjean ⟨8⟩

Niolon ⟨9⟩

Deutsche Seekarte Nr. 436
Französische Seekarte Nr. 5318
Carte Marine Blondel Nr. 505

Position
Breite: 43° 21' N
Länge: 5° 15' O

Die sehr steile, kalkig-weiße Felsküste mit roten Einsprengseln zwischen *Méjean* und der Bucht *Port de Niolon* ist sehenswert. Fast alle kleinen Buchten haben genügend Wassertiefe selbst für seegehende Yachten. Auch der Ankergrund ist durchweg gut.

Vorsicht: Von der NO-Seite der dicht vorgelagerten kleinen *Insel Elevine* mit ihrem Leuchtturm zieht sich ein Riff bis ganz dicht unter Land. Auch die Küste von der Insel aus nach W hin ist auf 0,3 sm mit Klippen durchsetzt. Und schließlich ist die von zwei kleinen Huks eingefaßte kleine *Calanque de Figuères* direkt vor der Huk *R. le Moulon* voller teilweiser direkt unter der Oberfläche sich ausbreitender Klippen. (Diese Bucht und ihre kleinen Sportboot-Anlagen sind in Privatbesitz.)

Die der Bucht *Port de Niolon* vorgelagerte W-Huk darf man wegen einer Gruppe von Klippen nicht näher als 100 m runden. Die Einfahrt in die eigentliche Hafenbucht unter einem Fort erfolgt aus O. Dabei muß man sich dicht an den Kopf der von N nach S gerichteten kleinen Mole halten. Inmitten der Bucht liegt nämlich eine kleine Felsinsel, die durch flache Piers in das Hafensystem eingebaut wurde. Die Breite der Bucht – einschließlich Einfahrt-Mole – beträgt ca. 100 m, die Länge des nördlichen, eigentlichen Hafens etwa ebenfalls 100 m. Sportboote können an dem kleinen Nord-Kai festmachen. Der am Ende des Hafens anschließende breite Slip ist für Fischerboote vorgesehen. Den Hafen nach S begrenzend liegt ein flacher Kai, an dem notfalls Schlauchboote festgemacht werden können. Der Südteil der Doppelbucht mit zwei flachen Piers dient ausschließlich als Badestrand.

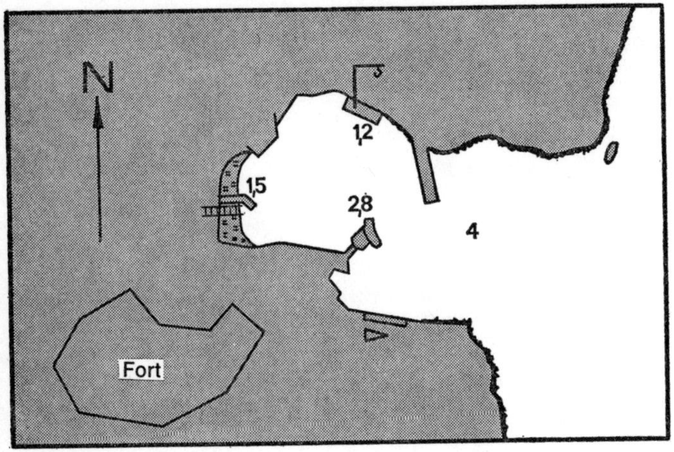

Niolon ⟨9⟩

Im Ort, direkt unterhalb der Eisenbahnlinie gelegen, gibt es mehrere Pensionen und Restaurants. Parkmöglichkeiten für Autos oder Gespanne sind kaum vorhanden. Hinzu kommt, daß der Ort sehr überlaufen ist. Die Zufahrt für Gespanne auf der D 48 ist bis zur Kurve direkt oberhalb der Eisenbahnlinie sehr gut, dann aber ganz eng, kurvenreich und steil. Im Ort kann man nicht wenden. Es ist also ratsam, das Gespann am Ende der breiten D 48 stehenzulassen und zu Fuß zu erkunden.

La Vesse

Von *Niolon* nach *La Vesse* sind es kaum 0,2 sm entlang der steilen Felsküste, der jedoch ein 100 m seewärts reichender Klippengürtel vorgelagert ist.

In die Bucht von *La Vesse* muß von SO aus so eingefahren werden, daß man alle 6 Bögen des Eisenbahnviadukts ausmachen kann.

Vorsicht: Der W-Huk vorgelagert sind drei kleine und, in Richtung der Hafenbucht abbiegend, noch eine größere Felsinsel. Ihre N-Spitze ist nur knapp 50 m von der Land-Felsnase entfernt, hinter der sich die breite schräge Slip-Ebene des örtlichen »Club Nautique« befindet. Man sollte beim ersten Mal selbst bei völlig ruhiger See diese kleine Inselgruppe in N runden.

Die eigentliche Hafenbucht zwischen der NO-Felswand und der Felsnase an Backbord ist etwa 70 m breit und reicht bis zum abschließenden flachen Strand unter dem Viadukt ca. 50 m weit. Für kleine Boote, die man auf Land ziehen sollte, ist der Naturhafen annehmbar. Der Ort ist winzig. Es gibt ein kleines Restaurant und ein paar möblierte Zimmer, jedoch keinerlei Campingmöglichkeit. Die Zufahrt mit Gespannen auf der D 48 (nach Niolon) ist bis zur Abzweigung sehr gut, dann aber sehr eng, steil und kurvenreich. Entgegenkommer darf es nicht geben.

La Vesse bis l'Estaque

Entlang der steilen Felsküste bis *l'Estaque* – dem Hafengebiet, das nördlich an *Marseille anschließt* – gibt es noch ein paar nette kleine Buchten, die jedoch bis zu der auf der *Pte. de l'Esquilladou* stehenden 4 m hohen rot-weißen Turmbake (Lf. 09 260) fast ausnahmslos wegen der Klippen nicht befahren werden sollten. Dicht hinter der Turmbake sticht eine tiefe, ganz schmale Bucht zwischen senkrechten Felswänden ins Land, jedoch ist sie nur bei äußerster Vorsicht mit kleinen Booten zu befahren. An ihrem Ende liegt ein Lokal, das auf seiner Landseite an die Straße grenzt. Kurz darauf – der weitere Abschnitt um die *Pte. de la Corbière* wimmelt nur so von Klipppen – stößt man auf die erste Mole des Hafens von *l'Estaque.* Dieser letzte Abschnitt leidet insgesamt unter schmutzigem Hafenwasser und dem Qualm von Fabriken, ist also keinesfalls empfehlenswert.

L'Estaque

Deutsche Seekarte Nr. 436
Französische Seekarte Nr. 5180, 5193
Carte Marine Blondel Nr. 505

Position
Breite: 43° 22' N
Länge: 5° 19' O

L'Estaque ist eine reine Hafenstadt, deren Hafengebiet mit demjenigen von Marseille fast direkt zusammenhängt. Es gibt von ihr kaum Interessantes oder Sehenswertes zu berichten.

Im westlichen Vorhafen von *l'Estaque*, dem *Port de la Lave*, mündet in der äußersten NW-Ecke der stillgelegte Kanal-Tunnel *du Rove* direkt unter der in den Fels geschnittenen Straße N 568^{B}. Am Kopf des Wellenbrechers – an der S-Seite der NW-Einfahrt – steht ein 10 m hoher rot-weißer Träger (Lf. 09 300) und am Durchlaß des Kanaldeiches ein 11 m hoher rot-weißer Träger (Lf. 09 320). Im eigentlichen Hafengebiet gibt es zwar einen kleinen Sportboot-Hafen des örtlichen Clubs, jedoch ist er nicht als Liegeplatz für Urlauber geeignet.

Wer entlang der *Chaîne d l'Estaque* kommend den *Golfe de Marseille* bei Schlechtwetter nicht queren kann oder will, um direkt zum *Vieux Port* zu laufen, kann mit Zusage einen geschützten Weg durch den Hafen von *l'Estaque* nehmen. Zwischen der Bergkette von Estaque und dem Vieux Port de Marseille verlaufen nämlich parallel zum Land lange Wellenbrecher bzw. Molen, da der Hafen von l'Estaque und der von Marseille ineinander übergehen. Am besten ist es, mit der Steuerbordseite des Schiffes immer dicht an diesen Wellenbrechern „entlangzuschrammen". Man achte aber auf die innen vorsprinden, meist befeuerten Zwischenköpfe. Und natürlich auf den sehr regen Schiffsverkehr. Das Befahren des Hafengebietes ist nur mit Genehmigung des Hafenkapitäns möglich.

Bei gutem Wetter bestehen keinerlei Schwierigkeiten, mit entsprechendem Abstand entlang der Außenseite der Wellenbrecher bis zur Süd-Einfahrt in den Marseiller Hafen – und damit zum *Vieux-Port*, der davon abgeht – weiterzulaufen.

Marseille ⟨10⟩

Deutsche Seekarte Nr. 437
Französische Seekarte Nr. 5180, 5193
Carte Marine Blondel Nr. 505

Position
(Avant Port Joliette)
Breite: 43° 17' N
Länge: 5° 22' O

Marseille (knapp 1 Million Einwohner) ist die größte Hafenstadt am Mittelmeer. Bereits 600 v. Chr. war Massalia als Gründung kleinasiatischer Griechen eine Weltstadt. Beim Einfall der Kelten rief Massalia die Römer zu Hilfe, die sie mit Erfolg »befreiten« und die nun romanisierte Stadt in Massilia umtauften. Kämpfe mit Westgoten und Sarazenen führten zu Plünderungen und Niederbrennen der Stadt. Einen besonderen Aufschwung nahm sie wieder während der Kreuzzüge, als hier Truppen verschifft und Nachschub gelagert wurde. Zusammen mit der Grafschaft Provence wurde Marseille erst 1481 Eigentum der französischen Krone. Die Pest im Jahre 1720 vernichtete fast alles Leben in Stadt und Land, so daß eine weitgehend neue Besiedlung – auch durch viele Zuwanderer italienischen Ursprungs – erfolgte.

Den schönsten Blick auf die Stadt mit dem Alten Hafen hat man von der Seefahrerkirche »Notre Dame de la Garde« (162 m), deren 45 m hoher Turm von einer 9 m hohen, vergoldeten Marien-Statue überragt wird. Sehenswert ist auch der Vieux Port, der Alte Hafen, mit den beiden alten Forts an seiner Einfahrt, und die von ihm bergauf in die eigentliche Stadt führende Hauptstraße La Canebière mit ihren ostwärts anschließenden Geschäfts-Gassen. Neben den vielen alten Kirchen sind auch andere historische Bauwerke sehenswert, so z. B. die Katakomben, das älteste Haus der Stadt, Maison Gothique, und natürlich die vielen Museen. Vom Vieux Port kann man hinüberfahren zur Festungsinsel mit dem Château d'If, in dessen weiß-graue Mauern Alexandre Dumas seinen Grafen von Monte Christo hineingedichtet hat. Keine Sehenswürdigkeit, aber eine Berühmtheit aus Marseille: die Bouillabaisse. Ein ganz besonderes Fischgericht, das man mit dem Blick auf den Alten Hafen am besten auf dem Quai de Rive Neuve, in einem der darauf spezialisierten Restaurants, essen sollte.

Das Einlaufen in den *Vieux Port* ist nicht ganz einfach, kann an dieser Stelle also für den Fremdling nur ganz allgemein beschrieben werden. Seekarte und Leuchtfeuerverzeichnis sollte man vor dem Einlaufen bei Nacht und Nebel sehr genau studiert haben. Bei Tage heißt es, die Augen offen zu halten und zumindest auf die nachstehend beschriebenen Punkte zu achten.

Ganz egal, woher man von See kommt, stets sollte man von SW zwischen der *Pte. de la Désirade* mit grün-weißer Turmbake (grünes Gleichtaktfeuer) an Steuerbord sowie der langen Mole *Digue Sainte Marie* mit ihrer etwa gleich hohen rot-weißen Turmbake (rotes Gleichtaktfeuer) an Backbord hindurchlaufen mit Kurs auf den knapp 1,5 sm recht voraus auszumachenden 5 m hohen grünen Turm (Lf. 09 820) auf dem Molenkopf der *Digue du Fort St. Jean.* Sobald man die beiden Einfahrtfeuer passiert hat, kommt man in den Vorhafen, den *Avant Port Joliette.* In ihm geht man nach 0,2 sm über Steuerbordbug. Man macht von hier aus an Backbord, unterhalb des alten *Fort St. Jean,* mit seinem massigen viereckigen Turm, in ca. 12 m Höhe das rote Gleichtaktfeuer der *Vieux-Port*-Einfahrt und an Steuerbord etwas dahinter, unterhalb vom alten *Fort St. Nicolas,* in etwa 8 m Höhe auf einer in die Einfahrt vorgebauten Säule, das unterbrochene grüne Einfahrt-Feuer aus. Da von hier aus alles durch Tiefstrahler hell beleuchtet ist, bereitet die Weiterfahrt in den *Vieux Port* auch bei Nacht keinerlei Schwierigkeit.

Im Anfang des Hafens darf man auf keinen Fall ankern, denn hier verläuft quer ein Straßentunnel, gekennzeichnet durch 2 Ubr. w. befeuerte, weiß verschalte Dalbengruppen.

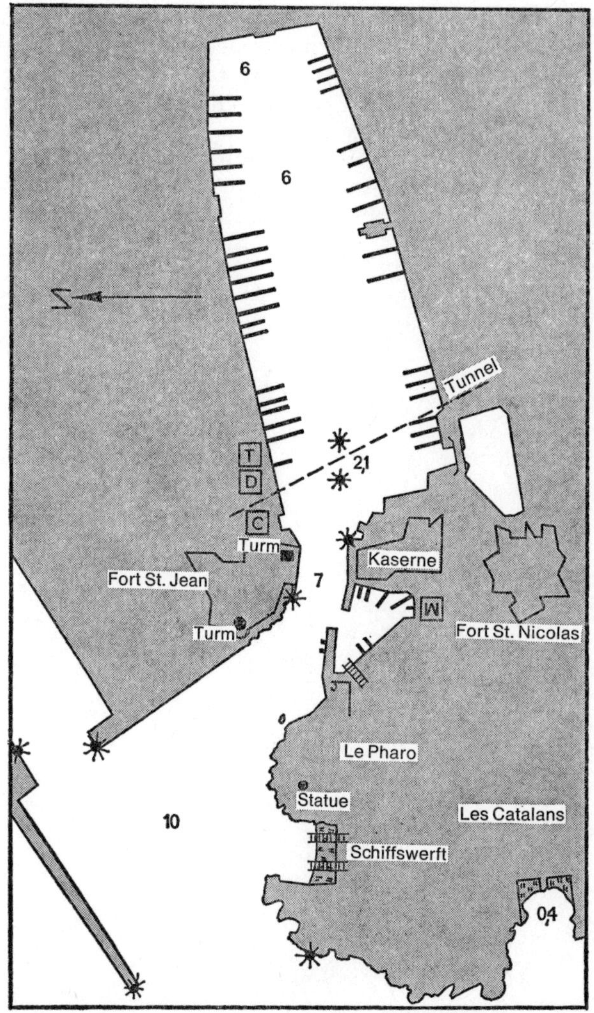

Marseille ⟨10⟩ (Vieux Port)

Beiderseits des Alten Hafens befinden sich durch hohe Zäune abgesperrte Sportboot-Liegeplätze, die weitgehend Clubs beherbergen. Trinkwasser ist überall, elektrischer Strom nicht an allen Plätzen zu finden. Es gibt auch sanitäre Anlagen. Hafenkapitän und Zoll sind gleich am Anfang des Hafens an Backbord, desgleichen eine Tankstelle (geöffnet vormittags und nach 1600 h). Krane befinden sich u. a. neben dem »Pavillon Flottant«, also dem schwimmenden Clubhaus, etwa in der Mitte des Hafens an Steuerbord. Das Hafenende am Quai des Belges zur ansteigenden Canebière hin darf von Sportbooten nicht benutzt werden. Hier gehen die Besucherschiffe zum Château d'If ab. Neue bzw. berichtigte Seekarten bekommt man bei Bianchetti an der NO-Ecke des Hafens.

Weitere Krananlagen, Schienen-Slip, schräge Ebenen und Tankstelle findet man außerdem im *Port de la Réserve,* der auch Werften und einen Club beherbergt. Seine Einfahrt liegt noch vor der Einfahrt in den *Vieux Port* an Steuerbord zwischen zwei gegeneinanderzeigenden Molen, fast genau gegenüber dem roten Gleichtaktfeuer der Einfahrt unter dem *Fort St. Jean.* Hier, wie auch im Vieux Port, kann man eventuell einen Liegeplatz erhalten, der jedoch – wie überall – Gebühren kostet, die sich nach der Schiffslänge richten.

Von Marseille bis Toulon

Deutsche Seekarte Nr. 436, 495, 497, 437 (nur Marseille)
Französische Seekarte Nr. 5318, 6499, 5192, 2681, 5325
Carte Marine Blondel Nr. 504

Vom *Vieux Port* bis zum *Cap Croisette,* an dem das Festland aus der Nord-Süd-Richtung nach Osten abbiegt, ist weitgehend Steilküste, die bis zum Stadtteil La Madrague dicht bebaut ist. Vorgelagert ist die völlig kahle *Ile d'If* mit ihrem berühmten Château. Die Inseln *Ratoneau* und *Pomègues,* gemeinsam als *Iles du Frioul* bezeichnet, sind durch einen Damm miteinander verbunden. Dem *Cap Croisette* vorgelagert findet man zwei sehr steile, hohe Felsinseln, die *Ile Maire* und die *Ile Tiboulen de Maire.* Am Cap Croisette biegt das unwirtliche Felsgebiet nach Osten ab und bildet bis *Cassis* viele fjordähnliche Buchten, die Calanques, die durchweg befahrbar sind. Vor dem Westteil dieses nach Süden gerichteten Küstenabschnittes liegen die völlig kahlen Felsinseln *Jarron, Caleseragne, Riou* und *Congloué.* Auch von *Cassis* bis *La Ciotat* verläuft ein steiles Felsmassiv, dem sich bis *La Madrague* eine flachere Bucht, teilweise mit Pinienwäldern bestanden, anschließt. Von hier bis *Bandol* zieht sich ein von kleinen Buchten durchzogenes, dicht bewaldetes steiles Bergland. Die Baie de Bandol besitzt weitgehend Sandstrand, dem um die *Pte. de la Cride* herum bis *Sanary* erneut eine steile Felsküste folgt. Bis zum Ort *Le Brusc* – mit den vorgelagerten kleinen Inseln *Le Grand Gaou* und *Le Petit Gaou* sowie der großen *Ile des Embiez* und ihren westlichen kleinen Nebeninseln – abwechselnd flach und felsig, geht die Küste in SO-Richtung und um das *Cap Sicié* herum nach NO bis in die Gegend von *Les Sablettes* erneut in steile Felswände mit vielen kleinen Buchten über, denen unzählige Riffe vorgelagert sind. Die *Rade de Toulon* wird nach Süden durch die felsige Halbinsel *St. Mandrier* begrenzt, von der aus der Küstenstreifen bis zur Stadt *Toulon* flach, aber durchgehend bebaut verläuft.

Von Marseille bis zum Cap Croisette

Deutsche Seekarte Nr. 437, 436, 495
Französische Seekarte Nr. 5180, 5190, 5192
Carte Marine Blondel Nr. 505 oder 504

Zwischen der Ausfahrt aus dem *Vieux Port* in Marseille und dem *Cap Croisette* ist das Küstengebiet kaum für Motorboote oder Motorsegler geeignet. Diese sind auf die weite Bucht zur Insel *Pomègues* hin als Durchgangsgebiet angewiesen. Die Küste selbst ist mit Ausnahme des

Strandgebietes in der *Rade du Prado* sehr steil, hat Riffe und vorgelagerte Klippen und ist außerdem bis über *La Madrague* hinaus vollständig bebaut. Die Küstenstraße, Corniche, führt direkt am bzw. über dem Meer entlang.

Aus dem *Vieux Port* auslaufend sollte man sich gut freihalten von der *Pte. de la Désirade* und erst dann auf SW-Kurs gehen. Knapp 0,4 sm südlich dieser Huk reicht nämlich ein langer Wellenbrecher, die *Digue des Catalans*, mit 5 m hoher grün-weißer Säule und unterbrochenem grünen Feuer auf dem Kopf (Lf. 09 720), von SO nach NW 0,3 sm weit in See hinaus. Von hier aus bleibt es sich gleich, ob man O oder W der beiden etwa 12 m hohen Turmbaken entlangläuft. Der nördliche dieser beiden Türme, »Le Canoubier«, ist leicht kelchförmig gebaut und schwarz-weiß-schwarz gestrichen. Der südliche, 14 m hohe runde schwarz-weiß gestreifte Turm »Le Sourdaras« (Lf. 09 460) hat unterbrochenes weißes Feuer. Beide kennzeichnen sie Riffe.

Nahebei in SW-Richtung liegt das nachts angestrahlte *Château d'If* auf der gleichnamigen Felseninsel, die nicht von Sportbooten angelaufen werden darf. Der weiße Turm (Lf. 09 440) zeigt in 26 m Höhe über der NO-Huk 13 sm weit sichtbare Blitze.

Der Nordküste ist eine Klippe, der Osthuk das Riff *Mourgon* vorgelagert.

Port du Frioul ⟨11⟩

Die beiden großen Felsinseln *Ratoneau* und *Pomègues* – westlich um die *Ile d'If* herumreichend – sind zwischen den gegenüberliegenden Huks ihrer Westseite durch einen Damm miteinander verbunden. Ostwärts dieses Dammes besteht ein Hafen, *Port du Frioul,* der durch eine von der Insel Ratoneau nach SSW geführte Mole geschützt wird. Die Einfahrt in diesen Hafen erfolgt von O nach W dicht unter der Nordküste der Insel *Pomègues.* Befeuert ist nur der Molenkopf mit 7 m hoher grüner Säule durch grünes Gleichtaktfeuer (Lf. 09 420). Dieser Hafen dient zeitweise der Berufsschiffahrt und der Marine, kann jedoch auch von Sportbooten angelaufen werden. Geplant ist ein weiterer Ausbau des Hafens für Sportzwecke in Verbindung mit Hotels, Appartementhäusern usw. in Art einer Marina. Die westlich des Hafens – also auf der anderen Seite des Verbindungsdammes – gelegene *Baie du Grand Soufre* ist gegen Wind aus N und NO geschützt, der Ankergrund in ca. 15 m Wassertiefe gut. Die beinahe unzählbar vielen Buchten der beiden völlig kahlen, hohen Inseln liegen ruhig. Ein Urlaubsgebiet sind diese Inseln zur Zeit noch nicht.

Das Cap des Ortes *Endoume* auf dem Festland mit den beiden südlich vorgelagerten kleinen *Iles d'Endoume* eignet sich keinesfalls als Wassersportgebiet. Auch die hieran

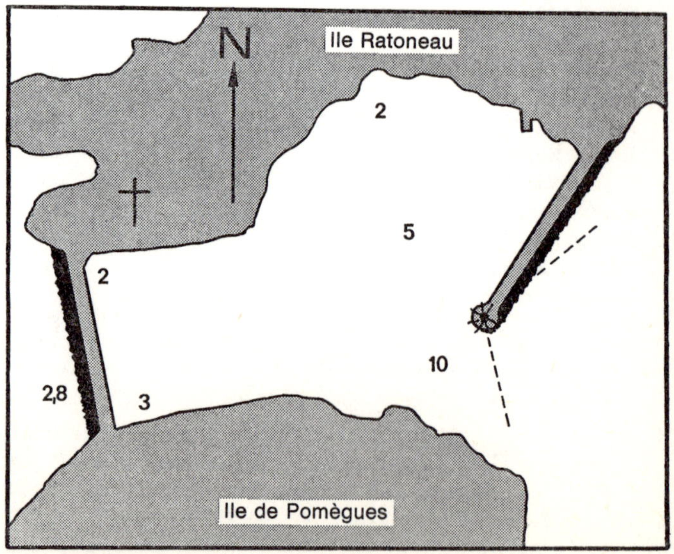

Port du Frioul ⟨11⟩

anschließende große, bis *La Madrague* reichende Bucht ist für Motorboote nur weitab des Strandgebietes geeignet, da nicht nur Schwimmer und Sporttaucher weit hinaus zu finden sind, sondern auch laufend Hunderte von Kleinstbooten und Segeljollen umherwimmeln.

Der winzige Hafen in der *Anse de Prophète,* mit einem nach NW gerichteten Wellenbrecher und Klippen-Abschluß im Süden, kann nur im äußersten Notfall von kleinen Booten angelaufen werden. Sie müssen sich von NNW her ganz dicht unter der Felsküste halten. Auch der durch halbkreisförmig angelegte Molen gebildete Hafen *du Roucas Blanc* mit zwei schmalen Durchfahrten aus NNW und W – keinesfalls aus SW unter der Brücke hindurch –, etwa 100 m südlich eines auf der gleichnamigen Huk stehenden riesigen Propellerflügel-Denkmals, ist nicht für Motorboote geeignet. Erst südlich der langen Badestrände an der *Pointe Rouge* gibt es einen modernen, großen Sportboothafen.

Port de la Pointe Rouge ⟨12⟩

Deutsche Seekarte Nr.436	*Position*
Französische Seekarte Nr. 5192	*Breite: 43° 15' N*
Carte Marine Blondel Nr. 504	*Länge: 5° 22' O*

Diese neue, noch im Ausbau befindliche Marina mit einem Hafen für etwa 1000 Boote liegt nahe der Huk *Pointe Rouge* und wird durch eine lange, hohe W-Mole gegen die See geschützt. Sobald die Anlagen fertiggestellt sind, umfassen sie neben allen Werft- und Service-Anlagen, Bunkerstation, Segel- u. a. Schulen, auch Bars und Restaurants, Hotels sowie Appartementhäuser. Parkplätze und außerdem Bus-Verbindung nach *Marseille* sind vorhanden. Dieser Hafen eignet sich wegen der Nähe der Stadt Marseille, der Inseln und des *Cap Croisette* ausgezeichnet für Fahrten entlang der Küste. Er bietet völligen Schutz gegen Wind und See.

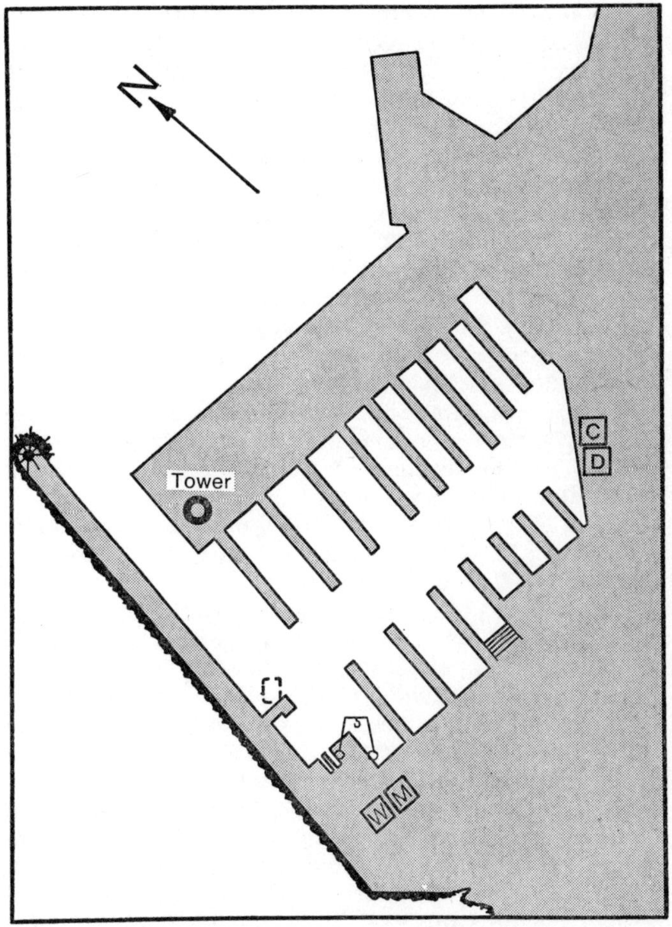

Port de la Pointe Rouge ⟨12⟩

Die Einfahrt kann bei Mistral für kleinere Boote etwas schwierig sein.

Die lange W-Mole erstreckt sich von der *Pointe de Montredon* ganz gerade in N-Richtung. Einlauf-Kurs liegt bei S, genauer gesagt bei 185°. Der Molenkopf ist befeuert. Einlaufend auf der breiten Bb.-Pier ist ein »Tower«, also der Überwachungsturm, von dem aus man unter Umständen schon Anweisungen erhält. Anderenfalls muß man im Hafenbecken über Bb.-Bug gehen bis zum Land-Kai, an dem sich die Anmeldung für Gäste in der Capitainerie befindet. Die Bunkerstation liegt an der Innenseite der W-Mole, also an Stb., auf einer kleinen vorgeschobenen Pier, hinter der sich Werft und Service-Station, Yacht-Lift, fahrbare Krane usw. befinden. Die Slip-Schräge ist allerdings – hier über Bb.-Bug gehend – etwa auf halber Strecke zur Anmeldung an Stb.

In *Madrague,* dem südlichsten Vorort von Marseille, besteht in Verbindung mit einer Bucht ein kleiner Hafen für Fischer und Sportboote eines Clubs. Die Einfahrt erfolgt dicht unter Land von N nach S zwischen einer von SW nach NO führenden, seewärts gelegenen Mole und einem kurzen, von Land ausgehenden Damm in O-W-Richtung. Slip und 6-t-Kran sind vorhanden.

Etwa 0,15 sm südlich des hochgelegenen Sendeturms von Radio Marseille sind zwei tiefe Felsbuchten – *Calanque de Samina* und *Cal. Mauvais Pas* –, die als Notankerplatz gegen Wetter von NNO über O bis S dienen können und guten Ankergrund bieten. Dagegen sind die Buchten in der Felsküste bis hin zum *Cap Croisette* alles andere als empfehlenswert. Notfalls kann man in der *Anse des Goudes,* unterhalb des an eine Goldgräberstadt erinnernden gleichnamigen Ortes mit flachgehenden Booten bis 6 m Länge, von N her entlang der Straße einen kleinen Hafen anlaufen. Das ist jedoch nicht möglich bei Wind aus N bis WSW, da dann Brandung direkt auf die Einfahrt steht. Die Hafen-Bucht wird durch einen von O nach W weisenden und einen etwa gegenüberliegenden, von SW nach NO gerichteten F.gn. befeuerten Wellenbrecher etwas geschützt.

Anse des Croisettes, eine flache Bucht zwischen der Süd-Huk von *Goudes* und dem *Cap Croisette,* mit tiefem Einschnitt in O-Richtung, besitzt einen sehr kleinen Hafen für kleine Sportboote. Er ist ungeschützt gegen Wind aus N bis W.

Cap Croisette

Position
Breite: 43° 13' N
Länge: 5° 20' O

Die völlig kahle, steile Felsküste um das *Cap Croisette* herum ist besonders südlich des Caps in O-Richtung von zahllosen Buchten zerrissen. Bei ruhiger See im Sommer herrscht hier zwar bis zur *Calanque de Callelongue* – mit Restaurant und Anlegemöglichkeit – etwas Badebetrieb, jedoch findet man nur wenig Boote. Wer völlige Ruhe wünscht, dem seien die nur durch eine schmale Durchfahrt getrennte *Ile Maire* und die WNW hiervon gelegene *Ile Tiboulen de Maire* empfohlen. Das gilt auch für Angler und Sporttaucher. Die *Ile Maire* ist 133 m hoch und sehr steil mit engen, kleinen Buchten unter fast senkrechten Felswänden.

Vorsicht: ihrem südlichen Kap vorgelagert liegen die beiden Klippen *Les Farillons.*

Die kleinere, WNW vorgelagerte *Ile Tiboulen de Maire* mit senkrechter SW-Küste besitzt einen schwarz-weißen, 7 m hohen Turm auf ihrem Topp, der von NW über N bis SO grünes und von NW über W bis SO weißes unterbrochenes Feuer zeigt (Lf. 09 360).

Ile de Riou und Neben-Inseln

Zwischen dem *Cap Croisette* und dem *Bec Sormiou,* 4 sm östlich hiervon, gibt es mehrere zumeist sehr steile, völlig kahle Felsinseln, die in ihrer Längsausdehnung ungefähr von NW nach SO ausgerichtet sind.

Nur etwa 0,5 sm vor der Küste liegt die kleine *Ile de Jarron,* etwa 15 m aus dem Meer ragend, an die sich die größere, 52 m hohe *Ile de Jarre* direkt anschließt.

Vorsicht: die schmale Durchfahrt wird durch einen knapp 2 m hohen Fels blockiert.

Der Süd-Huk direkt unter dem höchsten Punkt der Insel und dem südöstlichen Ende der Insel *Jarre,* der *Pte. de la Cride,* sind Klippen und einzelne Riffe vorgelagert. Trotz ihrer Höhe bieten die Inseln keinen Schutz. Für Ruhesuchende, Sporttaucher und Angler sind sie mit ihren steilen Felsbuchten bei glatter See – ebenso wie die anderen, benachbarten Inseln – interessant.

Etwa 0,5 sm südöstlich von Jarre und ca. 4,3 sm südlich der Küste liegt die 46 m hohe Insel *Calseraigne,* die nach SW steil abfällt. Zwischen diesen beiden Inseln liegt fast genau auf der Hälfte die nur 2,4 m tiefe, nicht gekennzeichnete Untiefe *l'Ecueil de Miet.* Sowohl nördlich als auch südlich der *Ile Calseraigne* versetzt der Strom von W nach O. Im NO-Teil der Insel liegt eine kleine, ziemlich flache Bucht mit Sandgrund, die jedoch nicht viel Schutz bietet. Dem steilen Felsabfall der Südküste sind vereinzelt Unterwasser-Riffe vorgelagert. Die vor der Süd-Huk liegenden Felsen, *Rochers l'Estéou,* sind schlecht auszumachen. Der größte ist nur ca. 2,50 m hoch. Knapp 0,5 sm südlich – in der Passage versetzt der Strom von W nach O – liegt die größte der Inseln, die 192 m hohe und 2,3 km lange *Ile de Riou.*

Vorsicht: Etwa in der Mitte der Passage gibt es eine gefährliche Klippe, *Ecueil de Milieu,* deren rot-schwarzes Seezeichen (für isolierte Untiefe) 3,30 m über den Wasserspiegel ragt.

Mit Ausnahme der nördlichen Buchten fällt die Felsküste von *Calseraigne* überall steil in Wassertiefen von min. 10 m ab. Die *Calanque de la Culatte* an der Nordküste der Insel – direkt westlich von ihr steht ein Mast – besitzt sogar Sandstrand und ebensolchen Ankergrund. Alle anderen Buchten verfügen über keine Landemöglichkeit.

Vorsicht: Zwischen der *Calanque de la Culatte* und der tiefen Bucht an der Nordspitze der Insel, der *Pte. de Fontagne,* liegt ein ununterbrochener Klippen-Gürtel bis über 100 m seewärts. Dieser Pointe und der hart südlich davon befindlichen Huk, die von Klippen umgeben ist, sind die nur 0,50 m hohe kleine Felsinsel-Gruppe *Les Moyadons* und die winzige, nur 4 m hohe Insel *Moyade* vorgelagert.

Dichte Klippen gibt es auch von der östlichen Spitze der *Ile Riou, Pte. Caranassaigne,* etwa 0,3 sm in westlicher Richtung. Ihnen vorgelagert sind die beiden Riffe *Les Empereurs,* 11 m und 25 m hoch. Etwa 0,6 sm SSW vor diesen Klippen liegt noch ein kleines Riff mit rot-weißer Leuchttonne (Lf. 09 860). Und schließlich gibt es hart NO der *Pte. Caranassaigne* noch die kleine, 35 m aus dem Wasser ragende Insel *Gd. Congloué.* In dem hieran nördlich anschließenden Seegebiet bis zur *Ile de Calseraigne* und ebensoweit nach NO besteht Ankerverbot.

Vom Cap Croisette bis Cassis

Deutsche Seekarte Nr. 436
Französische Seekarte Nr. 5318
Carte Marine Blondel Nr. 504

Das *Massif de Marseilleveyre* bis zum *Cap Bec Sormiou* hin ist ein steiles, weißgraues Kalkgebirge, das sich bis zu 432 m Höhe fast direkt aus dem Meer erhebt. Kein Baum, höchstens ein einsamer Dornenstrauch ist zu sehen. Dagegen ist das nach O anschließende, bis zu 650 m hohe *Massif de Puget* und sein Übergang bis hinunter zur *Baie de Cassis* teilweise mit Pinien und Buschwerk bewachsen, die teilweise bis an die See heranreichen. Schön sind die fjordähnlichen Buchten, die *Calanques.* Sie bieten weitgehend Schutz gegen Wetter, wenn es nicht gerade aus der entsprechenden Längsrichtung bläst. Guter Ankergrund ist praktisch überall vorhanden. Die wichtigsten dieser Calanques, vor allem soweit sie irgendwelche besonderen Schönheiten oder Anlagen bzw. Schutz für Sportboote bieten, sind nachfolgend im Telegrammstil aufgeführt.

Calanque de la Callelongue, unterhalb des auf einem Vorberge gelegenen alten Turmgebäudes – eines ehemaligen Semaphors – ist zugleich Ende der Küstenstraße von Marseille her. Ein sehr kleiner Hafen bietet in dieser ersten, tiefen Bucht ostwärts vom Cap Croisette Schutz für kleine Boote, jedoch nicht bei Südwind.

Die *Cal. de la Mounine,* 0,5 sm ostwärts hiervon, ist sehr klein und nur bei glatter See für kleine Boote befahrbar. Etwa 0,15 sm westlich ist an der Ostseite der kleinen Huk eine Reihe von Klippen. Im Anschluß an die Cal. de la Mounine reicht Flachwasser bis etwa 0,15 sm vor die Küste, vor der sich eine größere »Hochfläche« (Plateau des Chèvres) unter Wasser in nur 10 m bis 20 m Tiefe befindet.

Cal. de Marseilleveyre, weiter ins Land reichend, jedoch nicht für Boote mit großem Tiefgang befahrbar, bietet ebenfalls Schutz gegen Mistral.

Cal. de la Batterie verfügt in ihrer Mitte über eine kleine Pier und bietet Schutz gegen allgemein nördliche Winde.

Diese drei letzteren Buchten sind vor allem als Schlupfwinkel für kleinere Boote geeignet, die am *Plateau des Chèvres* oder bei den vorgelagerten Inseln vom Unwetter überrascht werden. Besonders Angler sollten sich dieses fischreiche Gebiet und seine Schutzmöglichkeiten gut merken.

Cal. de Sormiou, die wichtigste der Buchten im mittleren Abschnitt der fast weißen Felsküste, erstreckt sich ostwärts des *Cap Bec Sormiou* in NW-Richtung, hat an ihrem Ende brauchbaren Ankergrund und bietet guten Schutz gegen Winde, außer O–SSO. Ein kleiner Wellenbrecher gibt Schutz für kleine bis mittlere Sportboote. Am Strand besteht Möglichkeit zum Slippen mit dem Trailer. Kleine Restaurants und ein Club sind vorhanden. Ein Fahrweg verbindet diese Bucht mit dem Marseiller Vorort Mazargues. Das Befahren des gesperrten Weges ist jedoch nur mit schriftlicher Genehmigung der Dienststelle »Ponts et Chaussées« in Marseille gestattet.

Ostwärts des stiefelförmig vorgeschobenen *Cap Morgiou* dringt ebenfalls in NW-Richtung die *Cal. de Morgiou* tief in das Bergland. An der O-Seite der Endbucht gibt es eine Reihe von Riffen. Ein schmaler Fahrweg führt zur N 559. In der Bucht liegen Boote eines Clubs. Der Ankergrund bis zur 10-m-Tiefenlinie ist gut. Die Bucht bietet Schutz gegen Wind aus allen Richtungen, ausgenommen Wind von O bis SSO.

Cal. de Sugiton liegt direkt ostwärts anschließend und ist von der vorigen Bucht nur durch das kleine *Cap de Sugiton* getrennt. Einlaufend sollte man dicht an den Felswänden des Caps entlanglaufen, da ostwärts ein zwar malerischer, aber gefährlicher Felsen, *Rocher du Torpilleur,* in der Bucht liegt. Die O-Seite der Bucht und des folgenden Abschnittes über ca. 0,5 sm hin ist klippenreich. desgleichen die W-Seite der an das kleine *Cap Devenson* anschließenden *Cal. de Devenson.*

Keine Klippen oder Riffe gibt es dicht unter der Steilküste bis zur *Pte. Cacao.* Ihr selbst sind jedoch wieder Klippen vorgelagert. Direkt westlich dieser *Pte. Cacao* ist die Einfahrt in die beiden tief eingeschnittenen *Calanques d'En Vau* und *Port Pin.* Um diese Huk herum von der *Baie de Cassis* aus geht es in die *Cal. Port Miou.* Diese drei Buchten werden von *Cassis* aus durch Ausflugsboote, ebenfalls durch die in Cassis beheimateten Sportboote viel befahren. Sie sind trotzdem sehenswert.

Cal. d'En Vau ⟨13⟩ schiebt sich nach NW in die Felsberge, ist teilweise dicht bewaldet und besitzt an ihrem Ende einen Sandstrand. Außer mit dem Boot ist diese Bucht nur über einen kilometerlangen, sehr steinigen Pfad zu Fuß zu erreichen. Der Ankergrund ist gut. Schutz findet man gegen alle Winde, außer aus SO.

Cal. de Port-Pin ⟨13⟩ besitzt anfangs die gleiche Einfahrt direkt vor der *Pte. Cacao,* erstreckt sich aber in Schlangenlinien nach NNO zwischen senkrechten, teilweise mit Pinien bewachsenen Wänden in die Berge hinein. Der winzige Strand an ihrem Ende ist von Mietbooten des dort gelegenen kleinen Restaurants besetzt. Der Ankergrund ist durchschnittlich 10–20 m tief und gut. Ausgenommen etwa 150 m vor dem Buchtende, wo zwei felsige Untiefen (ca. 3 m) sich fast über die ganze Breite der Calanque ziehen. Schutz finden Sportboote aller Größen, solange nicht Wind und See von SW bis S in die Calanque stehen.

Diese beiden engen Buchten eignen sich aber in der Saison keinesfalls als Liegeplätze, da sie ständig von Ausflugsbooten befahren werden.

Cal. Port Miou ⟨13⟩ mit ihrer Einfahrt 0,3 sm NNO der *Pte. Cacao* (Cap Caou), zieht sich anfangs nach N und dann nach NO in die weitgehend kahlen Berge. Der Ankergrund ist gut, die Tiefe auf 0,1 sm hinter dem Knick etwa gleichbleibend bei 5 m. Inmitten der Bucht sind Festmacher für Frachter, die an Backbord aus mit Getöse arbeitenden Steinbrüchen Last fahren. Der übrige Teil der Flachwasserzone dient dicht an dicht als Liegeplätze für Clubs. Krach und Staub machen diese Calanque nicht gerade zum Urlaubsparadies. Das Ende der Bucht ist durch eine Straße mit *Cassis* verbunden. Slip-Möglichkeiten sind vorhanden. Die Bucht gibt Schutz gegen Wind aus allen Richtungen.

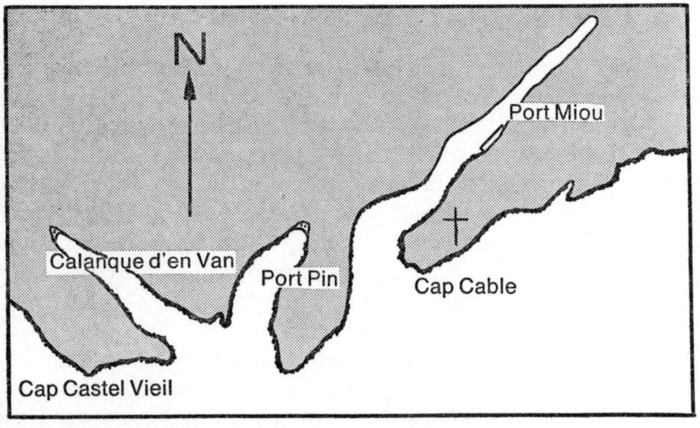

Cal. d'En Vau — Port Pin — Port Miou ⟨13⟩

Vor dem *Port Miou,* 4 sm nach SSW und 1 sm nach O, besteht Ankerverbot.

Von der Einfahrt in die *Cal. Port Miou* bis zur Hafen-Einfahrt von *Cassis* ist es nur noch knapp 1 sm entlang eines weitgehend bebauten, niedrigen Felsplateaus, das jedoch keine Anlandung zuläßt.

Vorsicht: Bei SO-Wind kann in der ganzen Bucht von *Cassis* – besonders jedoch zwischen der *Pte. Cacao* und der Hafeneinfahrt – schwere Brandung stehen. In diesem Falle keinesfalls zu dicht unter Land halten, da die Seen von den Felswänden zurückgeworfen werden.

Cassis ⟨14⟩

Deutsche Seekarte Nr. 436, 497	*Position*
Französische Seekarte Nr. 5202, 5318	*Breite: 43° 13' N*
Carte Marine Blondel Nr. 504	*Länge: 5° 32' O*

Cassis (5000 Einw.) ist ein ehemaliger Fischerort unterhalb der Ruinen einer Burg. Er ist als Fremdenverkehrsort an den Berghängen hochgewachsen und platzt in der Saison aus allen Nähten.

Die Einfahrt in den Hafen von *Cassis* ist bei Schlechtwetter nicht einfach. Bei SO-Wind steht vor und in der Einfahrt nicht nur starke Dünung, sondern eventuell sogar gischtende Brandung. Im O-Teil der *Baie des Cassis* versetzt bei N- und O-Wind starker Strom nach SO.

Vorsicht: Etwa 50 m S des Molenkopfes liegt eine gefährliche Untiefe, auf der die See oft brandet.

Von See her sollte man bei unruhigem Wasser oder unsichtigem Wetter mit N-Kurs genau auf das rote Festfeuer westlich der Hafeneinfahrt zulaufen. Es befindet sich auf einer Säule mit roter Laterne in 12 m Höhe auf einem weit ins Wasser ragenden abfallenden Felsplateau (Lf. 09 920). Erst etwa 50 m davor geht man über Steuerbordbug dicht unter Land auf NO-Kurs, bis man nach ca. 0,15 sm das unterbrochene Steuerbord-Feuer (Lf. 09 900) der Hafeneinfahrt auf dem weiß-grünen Turm der von O nach W weisenden Mole etwas achterlicher als dwars an Steuerbord hat. Nun geht man wiederum etwas über Steuerbordbug auf ONO-Kurs zwischen den beiden, weit in die Fahrrinne hineinreichenden Wellenbrechern hindurch in den eigentlichen Hafen. Der Hafen (900 Liegeplätze) ist allerdings auch außerhalb der Saison knüppeldick voll. Während die Steganlagen und Piers an Steuerbord beim Casino einem Club gehören, ist der übrige Hafen fast ausschließlich den Ausflugsbooten und Fischern vorbehalten. Landeinwärts vom Casino gibt es eine schräge Ebene und je einen 4-t- und 10-t-Kran. Eine Tankstelle für Benzin und Diesel ist vorhanden. Hafenamt, Zollamt, Inscription Maritime liegen am Quai Calandal an der N-Seite des Hafens, von wo aus auch die Autostraße zur Calanque de Port Miou abgeht.

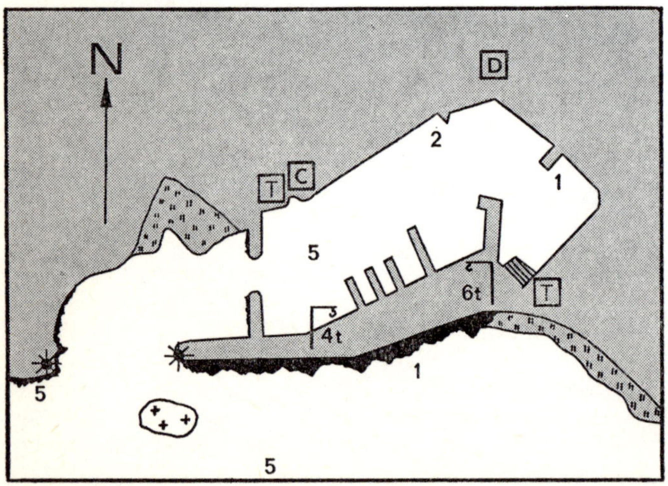

Cassis ⟨14⟩

Cassis ist ein ausgesprochener Stützpunkt für Fahrten entlang der Felsküste mit den Calanques. Er liegt im Sommer sehr heiß zwischen den hohen Bergen, besitzt aber seeseitig der Straßen-Tankstelle einen netten Strand. Strände gibt es auch in den beiden ostwärts anschließenden *Anse Ste. Magdeleine* und *Anse de l'Arène.* Die dazwischen liegenden Huks sind durch weit vorgeschobene und auf beiden Seiten bis in die Buchten zurückreichende Klippen für Boote sehr gefährlich und keinesfalls als Ankergrund geeignet, da sie auch Wind und See ausgesetzt sind.

Von Cassis nach La Ciotat

Das von *Cassis* entlang der Bai in SO-Richtung sich erstreckende Felsgebirge mit der *Grande Tête* (399 m) als höchstem Punkt, ist beinahe senkrecht abfallend. Näher als 0,1 sm kann man auch mit kleinen Booten nicht unter Land gehen. Dieser Küste sind bis dicht vor der Bucht, die hart NW der hochgelegenen Kapelle *N. D. de la Garde* liegt, Felsabbrüche, Klippen und Riffe vorgelagert. Der alte Semaphor auf einem Berg kann als Marke dafür genommen werden, daß der Klippengürtel von hier aus unter Land noch 0,7 sm nach SO reicht.

Calanque de Figuerolles, knapp 300 m SO der Kapelle gelegen und nach NNO in die Berge eingeschnitten, ist einlaufend an Backbord durch den spitzen Felsen *Le Capucin* deutlich auszumachen. Von 20 m bis 2 m tief – an ihrem strandähnlichen Ende nahe dem Ost-Kai 1,50 m tief – ist der Ankergrund gut und die tief eingeschnittene Bucht außer aus allgemein S-Richtung auch gut geschützt.

Vorsicht: Von der O-Huk in die Einfahrt hinein liegen Klippen. Die ostwärts der Calanque befindlichen Buchten sind wegen der Klippen und Riffe nicht befahrbar.

Bec de l'Aigle (Adler-Schnabel) heißt das steil aus dem Meer herausragende, scharfkantig gebogene Kap (55 m), von dem aus die Küste nach NNO umbiegt.

Etwa 4 sm von *Cassis* befindet sich die Felsbank *La Cassidaigne* mit einer Ausdehnung von etwa 0,5 sm in SSO-Richtung. Auf ihrem nördlichen Ende steht ein rot-weiß-schwarzer Turm (23 m) mit unterbrochenem weißen Feuer (Lf. 09 960).

Dem *Bec de l'Aigle* SSO vorgelagert ist eine kleine, von mehreren Riffen eingerahmte, teilweise bewachsene Felsinsel, *Ile Verte* (47 m). Zwischen ihr und dem Kap steht auf einer Untiefe die schwarze, mit spitzem Toppzeichen versehene, aber nicht befeuerte Turmbake »Cannonier du Sud«.

Vorsicht: Zwischen der Insel und dem Kap versetzt der Mistral und bei Ostwind sehr starker Strom von S nach N. Gefährliche Fallböen werden sogar von der Berufsschiffahrt gefürchtet.

Auf der NO-Seite der Insel ist die kleine *Cal. de St. Pierre* mit Wassertiefen um 1,50 m an einem kurzen Beton-Kai. NO hiervon liegen große Festmache-Tonnen für Frachter in der Bai, an denen man notfalls grobe See abwettern kann, wenn das Einlaufen in den Hafen von *La Ciotat* unmöglich sein sollte.

NO des *Bec de l'Aigle* schiebt sich die kleine Bucht *Cal. du Muguel* von O nach W in den Berg, die Schutz gegen Wind, außer aus O und SO, bietet.

Vorsicht: Beiderseits der Einfahrt liegt ein Klippengürtel, der sich nach N bis zum Hafen-Kai von *La Ciotat* zieht.

La Ciotat ⟨15⟩

Deutsche Seekarte Nr. 497	*Position*
Französische Seekarte Nr. 5200, 2681, 5325	*Breite: 43° 10' N*
Carte Marine Blondel Nr. 504	*Länge: 5° 37' O*

La Ciotat (20 000 Einw.), an der W-Seite der Baie de Ciotat, ist Hafenstadt mit Schiffswerften und besitzt erst in ca. 1,5 km Entfernung einen Badestrand in Ciotat-Plage.

Das System der Hafenanlagen ist zwar nicht groß, jedoch etwas kompliziert. Da der direkt unter der Stadt am Quai Général de Gaulle und Quai Ganteaume liegende innere Hafen teilweise noch von Sportbooten benutzt wird, ganz kurz auch für ihn die wichtigsten Merkmale. Die lange Mole, von SW nach NO gerichtet, besitzt an ihrem Kopf einen etwa 15 m hohen, weißen Leuchtturm mit rotem Oberteil, Feuer rot, unterbrochen (Lf. 10 000). Mit etwas Abstand von ihm sollte man genau von O nach W in die Häfen einlaufen, dabei die *Mole Bérouard* mit dem – allerdings vor den Gebäuden schlecht auszumachenden – etwa 13 m hohen, plump wirkenden, weißen Leuchtturm mit grünem, ballonähnlichen Topp (Glt. gn. – Lf. 10 005), hart an Backbord passieren. Deutlicher auszumachen ist mit seinem burgähnlichen Turm das Rathaus am *Quai Ganteaume*. Nahe dem Leuchtturm Bérouard sind Club-Haus, 10-t-Kran und Tankstelle.

Nördlich dieser Hafenanlagen liegen die beiden neuen Sportboothäfen mit jeweils eigenen Einfahrten, das *Bassin Bérouard* südlich und das *Bassin des Capucines* nördlich einer zentral gelegenen Mittel-Pier. Bei Tage ist das Einlaufen in den südlichen Hafen einfach, denn man kann die von N nach S ausgerichtete Mole mit ihrem hohen und schlanken weißen Leuchtturm – der oben etwas wie ein Stundenglas auseinandergeht und dort grün gestrichen ist – gut ausmachen. Er ist grün unterbrochen befeuert. Man sollte ihn einlaufend knapp runden, da die Massivstege von Land aus in das Becken reichen. Bei Nacht muß man genau auf die unterschiedliche Kennung dieses Feuers zu dem des Haupthafens achten, damit es keine Verwechslung gibt. Eine Hilfe hierzu bietet bei Dunkelheit das unterbrochene weiße Feuer an der nördlich hiervon gelegenen Einfahrt des anderen Sportboothafens. Vor diesem *Bassin des Capucins* reicht von N her eine Mole, der die von S nach N gerichtete befeuerte Hauptmole etwas überlappend vorgelagert ist. Man muß daher in diesen Hafen fast von N her mit Kurs SSW einlaufen. Die nördliche Mole ist durch eine Stange mit grünem Dreiecks-Toppzeichen gekenzeichnet, die von S her kommende Hauptmole *(Digue Centrale Nord)* durch einen kleinen Turm mit rotem Topp und weißem Feuer. Die Steganlagen (700 Liegeplätze) lassen selbst während der Saison noch Gästeboote zu. Trinkwasser, Kran, Slip, Werft, Servicestationen, genügend Parkplätze usw. sind vorhanden.

Der nördlich fast anschließende Hafen *Port de Capucins* – nicht zu verwechseln mit dem eben genannten *Bassin de Capucins* – ist nur für Fischerboote offen.

Der direkt unter der Haupt-Uferstraße liegende, nördlich anschließende Badestrand ist für Sportboote nicht zugelassen.

Vorsicht: Dem kleinen *Cap de Moulins* sind auf 0,1 sm Riffe vorgelagert. Weiter in Richtung Les Lècques ist von der *Pte. de la Baumette* an trotz kleiner Strandstücke der ganze Küstenabschnitt direkt unter Land durch Klippen und Riffe nicht befahrbar. Sie hören erst am *Cap St. Louis* vor dem W-Strand von *Les Lècques* auf.

Der Ankergrund ab etwa der 5-m-Tiefenlinie, jedoch nicht näher als 0,15 sm vor der Küste, ist am gesamten Nordrand der *Baie de la Ciotat* gut.

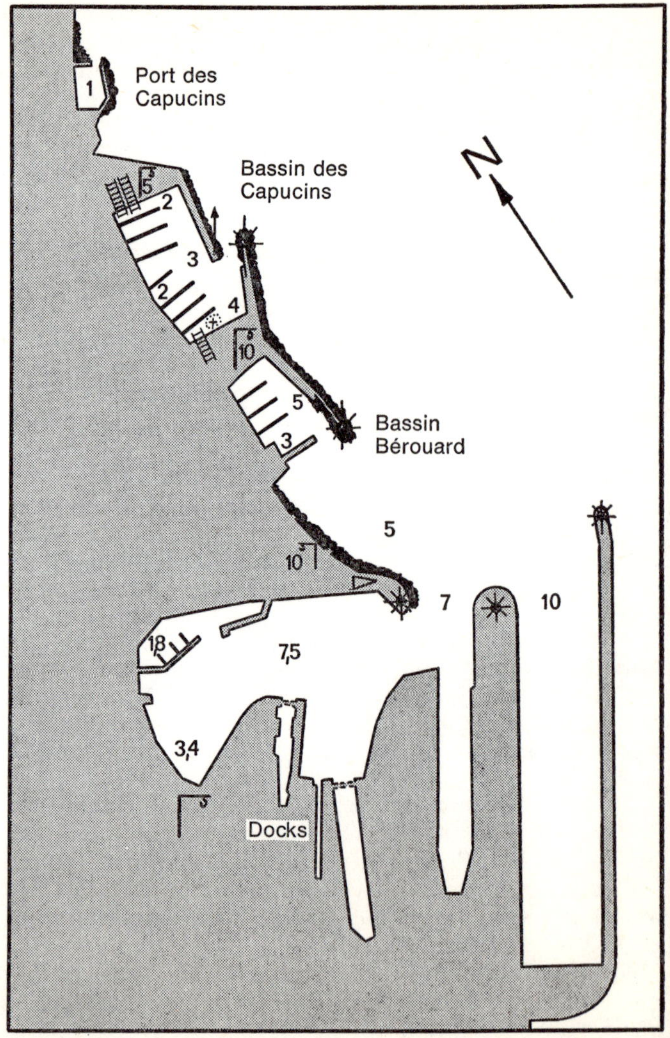

La Ciotat ⟨15⟩

Les Lècques ⟨16⟩

Deutsche Seekarte Nr. 497 — *Position*
Französische Seekarte Nr. 5200, 4000, 5325 — *Breite: 43° 11' N*
Carte Marine Blondel Nr. 504 — *Länge: 5° 41' O*

Les Lècques (4000 Einw.) – im Département Var – ist ein etwas abseits der Durchgangsstraße gelegener Badeort mit Sportboothafen in netter Umgebung. Ein weiterer großer Sportboothafen, direkt westlich anschließend, ist geplant. (In diesem Falle wird die Hafen-Einfahrt verlegt.)

Die Einfahrt in den kleinen, etwa 100 m breiten und 125 m langen Hafen erfolgt von O nach W fast parallel zum Strand. Nach O, zum Strand hin, ist der Hafen durch eine kleine in SSW-Richtung führende Mole gegen Seegang, nicht jedoch gegen Wind geschützt. Die westliche Hauptmole führt in N–S-Richtung und knickt kurz vor dem Molenkopf nach SO ab. Auf dieser Mole steht ein roter Mast (10 m) mit rotem Festfeuer (Lf. 10 100). Vom Land aus gehen 2 Steganlagen (136 Liegeplätze) senkrecht nach S in den Hafen. In seiner W-Ecke sind eine schräge Ebene und in der O-Ecke ein 2-t-Kran verfügbar. Geeignet ist der Hafen nur für Boote bis zu 7 m Länge und höchstens 2 m Tiefgang. Große Parkplätze befinden sich direkt neben der W-Mole. Hafen-Tankstelle steht jedoch nicht zur Verfügung. Restaurants liegen direkt am Kai. Der Hafen ist stets überfüllt.

Vorsicht: Bei Wind aus O bis S steht hohe Dünung, zeitweise sogar Brandung direkt vor und in der Hafeneinfahrt. Bei Wind aus SW muß man praktisch quer zur Brandung durch die schmale Hafeneinfahrt einlaufen.

Im NO-Teil der *Baie des Lècques* liegt ein Strandstreifen mit Flachwasser, der nach S vor einer winzigen Bucht durch ein Riff abgeschlossen wird. Ihm schließen sich dann sofort wieder Riffe und Klippen bis zu dem kleinen Hafen

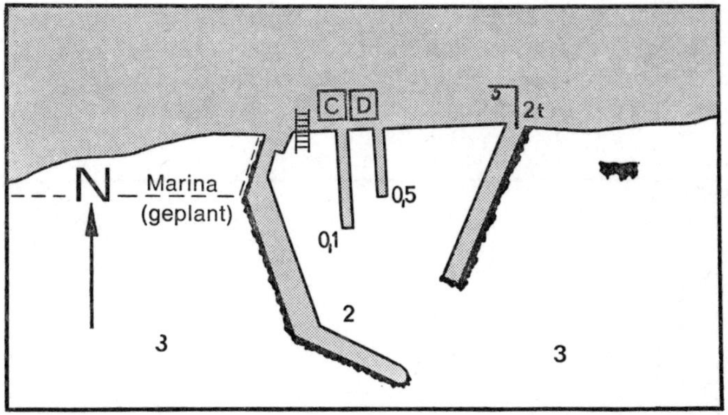

Les Lècques ⟨16⟩

Madrague an. Jenseits der kleinen Küstenstraße sieht man vereinzelte Bauernhöfe und etwas Pinienwald mit einem Campingplatz.

La Madrague ⟨17⟩

Position
Breite: 43° 10' N
Länge: 5° 41' O

Ganz reizend ist dieser kleine, auch in der Saison noch verhältnismäßig ruhige Ferienort, an dessen W-Ende ein großer, schattiger Campingplatz liegt. Zwei Molen – von NNO und SSW gegeneinander gerichtet – schützen das Hafenbecken einigermaßen gegen Wind und See, jedoch nicht aus N bis NO. Die ca. 40 m breite Einfahrt zwischen den Molenköpfen – deren nördlicher einen weißen, beschrifteten Turm mit rotem Kopf (Lf. 10 120) besitzt – ist bei Wind aus W nicht einfach, bei Wind aus N und Seegang sogar gefährlich. Direkt in Verlängerung der Einfahrt von W nach O ist ein etwa 40 m breiter Streifen mit bis 2 m Tiefe, der seitlich schnell auf 1 m zurückgeht. Entlang der Pier und unter Land gibt es nur knapp 0,5 m

Wasser über Grund. Sportboote über 8,75 m Länge und 1,10 m Tiefgang werden nicht zugelassen. Ein 4-t-Kran ist vorhanden, desgleichen eine Benzin-Tankstelle. Im Sommer ist der Hafen überfüllt – auch von Algen.

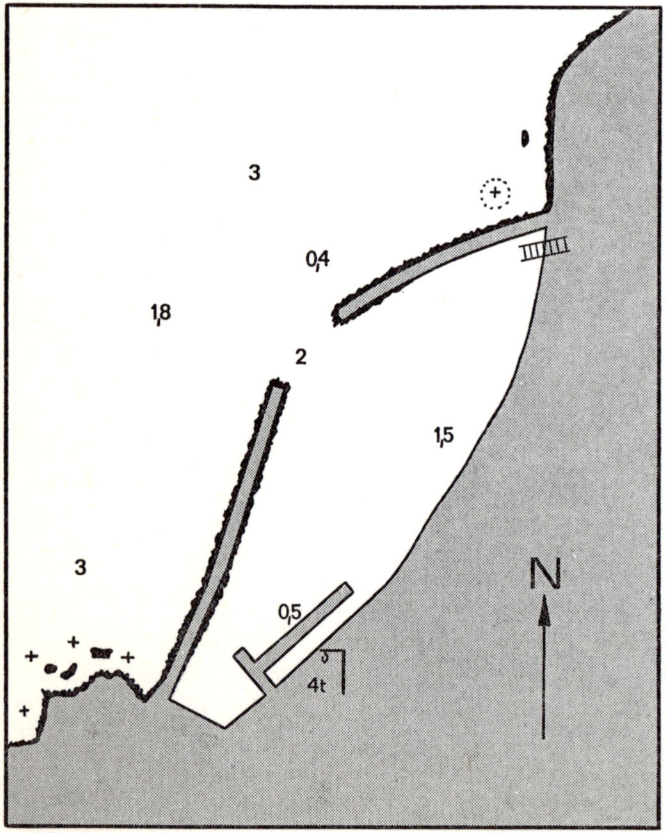

La Madrague ⟨17⟩

Von La Madrague bis Bandol

Die anschließende Steilküste ist landschaftlich schön, dicht bewaldet, großenteils allerdings in Privatbesitz und leider durch einen dichten, bis 0,2 sm hinausreichenden Gürtel von Riffen und Klippen nur an wenigen der Buchten überhaupt anzulaufen. Gefahrlos ist das nur direkt an der *Pte. Fauconnière* auf 100 m Breite. Weiterhin auch in der tief eingeschnittenen Bucht 0,3 sm südlich der *Pte. des Trois Fours,* deren Einfahrt jedoch beiderseits bis fast 0,2 sm in See hinaus von Klippen eingerahmt wird. Und anschließend ist es möglich, vom *Cap d'Alon* bis zur tiefen Bucht an der *Pte. d'Alon.*

Vorsicht: 0,15 sm vor der Bucht von *Alon* ist 0,5 m unter der Wasseroberfläche ein ausgedehntes Riff, die *Sèche d'Alon.*

Diese Bucht von *Alon* ist Privatbesitz und darf von Land und Wasser aus nur gegen Gebühren angelaufen werden. In 3–4 m Wasser kann man jedoch gut ankern. Auch für die Sandstrand-Bucht *La Galère* 0,5 sm ostwärts davon werden Gebühren des Grundbesitzers kassiert. Ihre Einfahrt ist durch viele überwaschene Klippen und eine ganz kleine Felsinsel gefährlich und noch dazu sehr flach.

Die hieran anschließende, buchtenreiche Felsküste bis 0,1 sm nördlich der *Pte. Engravier* ist gefahrlos; Wassertiefe etwa 10 m. Allerdings ist der Ankergrund vor diesem Küstenabschnitt zwischen *La Madrague* und *Bandol* durch Felsbrocken unrein, teilweise auch dicht bewachsen.

Bis *Bandol* ist die bewaldete Felsküste wunderschön, jedoch wegen der dichten Riffe und Klippen bis auf zwei sehr kleine, nicht präzise zu beschreibende Buchten, nicht anzulaufen.

Vorsicht: Vor der südlich vorgelagerten *Ile Rousse* und deren Riffen bis zum Klippengürtel der Küste besteht eine Durchfahrt von nur knapp 30 m. Trotz durchschnittlich 3 m Wassertiefe ist sie nur bei ganz glatter See in langsamster Fahrt passierbar.

Der am Festland unterhalb von Eigentums-Wohnungen gelegene kleine Hafen ist Privatbesitz.

Erst wieder in der direkt westlich von *Bandol* gelegenen Bucht *Creux de Bandol* am stets überfüllten Badestrand besteht begrenzte Möglichkeit, mit kleinen Booten dicht an das Ufer zu kommen.

Vorsicht: Die Klippen beginnen bereits landseitig des Wellenbrechers vor dem Südteil dieses Strandes und fassen die ganze Halbinsel unterhalb des Schlosses bis zum Hafen von *Bandol* unnahbar ein.

Die Wassertiefe zwischen der Schloß-Halbinsel und der 0,15 sm vorgelagerten Insel *Bendor* beträgt zwischen 0,20 und 1 m. Wer diese Passage nicht ganz genau kennt, sollte sie auch mit kleinen Außenbord-Booten nicht befahren, sondern besser die Insel *Bendor* ostwärts runden.

Position
Breite: 43° 07' N
Länge: 5° 47' O

Ile de Bendor ⟨18⟩

Geschichtlich interessant ist, daß diese Insel durch einen Vulkanausbruch erst im Jahre 50 v. Chr. entstand. Die sarazenischen Seeräuber nannten sie »Tochter der Berge« bzw. entsprechend »Isola des Bendoris«. Im 17. Jh. verbannte der Duc de la Cadière seinen Sohn Comte Robert hierher. Später gab Henri IV. die Insel dem Kapitän Henri de Boyer. Neuerdings »entdeckt« und ausgebaut wurde sie durch Paul Ricard.

Die etwa 650 m lang und teilweise nur 50 m breite Insel *Bendor*, die sich, halbkreisförmig zum Schloß von Bandol geöffnet, nur etwa 250 m vor der Felsküste entlangzieht, besteht durchweg aus rotem Fels. Ihrer W- und S-Küste sind auf gut 50 m Riffe vorgelagert, so daß diese nicht angelaufen werden können. Die Insel mit ihren Hotels und kleinen Häusern im Fischerstil, mit Bars, Tauchschule, Segelschule und anderen Einrichtungen ist Privatbesitz. Das gilt im Prinzip auch für den kleinen Hafen, *Port Ricard*, an der NO-Seite. Die Nordmole des Hafens verfügt über ein Sektorenfeuer F. gn., die von O nach W von der Huk querlaufende Pier über ein rotes Festfeuer und zusätzlich ein rotes Sektorenfeuer (F.r. 212°–218°). Die Sektorenfeuer sind ausgerichtet nach NO zur Ausfahrt aus

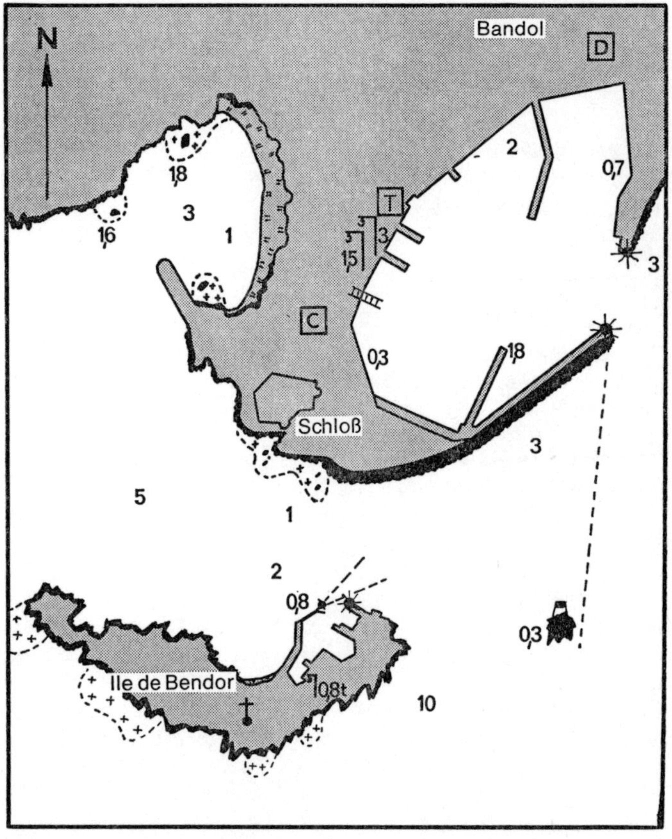

Ile de Bendor — Bandol ⟨18⟩

dem Hafen von *Bandol*, und zwar derart, daß man zwischen der großen von SW nach NO verlaufenden Hafenmole von *Bandol* und der kleinen Felsinsel *Fourmigue* gefahrlos hindurchlaufen kann.

Vorsicht: Die Wassertiefe am Überschneidungspunkt der beiden Sektorenfeuer 0,1 sm vor der Einfahrt von *Bendor* liegt nur bei 2 m. Auch der Hafen in seinen – für die Fährverbindungen reservierten – Eingangsbecken hat hier nur 2,50 m Tiefe, im übrigen Teil meist nur 0,50 m.

Liegeplätze im Hafen stehen für fremde Boote nicht zur Verfügung, so daß der Hafen *Bendor* nur als Nothafen für Kleinboote erwähnt wird.

Bandol ⟨18⟩

Deutsche Seekarte Nr. 497	*Position*
Französische Seekarte Nr. 5198, 6000, 5325	*Breite: 43° 08' N*
Carte Marine Blondel Nr. 504	*Länge: 5° 45' O*

Bandol (5000 Einw.), ehemals Fischerstadt, ist heute Urlaubsort, besitzt jedoch nur den Badestrand in der West-Bucht und einen weiteren langen, schmalen Strand entfernt von der Stadt direkt an der Hauptverkehrsstraße im NO-Teil der *Baie de Bandol*. Der Ausbau des Hafens zu einer Marina ist geplant.

Von See her den Hafen von *Bandol* anlaufend muß man unbedingt die nur etwa 1 m hohe Felsinsel *Fourmigue* mit ihrer rot-weiß-schwarzen unbefeuerten Turmbake weiter als 20 m an Bb. lassen. Bei Nacht ist das Einlaufen in den Hafen schwierig und auch nicht ganz ungefährlich. Es empfiehlt sich, direkt auf den 11 m hohen schlanken, weißen Leuchtturm mit rotem Lampenträger (F.w. 348°–2°) auf der von SW nach NO gerichteten Hauptmole zuzuhalten. Sobald man seitlich abweicht, kann man nur noch Ubr. r. (Gefahren-Sektor) ausmachen.

Auf dem Kopf der niedrigen N-Mole steht als Leuchtträger eine weiße Stange mit Lampe. Kennung: Blz.gn.

Auch wer aus der Baie de Sanary – also von SO her – in Bandol einlaufen möchte, muß nach dem Runden der schwarz-weißen Bake mit W-Toppzeichen vor der *Pointe de la Cride* diesen weiß befeuerten Sektor genau einhalten, wenn er nicht in Gefahr kommen will, aufzulaufen.

Die Einfahrt in den Hafen von Bandol ist 60 m breit.

Die Innenseite der N-Mole ist als Liegeplatz nicht zu benutzen. Die Innenseite der S-Mole ist es nur bedingt, wenn man mit langer Leine an Ringen festmacht und Bug- oder Heckanker ausbringt. Auch dann muß man mit dem Beiboot an Land gehen.

Lange Steganlagen befinden sich im Nordteil des Hafens nahe einem großen Parkplatz. Für Yachten bis 17 m Länge dient eine von der Hauptmole ausgehende, nach NO schräg in den Hafen gerichtete Pier. Weitere Steganlagen werden hier neben großen Parkplätzen gebaut. Größere Sportboote bis zu 1,75 m Tiefgang können auch am westlichen Stadt-Kai nahe dem schwimmenden Club-Haus festmachen, wo es Trinkwasser, Tankstelle für Benzin und Diesel, einen Slip und Krane von 1,5–6 t Tragkraft gibt.

Vorsicht: Der etwa 300 m breite und 150 m tiefe Hafen ist fast überall O-Wind und außerdem im Anfang seines N-Teiles auch Seegang aus S ausgesetzt. Viele Bojen im Hafen erschweren das Manövrieren.

Von Bandol bis Sanary-sur-Mer

Die von niedrigen Bergen eingerahmte *Baie de Bandol* mit ihrem schmalen Strand an der NO-Seite ist bei Windstille gefahrlos, dagegen bei Wind von O bis S nur mit Vorsicht zu befahren, weil die 10-m-Tiefenlinie parallel zur Küste quer über die Bucht geht und hier starke Brandung stehen kann. Obwohl die landschaftlich sehr nette O-Seite der

Bucht fast völlig in Privatbesitz ist, kann man an vielen Stellen bis direkt unter Land gehen. Vorausgesetzt allerdings, daß der Tiefgang des Schiffes weniger als 2 m beträgt.

Vorsicht: Mehrere ausgedehnte Klippen schließen sich direkt an den Strand unterhalb der – teilweise verhältnismäßig flachen – Felsküste an. Das gilt auch zwischen den beiden kleinen Buchten in der *Baie de Cousse* sowie um die ganze *Pte. de la Cride,* die man selbst mit kleinen Booten nicht nur wegen der Riffe und Klippen, sondern auch wegen verschiedener Untiefen »außenrum« um die schwarz-weiße Turmbake mit W-Toppzeichen runden sollte. (Zeitweise Schießgebiet bis 500 m seewärts.) Hier versetzt bei Mistral der Strom aus NW vor der Turmbake mit etwa 1 kn nach N drehend unter Land in die *Baie de Bandol* hinein.

Die Steilküste von der *Pte. de la Cride* bis *Sanary* ist trotz teilweiser Bebauung schön und bietet in vielen winzigen Buchten bei ruhiger See Liegeplätze bei Tage und weitgehend Schutz bei N-Wind.

Vorsicht: Etwa auf halbem Wege zwischen der *Pte. de la Cride* und der kleinen Halbinsel mit Turm an der *Pte. de Port Issol* liegt eine 250 m lange Kette von Klippen bis 0,1 sm vor der Steilküste.

Die kleine Bucht *Port de Issol* ist durchgehend nicht tiefer als 2,5 m. Der Ankergrund hält gut.

Vorsicht: Auch an der *Pte. du Beau Rouge* direkt unter dem Turm ist eine Gruppe von Klipppen. Bei Nacht ist man so lange frei von Land, wie man das rote Festfeuer der Hafeneinfahrt von *Sanary* ausmachen kann.

Vorsicht: Bei Mistral gut freihalten von Land.

Sanary-sur-Mer ⟨19⟩

Deutsche Seekarte Nr. 497	*Position*
Französische Seekarte Nr. 5198, 5325, 8000	*Breite: 43° 07' N*
Carte Marine Blondel Nr. 504	*Länge: 5° 48' O*

Sanary (8000 Einw.) am NW-Rand der Baie de Sanary mit gutem Badestrand besitzt einige alte Wachttürme aus der Sarazenenzeit und auf dem W-Hügel die Kapelle N. D. de Pitié (um 1560).

Der Hafen von *Sanary* wird durch eine in etwa von W nach O gebaute Mole und eine fast im rechten Winkel dazu verlaufende lange Mole aus NO-Richtung geschützt. Die Einfahrtbreite beträgt 40 m. Auf dem Kopf der Mole steht auf einem flachen weißen Haus ein 9 m hoher weißer Turm

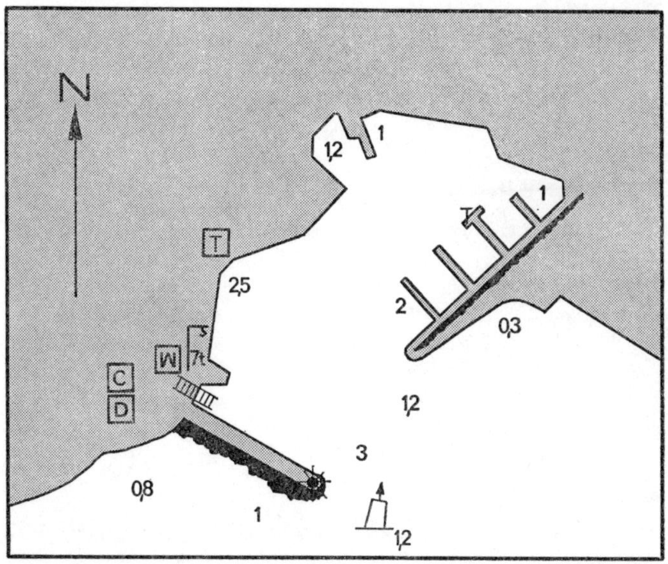

Sanary-sur-Mer ⟨19⟩

mit rotem Topp. Kennung: F.r. (Lf. 10200). Am Fuß der Westmole sind bei einer Werft ein 7-t-Kran sowie ein Schienen-Slip, wenige Meter zur anderen Seite der Mole befinden sich Hafenamt und Zoll sowie der örtliche Club. Liegeplätze für Yachten bis 19 m Länge und 3 m Tiefgang gibt es ostwärts der Tankstelle am *Quai M. Esmenard*. Für Sportboote bis zu dieser Größe bestehen Liegeplätze an den vier von der NO-Mole abgehenden Stegen, deren erster Wassertiefen um 2 m aufweist. Auf dem dritten Steg befindet sich eine Tankstelle für Benzin und Diesel. Auf dem an die NO-Mole nach O anschließenden Land sind große Parkplätze.

Vorgesehen ist ein weiterer Sportboothafen, dessen Mole von O nach W verlaufend sich bis in die Einfahrt des bisherigen Hafens erstrecken soll.

Vorsicht: Zum Einlaufen muß man sich mit N-Kurs (360°) dicht an Steuerbord der W-Mole halten und zwischen dem roten Festfeuer (an Backbord) und der auf einer Untiefe verankerten schwarzen konischen Tonne mit spitzem Toppzeichen (an Steuerbord) hindurchlaufen.

Von Sanary bis La Coudourière

Die *Baie de Sanary* ist an ihrem O-Rand vor dem Sandstrand flach, oft nicht mehr als 1 m tief. Etwa dort, wo die Küstenstraße landeinwärts abbiegt, beginnt eine Kette von Klippen bis zur *Pte. Nègre*. Landemöglichkeiten bestehen hier nicht und sind auch an der kahlen, felsigen und zumeist steilen Küste zwischen der *Pte. Nègre* und dem Hafen bei *La Coudourière* nicht vorhanden. Ankern und Fischen (nicht Angeln) sind verboten.

Coudourière ⟨20⟩

Am NO-Rand der *Rade de Brusc* besteht ein privater Hafen von ca. 150 x 120 m Größe und Tiefen bis zu 2,50 m. Zum Einlaufen muß man sich mit N-Kurs parallel zum Strand halten. Die W-Mole mit rotem Festfeuer auf 4 m hohem rotem Träger (Lf. 10220) verläuft von N nach S, während der O-Wellenbrecher quer zur Einfahrt steht. An seinem Fuß sind Slip und 2-t-Kran.

Vorsicht: Bei grober See, gleich aus welcher Richtung, und auch bei ablandigem starkem O-Wind ist das Einlaufen gefährlich.

Die Küstenlinie der Reede von *Brusc* bis zum gleichnamigen Ort besteht aus nicht allzu steiler Felsküste mit vielen kahlen Buchten und ist größtenteils bebaut. Mit kleineren Booten kann man nur im Südteil des direkt an *Coudourière* anschließenden steinigen Strandes und an den beiden anderen Stränden bis *Le Brusc* anlaufen. Alles

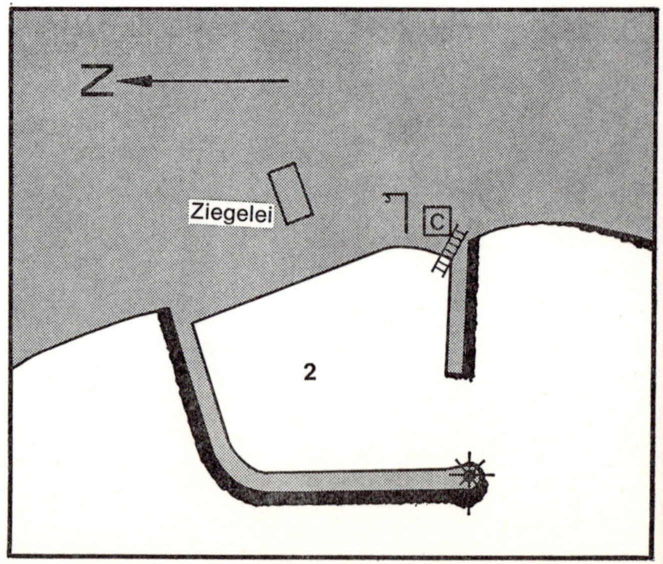

Coudourière ⟨20⟩

andere ist durch Klippen und Riffe bis 0,1 sm unter Land nicht befahrbar.

Die *Rade du Brusc* ist in ihrem Südteil – und zwar von der dicht unter Land liegenden Hafeneinfahrt ab – keinesfalls mit Sportbooten befahrbar. Hier liegen nicht nur Muschel-Kolonien und Netze, sondern die Wassertiefe beträgt zumeist auch kaum mehr als 0,20 m. Außerdem ist dieses Gebiet verkrautet.

Le Brusc ⟨21⟩

Die Schutzmole des kleinen, an sich nur für flachgehende Fischerboote vorgesehenen Hafens führt von NO nach SW und verfügt auf dem Kopf über eine 5 m hohe rote Gitter-Säule mit unterbrochenem roten Feuer (Lf. 10 240). Etwas vorgestaffelt vor dieser befeuerten Mole verläuft ein Wellenbrecher parallel zum Land, dessen S-Kopf durch eine einzelne Stange gekennzeichnet ist, während am NO-Ende eine 5 m hohe schwarze Säule mit grünem Gleichtaktfeuer (Lf. 10 250) steht. Südlich hiervon – nicht verwechseln – stehen nochmals 2 Stangen mit kleinen Dreiecks-Toppzeichen. Zwischen ihnen und dem Wellenbrecher ist die Durchfahrt nur für Angelboote möglich. Zur Einfahrt (2,8 m Tiefe) in den Hafen – nur mit Booten bis 1,5 m Tiefgang – muß man die rot-weiß karierte Tonne mit Topp-Reflektor von See her direkt an Steuerbord passieren. Im Hafen sind 6-t-Kran und Slip sowie eine nahegelegene Straßen-Tankstelle für Benzin und Diesel. Vom Hafen aus gehen Linien-Motorboote hinüber zur *Ile des Embiez.*

Um von der *Rade du Brusc* entlang der Küste weiterzulaufen, muß man die große *Ile des Embiez* runden und sich auch von den ihr westlich vorgelagerten Inseln so weit freihalten, daß man zu allen Seezeichen großen Abstand »außenrum« hält. Wer dieses Gebiet nicht kennt, sollte es keinesfalls ohne Karte versuchen. Auch bei spiegelglatter See ist es hier gefährlich; hier wimmelt es von Klippen und Riffen, die teilweise kaum handbreit unter der Wasseroberfläche liegen. Das gilt vor allem auch für die schmale Enge zwischen der *Ile des Embiez* und der *Ile du Grd. Rouveau.* Hier liegen genügend Wracks, auch solche von Sportbooten.

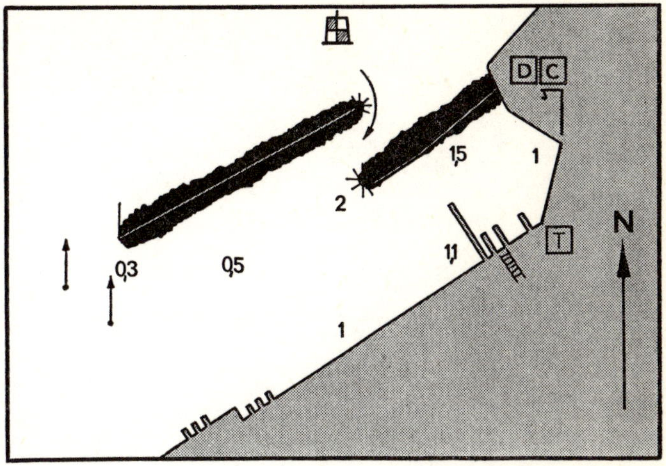

Le Brusc ⟨21⟩

Ile des Embiez ⟨22⟩

Deutsche Seekarte Nr. 497	*Position*
Französische Seekarte Nr. 5198, 5325	*Breite: 43° 05' N*
Carte Marine Blondel Nr. 504	*Länge: 5° 47' O*

Diese in etwa dreieckige Insel mit dem höchsten Berg (65 m) an der Südhuk der *Pointe de Cougousset* – auf der ein Turm steht –, wird weitgehend privat genutzt. Die Insel ist auch an dem alten Schloß mit Turm gut auszumachen, das sich etwa auf ihrer Mitte befindet.

Um den *Port St. Pierre* anlaufen zu können, muß man auf alle Fälle die dem nördlichen Cap vorgelagerte kleine

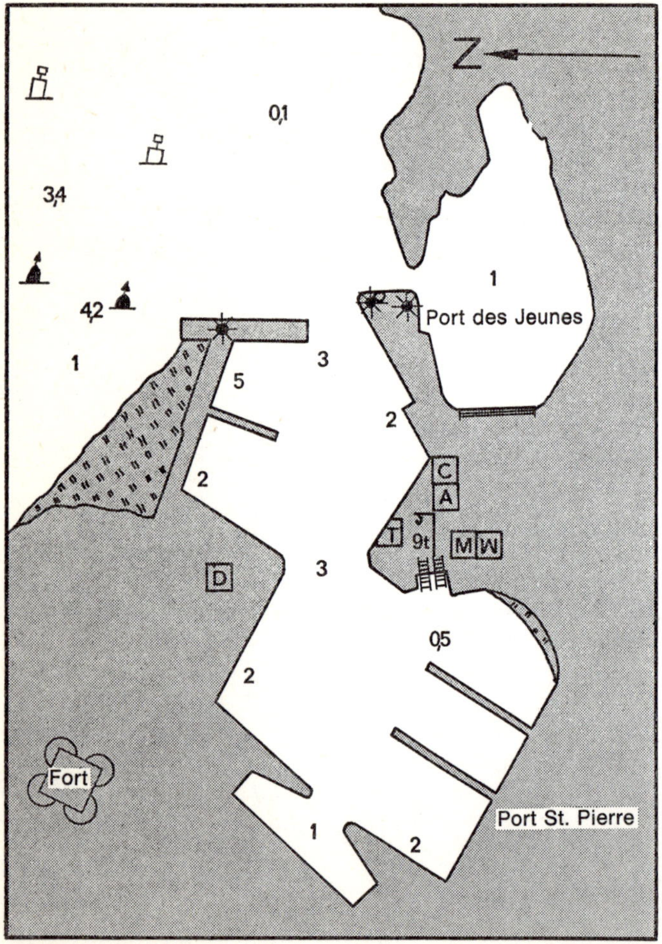

Ile des Embiez ⟨22⟩

Insel – *Ile du Petit Rouveau* – mit ihrem dichten Klippengürtel noch nördlich der nochmals etwa 0,2 sm vorgelagerten Turmbake »La Casserlane« (schwarz-weiß-schwarz mit N-Toppzeichen) runden. Die Einfahrt in den modernen Hafen mit seiner engen Passage erfolgt mit SSW-Kurs (206°) zwischen den 4 schwarzen Tonnen (Stb.) und den roten Tonnen (Bb.) derart, daß die beiden weißen Richtfeuer auf der S-Mole in einer Linie übereinander stehen. Erst kurz nach dem Passieren des auf der abgeknickten N-Mole stehenden Feuers Blz.gn. – das jedoch am Molenknick und nicht auf dem Molenkopf in der Einfahrt steht – kann man in die schmale Hafeneinfahrt nach W einbiegen. An der S-Mole des Hafens steht ein 7 m hoher rot-weißer Träger mit weißem Blz. von 180°–215° und rotem Blz. von 215° – 180° (Lf. 10300). Zeitweise brennt F.r. auf der Pte. de la Tour Fondue.

Vorsicht: Beiderseits der Fahrrinne vor der Insel ist selbst für flachgehende Gleitboote zu wenig Wasser.

Die Bucht direkt S der Hafeneinfahrt – *Port des Jeunes* – ist flach und mit dem Jollen-Landliegeplatz an ihrer W-Seite nur im Notfall mit flachgehenden Booten anzulaufen, wenn wegen hoher See die Hafen-Passage nicht möglich sein sollte.

An der N-Mole im Vorhafen mit einer langen Steganlage liegt die Wassertiefe bei 3–5 m. Der eigentliche Hafen kann Yachten bis 22 m Länge und 2,90 m Tiefgang aufnehmen. Verwaltung, Tankstellen für Benzin und Diesel usw. sind auf dem Plateau der S-Mole, von der nach W hin auch große Schienen-Slips (70 t) der Werft ausgehen. Ein 20-t-Kran ist vorhanden. Kleinboote liegen im äußersten, fast abgeschlossenen W-Becken am Quai Vincent-Scotto. Der durch Tiefstrahler erleuchtete Hafen selbst ist ein Privat-Unternehmen, zu dem auch Hotels, Restaurants, Appartements usw. gehören.

An der W-Seite der Insel gibt es eine Vielzahl von steilen Felsbuchten, die landschaftlich sehr reizvoll sind. Man sollte sie allerdings nur bei glatter See besuchen, da sie alle von Klippen und Riffen umgeben sind. Nur in der großen SW-Bucht direkt unter dem zweithöchsten Gipfel (40 m) kann man den kleinen Strand gefahrlos anlaufen, wenn man sich genau in der Mitte des Wassers hält. Auch hier liegen beiderseits Riffe. Südlich von hier um die *Pte. de Cougousset* mit ihrem Turm (64 m) besteht keine Möglichkeit mehr zum Anlanden. Entlang der W-Küste der Insel in der schmalen Durchfahrt zum winzigen Felseiland *La Cauvelle* liegt die Wassertiefe bei 2 m. Bei grober See oder wenn man hier nicht genau Bescheid weiß, sollte man diese Passage nicht benutzen, sondern „außenrum" laufen.

Beachten: Wenn auf dem Turm eine rote Flagge gezeigt wird, besteht Fahr- und Anker-Verbot. (Militärische Anweisung).

Ile du Grand Rouveau besitzt auf dem Gipfel einen viereckigen Leuchtturm auf weißem Wärterhaus (45 m). Kennung: Ubr. w. (Lf. 10 210). Diese Insel ist ringsherum, vor allem auch die Passage bis fast an die kleine Felsinsel *La Cauvelle* heran von einem dichten Klippengürtel umgeben, der zumeist bis 0,1 sm unter Land liegt. Diese Passage ist nur bei völlig ruhiger See befahrbar. Sie hat 3 m Wasser. Peilung für die Durchfahrt: *Tour de Port Issol* auf der *Pointe du Bau-Rouge* (hart W Sanary-sur-Mer) in Deckung mit der *Casserlane-Bake.*

Im W der Ile du Grd. Rouveau gibt es nochmals eine schmale Passage zwischen der Insel und einer knapp 0,1 sm vorgelagerten Gruppe von überwaschenen Klippen, die man nur als Ortskundiger bei ruhiger See passieren sollte. Im SW dieser Riffe steht die (früher einmal) schwarz-weiße unbefeuerte Turmbake »Magnons«, die man unbedingt W runden sollte. (Ihr W-Toppzeichen ist bereits seit längerer Zeit abgebrochen.) Hier liegt ein gutes Gebiet für Sporttaucher und Angler.

Vorsicht: Brandung bei Schlechtwetter.

Zwischen der *Ile des Embiez* und der dem Festland-Kap nach W vorgelagerten Felsinsel – *Ile du Grd. Gau* – besteht keine Durchfahrt. Hier und unter Land bis zum Festland sowie an diesem weiter nach O besteht ein praktisch unpassierbarer Gürtel von Klippen, der sich gut 0,1 sm auf See hinaus erstreckt. Südlich der kaum sichtbaren und nicht zu passierenden Enge zwischen der *Ile du Grd. Gau* und dem steilen Festland liegt vorgelagert an den Klippen eine rot-weiß-rote Kugel-Tonne mit Süd-Toppzeichen. Nicht verwechseln mit den der anschließenden Küste nahe der *Pte. de la Gardiole* 0,3 sm vorgelagerten Festmacher-Tonnen für die Großschiffahrt.

Ile des Embiez bis Halbinsel St. Mandrier

Die Küste zwischen dem Süd-Kap von *Le Brusc* und über das steile *Cap Sicié* (350 m) mit zwei sattelförmigen Gipfeln hinaus bis zur Halbinsel *St. Mandrier* besteht aus einem wild anmutenden Felsbergland ohne Weg und Steg. In die vielen landschaftlich schönen Buchten kann man selbst mit kleinen Booten kaum einlaufen. Etwa 0,1 sm weit hinaus erstreckt sich Klippe neben Klippe – so manche gerade über der Wasseroberfläche auftauchend, die meisten jedoch nur eine Handbreit darunter –, so daß man von dieser Küste genügend Abstand beim Baden, Angeln und Tauchen halten sollte. Nur bei unbewegter See ist es mit halbem Schrittempo möglich, sich in einzelne Buchten hineinzutasten. Wehe aber, es kommt Wind auf, dann dürfte es schwerfallen, auch gesund wieder hinauszukommen. Von der *Ile du Grand Gau besteht* übrigens auf ca. 1 sm, über die Festmachetonnen hinaus, Ankerverbot.

Vorsicht: In der weiten Bucht zwischen der *Ile Petit Gau* und der Huk bei *Les Pierres Tombées* steht selbst bei sonst ruhiger See fast stets Brandung. Man spare diesen Küstenabschnitt, durch 3 Baken gekennzeichnet, unbedingt aus.

Erst 0,4 sm O der *Pierres Tombées* besteht auf etwa 0,1 sm Breite entlang der steilen Felsküste die Möglichkeit, dicht heranzugehen.

Von der *Pte. du Cap Vieux* bis zum *Cap Sicié* sind nur die am weitesten nach O gelegenen kleinen Felsbuchten trotz Tiefen um 10 m mit äußerster Vorsicht anzulaufen. Der Ankergrund ist gut. Vom rot-weiß gestreiften Gittermast des Fernsehturmes neben der kaum auszumachenden Kapelle *N. D. de la Garde* auf der Höhe der Berge eine gedachte Linie gezogen zu dem unterhalb des Gipfels gelegenen Semaphor ergibt die Basis für einen rechten Winkel hinunter zu den befahrbaren Buchten. Das *Cap Sicié* selbst mit seinen und den nach NO anschließenden Buchten ist wiederum zu gefährlich. Eine 2 m hohe rote Säule mit unterbrochenem Rotfeuer (Lf. 10 340) steht in 48 m Höhe auf Ausläufern des Caps und ist von überall her gut auszumachen. Dem Cap etwa 0,3 sm nach O vorgelagert erheben sich zwei kleine, wie Zuckerhüte geformte Felsinseln, umgeben von unreinem Grund und Riffen, die *Deux Frères*. Diese Inselchen, 15 m bzw. 20 m hoch, lassen zur Küste hin eine befahrbare Fahrtrinne offen. Bei auflandigem Wind und Seegang sollte man mindestens 1 sm Abstand von dieser Küste halten.

Vorsicht: Die Untiefe SSO des Caps mit nur 4,8 m Wasser kann bei grober See in Wellentälern freiliegen.

Auch die Küste zwischen dem *Cap Sicié* und dem langen Strand W von *Port de St. Elme* ist wild zerrissen. Anzulaufen ist allerdings nur die *Anse de Fabrégas* mit ihrem kleinen Strand, an deren Nordrand sich ein dann weiter nach NO durchgehender Klippen-Gürtel vorschiebt. Der Ankergrund ist gut. Schutz findet man jedoch nur bedingt und auch nur bei Mistral und W-Wind.

Port de St. Elme

Unterhalb des *Fort St. Elme* liegt ein kleiner Fischerhafen im Schutz von zwei gut sichtbaren, kleinen Wellenbrechern, dessen südlicher grünes Festfeuer zeigt. Er kann mit Sportbooten bis zu 0,6 m Tiefgang im Notfall angelaufen werden, verfügt jedoch über keine Liegeplätze für Gäste. Ein 6-t-Kran ist vorhanden. Bei Wind aus allen Richtungen kann hier erhebliche Brandung stehen.

Halbinsel St. Mandrier

Diese Halbinsel schützt die *Rade de Toulon* nach S im Anschluß an das W vorgeschobene Bergland und die hohen, kahlen Berge nach N. Die Halbinsel selbst besteht aus bis zu 100 m hohem, dunkelrotem Fels mit schrägen, gelblichen Streifen. Obwohl einige Strände eingeschnitten sind, muß man sich auch mit Kleinbooten wegen der vielen Klippen und Riffe sehr vorsehen. An der Südküste ist daher nur notfalls die *Baie de Cavales* mit ihrem kleinen Sandstrand anzulaufen. Ihm schließen sich jedoch beiderseits breite Klippen-Gürtel an. Vom SO-Cap, dem *Cap Cépet*, entlang der ganzen O-Küste mit ihrem praktisch durchgehenden, durchschnittlich 0,1 sm hinausreichenden Klippen-Gürtel gibt es keine Möglichkeit zum Landen. Auf dem *Cap Cépet* steht in 59 m Höhe der 12 m hohe viereckige Leuchtturm auf einem weißen Wärterhaus. Er zeigt Ubr. rot (Lf. 10 240). Die Zone NO einer roten Bake auf den Riffen ist Militärgebiet und verboten. Man halte unbedingt mindestens 0,3 sm Abstand von der Küste, da eine Wasserflugzeug-Startbahn etwa unter dem Semaphor und auch noch andere militärische Anlagen bestehen.

Vorsicht: Ein rotes Gleichtaktfeuer auf einer langen Pier am N-Rand der Insel *Mandrier*, etwa 0,5 sm O vor dem Hafen, kennzeichnet in die Reede hinausreichende militärische Bauten und muß N umrundet werden.

Port de St. Mandrier ⟨23⟩

Deutsche Seekarte Nr. 497	*Position*
Französische Seekarte Nr. 5093, 5175, 5325	*Breite: 43° 05' N*
Carte Marine Blondel Nr. 504	*Länge: 5° 55' O*

Die NW-Seite der Hafen-Bucht ist auf einem von S nach N gerichteten Wellenbrecher durch einen rot-weißen Turm

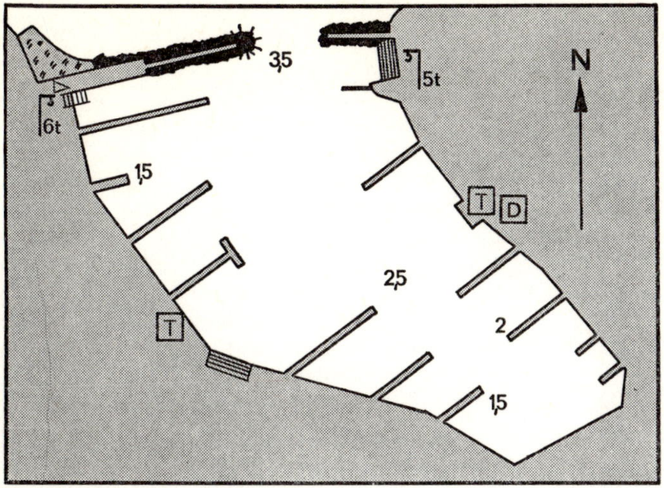

Port de St. Mandrier ⟨23⟩

(12 m) mit roten Blz. gekennzeichnet. Ihm gegenüber steht ein etwa 0,7 sm langer Wellenbrecher mit schwarz-weißem Turm (8 m) von N nach S – er zeigt grünes Festfeuer –, in etwa dessen Verlängerung die W-Mole der Hafen-Einfahrt vom *Port St. Mandrier* zu finden ist.

Die W-Mole von *St. Mandrier* mit Glt. gn. auf dem Molenkopf ist klar auszumachen. Die kleine gegenüberstehende O-Mole ist dagegen nicht besonders gekennzeichnet. Einlaufend an Steuerbord neben der Mole am Clubhaus stehen zeitweise Liegeplätze zur Verfügung. Slip und 6-t-Kran am Molenfuß sowie eine Straßentankstelle (Benzin und Diesel) sind vorhanden. Gegenüber am Kai bestehen nochmals ein 2,5-t-Kran und eine Hafentankstelle für Benzin und Diesel. Wer *Toulon* besuchen möchte, ist hier meist besser aufgehoben als im großen Hafengebiet der Stadt. Autobusse und Taxen nach *Toulon* hinein bekommt man hier jederzeit.

Bai du Lazaret

Diese im W an den Hafen von *St. Mandrier* anschließende weite Bucht darf von Sportbooten nicht befahren werden. Die vordere Hälfte dient als Reede für die Großschiffahrt, während der hintere, sehr flache Teil mit Pfahlbauten der Muschelzuchten übersät ist.

Toulon ⟨24⟩

Deutsche Seekarte Nr. 497, 496	*Position*
Französische Seekarte Nr. 5093, 5175, 5325	*(Vielle Darse)*
Carte Marine Blondel Nr. 504	*Breite: 43° 07' N*
	Länge: 5° 56' O

Toulon (200 000 Einw.) ist Militär- und Handelshafen. Stadt und Hafenanlagen liegen um eine große Bucht, die ringsum von alten Forts unter dem beherrschenden Mont Faron (584 m) und den vielen großen und kleinen Bergen und Engen bewacht wird. Das römische Telo Matius war seinerzeit besonders durch seine Schneckenzuchten zur Purpur-Herstellung bekannt. Vom 8.–12. Jh. mehrfach von Sarazenen besetzt, ab dem 16. Jh. Flottenbasis, 1720 durch die Pest fast ausgestorben, während der französischen Revolution kurz in englischer Hand, 1830 Ausgangspunkt der Eroberung von Algier. Bis 1930 wurden die ehemaligen Festungswälle am Hafen zu Boulevards ausgebaut. Bei der alliierten Landung 1944 kam es zu schweren Kämpfen und Zerstörungen. Sehenswert sind das alte, wieder aufgebaute Rathaus, die Kathedrale aus dem 11.–12. Jh. sowie das Musée d'Art et de Archéologie.

Die Anfahrt in das Hafengebiet im einzelnen zu beschreiben ist nicht möglich, denn hier braucht man unbedingt eine Karte. Empfehlenswert sind vor allem die Carte Marine Blondel Nr. 504, die Franz. Seekarte Nr. 5093 (Rade du Toulon) und die deutsche Seekarte Nr. 496. Bei Dunkelheit ist das Leuchtfeuerverzeichnis unentbehrlich.

Alles was sich an der W-Seite der Reeden befindet, ist für Sportboote nicht geeignet. Ausgenommen *La Seyne-sur-Mer* für große Yachten, da es hier Schienen-Slips von 18 bis 80 t, Krane jeder Größe und Liegeplätze bis 25 m Länge und 2,80 m Tiefgang gibt.

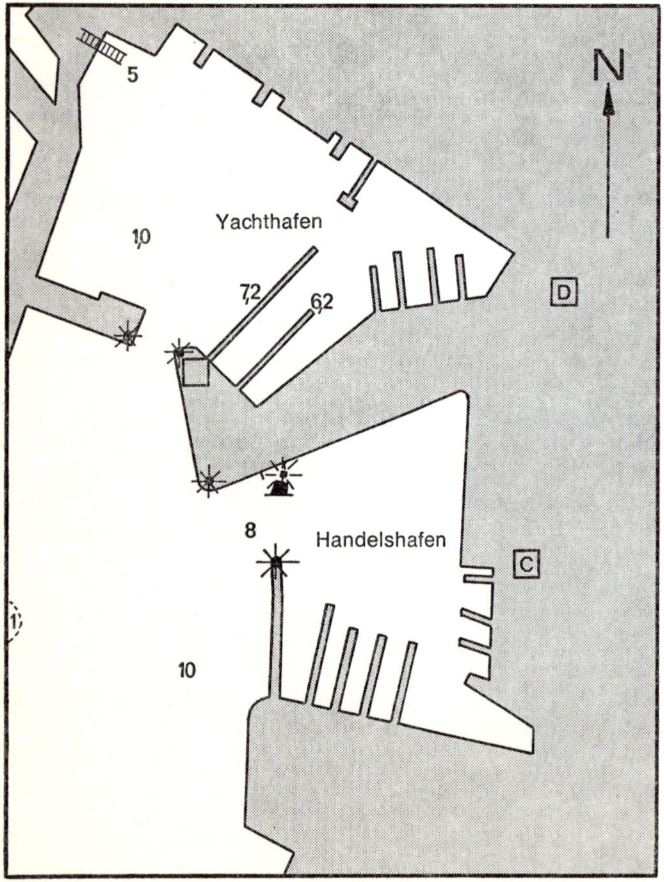

Toulon ⟨24⟩

Der eigentliche Yachthafen von *Toulon* liegt in der *Darse Vielle* direkt an den Boulevards im NO-Teil der Hafenanlagen (668 Liegeplätze). Die beiden kleinen, quer zur Einfahrt »Petit Passe« (mit 19 m hohem, schwarzem Turm und Glt. r/gn., Lf. 10780) gebauten Molen tragen beiderseits Festfeuer. Einlaufend an Backbord an der vom *Quai du Grand Rang* abgehenden kleinen Mole ist ein roter Turm mit rotem Festfeuer (5 m) und an Steuerbord auf dem Kopf der Mole ein schwarzer Turm mit grünem Festfeuer (6 m). Zwischen den Molen einlaufend hält man am besten NO-Kurs genau zwischen den Tour d'Horloge backbords und den Turm der Kathedrale steuerbords voraus. Von der *Darse Vielle* muß man über Steuerbugbord in den eigentlichen Fischer- und Yachthafen einlaufen. Hierzu hält man sich anfangs parallel zu der vom grünen Feuer auf dem Molenkopf ausgehenden Steganlage. Man biegt zwischen deren N-Kopf und dem unterhalb der Stadt vor dem *Quai La Sinse* vorgebauten und jetzt durch eine feste Anlage mit dem Land verbundenen früheren Festmacher rechtwinklig ein.

Der örtliche Club hat seinen Sitz am O-Kai des Hafens; nahebei ist auch der Zoll, während das Hafenamt an der O-Seite des südlich angrenzenden Hafenbeckens liegt.

Ein weiterer Yachthafen befindet sich in dem südlich anschließenden *Port de Commerce,* und zwar im Südteil der *Darse Nord du Mourillon.* Die Einfahrt erfolgt etwa 200 m südlich der vorher beschriebenen Einfahrt *(Darse Vielle)* über Steuerbordbug. Die lange S-Mole des Hafenbeckens ist an ihrem nördlichen Kopf durch periodisches Grünfeuer gekennzeichnet. Auf einem kurzen Molenkopf, der vom *Quai Pierre Fournel* in SW Richtung abgeht, steht ein roter Turm mit unterbrochenem Rotfeuer (8 m). Nur der Südteil dieses Hafenbeckens ist für Sportboote (305 Liegeplätze) zugelassen. Hier liegen auch das Hafenamt und Clubanlagen.

Von Toulon bis St. Tropez

Deutsche Seekarte Nr. 495, 497
Französische Seekarte Nr. 5093, 5151, 5175, 2861, 5329, 5251, 5337
Carte Marine Blondel Nr. 503, 502

Die Küste zwischen der großen Hafenstadt *Toulon* mit ihren nach O sich bis zur Halbinsel *Giens* ausdehnenden Vororten ist fast durchweg felsig, bebaut und kaum für Wassersport geeignet. Die wenigen Liegeplätze sind durch die ortsansässigen Wassersportler besetzt. Ausnahme ist nur der kleine Hafen von *Les Salettes.*

Die Halbinsel von *Giens,* weit ins Meer hinausgeschoben, besteht aus einem hohen Felsmassiv (118 m) in W-O-Richtung. Seine Küste fällt steil nach NW, W und S ab und ist von wilden Buchten zerrissen. Die etwa 5 km lange Landverbindung hierhin stellt ein sich kaum über das Meer erhebender Dünenstreifen in N-S-Richtung dar. Er ist im Osten vereinzelt mit Pinien bewaldet und im Westen von großen Salzteichen bedeckt, wobei die Abgrenzung zum Meer teilweise nur kniehoch ist.

Der Küstenabschnitt von dieser Halbinsel – übrigens auch *Halbinsel von Hyères* nach der nördlich anschließenden kleinen, alten Stadt genannt – bis zum *Port de Miramar* ist wenig schönes, teilweise dicht beschilftes Flachland mit Salzteichen und entsprechenden Mückenschwärmen. Da nahebei ein Militär-Flugplatz liegt, von dem vor allem viele Düsenmaschinen zu Schießübungen starten, herrscht hier wenig Ruhe.

Sehr schön ist dagegen die anschließende felsige, dicht bewaldete und bis über 200 m hohe Halbinsel um das *Cap Bénat* herum bis hin nach *Le Lavandou.*

Man sagt wohl nicht zu Unrecht, daß die »Corniche des Maures« von *Le Lavandou* bis über *Cavalaire* hinaus der landschaftlich schönste Teil der Côte d'Azur sei, die von dem Bergland der *Chaîne des Maures* mit ihren Pinien- und Korkeichenwäldern eingerahmt wird. Jedenfalls ist hier auch der bunteste Abschnitt, was Blumen, Bougainvillien, Palmen und andere exotische Pflanzen betrifft. Und die Felsbuchten selbst sind bildschön.

Die große Halbinsel von *Ramatuelle* mit dem Mühlenberg (326 m) als höchster Erhebung, hat noch weitgehend ihre Ursprünglichkeit erhalten. Ihre Küste von der Bucht von *Cavalaire* aus um das *Cap Ladier,* das *Cap Taillat* und das *Cap Camarat* herum ist felsig und von unzähligen Buchten zerrissen, die von noch unzähligeren Riff-Gürteln geschützt werden. Zumeist sind sie mit Pinien, vielfach auch mit Korkeichen bewachsen. Leider wird die Halbinsel immer mehr und mehr bebaut. Das *Cap Camarat* mit seinem Leuchtturm zwischen mauerumfriedeten weißen Häusern (130 m) – hierbei handelt es sich um einen alten Semaphor – muß man sich sowohl der Form als auch des weißen Blinkfeuers wegen als Richtpunkt gut merken.

Die *Baie de Pampelonne* mit einem mehrere Kilometer langen Sandstrand beginnt etwa 1 sm N des *Cap Camarat* und geht dann wiederum in eine Klippenküste mit vorgelagerten Riffen über. Beiderseits des *Cap de St. Tropez* sind nochmals einige der luxuriösen Badestrände eingesprenkelt, ebenfalls jedoch durch Klippen sehr gefährdet. Die anschließende Klippenküste um die nördliche *Pte. de Rabiou* herum bis in die an der O-Seite von Riffen starrende und in Landnähe dort oft nur 0,4 m tiefe *Anse des Canebiers* ist unter Land ungeeignet für Boote. Die große Bucht von *Canebiers* selbst ist ebenfalls in Landnähe meist flach und sogar teilweise schlickig bis auf die Uferstellen, an denen sich Werften etabliert haben. Alle anderen Uferstreifen bis herum zum Hafen von *St. Tropez* sind voller Klippen und Riffe, und der Grund ist unrein.

Grande Rade de Toulon bis Golfe de Giens

Zwischen dem großen Wellenbrecher in N–S-Richtung, der die kleine Reede und damit das Hafengebiet von *Toulon* von der großen Reede und zugleich von der See abtrennt, bis hin zum kaum erkennbaren Sandstreifen des Landverbindungsweges zur Halbinsel von *Giens* gibt es eigentlich nichts, was den Wassersportler locken könnte. In dieser großen Reede findet man nicht nur eine Vielzahl von von völlig unmotiviert auftauchenden Festmachern, die oft – aus militärischen Gründen – nicht einmal in Seekarten verzeichnet sind, sondern auch breite Torpedo-Schußbahnen vom Wellenbrecher in Toulon bis zum Sandstrand der Halbinsel hin. Die Küste selbst ist auch nicht verlockend: Sie ist hier völlig bebaut, dementsprechend belebt und alles andere als sauber.

St. Louis de Mourillon, 0,5 sm ostwärts des großen Wellenbrechers, besitzt den gleichnamigen kleinen Hafen (175 Liegeplätze) unter einem alten Fort, der nur zeitweise und stark eingeschränkt benutzt werden kann. Tankstelle für Benzin und Diesel ist vorhanden. Größte Tiefe an der NO-Mole an Steuerbord unter dem Fort ist bei 1,50 m. Diese große Mole ist grün unterbrochen befeuert. Die ihr gegenüberliegende, etwas zurückgesetzte kleine W-Mole läßt etwa 50 m Durchfahrt-Breite mit N-Kurs zu.

Les Oursinières am W-Rand der *Pte. de la Carqueiranne* besitzt einen kleinen Fischer- und Sportboot-Hafen (160 Liegeplätze), der in absehbarer Zeit mit einer nach NO zeigenden langen Mole etwas besser ausgebaut werden soll. Liegeplätze dürfte es hier am Rande der Stadt auch dann kaum geben. Ein 2-t-Kran ist vorhanden, Tankstelle nicht.

Les Salettes ⟨25⟩

Les Salettes liegt unterhalb des Ortes *Carqueiranne,* 8 sm vor dem W-Fuß der Halbinsel von *Giens.* Der kleine Ort besitzt einen derart netten kleinen Hafen — in dem

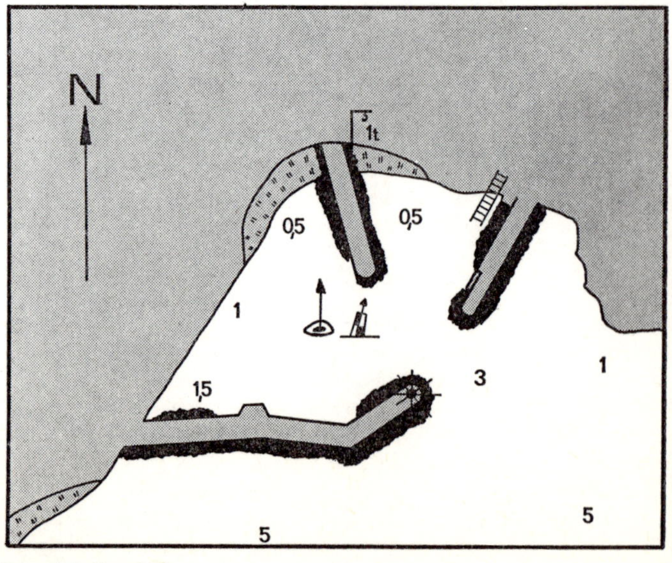

Les Salettes ⟨25⟩

man sogar in der Saison mit Booten bis 7 m Länge noch einen Platz bekommt –, daß er eigentlich als einziger an dieser großen Reede für Sportboote in Frage kommt. Die übrigen, eingangs erwähnten Nachteile eines Liegeplatzes an der Reede treffen natürlich auch für ihn zu. Die 6 m hohe rote Säule auf dem Molenkopf zeigt die Kennung Blz. r./w. (Lf. 10 820).

Vorsicht: Vor dem Einlaufen gut freihalten von der *Pte. Péno* mit den vorgelagerten Riffen und Klippen an Backbord und ebenfalls von dem Klippen-Gürtel, der etwa 0,1 sm seewärts bis an die kleine N-Mole heranreicht.

Einlaufen darf man nur mit langsamer Fahrt, jedoch mit genügend Manövrierfähigkeit im Ruder. Der Kurs liegt praktisch parallel zum Klippenrand an der N-Seite der Bucht. Dabei muß man jedoch so hart Backbord halten, daß man den roten Gitterturm auf der von W nach NO abgeknickten Hauptmole fast schrammt. Ganz dicht hinter der Einfahrt, bereits im Hafen, liegt eine schwarz-weißkarierte niedrige Spitztonne mit ebenso gestrichenem pfahlartigen Oberteil und Dreiecks-Toppzeichen, vor der man unbedingt Backbordruder legen muß. Anderenfalls brummt man auf eine Bank von Schlick und Fels und Kraut, die den ganzen Nordteil des Hafens bis hin zum Landvorsprung mit der Tankstelle (Benzin und Diesel) einnimmt. Am Fuß dieses Landvorsprunges sind Slip und 2-t-Kran vorhanden. Schiffe bis zu 1,50 m Tiefgang können an der Innenseite der N-Mole festmachen, flachgehendere Boote weiter zum Land hin und an dem etwa 100 m langen, parallel hierzu verlaufenden Steg, in dessen Nähe auch der Hafenmeister seinen Sitz hat. Parkplätze, Restaurants usw. sowie Campingplatz am Wasser sind vorhanden.

Der Küstenlinie von *Les Salettes* bis zur Halbinsel von *Giens* ist ein Gürtel von Riffen durchschnittlich bis zu 0,1 sm vorgelagert.

Presqu'île de Giens

Die Wassertiefe an der Westseite der Halbinsel mit ihrem flachen Strand im *Golfe de Giens* beträgt bis fast an den Strand heran durchschnittlich 5–1,5 m. Es gibt jedoch ein paar Untiefen von nur 0,5–0,8 m etwa genau auf halbem Wege. Im Süden des Sandstrandes bis zum Übergang in das Steilufer liegt die Wassertiefe meist bei 2 m bis an den Strand heran. Der Ankergrund ist gut, jedoch nach allen Seiten ungeschützt.

Die Nordküste der bergigen Halbinsel fällt meist steil ins Wasser ab. Den kleinen Buchten sind bis zu den kleinen Felsinseln *Redonne* und *Longue* und nach W etwa 0,15 sm über die Insel *Ratouière* hinaus dichte Riff-Barrieren vorgelagert. Im Raum von *La Madrague* liegen Campingplätze mit Wasserungsmöglichkeiten für kleine Boote. Da jeder Mistral jedoch voll auf die Küste trifft, müssen alle Boote unbedingt aus dem Wasser genommen und an Land gelagert werden. Der winzige Hafen von *La Madrague* dient Fischern und einigen ortsansässigen Sportbooten. Einlaufend muß man mit SSO-Kurs (155°) die beiden blauen Richtfeuer in einer Linie übereinander haben.

Die Westküste und auch die Südküste bis zum kleinen *Port de Niel* sind steil felsig und klippenreich. Auf Felsgrund der winzigen Insel *Ratouière* etwa 0,7 sm nach W vorgelagert steht die unbefeuerte rot-schwarze Turmbake »Les Fourmigues« mit Kugel-Toppzeichen.

Die Buchten zwischen der *Ile Ratouière* und der *Pte. du Chevalier* sind wegen der Klippen und Riffe nicht befahrbar. Dagegen kann man selbst mit tiefgehenden Schiffen die anschließenden kleinen, steilen Felsbuchten bis zum ersten Abfall der hohen Felswände anlaufen. Von hier aus – also vom Beginn der flacheren Klippen – um die *Pte. Escampobariou* herum bis zur *Pte. du Rabat* sollte man sich mindestens 0,1 sm von Land entfernt halten. Nur die O-Seite der *Pointe du Rabat* kann befahren werden, nicht jedoch die W-Seite der dort gebildeten Bucht.

Vorsicht: 0,2 sm genau O der *Pte. du Rabat* liegt eine isolierte Gruppe von Riffen etwa 0,1 sm vor der nächsten Huk.

Von hier aus bis zum *Port du Niel* gibt es zwar einige kleine, bildschöne Felsbuchten, die man mit Vorsicht befahren kann, jedoch sollte man das, trotz ausreichender Wassertiefe auch für seegehende Yachten, nur bei unbewegter See mit Ausguck auf dem Vorschiff und bei langsamster Fahrt tun. Sobald Wind aus irgendeiner Richtung auftritt – mit Ausnahme des Mistral aus N –, muß man unbedingt aus dem Küstenbereich auslaufen.

Port du Niel ⟨26⟩

Deutsche Seekarte Nr. 497
Französische Seekarte Nr. 5151, 5329
Carte Marine Blondel Nr. 503

Position
Breite: 43° 02' N
Länge: 6° 08' O

Der kleine, zwischen steilen Felswänden gelegene Hafen von *Niel* wird durch einen von W nach O verlaufenden Wellenbrecher mit rotem Festfeuer auf einem roten Turm (9 m) und einen von den gegenüberliegenden Felswänden in gleicher Höhe von O nach W verlaufenden weiteren Wellenbrecher geschützt. Wind aus S bis SO steht jedoch mit starker Dünung in den Hafen, so daß nur die Liegeplätze an der W-Mole und dem anschließenden Kai sicher sind.

Vorsicht: Keinesfalls vor der O-Küste oder an der O-Mole festmachen. Bei schwerem Wetter kann das Verlust des Schiffes bedeuten.

Vom W-Kai des Hafens gehen (bzw. sind geplant) 2 Stege ab. Hier sind 3-t-Kran, Büro des Hafenmeisters und ein kleines Restaurant. Westlich des winzigen Strandes am N-Rand des Hafens besteht Slip-Möglichkeit neben einem Steg, an dessen Fuß ein Trinkwasserhahn vorhanden ist. Die Durchschnittstiefe am Kai liegt zwischen 1,50 – 1 m, inmitten des Hafens über 2,50 m. In Ausnahmefällen können kurzfristig Yachten bis 15 m Länge ankern.

Vorsicht: Einlaufen ist nur mit NNW-Kurs möglich. Vor der Huk hart ostwärts des Hafens liegt bis zu 50 m hinaus eine Gruppe von Klippen, daher einlaufend möglichst dicht an die W-Mole mit roter Säule, F. r. (Lf. 10 930) halten.

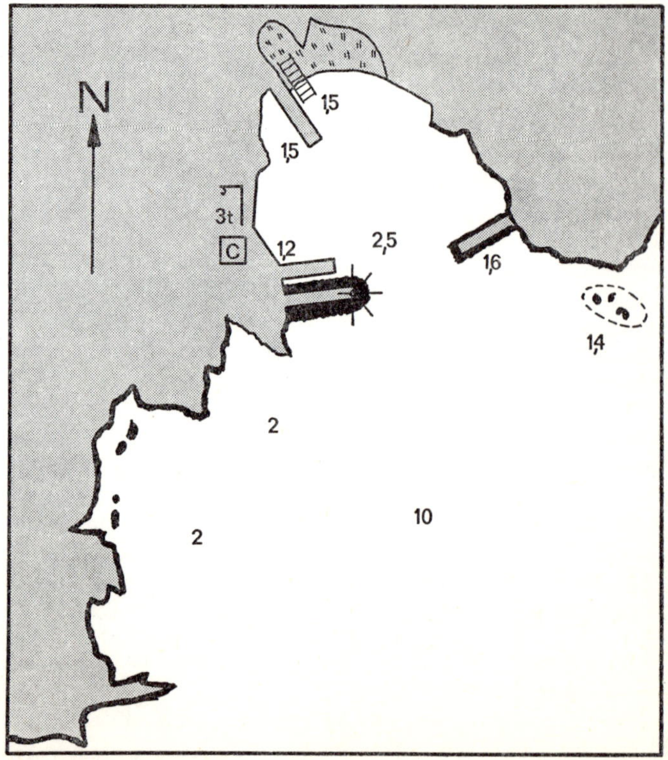

Port du Niel ⟨26⟩

Von Port du Niel bis La Tour Fondue

Die Felsküste ist durchweg sehr steil, von vielen kleinen Buchten zerrissen und landschaftlich reizvoll. Allerdings reihen sich hier Klippen an Klippen, und die Wassertiefe ist dicht unter Land teilweise sehr gering. Nur die kleinen Buchten direkt unter dem Kirchturm von *Giens* und unter dem Sanatorium können bei ruhigem Wetter verhältnismäßig gefahrlos angelaufen werden. Im übrigen sollte man bis zu der Huk westlich *La Tour Fondue* mindestens 0,1 sm von Land abbleiben.

Vorsicht: Die beiden winzigen Inseln 0,2 sm westlich der Huk, die sich W von *La Tour Fondue* befindet, sind bis zum Land hin und auch noch etwa 100 m in See hinaus durch dichte Klippen-Gürtel hindurch nicht erreichbar. Die dieser Huk vorgelagerte *Ile du Petit Ribaud* – an sich durch einen tiefen Einschnitt eher zwei kleine Inseln, deren größere durch eine Hausruine kenntlich ist – sind ebenfals völlig von Klippen umgeben. Die schmale Durchfahrt zwischen diesen Inselchen und dem Land ist sehr gefährlich. Auch die größere, wiederum etwas vorgelagerte *Ile du Grand Ribaud* mit rundem, weißem Leuchtturm mit Blz. (Lf. 10 920) an der Süd-Huk und einer Turm-Ruine ist bis auf wenige Meter der Felsküste von Klippen eingefaßt. Besonders die O-Bucht ist gefährlich. Von dem Leuchtturm auf 2 sm nach O ist jedes Ankern verboten.

La Tour Fondue

Deutsche Seekarte Nr. 497	*Position*
Französische Seekarte Nr. 5151, 5329	*Breite: 43° 02' N*
Carte Marine Blondel Nr. 503	*Länge: 6° 09' O*

Diese felsige Huk mit ihrer steilen *Pte. de la Tour Fondue*, auf der sich aus Zeiten Richelieus ein verfallenes Fort befindet, ist kein eigentlicher Hafen. Die beiden O gelegenen Anleger (mit weißem Festfeuer) dienen Linienschiffen, desgleichen der durch eine von O nach W verlaufende kurze Mole geschützte W-Kai. Nur in Seenot könnte man hier vorübergehend Schutz finden. Es ist jedoch vorgesehen, die W anschließende Bucht bis zur *Pte. Terre Rouge* zu einer großen, modernen Marina auszubauen.

Von La Tour Fondue bis zur Rade d'Hyères

Von *La Tour Fondue* bis zu dem schmalen, felsigen Ost-Kap – *Cap del' Esterel* – bestehen in der Rade du Pradeau kaum Anlegemöglichkeiten, da fast durchgehend eine Kette von Riffen die Annäherung im teilweise auch sehr flachen Wasser (0,5 m) zu gefährlich macht. Das durch 3 kleine Gittermasten erkenntliche ca. 20 m hohe Cap ist nicht befeuert. Ihm ist eine kleine flache Felsinsel vorgelagert.

Der O-Teil der N-Küste der eigentlichen, steilen Halbinsel von *Giens* ist ebenfalls felsig bis an den flachen Strand hin. Bis zu ihm zieht sich auch eine Barriere von Riffen. Nur die etwa 0,2 sm lange Steilküste vom Cap bis zur N-Huk – also die Felsbuchten in NNO – können mit Yachten bis 2,50 m Tiefgang angelaufen werden.

Der Bergteil der *Presqu'Ile de Giens* bietet nur an der Südküste Schutz vor Mistral, nicht jedoch vor Wind oder See aus anderen Richtungen.

Rade d'Hyères

Deutsche Seekarte Nr. 497
Französische Seekarte Nr. 5151, 5329
Carte Marine Blondel Nr. 503

Vom Übergang der Fels-Halbinsel in das Flachgebiet ostwärts von *Giens* bis zur NO-Ecke der großen Reede an der kleinen *Pte. de l'Argentière* nahe der Fabrik von *Bormettes* dehnt sich fast ununterbrochen ein flacher Strand mit vorgelagertem Flachwassergebiet aus. Infolge von Torpedo-Schießbahnen, Wasserflugfeld der Kriegsmarine,

Kabeln usw. ist diese Reede keine reine Freude für den Wassersportler. In großen Teilen ist auch Ankern verboten. Hinzu kommt, daß der Ankergrund durchweg – zumeist durch Tongrund – schlecht haltbar ist. Nicht zuletzt aus diesem Grunde findet man viele Festmachertonnen für Großschiffahrt und Marine. Alle verbotenen Ankergründe kann man den französischen Seekarten Nr. 5151, 5231 und 5329 sowie annähernd genau auch der Carte Marine Blondel Nr. 503 entnehmen.

Die ausgedehnte Strandküste bringt es mit sich, daß es hier praktisch einen durchgehenden Badestrand mit vielen Campingplätzen und entsprechend vielen Luftmatratzen- und Kleinstboot-Kapitänen gibt. Deshalb besteht auch ein Verbot, mit Motorbooten – außer senkrecht zur Küste im Schrittempo – in eine 400-m-Zone einzulaufen.

Der O-Teil der *Rade d'Hyères* bis hin zum *Cap Bénat* gehört zu einer dicht bewaldeten, streckenweise steilen Halbinsel mit vielen Buchten, einzelnen Stränden und einigen kleinen Inseln. Obwohl wegen ausgedehnter Klippen und Riffgürtel nur teilweise für Boote geeignet, ist dieser Teil sehr zu empfehlen.

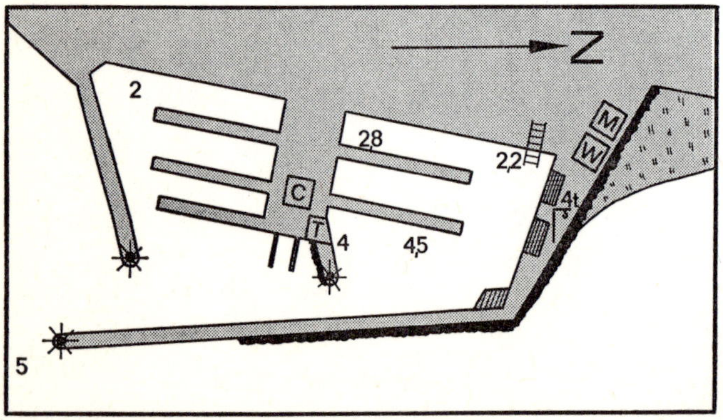

Port d'Hyères ⟨27⟩

La Capte

In den Strand, teilweise in Verbindung mit Kanälen, eingeschnitten liegt 2,5 km südlich *Hyères-Plage* ein kleiner Hafen für kleinere Boote bis höchstens 1 m Tiefgang. Dieser Gemeindehafen ist stets voll besetzt. Neben dem Büro des Hafenmeisters befindet sich im 2. Becken (Darse 2ème) ein Slip, jedoch kein Kran oder andere Anlagen. Die Einfahrt in den Hafen erfolgt durch einen schmalen Kanal mit 2 F.skr. (Lf. 11 060) parallel zum Strand mit N-Kurs.

Port d'Hyères ⟨27⟩

Deutsche Seekarte Nr. 497	*Position*
Französische Seekarte Nr. 5151, 5329	*Breite: 43° 05' N*
Carte Marine Blondel Nr. 503	*Länge: 6° 09' O*

Hyères-Plage ist ein lebhafter Badeort mit modernem Sportboothafen, ausgedehnten Badestränden und allen Annehmlichkeiten. Einziger bedeutender Nachteil: nahebei befindet sich der Militär-Flugplatz Palyvestre, auf dem manchmal beinahe ununterbrochen Jagd- und Kampf-Flugzeuge mit heulenden Düsentriebwerken zu Schießversuchen südlich der großen, vorgelagerten Inseln starten und landen. In diesem Fall darf das Gebiet nördlich des Sportboothafens nicht befahren werden, auch nicht zum Einlaufen. Das gleiche gilt, wenn auf der Schießbahn von *L'Ayguade-Ceinturon* – nördlich hiervon – Torpedoschießen in SSO-Richtung hinüber zum O-Teil der *Ile de Porquérolles* stattfinden. Man muß daher unbedingt täglich die in den Häfen ausgehängten Nachrichten für Seefahrer (Avis aux Navigateurs) beachten.

Einlaufend in den Sporthafen von *Hyères-Plage* hält man parallel zum Strand genau N-Kurs. Die lange O-Mole – die von N nach S parallel zum Land verläuft – hat am Molenkopf unterbrochenes Grünfeuer. Die etwas zurückgesetzte W-Mole, vom Land aus quer in die Einfahrt gebaut, verfügt auf grün-weißem Träger über eine Kennung Blz. gn. (Lf. 11080). Entlang der langen O-Mole laufend passiert man das Süd-Bassin, das durch eine breite, vom Land ausgehende Pier vom Nord-Bassin getrennt ist. Die Durchfahrt zwischen der O-Mole und dem Kopf der Pier – rotes Festfeuer auf einem roten Turm – ist nur schmal. Auf dieser Pier – von der Stege nach S in den Vorhafen und außerdem noch kurze Stege nach O in Richtung auf die Fahrrinne abgehen – ist die Capitainerie und, nur vom Nord-Bassin aus anzulegen, die Tankstelle. Die Pier geht von einer dreieckigen Kai-Anlage ab, von deren N-Seite zwei breite Steganlagen für Sportboote in das Bassin Nord hineinragen. Die Anlagen reichen für Yachten bis 45 m Länge und 4 m Tiefgang aus. Slip, Schienenslip und 4-t-Kran stehen am N-Kai des N-Bassins zur Verfügung, wo auch eine Werft etabliert ist. Club-Räume, Shipchandler und andere Geschäfte, Hotels und Appartements sind nur wenige Schritte entfernt. Parkplätze für Auto und Trailer sind ausreichend vorhanden.

L'Ayguade und Berriau-Plage

Etwa 1,5 sm NO des *Port d'Hyères* mündet der *Roubaud* am Südrand von *L'Ayguade-Ceinturon* in das Meer. Diese verbreiterte, jedoch flache Flußmündung liegt nach allen Windrichtungen gut geschützt und ist für Sportboote bis 8 m Länge und höchstens 0,80 m Tiefgang geeignet. Liegeplätze (120) sind jedoch nur bei Voranmeldung bedingt zu bekommen. Zuständig ist die Gemeindeverwaltung. Am Campingplatz können kleine Boote auf den körnigen Strand gezogen werden.

Nochmals 1 sm weiter nach NO mündet der *Gapeau* ebenfalls in dieses durchgehende Strandgebiet am O-Rand des Ortes *Berriau-Plage* in das auch hier flache Meer. Auch hier können Sportboote bis etwa 7 m Länge und 0,80 m Tiefgang vereinzelt Liegeplätze erhalten.

Port Pothuau ⟨28⟩

Deutsche Seekarte Nr. 497	*Position*
Französische Seekarte Nr. 5151	*Breite: 43° 07' N*
Carte Marine Blondel Nr. 503	*Länge: 6° 12' O*

In der NW-Ecke der *Rade d'Hyères* – 0,5 sm von der Gapeau-Mündung entfernt – liegt vor dem kleinen Dorf *Salins d'Hyères* der anspruchslose Hafen *Port Pothuau* im Einzugsbereich der Salzteiche und Salinen. Er dient weitgehend Fischkuttern, Marine und Zoll als Stützpunkt. Einlaufend mit N-Kurs sollte man sich bei See aus S gut von der langen O-Mole freihalten, auf deren Kopf eine 8 m hohe grüne Säule mit unterbrochenem weißen Sektoren-Feuer von S bis OSO und unterbrochenem grünen Sektoren-Feuer nach W bzw. O anschließend (Lf. 11100) – gut auszumachen ist. Die kleinere W-Mole, von NW nach O abbiegend, verfügt auf einem Mast über ein rotes Fest-

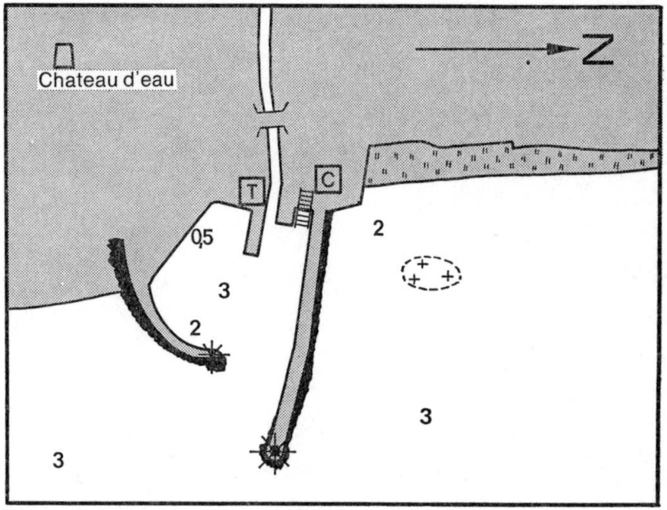

Port Pothuau ⟨28⟩

feuer (Lf. 11105). Am Fuß einer kleinen Pier genau in Einfahrt-Richtung befindet sich die Tankstelle. Die Anlagen O hiervon gehören der Marine bzw. dem Zoll – hier ist auch die Capitainerie –, desgleichen der breite Slip am Fuß der O-Mole, für dessen Benutzung man jedoch eine Genehmigung erhalten kann. Trinkwasser gibt es auf der O-Mole. Liegeplätze für Sportboote bis 1,5 m Tiefgang sind zeitweise bei den Fischern an der W-Mole zu haben, für kleinere flachgehende Sportboote im NW-Teil des Hafens.

Vorsicht: Beiderseits des Hafens etwa in Höhe des roten Festfeuers liegen vor dem Strand mehrere gefährliche Untiefen in Flachwassergebiet.

Der nach O anschließende Strand, teilweise mit Wellenbrechern und Steinaufschüttungen versehen und von mehreren alten Bunkeranlagen überragt, ist nicht empfehlenswert für den Wassersportler. Nicht zuletzt, weil hier in der Sommersaison viel Badebetrieb ziemlich weit hinaus in die Bai herrscht.

Vorsicht: Bis zu 400 m vor dem Strand muß hier mit Schwimmern und Schnorcheltauchern gerechnet werden.

Port de Miramar ⟨29⟩

Deutsche Seekarte Nr. 497	*Position*
Französische Seekarte Nr. 5151	*Breite: 43° 07' N*
Carte Marine Blondel Nr. 503	*Länge: 6° 15' O*

Letzer Hafen an der Rade des Salins ist der *Port de Miramar* – auch *Port de la Londe* genannt –, der zu der mehrere Kilometer landeinwärts liegenden Gemeinde *La Londe des Maures* gehört. Hier beginnt im Hinterland ein bildschönes Berggebiet mit riesigen Waldungen von Pinien und Korkeichen, an dessen Südhängen guter Wein wächst. Beiderseits des hier einmündenden Flüßchens *Maravenne* liegt reizloses landwirtschaftliches Gebiet, teilweise auch Schilf. Eine Reihe von Campingplätzen, allerdings nicht direkt am Meer, geben gerade Kleinbootfahrern einige Möglichkeiten. Nicht zuletzt, weil die O-Küste der Reede landschaftlich besonders schön und noch nicht überlaufen ist.

Die Hauptmole des kleinen Hafens verläuft etwa in Verlängerung der Flußmündung – also von NNW nach SSO – und biegt dann nach SW ab. Die dunkelgrüne Säule (7 m) auf dem Molenkopf mit Glt.gn. (Lf. 11140) ist deutlich auszumachen. Einlaufend sollte man sich vor der W-

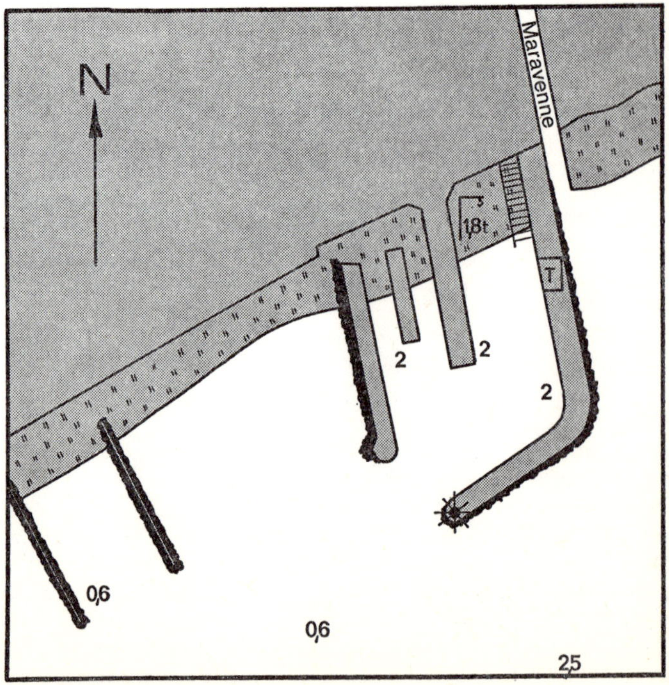

Port de Miramar ⟨29⟩

Mole – die von NNW nach SSO direkt auf die Säule zeigt – gut freihalten. Man läuft wegen des Flachwassers und mehrerer langer Buhnen westlich der Einfahrt genau mit N-Kurs in die Einfahrt und legt hier Steuerbordruder mit Kurs direkt in die NO-Ecke des Hafens, um von allem freizukommen. In dieser NO-Ecke befinden sich eine Werft mit 1,7-t-Kran und Slip sowie Tankstelle für Benzin und Diesel. Trinkwasser gibt es auf der O-Mole. Hotels und Restaurants sowie Parkplätze sind vorhanden. Ein guter Stützpunkt für den Ostteil der *Baie d'Hyères*, der für Sportboote bis zu 10 m Länge und 1,20 m Tiefgang, einzelne auch bis 2 m Tiefgang, geeignet ist.

Achtung: 0,3 sm NNO des Hafens besteht ein rotes Festfeuer (Lf. 11150) am Fuß einer der beiden privaten Verladebrücken der *Usines Les Bormettes*. (Der *Port de Miramar* verfügt über kein Rotfeuer!)

Vom Port de Miramar bis zum Cap Bénat

Das flache Küstengebiet vom *Port de Miramar* über die *Usines des Bormettes* hinweg – vor denen sich zwei Anleger im Flachwasser mit festem Rotfeuer und nahebei militärische Landungsstellen befinden – geht kurz darauf an der *Pte. de l'Argentière* in Klippen und vorgelagerte Riffe über, an die sich nochmals ein Strand mit bis zu 1,3 m tiefem Flachwassergürtel anschließt. Nun beginnt bei der *Pte. de Pellegrin* in SO-Richtung eine Felsküste mit Wald und Gestrüpp, an die keine Annäherung mit Sportbooten möglich ist, weil über die kleine, 12 m hohe Felsinsel *L'Ilot de Léoube* hinaus bis an den nächsten kleinen Strand ein Riff-Gürtel reicht. Das gilt auch für die steile Felshuk mit ihren Klippen und Riffen, denen auf einem 14 m hohen Inselchen die Bunkerstellung *Batterie des Maures* (mit grünem Festfeuer) vorgelagert ist. Dagegen kann man in bis zu 3 m tiefem Wasser an die anschließende steile *Pte. de Léoube* und in den W-Teil der winzigen Bucht direkt NO von ihr heranlaufen. Hieran anschließend bis zur nächsten Huk mit den vorgelagerten kleinen *Ilots de l'Estagnol* – zwischen diesen und dem Festland gibt es keine Durchfahrt – und den weiter W gelegenen Klippen bis unterhalb des turmbewehrten weißen Schlosses von *Brégancon* gibt es nur an dem kleinen Strand eine Möglichkeit, mit NO-Kurs anzulanden. Das gilt mit N-Kurs auch für den Strand unterhalb des Schlosses. Von seiner O-Seite an bis zu der kleinen Bucht SW von *Cabasson* mit einem schönen, nach S durch eine weit hinausreichende, als Wellenbrecher ausgebautes Riff begrenzten Strand reicht wieder ein Klippen-Gürtel ca. 0,1 sm in See hinaus. Diese kleine Bai wird nach Süden durch das *Cap de Brégancon* mit dem auf einer vorgelagerten Insel von Vauban erbauten Fort begrenzt, das heute als Sommersitz des Präsidenten der französischen Republik dient. Insel und die sie begrenzenden Buchten sind militärisches Gebiet.

Port de la Reine Jeanne

Ein winziger Hafen, etwa 2 km von *Cabasson* entfernt, SW unter dem höchsten Berg (205 m) – an einem hohen Fernseh-Gitterturm auszumachen – ist nur im Notfall anzulaufen. Das Einlaufen ist nur von WSW aus, etwa parallel zum Strand möglich. Zwei Sektoren-Festfeuer (grün und rot) je von 60°–96° (Lf. 11190) erleichtern die Ansteuerung etwas, die jedoch wegen der vielen Riffe, die sich bis zur östlichen *Pte. de la Galère* hinziehen, alles andere als ungefährlich ist. Geeignet ist dieser kleine Hafen nur für kleine, flachgehende Sportboote. Er bietet keine Dauer-Liegemöglichkeiten.

Auf der Höhe der *Pte. de la Galère* befindet sich ein weißes Festfeuer, das jedoch nur bei Bedarf – also z. B. bei Sturm – in Betrieb ist.

Vorsicht: Von der *Pte. de la Galère* zieht sich in etwa 0,2 sm Abstand halbkreisförmig nach SW bis vor den kleinen Strand eine Kette von Klippen.

Von der *Pte. de la Galère* bis zum *Cap Bénat* gibt es nur noch zwei ganz kleine Küstenabschnitte, in denen man an der Steilküste anlanden kann, vorausgesetzt, die See ist völlig glatt und ein Ausguck auf dem Vorschiff. Die eine Möglichkeit besteht in der zweiten Felsbucht O des Kaps, und die andere an dem winzigen Strand unter dem alten Semaphor (185 m), 0,3 sm NW vom *Cap Blanc*. In beiden Fällen muß man genau N-Kurs halten. Das *Cap Blanc* trägt übrigens in 60 m Höhe den 12 m hohen weißen Leuchtturm des *Cap Bénat* mit rotem Oberteil und einer weißen Kuppel mit der Kennung Blz. r. (Lf. 11 220). Bis zu dem nur 0,3 sm weiter NO gelegenen eigentlichen *Cap Bénat,* dem eine 6 m hohe kleine Felsinsel mit weißer Turmbake, *Ile Christaou,* in einem Gewirr von bis an Land reichenden Klippen und Riffen vorgelagert ist, bestehen auch in den tiefen Felsbuchten keine Möglichkeiten zur Anlandung, selbst mit kleinsten Booten nicht.

Zwischen *Port Miramar* und dem *Cap Bénat* bestehen trotz der vielen Schwierigkeiten durch fast ununterbrochene Gürtel von Klippen, die oft mehrere hundert Meter weit in See reichen, bei ruhiger See sehr gute Möglichkeiten für Sporttaucher und Sportangler. Allerdings ist jedes Ankern zwischen dem *Cap de Brégancon* und dem *Cap Blanc* verboten. Landschaftlich ist der Küstenabschnitt – trotz teilweiser militärischer Anlagen und obwohl er zum Teil in Privatbesitz ist – zwar sehr wild zerrissen, aber trotzdem, oder vielleicht sogar gerade aus diesem Grunde, erlebenswert. Allerdings ist dieser Abschnitt allen Winden ausgesetzt. Strömungen sind kaum vorhanden.

Vom Cap Bénat bis zum Cap Lardier

Das *Cap Bénat* mit je einer kleinen Insel vor den beiden Huks – zwischen denen und der Steilküste jedoch eine Durchfahrt wegen geschlossener Untiefen und Klippen nicht möglich ist – bietet für die ganze nördlich anschließende *Rade de Bormes* eine reizvolle bergige und größtenteils bewaldete Kulisse. Sie hat noch dazu den Vorteil, die großen Buchten vor Wind aus SW über W bis NW und vor See aus SW über W sogar bis NNW zu schützen. In der direkt nördlich an das *Cap Bénat* anschließenden steilen Bucht – die von Riffen frei und selbst für Yachten ausreichend tief ist – sowie im NW-Teil der *Anse du Gaou,* besteht sogar Schutz vor dem Mistral. Die erstgenannte Bucht ist jedoch von der *Ile Christaou* (mit weißem Seezeichen) entlang ihrer ganzen Südseite bis zur 10-m-Tiefenlinie durch Untiefen gefährdet. In den Nordrand dieser Bucht schließt sich eine Kette von bis zu 100 m in die See hinausreichenden Riffen beiderseits der *Pte. du Pinet* an. Mit einer nur wenige Meter breiten Unterbrechung 0,1 sm südlich der *Pte. de l'Esquilette* reichen die Klippen um diese *Pte.* herum bis zu 0,3 sm seewärts in die nördlich anschließende *Anse de Gaou.* Auch hier sind Riffe fast dem ganzen Badestrand vorgelagert. Bei ruhiger und klarer See ist dieses Gebiet aber zumindest für flachgehende Boote weitgehend befahrbar. Der am weitesten nach W eingeschnittene Teil der Bucht besteht wiederum aus Klippen und einem Gürtel von Riffen. Der Ankergrund im anschließenden NW-Teil der Bucht ist oberhalb der 5-m-Tiefenlinie gut.

Der *Pte. du Gaou* sollte man sich wegen vieler Klippen auch mit flachgehenden Booten nicht mehr als 0,1 sm nähern. Im Norden hiervon liegt der ausgedehnte Badestrand von *Bormes-Mimosas* mit meist nur 1–2 m Wassertiefe und einer Klippe direkt in der Mitte des Strandes.

Vorsicht: Dem weit hinausreichenden Riff vor der *Pte. de l'Esquillette* ist nochmals eine Felsuntiefe nur wenige Meter vorgelagert. 1,5 sm O dieser Huk liegt die Felsinsel *La Fourmigue* (4 m) mit Toppzeichen-Stange, jedoch unbefeuert (Position: Breite: 43° 06' N – Länge 6° 24' O).

Port de Bormes les Mimosas ⟨30⟩

Deutsche Seekarte Nr. 495	*Position*
Französische Seekarte Nr. 5245, 5329, 2681	*Breite: 43° 07' N*
Carte Marine Blondel Nr. 503	*Länge: 6° 22' O*

Im Anschluß an den Strand von *Bormes* nach N, unter Einbeziehung der etwa 30 m hohen, etwas bewaldeten und teilweise bebauten *Pte. de Gouron* mit ihren zerrissenen Klippen und vielen vorgelagerten Riffen, besteht eine große Marina (800 Liegeplätze) mit Appartementshäusern, Hotels, Bars und Restaurants, die weitgehend Schutz vor Wind und See bietet. Leider ist sie nach N und NO verhältnismäßig offen, so daß bei entsprechender grober

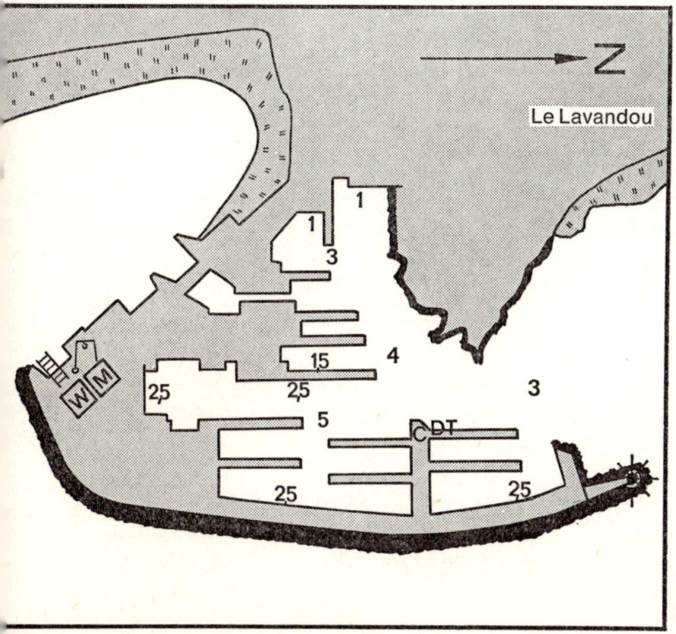

Port de Bormes les Mimosas ⟨30⟩

See das Einlaufen trotz der breiten Einfahrt zwischen der Huk und der langen, etwas nach W eingebogenen Ostmole mit weißem Zuckerhut-Turm (10 m) und Blz. r. (Lf. 11 330) nicht ganz einfach ist. Kurs einlaufend ist – entsprechend um den befeuerten Molenkopf ausholend – genau S. Man halte sich dann gut frei von den Piers und Steganlagen, die W der Mole liegen und auf denen sich, gut auszumachen, die Capitainerie befindet. Zwischen dem Molenkopf und der Capitainerie ist übrigens der öffentliche Hafen, in dem man eher mal einen Liegeplatz bekommt. Werft, Fahrstuhl-Slip (Elévateur), Motoren-Service, Tankstelle für Benzin und Diesel, Trinkwasser, Motorboot- und Segelschule sowie Tauchschule sind neben anderen Sportmöglichkeiten vorhanden. In einigen Kilometern Entfernung gibt es im Hinterland auch noch einige Campingplätze.

An die *Pte. de Gouron* schließt ein flaches Strandgebiet an, das an der Uferpromenade von *Le Lavandou* entlang bis zum Hafen dieses Ortes reicht und durchschnittlich 1–2 m Wassertiefe bis auf 0,1 sm seewärts hat.

Die *Rade des Bormes* vor *Le Lavandou* besitzt sehr guten, sandigen Ankergrund.

Port du Lavandou ⟨31⟩

Deutsche Seekarte Nr. 495	*Position*
Französische Seekarte 5245, 5329, 2681	*Breite: 43° 08' N*
Carte Marine Blondel Nr. 503	*Länge: 6° 22' O*

Le Lavandou (4000 Einw.), einst Fischerhafen und heute beliebter Badeort mit schattigen Promenaden und wirklich guten Stränden, Ausgangsort für Land-Touren in das »Massif des Maures« mit schönen Korkeichen-Waldungen und zum Cap Bénat mit Ausblick über See zu den Iles d'Hyères, aber auch zu Fahrten mit Linienbooten – darunter ein sehr schnelles Tragflügelschiff – zu den Inseln Port-Cros und Levant ist gleichzeitig Ausgangshafen für Fahrten nach W und O mit Sportbooten aller Größen-

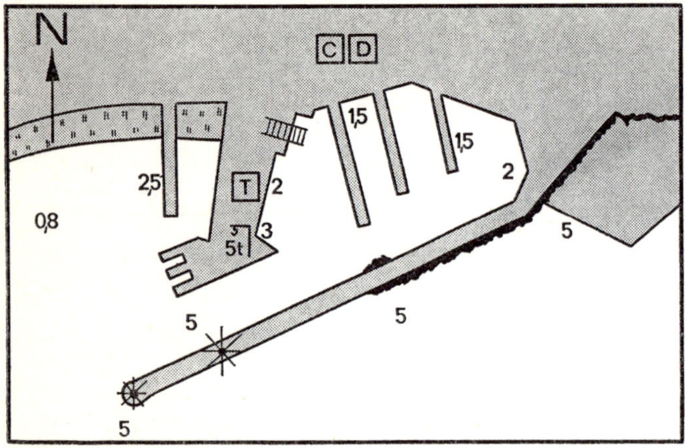

Port du Lavandou ⟨31⟩

klassen. Die Küste unterhalb des »Massif des Maures« mit ihren bewaldeten Buchten und fast tropischer Vegetation, gehört mit zum Schönsten an der Riviera. Der Hafen von Le Lavandou ist gut geschützt gegen Wetter und Wind. Er soll nach W durch Verlängerung der Mole, Verbreiterung der Mittel-Pier und Ausbau des Strandgebietes bis zum ersten großen Wellenbrecher erheblich vergrößert werden.

Die O-Mole von *Le Lavandou* verläuft von ONO nach SSW, so daß man etwa parallel zum Strand, anfangs mit N-Kurs, bis in Höhe des Molenkopfes laufen und dann Steuerbordruder legen muß. Bei Wind aus O bis S steht hier starke See, und bei Wind aus S bis SW kann Brandung parallel zur Mole in den Hafen hineinlaufen. Die 8 m hohe weiße Säule mit grüner Spitze auf der O-Mole zeigt als Kennung Glt. w./gn. als Sektoren-Feuer direkt auf dem Molenkopf, ist also von beiden Seiten zu erkennen. Diese Mole wurde verlängert, so daß nun das auf dem neuen Molenkopf stehende grüne Festfeuer zum Land hin umlaufen werden muß. Das unterbrochene weiße Sektorenfeuer des mitten auf der Mole stehenden Turms ist von S bis O auszumachen, also aus der Richtung, aus der man keinesfalls in den Hafen einlaufen kann. Auf der breiten Mittel-Pier – die nach SSW verlängert und mit drei kurzen Stegen versehen werden soll – sind 6-t-Kran und Tankstelle für Benzin und Diesel, am Fuß der Pier ein Slip, Werft und Motoren-Service vorhanden. Im eigentlichen Hafenbecken und an der O-Mole sind Liegeplätze für Sportboote bis 30 m Länge ü. a. und 1,80 m Tiefgang. In der Saison sind keinesfalls freie Plätze zu haben.

Von Le Lavandou bis Cavalaire

Bis zu der O von *Le Lavandou* gelegenen *Pte. du Nard-Viou* mit einer kleinen, vorgelagerten Felsinsel, die durch eine durchgehende Linie von Klippen mit der Huk verbunden und durch eine Toppzeichen-Stange gekennzeichnet ist, ist die Küste für Sportboote ungeeignet. Sie ist außerdem durchweg in Privatbesitz. Die *Baie de Saint Clair* mit ihrem halbkreisförmigen Badestrand bietet gute Ankerplätze für kleine bis mittlere Boote dicht neben dem Klippengürtel und vor dem kleinen Badestrand W der *Pte. de la Fossette*. Der erstere ist unbedingt gegen See, mit Ausnahme aus SO bis O, der andere nicht gegen See aus S bis SW geschützt, jedoch einigermaßen sicher gegen den Mistral.

Vorsicht: Im Bereich des kleinen, stark gekrümmten privaten Wellenbrechers, etwa in der Mitte der Bai und dann fast ununterbrochen bis zur *Pte. de la Fossette* ziehen sich über und unter Wasser Klippen hin.

Diese Bucht – mit einer Reihe auch kleinerer Hotels nahe dem Strand und jenseits der Küstenstraße, jedoch ohne Campingplatz in der Nähe – eignet sich gut als Standort für Fahrten entlang dem »Massif des Maures«.

Die O-Seite der *Pte. de la Fossette* mit ihren kleinen sehr steilen Felsbuchten kann bei genügender Vorsicht direkt angelaufen werden. Die Wassertiefe liegt allerdings stellenweise nur bei etwa 1 m. Der weitere Verlauf der *Baie d'Aiguebelle* bis zum Beginn des Strandes ist unter Land felsig. Das gilt auch für die Küste bis zur *Pte. de Rossignol.*

Vorsicht: Die Bucht ist bis etwa zur Verbindungslinie zwischen der *Pte. de la Fossette* und der *Pte. de Layet* kaum tiefer als 0,70 m und schiebt eine Untiefe direkt vor dem O-Ende des Strandes weit vor. Einlaufen mit flachgehenden Booten ist daher nur aus SW mit Kurs auf den Strand möglich. Vor seiner W-Seite liegen einige private Bojen.

Auch die Küste bis *Cavalière* – bildschön und gepflegt, da durchgehend in Privatbesitz – ist sehenswert. Die *Pte. de Layet* liegt im Flachwassergebiet, kann jedoch bedenkenlos mit flachgehenden Booten bis dicht unter die Felswände heran angelaufen werden. Der Strand in der *Anse de Cavalière* geht flach in die Bucht über, in der eine Reihe von Bojen liegt. Ausreichend guter Ankergrund ist erst 0,15 sm vom Strand entfernt auf Seegras-Grund vorhanden. Der kleine Badeort Cavalière mit guten Hotels und gepflegten Anlagen, jedoch ohne Campingmöglichkeiten und ohne Anlagen für Sportboote, ist trotz der schönen Umgebung als Liegeplatz nur für Wassersportler geeignet, denen hoteleigene Bojen zur Verfügung stehen.

Das *Cap Nègre* schließt weit vorstoßend die *Anse de Cavalière* nach O ab. Der Berg steigt nach NO auf 112 m an und fällt nach SO steil ab. Dort steht auch ein auffallender Turm. Die vielen kleinen, steilen Buchten an der SO-Seite des Kaps mit etwa 10 m Wassertiefe, geben bei ruhiger See nette Liegeplätze. Bis *Pramousquier* setzen sich diese Buchten im abfallenden Felsgebiet fort, jedoch beginnt O unterhalb des Turmes bis an die den Strand begrenzende kleine Huk eine Reihe von Klippen bis 100 m seewärts. Wald und parkähnliche Anlagen bedecken weitgehend die Gegend des *Cap Nègre.*

Pramousquier, ein kleiner Badeort, hat einen kleinen Strand mit Steganlage und mit einzelnen Bojen am W-Rand. Der Strand wird beiderseits durch Huks mit kleinen Klippen-Gruppen begrenzt. Die *Pte. de l'Ecuelle,* nicht sehr hoch, trennt die beiden Teile der Bucht und geht nur gering zum Ort *Canadel* zurück. Die direkt vor dem Ort liegende winzige Bucht mit Strand ist steil und in Privatbesitz. Zum eigentlichen Strand fällt die Küste vom Ort aus ziemlich stark ab. Er dehnt sich bis kurz vor die nächste, mehrzackige und steile Huk.

Vorsicht: Dieser Huk ist in kaum 0,15 sm die Felsgruppe von *Malpagne* vorgelagert. Sie liegt, teilweise kaum auszumachen, knapp handbreit unter Wasser und steht durch Riffe mit den Klippen des Kaps in Verbindung. Beiderseits dieser kleinen Felsinsel kann man mit Booten bis an die Felswände herangehen.

Der Ankergrund ist in der ganzen, bis hierher reichenden Bucht schlecht. Das gilt auch für die anschließende Bucht von *Le Rayol* mit ihrem Badestrand. Wenige Meter O des Strandes beginnen steile Felswände voller kleiner Buchten, in denen teilweise dichter Pinienbestand bis an die Klippen heranreicht. Bis zur 80 m hohen *Pte. du Trésor* dehnt sich aber eine Reihe von kleinen Riffen aus, so daß man sich auch mit kleinen Booten dicht unter Land sehr vorsehen muß. Das gilt auch für die verhältnismäßig flache Bucht zwischen der *Pte. du Trésor* und der darauffolgenden *Pte. de la Chappe,* deren W-Seite vor dem Strand jedoch ungefährlich ist.

Von der *Pte. de la Chappe* bis zur *Pte. du Dattier* – auszumachen an dem auffallenden Haus (Maison du Dattier) – ist die Küste meist sehr steil, durchweg voller kleiner Buchten, aber bis auf einen schmalen Abschnitt fast genau in der Mitte zwischen beiden Huks voller Riffe und Untiefen. Der Ankergrund ist hier im Bereich der 10-m-Tiefenlinie gut, jedoch besteht nur bei Mistral geringer Schutz durch das Land.

Vorsicht: Der *Pte. du Dattier* ist in 0,1 sm S ein gefährliches Riff vorgelagert.

Zwischen der *Pte. du Dattier* und dem *Cap de Cavalaire* (70 m) – gut auszumachen durch ein auffallendes weißes Haus auf der Höhe – zieht sich auch weiterhin eine felsige, weitgehend baumbestandene Küste voller kleiner Buchten hin, mit zwei winzig kleinen Stränden und ausreichend Wassertiefe unter Land. Der Grund ist allerdings oft dicht mit Seegras bewachsen und mit abgebrochenen Felsbrokken der Klippen übersät. Trotzdem gibt es hier wundervolle Liegeplätze zum Baden, Angeln und Tauchen. Dicht hinter dem – allerdings überfüllten – Strand hart O der *Pte. de Bonporteau* beginnt ein Riff-Gürtel, der bis zur SO-Seite des *Cap Cavalaire* herum reicht. Allerdings liegen hier fast stets viele Boote, und es wimmelt von Schnorchlern.

Vorsicht: NO der *Pte. de Cavalaire* – ungefähr 0,15 sm O des auf dem Molenkopf stehenden Gitterturmes – befindet sich an der 18-m-Tiefenlinie eine Untiefe. Sie reicht zwar nur bis 8 m unter die Oberfläche herauf, kann aber bei grober See von S über NO völlig unerwartete Brecher hervorrufen.

Cavalaire ⟨32⟩

Deutsche Seekarte Nr. 495, 498	*Position*
Französische Seekarte Nr. 5251, 5329, 2681	*Breite: 43° 10' N*
Carte Marine Blondel Nr. 503	*Länge: 6° 32' O*

An der äußersten W-Seite der Baie de Cavalaire liegt der ständig wachsende Badeort Cavalaire. Vor dem ausgedehnten Sportboothafen wurde neuerdings unter der Felsküste vor dem Schloß seewärts noch eine Marina mit über 600 Liegeplätzen angelegt. Die dabei neu in die Bucht hinausgeschobene Mole wird auf ihrem Leuchtturm ebenfalls die Kennung Blz.r. (Lf. 11 360) übernehmen, die zur Zeit auch noch von einer NNO vorgelegten Leuchttonne ausgestrahlt wird.

Um den deutlich auszumachenden langen Wellenbrecher mit dem Leuchtturm herumlaufend findet man auf der abgeknickten Innenmole die Anmeldung der Marina. Der

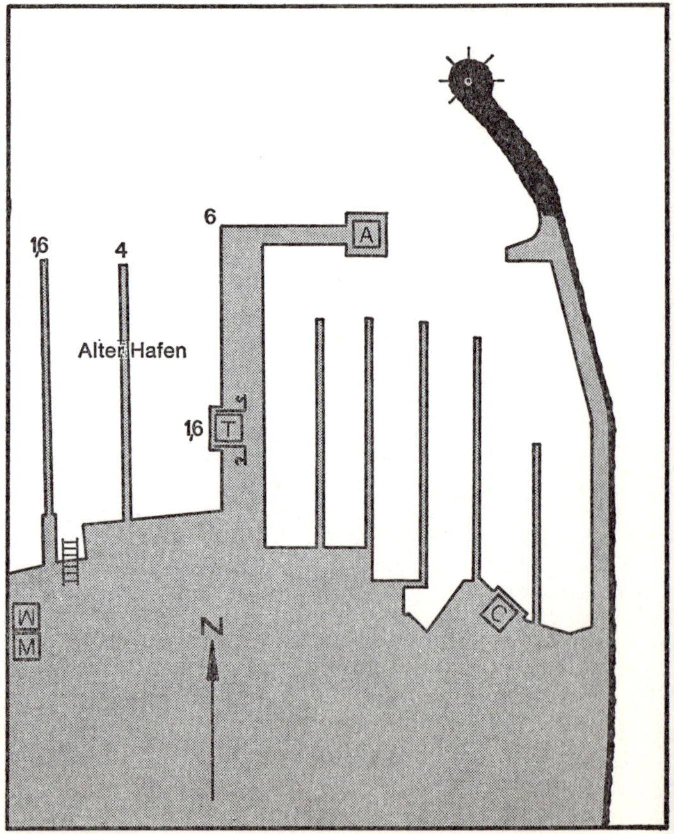

Cavalaire ⟨32⟩

alte Sportboothafen mit seinen Anlagen blieb wie bisher erhalten. Sowohl in der Marina als auch im Sportboothafen findet man alle erforderlichen Einrichtungen mit Kranen, Slip, Travel-Lift, Werft, Servicestationen und Einkaufsmöglichkeiten. Der im Sommer sehr besuchte, nahebei gelegene Badeort verfügt über alle Einkaufsmöglichkeiten, Restaurants und Hotels.

Parkplätze gibt es zusätzlich neben dem Hafengelände beim Strandbad. Außerhalb von *Cavalaire* in Richtung *St. Raphaël* bestehen weitere Wasserski- und Segel-Schulen. Ankergrund in der ganzen Baie ist gut, teilweise voller Seegras.

Der Hafen ist eine gute Basis für Fahrten entlang der *»Côte des Maures«* und über die Baie hinweg zur Halbinsel von *Ramatuelle* in Richtung *Cap Lardier* und *Cap Camarat*. In der Saison ist nicht nur der Hafen sehr voll, sondern der Ort selbst auch. Ausweichmöglichkeiten zum Wohnen bieten dann der Ort *La Croix-Valmer* und seine Umgebung sowie vereinzelte Campingplätze, vor allem in der Gegend dieses Dorfes.

Baie de Cavalaire

Von *Cavalaire* zieht sich um die ganze Bucht herum ein feinsandiger, wenn auch zumeist nur schmaler Strand mit einem breiten Flachwassergürtel. Dort wo Strand ist, kann man bedenkenlos das Boot auflaufen lassen. Der Ankergrund bis zur 20-m-Tiefenlinie ist außerdem gut und weitgehend mit Seegras bedeckt, ausgenommen in den Riffgebieten. An der O-Seite der Bai bis zum *Cap Lardier* kommen daher auch Sporttaucher und Angler zu ihrem Recht.

Vorsicht: Beiderseits der *Pte. de la Cuisse* und der *Pte. Vergeron* an der steilen Nordseite der Bucht – bis auf einen winzigen Strand WSW des Sanatoriums beinahe zusammenstoßend – ziehen sich Klippen bis etwa 100 m seewärts. Selbst flachgehende Boote sind hier gefährdet. Auch im Anschluß an den langen Strand SO des Sanatoriums mit breitem, oft nur 0,2–0,5 m Flachwassergürtel liegen direkt vor der Steilküste 2 Riffgebiete, die in die Riffe der *Pte. Dubreuil* übergehen.

In der kleinen Bucht hart S der *Pte. Dubreuil* ist SW des 174 m hohen Berges ein kleiner Strand zwischen steilen Felshuks. An ihn schließt sich sofort ein Band von Klippen, oft abgefallene Felsen, an. Der 0,3 m lange Küstenabschnitt bis zur *Pte. Andati* ist rein. Das gilt auch für den kaum erkennbaren Strand unter den Steilwänden. Von der S-Seite der *Pte. Andati* bis zum *Cap Lardier* zieht sich unter der Steilküste ein Gürtel von Klippen hin. Auf dem dahinter aufragenden Berg (144 m) sind Ruinen auszumachen. Das *Cap Lardier* (77 m) – auszumachen an einer weißen Mauer – verläuft abwärts zu einer kleinen, sehr steilen Halbinsel, die eher den Eindruck eines Inselchens macht. Die kaum nennenswerte W-Bucht der Halbinsel kann mit flachgehenden Booten angelaufen werden. Von SW nach O herumreichend liegen dichte, teilweise gerade über, teilweise auch gerade unter Wasser sich hinziehende, ununterbrochene Klippen, die die Küstenregion direkt unter Land bis zu 0,1 sm seewärts unbefahrbar machen. Das *Cap Lardier* bietet Schutz nur bei ausgesprochenen O-Winden.

Vom Cap Lardier bis zum Cap Camarat

Vor der gesamten O-Küste der Halbinsel von *Pampelonne* läuft ein ständiger Strom aus NO parallel zum Land auf das *Cap Lardier* und die *Baie de Cavalaire* zu, dessen Versetzung jedoch je nach der herrschenden Windrichtung unterschiedlich ist. Allgemein kann man bei starkem O-Wind mit bis zu 4 kn, bei starkem W-Wind »gegenan« mit ca. 1 kn Strom rechnen. (Ab Cap Lardier die Carte Marine Blondel Nr. 502.)

Die *Baie de Briande* zwischen dem *Cap Lardier* und dem *Cap Taillat* (auf alten Karten auch *Cap Cartaya* genannt) ist mit Ausnahme eines kleinen Strandgebietes an der N-Seite der Bucht wegen durchgehender Riffe unter den steilen Klippen nicht anzulanden. Für Sporttaucher und Sportangler ist es jedoch ein schönes Gebiet. Das gilt vor allem auch über den aus etwa 50 m Wassertiefe bis auf 6,5 m unter der Wasseroberfläche aufsteigenden *Roche Quairolle,* knapp 0,5 sm SO des *Cap Lardier*. Auch das *Cap Taillat* – eine steile, weit seewärts verstoßende Felshalbinsel – ist ein lohnendes Gebiet. Vorausgesetzt allerdings, man wahrt einen Sicherheitsabstand von etwa 100 m, nach O von der zweiten kleinen Huk aus sogar gut 0,1 sm. Frei von Klippen ist nur die SSW-Seite des Caps. An der schmalen Landverbindung befindet sich O ein kleiner Strand, und dann wieder nichts wie durchgehende Klippen und Riffe entlang der ganzen *Baie de Bon-Porte* bis hin zum hohen *Cap Camarat*. Das Cap ist gut auszumachen mit seinem kompakten Mauersystem um den alten Semaphor und den weißen, viereckigen Leuchtturm (130 m). (Lf. 11400).

Vorsicht: Etwa 0,1–0,15 sm vom Land und seinen Klippen entfernt liegen kleine, nicht gekennzeichnete Felsinseln fast genau in der Mitte des Bucht-Bogens. Auch dem *Cap Camarat* selbst sind genau nach O in etwa 0,05–0,1 sm die *Roches des Portes* (10 m) und diesen wiederum mit 0,1 sm Abstand die *Roches Fouras* (5 m) vorgelagert. Sie werden teilweise nur von 0,5 m tiefem Wasser umgeben. Bei ruhiger See und mit langsamer Fahrt kann man jedoch fast in der ganzen Bucht bis dicht an die Klippen heranlaufen. Das Land ist allerdings meist in Privatbesitz.

Vom Cap Camarat zum Cap de St. Tropez

Das *Cap Camarat* sollte man stets in mindestens 0,5 sm Entfernung runden, um nicht an den vorgelagerten kleinen, bei Dunkelheit oder grober See kaum zu erkennenden Felsinseln zu scheitern. Die sehr steile, meist dicht bewaldete Felsküste in die *Baie de Pampelonne* hinein ist – vom Cap nach NW umbiegend – sehr schön und von vielen, kleinen Buchten durchzogen. Sie können durchweg bis dicht unter Land selbst von tiefgehenden Yachten angelaufen werden. Der Ankergrund hält gut, ist teilweise jedoch – man erkennt diese Gebiete ohne weiteres – durch abgestürzte Klippen unrein. Etwa 0,3 sm S der *Pte. de Bonne Terrasse* schiebt sich in die etwa 2 m tiefe Uferregion ein dichter Gürtel von Klippen vor. Er gefährdet auch den kleinen Strand S der Huk, so daß man hier nur bei absolut ruhiger See mit langsamster Fahrt einlaufen sollte. Möglichkeiten zum Festmachen bestehen neben dem Restaurant. Auch um die Pointe herum nach NW verlängert sich der Klippengürtel bis zum Beginn des Sandstrandes. Vom *Cap Camarat* bis zum *Cap de St. Tropez* ist bei O-Wind das Ankern trotz gut haltbaren Sandgrundes gefährlich, da dann hier hohe Brecher auflaufen können.

Der über 4 km lange, durchgehende, breite Sandstrand von *Pampelonne* geht in sehr flaches Wasser über, so daß hier auch gerade für Kleinkinder ein Badeparadies besteht. Allerdings ist der Strand in der Saison sehr voll, und mit dem Boot ist es wegen der vielen Schnorchler und Schwimmer nicht ratsam, unter Motor näher als 0,3 sm heranzugehen.

Vorsicht: 0,5 sm S des *Cap du Pinet* liegt im Flachwasser ca. 100 m vor dem Strand ein einzelner Fels, die *Sèche Salagru,* bei bewegtem Wasser kaum auszumachen.

Im hügeligen Hinterland, das fast durchweg mit schütterem Pinienwald, an den Hängen auch mit Weinbergen und Obstkulturen bedeckt ist, bestehen mehrere Campingplätze und vereinzelt besteht auch die Möglichkeit, Sommerwohnungen und Bungalows zu mieten. Die Anfahrt zum Strand auf schlechten, überfüllten Wegen ist jedoch unbequem.

Das *Cap du Pinet* – vom Strand *(Plage de Tahiti)* an wieder als felsige Küste formiert – und die Küste bis über die *Pte. de Capon* hinaus zur *Plage des Salins* ist durchgehend von Klippen eingesäumt. Sie reichen direkt am S-Rand der *Plage des Salins* in dem weit hinaus nur 0,2 m tiefen Wasser bis auf 0,1 sm in See hinaus. Wiederum 0,25 sm vorgelagert liegt die *Teste de Can,* ein isoliertes Riffgebiet, das aus etwa 6 m Wassertiefe aufsteigt und sehr gefährlich ist. Das gilt gleichfalls für den Klippen-Gürtel, der sich direkt an den *Strand des Salins* vor der hier erneut beginnenden Felsküste anschließt. Vor dem *Cap de St. Tropez* – dem ein Inselchen, *Ilot de la Moutte,* mit einem Kreuz auf den Felsen vorgelagert ist – zieht sich das Riff ca. 0,25 sm nach NO in ein Flachwassergebiet, das *Plateau Sauvère.* Diese handartig sich ausstreckende Untiefe liegt höchstens 3 m unter dem Wasserspiegel, teilweise sogar nur etwa 1 m. Genau in Verlängerung dieser unsichtbaren Untiefen – 0,7 sm NO des Kaps – steht auf einer weiteren Klippe die rotweiße Bake »La Moutte« (14 m) mit rotem Toppzeichen und Blz. w/r. (Lf. 11 420). Wer die Küste nicht sehr genau kennt, sollte selbst mit kleinen Sportbooten das *Cap de St. Tropez* um dieses Seezeichen »außenrum« runden.

Vom Cap de St. Tropez bis zum Hafen von St. Tropez

Die Küste besteht anfangs aus einem bis zu 50 m hohen Bergland mit felsigem Abbruch. Im NW-Teil dieser Halbinsel liegt das *Château Borelly* mit einem Turm an der NW-Ecke (59 m). An diese Halbinsel schließt sich die tief eingeschnittene *Anse des Canebiers* an, die durch eine felsige kahle Huk mit einer Zitadelle von Stadt und Hafen *St. Tropez* getrennt ist.

Der gesamte Küstenverlauf vom Cap bis zur Stadt ist – bis auf das Innere der *Anse des Canebiers* – steil felsig mit Klippen und vorgelagerten Riffen in teilweise sehr flachem Wasser. Nur ein kleiner Strand direkt N des *Cap de St. Tropez* kann in bis zu 2 m tiefem Wasser mit Sportbooten angelaufen werden, allerdings sollte man dabei genau S-Kurs halten. Fast genau auf halbem Wege zwischen dem *Cap de St. Tropez* und dem *Cap St. Pierre (Pte. de Rabiou)* liegt 0,5 sm NO des Berggipfels (50 m) bzw. 0,3 sm NO der Küste ein einzelner Fels im Flachwasser, der *Roche de l'Ay.* Und 0,4 sm NNO des *Cap St. Pierre* steht nahe der 20-m-Tiefenlinie auf einer felsigen Untiefe eine weitere Turmbake »Rabiou«, schwarz-weiß-schwarz mit schwarzen Toppzeichen, nicht befeuert, die man mit Sportbooten jedoch landwärts passieren kann.

Die *Anse des Canebiers* wimmelt an ihrer O-Seite von weit ins Flachwasser reichenden Riffen. Auch die S- und W-Seite der Bucht sind weithin von Riffen und Untiefen durchsetzt, wo nicht gerade der Slip einer Werft auszumachen ist. Vorsicht vor allem auch beiderseits der weißen Mühle *(Moulin Blanc).* In der Bai liegen viele Festmacher und Bojen. Der N-Abhang des die Bucht und Stadt trennenden Berges mit der Zitadelle und einem darunter gelegenen Friedhof ist mehr als 0,1 sm unter Land voller Riffe im Flachwasser. Ankern ist hier verboten. Der winzige Fischerhafen *Le Pouncho* unterhalb der ersten Häuser ist für fremde Sportboote nicht zugelassen. Seine Einfahrt ist sehr gefährlich.

St. Tropez ⟨33⟩

Deutsche Seekarte Nr. 498	*Position*
Französische Seekarte Nr. 5255, 2681, 2682	*Breite: 43° 16' N*
Carte Marine Blondel Nr. 502	*Länge: 6° 38' O*

Die kleine Stadt Saint Tropez – liebevoll »Saintrop« genannt – (6500 Einw.) an der S-Seite des Golfe de St. Tropez, bis nach dem 2. Weltkrieg ein ausgesprochenes Fischerstädtchen, in dem sich allerdings immer schon viele Künstler aufhielten, ist uralten Ursprungs. Ihr griechisch-keltischer Name war Athenopolis. Zur Römerzeit ist sie als Heraclea Caccabaria bekannt. Später wurde sie mehrmals von Sarazenen erobert und zerstört, im 15. Jh. wieder aufgebaut und neu befestigt, wozu im 16. Jh. noch die Zitadelle kam. Sehenswert ist das Musée de l'Annonciade, in einer früheren Kapelle, mit Bildern von Matisse, Dufy, Bonnard, Signac und Utrillo, die alle zeitweise in St. Tropez gelebt haben. Der alte Hafen und mit ihm verbunden der neue Yachthafen sowie viele Villen und Appartementshäuser, haben mehr Betrieb hierher gebracht, als Ort und Zufahrtsstraßen sowie Parkplätze noch verkraften können. Trotzdem ist das Leben am alten Hafen, gerade abends und bis in die tiefe Nacht hinein, etwas was man nicht leicht vergißt. Im übrigen – so las ich irgendwo – wurde in St. Tropez die Sünde nicht erfunden . . . aber zur Perfektion gebracht.

Die lange N-Mole verläuft vom *Tour du Portalet* in W-Richtung und schützt beide Häfen. Am Molenkopf ist ein F.r., während die eigentliche Kennung des Hafens von einem grauen Turm mit rotem Oberteil (16 m), etwa auf 2/3 Länge der Mole gegeben wird. Es handelt sich hierbei um ein Ubr. r. (Lf. 11 520) mit ubr.w. Sektorenfeuer (228° bis 245°). Sobald man das weiße Feuer ausmacht, muß man sich sofort mehr landab halten, um von den Untiefen N der Zitadelle freizukommen.

Die Einfahrt erfolgt aus WSW zwischen der rotbefeuerten N-Mole, und der W-Mole mit Blk.gn. Diese W-Mole schützt den neuen Yachthafen von SW her in NO-Richtung zur Bai hin. Capitainerie und Zoll befinden sich einlaufend an Steuerbord von der den alten Hafen abdeckenden kurzen Pier.

Wer weiter in den alten Hafen, das *Vieux Bassin*, einlaufen möchte, muß in etwa Kurs auf die kurze, von der N-Mole abgehende Pier halten, um erst hier Steuerbordruder zu legen. In den alten Hafen einlaufend sind steuerbords am *Quai de l'Epée* Tankstelle und Werften mit Slip sowie Motoren-Service. Hier liegen übrigens nahebei auch Post und Bahnhof mit einer Reihe von Parkplätzen. Trinkwasser ist überall am Hafen zu haben. Während im neuen Yachthafen Wassertiefen bis 2 m vorhanden sind, können im alten Hafen am SO-Kai, *Quai de Suffren*, und N anschließend auch am *Quai Jaurès*, selbst größte Hochseeyachten festmachen. Die NO-Ecke des Hafens mit dem kleinen Strand, ist Fischerbooten vorbehalten.

St. Tropez ⟨33⟩

Iles d'Hyères

Deutsche Seekarte Nr. 495, 497
Französische Seekarte Nr. 5151
Carte Marine Blondel Nr. 503

Die großen und kleinen Inseln, die der Küste zwischen der Halbinsel von *Giens* und dem *Massif des Maures* vorgelagert sind, werden meist als Inseln von *Hyères* bezeichnet. Um es gleich vorwegzunehmen: Für den Wassersport besonders interessant ist nur die *Ile de Porquerolles* mit den kleinen Inseln in ihrer Nähe. Die Insel *Port-Cros* ist nämlich »National-Parc« (Naturschutzgebiet) bis 600 m im Umkreis – einschließlich ihrer Nebeninseln – so daß außer der Hafenbucht kaum Liegemöglichkeiten vorhanden sind. Angeln, Tauchen usw. sind verboten, auch Ankern. Und die *Ile du Levant* ist – bis auf die unbrauchbare W-Küste beiderseits des sogenannten *Port de L'Ayguade* mit dem Nudistendorf *Heliopolis* – durchweg Militärgebiet, an das jede Annäherung, Ankern, Angeln, Tauchen, Mitführen von Kamera und Filmgerät verboten ist. Außerdem gibt's hier ununterbrochen Tieffliegerangriffe mit Raketen und Bordwaffen südlich der Insel bis auf 1,5 sm nach SO.

Vorsicht: Wenn irgendwo eine rote Flagge weht, dann knallts!

Position
Breite: 43° N längs durch Inselmitte
Länge: 6° 10' — 6° 15' O Inselbreite

Ile de Porquerolles

Die Insel Porquerolles ist etwa 7 km lang und 2 km breit, erstreckt sich in W-O-Richtung und besitzt O ihres Mittelteils ihren höchsten Punkt (145 m), kenntlich an einem alten Semaphor. Die Insel ist durchweg stark bergig und besteht von ihren nördlichen bzw. westlichen Kaps herum an der gesamten Südküste aus steilen Klippen mit zackig eingeschnittenen Buchten, oftmals tief unterhöhlt. An den großen Buchten der Nordküste gibt es einige weit ausgedehnte Strände, denen nur vereinzelt Klippen vorgelagert sind. Etwa in der Mitte der größten N-Bucht liegt der Ort mit dem *Port de Porquerolles.* Von *La Tour Fondue,* an der Südküste der Halbinsel von *Giens* bis zum NW-Kap der Insel, der *Pte. Rousset,* sind es etwa 1,2 sm, und von hier entlang der Nordküste der Insel zum Hafen, nochmals die gleiche Entfernung. An diesem Hafen mit seinem Schloß und einigen militärischen Einrichtungen auf der Höhe, wurde die Insel bereits von den Griechen besiedelt und »protè«, also »die Erste«, genannt.

Position
Breite: 43° 00' N
Länge: 6° 12' O

Port de Porquerolles ⟨34⟩

Der Hafen von *Porquerolles* in der Tiefe einer Bucht an der halbmondförmigen Nordseite der Insel, befindet sich WNW des weithin sichtbaren Schlosses, direkt am W-Rand des Ortes. Diese Bucht wird durch eine etwa 400 m lange von O nach W gerichtete Mole bis auf die Durchfahrt an der W-Seite der Bucht abgeschlossen und gegen See – nicht aber gegen Wind – aus N geschützt. Die Insel selbst mit ihren Bergen gibt dagegen Schutz gegen Wind von WNW über S bis SSO. Einlaufend sollte man genau S-Kurs halten, um hart W des Molenkopfes Backbordruder zu legen. Das Feuer auf dem Molenkopf Ubr. w./r. (Lf. 11 000) zeigt unterbrochenes weißes Feuer in einem Sektor von 130°–230°. Sobald man unterbrochenes rotes Feuer ausmacht, muß man unbedingt solange N-Kurs halten, bis man wieder weißes Feuer erkennt. Von OSO reicht eine breite Pier mit einem großen Betonkopf in den Hafen hinein. Dessen N-Kai neben der Capitainerie und der Tankstelle (Benzin und Diesel) dient als »Empfang« für einlaufende Boote, von dem aus sie an freie

Plätze – soweit vorhanden – geleitet werden. Der W- und S-Teil dieses Betonkopfes und der Pier sind der Kriegsmarine vorbehalten. Dadurch steht privaten Booten nur der Hafenteil zwischen der N-Mole und dieser Pier mit ihren Stegen zur Verfügung (426 Liegeplätze). Ankergrund befindet sich am SO-Teil der Bucht mit 2,5–5 m Tiefe. Die Stege am O-Rand des Hafens sind reserviert – u. a. für die Linienboote von *La Tour Fondue* – dagegen stehen hier Krane bis 5 t und Slip zur Verfügung. Restaurants und kleine Hotels gibt es auf der Insel, auch Privatzimmer und einen Campingplatz. Kraftfahrzeuge, Trailer und Caravans können nicht auf die Insel mitgebracht werden. Der Hafen ist eines der schönsten Ferienzentren der ganzen französischen Mittelmeerküste – vor allem für bewohnbare Boote – und als Ausgangspunkt für Angler und Sporttaucher in die inselnahen Gründe gut geeignet.

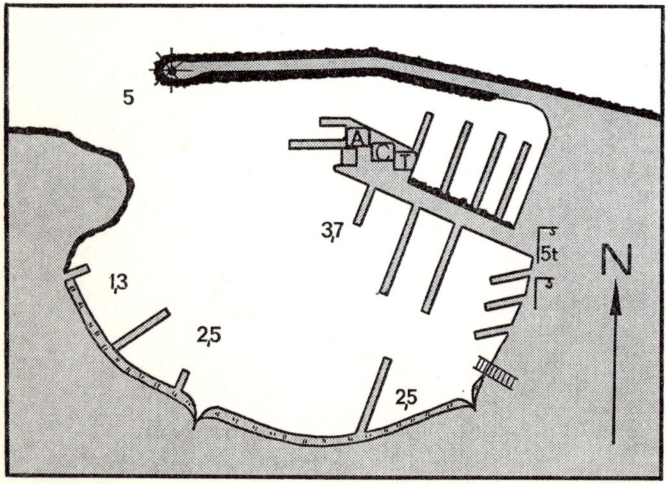

Port de Porquerolles ⟨34⟩

Die Küste der Insel

Das NW-Ende der Insel sollte man mit dem Sportboot meiden bzw. von allen Huks 0,1 sm Abstand halten. Ebenfalls sollte man die auf dem Riff *La Jeaune Garde* stehende schwarz-weiß-schwarze Turmbake mit schwarzem N-Toppzeichen (16 m) und weißem Funkelfeuer an NW runden. Die Küste zwischen der *Pte. de l'Ayguade* nach W bis zu der tiefen Strand-Bucht SO der Insel *Petit Langoustier* und die gesamte *Pte. du Grand Langoustier* sollte man wegen der gefährlichen, oft ganz dicht unter Wasser liegenden Riffe meiden. Die eben genannte tiefe Strandbucht, *Baie du Langoustier,* kann gefahrlos mit S-Kurs angelaufen werden; sie hat guten Ankergrund (8 m). In der Tiefe der Bucht besteht ein Wellenbrecher in O-W-Richtung, der jedoch Privatbesitz des »Hôtel du Mas du Langoustier« ist.

Vorsicht: Nahebei stehen bis an die Wasseroberfläche noch Pfähle eines alten Steges in S-N-Richtung.

Die Südküste der Insel ist durchgehend steil felsig. Guten Ankergrund und einigen Schutz vor Mistral und O-Wind bietet die Strandbucht hart O der *Pte. du Grd. Langoustier.* Zwischen ihrer Südhuk und der auffallenden *Pte. des Marmottes* sind mehrere der kleinen Buchten durch Riffe unbefahrbar. Das gilt praktisch auch für alle Buchten der W- und S-Küste der kleinen Halbinsel mit dem *Cap d'Armes* (80 m) mit einem weißen, viereckigen Leuchtturm. (Position: Breite 42° 59' N – Länge 6° 12' O), Kennung: Blz. w. (Lf. 10 960).

Sehr schön sind landschaftlich, wenn auch bei Wind und See von W über S bis NO gefährlich, die Hunderte von Buchten zwischen dem *Cap d'Armes* und dem SO-Kap, dem die beiden von Riffen dicht umgebenen kleinen Felsinseln *Le Gros Sarranier* und *Le Petit Sarranier* vorgelagert sind. Die Durchfahrt zwischen diesen beiden kleinen Inseln kann selbst von tiefgehenden Yachten passiert werden. Vorsicht ist auch in der Tiefe der Bucht W der

Pte. de l'Oustaou de Diou, um die *Pte. du Roufladour* und W der nächsten Huk sowie in der an diese anschließende Bucht gegeben, desgleichen rings um die *Pte. des Gabians,* wo überall viele Klippen dicht unter und über der Wasseroberfläche liegen.

Die O-Küste der Insel, von etwa 130 m hohen Bergen steil abfallend, ist fast kahl und wenig reizvoll. Mit Ausnahme der reinen Bucht hart N des SO-Kaps, also N der Insel *Gros Sarranier* (auch *Gros Saraignet* genannt) liegt entlang der O-Küste die 10-m-Tiefenlinie praktisch direkt am Fuß der Klippen. Der Ankergrund ist allerdings nicht gut und die Küste nur gegen W-Wind, keinesfalls aber gegen Mistral, geschützt. Beiderseits der *Pte. de la Galère* und rings um die 0,15 sm weiter N liegende Huk gibt es viele Klippen. Auch die meisten der N an *Le Gros Mourre* anschließenden, flacheren Buchten sind wegen vieler Riffe nur mit Vorsicht anzulaufen.

Die N-Küste der Insel ist zwar ebenfalls weitgehend felsig, jedoch zumeist dicht bewaldet und von langen Stränden bedeckt, deren Ränder allerdings oft von Riffen und Klippen verunsichert werden. Sehr gefährlich ist das NO-*Cap des Mèdes* mit ca. 0,2 sm nach N vorgelagerten Felsen und Riffen. Außerdem auch der gesamte W-Rand des Kaps bis zum Beginn der *Baie d'Alicastre.* Dieser Felsküste sind mehrere Felsgruppen bis 0,3 sm nach NW vorgelagert. Auch der lange Strand *Plage de Notre Dame* in der großen Bai ist – so nett er zum Baden ist – für Sportboote nicht besonders geeignet, jedoch besitzt die Bai guten Ankergrund (5–10 m). Hart W des Strandes, noch O der *Pte. Lequin,* liegt in den Wäldern das von See her gut auszumachende alte Fort Alicastre. In den Bergen darüber, in Richtung auf das weiße Gebäude des Semaphors, liegt noch das Fort de la Repentance. Die *Pte. Lequin* bietet eine Reihe von Buchten, die an der SW-Seite in Strand übergehen, dessen Südrand jedoch eine Gruppe von Klippen dicht vorgelagert ist. Kaum 0,1 sm weiter SW schließt sich nochmals ein ausgedehntes Strandgebiet bis unterhalb des Schlosses an, das besonders von Hotelgästen und Hafenliegern des *Port de Porquerolles* frequentiert wird.

Im Anschluß an den Hafen zieht sich ein felsiger, bewaldeter Küstenstreifen mit einer der Huk vorgelagerten kleinen Insel bis zum Strand in der *Anse du Bon Renaud,* dessen W-Huk, die *Pte. du Bon Renaud,* mit weißem Seezeichen, die *Rade de Porquerolles* nach W abschließt. Vor diesem Strand – nicht jedoch auf dem Abschnitt vom Hafen bis dorthin, mit mehreren Klippen-Gruppen – besteht guter Ankergrund (5 m) mit Schutz gegen Winde aus allgemeiner S-Richtung.

Die an die *Pte. du Bon Renaud* anschließende kleine Bucht ist befahrbar, jedoch liegen Riffe vor und beiderseits der sie nach W begrenzenden *Pte. de l'Aiguade.* Die darauf nach W folgenden Huks und Buchten sind infolge verschiedener Klippengebiete gefährlich. Insbesondere ist eine Durchfahrt zwischen der *Pte. Rousset* und der Insel nicht möglich. Zwischen der Bucht bei der *Pte. du Bon Renaud* und dem Seezeichen *La Jeaune Garde* ist Ankern verboten.

Ile de Port Cros

Position
Breite: 43° 00' N
Länge: 6° 23' O

Die dicht bewaldete Insel mit ihren steilen Bergen, schon von Griechen besiedelt, erstreckt sich von SW nach NO über etwa 4 km Länge bei ca. 2 km Breite mit dem höchsten Berg (207 m) mit auffallendem Mast im Südteil des teilweile steilen Berglandes. Die an der NW-Seite befindliche *Rade de Port Cros* mit der von ihr ausgehenden Hafenbucht ist zwar etwas durch die *Ile de Bagaud* geschützt, jedoch nicht gegen den gefährlichen Mistral und W-Wind. In die Passage zwischen der *Ile Bagaud* und der *Ile de Port Cros* steht von SW her Strom mit minimal 1 kn.

Der Hafen von *Port Cros* ist nichts anderes als eine kleine Bucht mit zwei Stegen, die aber tagsüber ausschließlich den Linienschiffen zum Festland zur Verfügung steht. Außerdem gibt es einzelne Bojen. Der Ankergrund ist nicht besonders gut und jeder See ausgesetzt. Einweisung erfolgt durch den Hafenmeister. Trinkwasser ist auf der Insel nicht vorhanden.

Als Liegeplatz dient auch die *Anse de Port Man,* eine tiefe, von Wald umgebene Bucht an der NO-Seite der Insel an der *Passage des Grottes.* Sie liegt dem *Port de L'Ayguade* auf der *Ile du Levant* gegenüber. Die südlich die Bucht begrenzende Huk, die *Pte. de Port Man,* ist durch den runden Turm eines alten Forts gut auszumachen.

Die der *Ile de Port Cros* NW etwa 0,15 sm vorgelagerte *Ile de Bagaud* (51 m) – in N-S-Richtung kaum 1,5 km lang und knapp 200 m breit – mit einer Ruine auf dem Bergkamm ist völlig von Klippen umgeben. Für sie besteht ebenso wie für alle anderen der kleinen, die Caps verlängernden Inseln und die ca. 0,3 sm vor der Südküste gelegenen *Ilots La Gabinière* sowie die 0,1 sm vor der Nordküste gelegenen *Rochers des Rascas* unterhalb des beherrschenden *Fort de l'Eminence* (132 m) abolutes Verbot des Anlaufens, Ankerns oder Badens innerhalb einer 600-m-Zone. Das gilt auch sonst für die ganze Insel *Port Cros.* Selbst Angeln und Tauchen ist verboten, da der gesamte Inselbezirk einschließlich Wasser und Grund Naturschutzgebiet (Parc National) ist. Auf eine eingehende Beschreibung der Insel-Küste wird deshalb verzichtet.

Vorsicht: Auf einer Untiefe (2,30 m) in der *Passe des Grottes* zwischen der *Ile de Port Cros* und der *Ile du Levant* steht eine rot-weiße Turmbake mit rotem Toppzeichen, die unbedingt an O passiert werden muß.

Die *Ile de Port Cros* ist nur bedingt im Hafen und der *Anse de Port Man* für Wassersportler geeignet.

Ile du Levant

Position
Breite: von 43° 00' bis 43° 03' N
Länge: von 6° 26' bis 6° 31' O

Etwa 8 km lang und 1,2 km breit verläuft die bis zu 140 m hohe, größtenteils bewaldete Felsinsel von SW nach NO. Nur an der *Passage des Grottes* kann man sie an dem kleinen Anleger für Linienschiffe vom Festland – hart N davon ein Wrack – betreten. Auch das nur ohne Kamera, denn die Insel ist militärisches Gebiet. Ausschließlich der Ort *Heliopolis* mit seinem bekannten FKK-Lager und Badestrand unter dem *Fort de l'Arbousier* ist zivil. Der übrigen steilen Klippenküste darf man sich mit dem Boot nicht mehr als durchschnittlich 0,5 sm nähern, im Süden sogar teilweise nicht einmal auf 1,5 sm, da hier dauernd benutzte Schießgebiete liegen. Wer die Insel runden möchte, sollte es im N tun und sich stets außerhalb der durch Tonnen bezeichneten Gebiete halten. Der *Port de L'Avis* an der NW-Küste mit grünem Festfeuer auf dem Heck eines Wracks (Lf. 11 300) ist Kriegshafen, an den jede Annäherung verboten ist.

Vorsicht: Im NO der Insel – 1,5 sm NO der *Pte. de Titan* – steht auf einer Untiefe, die sich nur 1 m unter der Wasseroberfläche ca. 0,1 sm nach W zieht, die rotschwarze Turmbake »L'Esquillade« mit rotem Toppzeichen. Sie ist nicht befeuert.

Weithin auf See auszumachen ist der weiße viereckige Leuchtturm auf der *Pte. du Titan* mit Blz. (Lf. 11 280). Das Feuer ist jedoch nur von 154° bis 44° erkennbar.

Die *Ile du Levant* ist – da fast durchweg verboten und praktisch ohne jede Landemöglichkeit (für ausländische Boote sogar grundsätzlich verboten) – für den Wassersport nicht geeignet.

Von St. Tropez bis Cannes

Deutsche Seekarte Nr. 498
Französische Seekarte Nr. 5255, 5337, 2682, 5341, 5113
Carte Marine Blondel Nr. 502

Der *Golfe de St. Tropez* – etwa 2 sm breit und 5 sm lang – wird im N vom *Massif des Maures* begrenzt, das sich mit seinen Waldungen an der Küste entlangzieht bis zur Flußniederung des *Argens*. Jenseits dieses breiten Tales beginnt NO von *St. Raphaël* das *Massif de L'Estérel* mit seinen kahlen roten Felsgebieten, die als steile Klippen ins Meer abfallen. Erst bei *La Napoule* tritt das Bergland zurück und geht in das breite, flache Tal der *Siagne* über. Die Stadt *Cannes* zieht sich an Berghängen hoch. Der alte Hafen, *Vieux Port,* befindet sich praktisch inmitten der Stadt, während der neue Sportboothafen, *Port Pierre Canto,* kurz vor dem Abschluß der Bucht von *Cannes* im W der *Pte. de la Croisette* liegt. Diesem Kap vorgelagert sind die *Iles de Lérins* mit der Insel *Ste. Marguérite* und der Insel *St. Honorat.*

Golfe de St. Tropez

Der Golf zieht sich etwa 5 sm nach W ins Land hinein und endet hier in dem teilweise verschilften Strandgebiet der *Garde*-Flußmündung. Seine Breite zwischen der *Pte. de Rabiou* im O von *St. Tropez* und der gegenüberliegenden *Pte. des Sardinaux* beträgt etwa 2 sm.

Zwischen der *Pte. de Bertaud* bei *Cogolin-Plage* und der durch ein rot-weiß-rotes, befeuertes Seezeichen gekennzeichneten Felsgruppe »Sèche à l'Huile« befindet sich eine Torpedo-Schußbahn. Auch SO der kleinen Felsinsel *La Fourmigue,* hart NO von *Ste. Maxime,* besteht ein kleiner Schießplatz auf See. Und schließlich ist Ankern verboten direkt N der Zitadelle von St. Tropez bis in der Mitte des Golfes und von SO über S bis SW der »Sèche à l'Huile«, ebenfalls bis in die Mitte des Golfes.

Die flache S-Küste des Golfes zwischen dem Hafen von *St. Tropez* und dem *Château Berteau* – Glt. w/r/gn. (Lf. 11540) – bei *Cogolin-Plage* ist durchgehend felsig, ohne Zugang in Privatbesitz, nur etwas mehr als hausbreit von der Durchgangsstraße entfernt und außerdem bis zu 0,1 sm durch Klippen und Untiefen mit Motorbooten unbefahrbar, daher für Wassersport ungeeignet.

Position
Breite: 43° 16' N
Länge: 6° 35' O

Les Marines de Cogolin ⟨35⟩

An der Mündung der *Giscle* (auch Gisèle) bei *Cogolin-Plage* besteht eine Marina mit drei Hafenbecken, amphitheaterähnlichen Appartementshäusern ringsherum, in der man alles findet, was man sich überhaupt nur wünschen kann. Die Plätze in der Marina müssen käuflich erworben werden. Auch bei den Appartements in allen Größenklassen handelt es sich um Eigentumswohnungen. Nur der von der langen, gebogenen O-Mole umfaßte Vorhafen darf vorübergehend von Gastbooten benutzt werden, die sich dort in der Capitainerie – neben den Tankstellen für Benzin und Diesel – anmelden und einweisen lassen müssen.

Die große O-Mole geht von S leicht nach W abgebogen in N-Richtung und zeigt auf dem N-Molenkopf grünes Blinkfeuer (6 m). Die W-Mole liegt zurückgestaffelt von N nach S mit einem Molenkopf, der etwas südlicher liegt als der der Hauptmole. Dadurch ist sein unterbrochenes rotes Feuer (3 m) vom Golf her über die N-Mole hinweg zu sehen und kann zu Irrtümern Anlaß geben. Einlaufend muß man daher weit nach N in Richtung auf das grüne unterbrochene Molenfeuer (6 m) des nördlich benachbarten Hafens *Port Grimaud* ausholen, um dann hart Backbordruder zu legen in die nach N gerichtete Einfahrt des *Port Cogolin.*

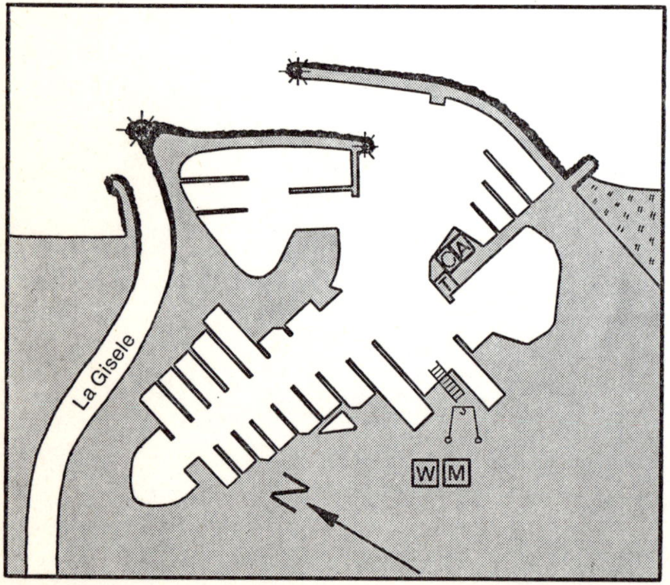

Les Marines de Cogolin ⟨35⟩

Port Grimaud ⟨36⟩

Das Mündungsgebiet nördlich der *Garde* – früher nur Schilf und Sand – wurde zu kleinen Kanälen und Lagunen ausgebaggert und zu einer modernen Fischerstadt im provencalischen Stil entlang der Wasserwege ausgebaut. Zu jedem Haus oder Appartement gehört ein Liegeplatz. Hotels, Restaurants, Bars, Post, Geschäfte, Werft mit Slip und Kran, Motorenservice, Tankstelle für Benzin und Diesel usw. sind vorhanden; zugänglich jedoch nur für die Besitzer oder Mieter, so daß Liegeplätze auch nur über die Verwaltung zu erhalten sind. Die Einfahrt in dieses lagunenartige Hafensystem liegt, durch eine von W nach O verlaufende, leicht nach S gebogene Mole, etwas gegen die Einwirkung kurzer Mistral-Seen geschützt, fast am Südrand der Bebauung, etwa 300 m N der *Giscle*-Mündung. Die Kennung des Feuers auf dem Molenkopf ist Blz. gn. (Lf. 11560). Der Kurs beim Einlaufen beträgt 280°. Im kleinen Vorhafen steuerbords kann man vorläufig festmachen bzw. Sturm abwettern. Breiter Badestrand ist vorhanden.

✫

Der Nordrand des Golfes besteht aus einer Vielzahl von Stränden, die von unzählbar vielen Menschen der Campingplätze überlaufen sind. Soweit hier zwischen Felsgruppen und Riffen überhaupt Möglichkeiten zum Anlanden von Klein- und Kleinstbooten oder aber an Bojen bestehen, sind sie überlaufen.

Sehr nett dagegen ist *Beauvallon* – insbesondere Campingplatz und Bungalows der Domäne Beauvallon – mit gepflegten parkähnlichen Anlagen und Strand, auf den man kleine Boote an Land ziehen und Boote im Flachwas-

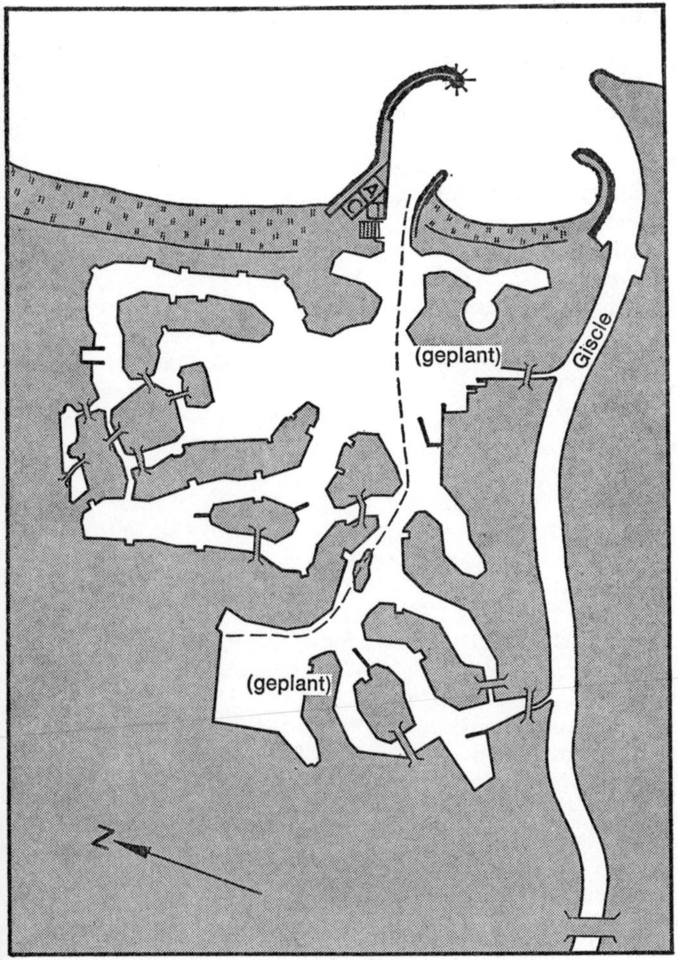

Port Grimaud ⟨36⟩

ser ankern kann. Allerdings soll nicht verschwiegen werden, daß der *Golfe de St. Tropez* bereits zu klein wird für die Vielzahl der Boote, die in den umliegenden Häfen feste Liegeplätze besitzen.

Etwa 0,5 sm W der *Pte. Croisette* beginnen unzählige Riffe, die bis zum Transformator hart O dieser Huk reichen. Von hier ab ist die Küste mit Steinen gegen die auflaufende See regelrecht gepflastert, so daß keinerlei Anlandemöglichkeiten bestehen. Soweit nicht Privathäuser dicht am Wasser stehen, verläuft dort die Uferstraße. Erst vor der Straßenbrücke kurz vor *Ste. Maxime* gibt es nochmals einen kleinen Strand mit N-Abschluß durch einen kurzen Wellenbrecher, in dessen Schutz ein paar private Bojen liegen.

Port de Ste. Maxime ⟨37⟩

Deutsche Seekarte Nr. 498	*Position*
Französische Seekarte Nr. 5255, 5337, 2682	*Breite: 43° 18' N*
Carte Marine Blondel Nr. 502	*Länge: 6° 38' O*

St. Maxime (4500 Einw.), direkt unter den dicht bewaldeten Bergen des »Massif des Maures« in einer kleinen Bucht gelegen und gegen Winde von NW bis O weitgehend geschützt, ist ein ausgesprochen eleganter Ferienort inmitten üppiger Vegetation und mit schönem Ausblick auf den Golf. Der nicht sehr große, jedoch gut geschützte Hafen wird in absehbarer Zeit für Sportboote aller Größenordnungen erweitert (555 Liegeplätze). Hotels und Restaurants sind vorhanden, ebenfalls mehrere Campingplätze in der Umgebung und verschiedene Sandstrände.

Die Hafen-Anlagen von Ste. Maxime wurden derart erweitert und verändert, daß keine der alten Seekarten mehr stimmt. Geblieben – wenn auch vielfach erweitert – ist die frühere Mole, jetzt die große, breite Pier inmitten der Hafenanlagen, auf deren Kopf man Capitainerie und Bunkerstation findet. Die Einfahrt zwischen der langen, allgemein nach W ausgerichteten Mole und des unterhalb der Promenade abgehenden in allgemeiner S-Richtung angelegten Wellenbrechers ist einfach, da genügend Abstand zum Strand besteht.

Vorsicht: Bei Wind (außer O) steht vor der Hafeneinfahrt Dünung, die in Brandung übergehen kann. Der Hafen ist dem Mistral ausgesetzt. Das gilt besonders auch für die Ankerplätze vor dem N-Rand.

Alle erforderlichen Service-Anlagen sind vorhanden. Da der Hafen praktisch an die Stadt angelehnt ist, findet man gute Einkaufsmöglichkeiten, Hotels und Restaurants. Parkplätze stehen am Fuß der langen Mole ausreichend zur Verfügung.

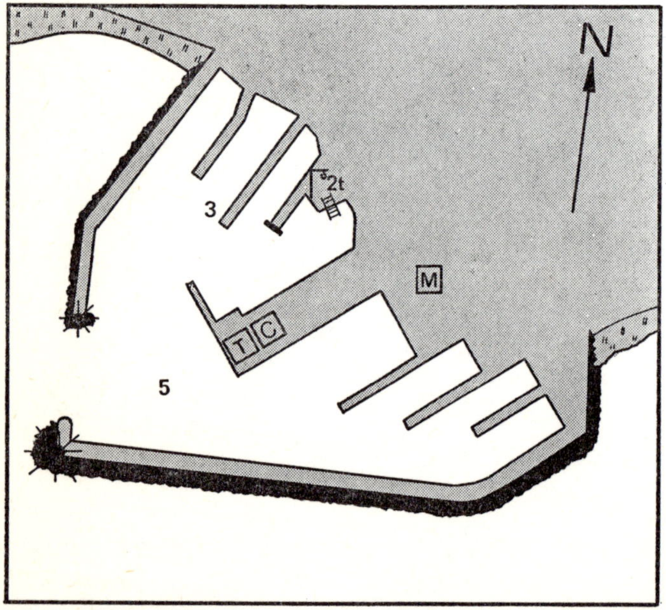

Port de Ste. Maxime ⟨37⟩

Von Ste. Maxime bis St. Raphaël

Von *Ste. Maxime* weiter in Richtung *St. Raphaël* ist die Küste für Anlandung größerer Boote nicht und für kleine Boote nur bedingt geeignet. Bis zur *Pte. des Sardinaux* – und weiter – führt die Hauptstraße direkt an den Klippen und mit Felsbrocken aufgeschütteten Küstenabbrüchen entlang, denen dichte Riff-Gürtel vorgelagert sind. Etwa 0,5 sm O des Kirchturms von *Ste. Maxime* liegt 0,1 sm vor Land der Fels *La Fourmigue,* dessen Untiefe sich nochmals 0,1 sm nach SO in den Golf hineinzieht und so flach ist, daß sie selbst bei Außenbordern den Propeller abreißt. Das *Cap Sardinaux* – steil felsig und von dichten Klippen umgeben – verlängert sich in ONO-Richtung durch Unter- und Überwasser-Riffe und, etwa 0,2 sm entfernt, eine niedrige Felsinsel inmitten von Flachwasser. Dem Kap 0,7 sm O vorgelagert auf einer Reihe von Riffen und kleinen Felsinseln steht die rot-weiße Turmbake »Les Sardinaux« mit rotem O-Toppzeichen. Etwa 0,2 sm SSW hiervon steht eine gleichartige, rot-weiß-rote Turmbake mit rotem S-Toppzeichen »Sèche à l'Huile«, auf deutsch »Tintenfisch in Öl«. Kennung sind Blz. w. von 216°–75° und r. von 75°–216°, (Lf. 11 460), also mit rotem Feuer in das gefährdete Gebiet. Hier kann ganz grobe See stehen, so daß es ratsam ist, zwischen diesen Seezeichen und der dem Kap nach ONO vorgelagerten kleinen Felsinsel mit Sportschiffen nur dann bei ruhigem Wetter hindurchzulaufen, wenn ihr Tiefgang nicht mehr als 1,70 m beträgt. Übrigens ist hier zeitweise ein lohnendes Gebiet für Angler. Ankern ist jedoch untersagt.

Die *Baie de Bougnon* bis zur *Pte. des Issambres* ist nur bedingt für den Wassersport geeignet. Die gesamte Küstenlinie besteht aus einem Klippenrand oder schmalen Stränden direkt an der Durchgangsstraße, mit vielen Riffen und kleinen Felsinseln im Flachwassergebiet. Hinzu kommt, daß dieser Abschnitt völlig überlaufen ist. Im Ort *San Peire,* direkt W der *Pte. de la Garonne,* gibt es ein kleines, durch Wellenbrecher mäßig gesichertes Strandstück für kleine Boote der Anwohner, eventuell auch für Boote einiger Feriengäste. Eine Slip-Ebene ist vorhanden. Vor dem langen Sandstrand liegen Bojen für Anlieger-Boote. Außer Mistral trifft jeder Wind diesen Strand voll, O-Wind allerdings nur bedingt. Im übrigen ist dieser Küstenabschnitt direkt an der Küste dicht bebaut.

Von der *Pte. de la Garonne* – mit einer vorgelagerten einzelnen Klippe – bis um die *Pte. des Issambres* herum sind in die durchgehend in Privatbesitz befindliche Steilküste einige Buchten eingeschnitten. Sie sind jedoch – soweit man sie benutzen kann – durch Fels-Abbrüche und Klippen praktisch kaum befahrbar.

Zwei Berge (ca. 200 m bzw. 150 m) drücken den Ort *Issambres* zusammen mit der Durchgangsstraße dicht an die tief eingeschnittenen Buchten, die durch kleine, steile Huks voneinander getrennt und völlig offen gegen den O-Wind sind. Vor der südlicheren der beiden Calanques dieser durch *Pte. de la Calle* nach N geschützten Bai ist trotz der die Einfahrt einengenden Riffe guter Ankergrund. In der nördlichen Calanque, an der das Hotel Belvedere liegt, bestehen einige private Anlagen. So am S-Rand bei der Tauchschule eine Slip-Möglichkeit, nördlich hiervon ein gebogener Wellenbrecher mit Slip für größere Boote, und schließlich am N-Rand eine Bootsgarage. Alles ist in Privatbesitz, jedoch werden Liegeplätze an Bojen – soweit der Vorrat reicht – auch an Urlauber vermietet.

Zwischen der *Pte. des Issambres* und der *Pte. de St. Aygulf* ist die felsige Steilküste mit der direkt an ihr entlangführenden Hauptstraße fast undurchdringlich durch Riffe blockiert. Besonders die vier nur ein wenig aus dem Wasser ragenden Felsen vor der *Pte. de la Lauvette* sind sehr gefährlich, da ihnen noch überwaschene Klippen fast 0,1 sm seewärts vorlagern. Etwa von hier aus ist die Steilküste bis einschließlich *St. Aygulf* durchgehend bebaut. Bei ruhiger See ist es mit flachgehenden Booten im Schritttempo möglich, in die *Calanque des Corailleurs* hart N der *Pte. du Grand Louvan* (davor eine Tonne am Ortsanfang von *St. Aygulf)* und in die nahebei N hiervon gelegene *Calanque du Pont des Bois* einzulaufen. Es lohnt aber nur zum Baden, falls man bei sommerlicher Fülle noch ein paar Zentimeter Platz findet. In der Umgebung gibt es nämlich eine Fremdenpension und ein Hotel sowie Appartements dicht an dicht, dazu riesige Campingplätze im Hinterland.

Vorsicht: Die Küste zwischen *Ste. Maxime* und *St. Aygulf* ist bei auflandigem Wind wegen der fast überall weit vorgeschobenen Klippen sehr gefährlich. Man sollte sich deshalb bei auflandigem Wind und See gut freihalten. Zwischen der *Pte. des Issambres* und der *Pte. de St. Aygulf* versetzt der Strom entlang der Küste nach S je nach Windrichtung zwischen 2,5 – 1 kn.

Der *Pte. de St. Aygulf* sind auf 0,1 sm unbefahrbare Riff-Gürtel vorgelagert, die sich bis in die nur wenig breite N-Einfahrt des winzigen Privathafens hineinziehen. Von hier geht ein Wellenbrecher nach N ab, dem von SW nach NO zur ehemaligen, nun mit einbezogenen kleinen Insel *La Gaillote* eine Mole im stumpfen Winkel gegenübersteht. Die dadurch einigermaßen geschützte *Calanque des Romains* mit eigenem Strand bildet nun zwar einen Hafen, der jedoch nicht öffentlich ist und auch noch über keine Einrichtungen verfügt. N der Insel-Mole ist das Flachwasser unrein und mit Steinen sowie einigen kleinen Klippen noch etwa 50 m weit nach N vor dem Strand durchsetzt. Der hier anschließende Strand – breit und sandig – reicht bis zur Mündung des *Argens*. Jenseits der Straße in *St. Aygulf* an einer Lagune liegen riesige Campingplätze, so daß der Strand selbst höchstens für kleine tragbare Schlauchboote geeignet ist.

Vorsicht: Bei See von NW über S bis NO steht hier Brandung.

In der Mündung des *Argens* ist es möglich, flachgehende Boote bis 8 m Länge anzulegen bzw. an Bojen festzumachen. Campingplätze liegen nahebei.

Nördlich der *Argens*-Mündung besteht ein Marine-Militärflugplatz, der sich bis *Fréjus-Plage* erstreckt. Der Strand gehört auf diesem Abschnitt zum militärischen Gelände. Während der Starts oder Landungen von Flugzeugen leuchtet nahe dem Slip für Wasserflugzeuge ein Rotfeuer. In diesem Raum ist eine weitere große Marina geplant.

Im Anschluß hieran erstreckt sich der Strand von *Fréjus-Plage,* der jedoch entlang der Küstenstraße bis nach *St. Raphaël* hinein von Häusern überragt wird. Es bestehen geringe Möglichkeiten zum Landen von kleinen Booten auf dem – allerdings dicht bevölkerten – Badestrand.

Vorsicht: Von der *Pte. de St. Aygulf* versetzt Strom bis zu 2 kn in N-Richtung entlang der Flachküste, um vor *St. Raphaël* nach SO zur *Pte. des Lions* abzudrehen. Boote vor Anker können daher entsprechend der Windrichtung – vor allem bei S-Wind – stark schwoien.

St. Raphaël ⟨38⟩

Deutsche Seekarte Nr. 498	*Position*
Französische Seekarte Nr. 5140, 5337, 2682	*Breite: 43° 25' N*
Carte Marine Blondel Nr. 502	*Länge: 6° 46' O*

Die Stadt St. Raphaël (15 000 Einw.) war bereits zu römischer Zeit ein Seebad, wurde im Mittelalter von den Sarazenen zerstört, später eine Siedlung der Mönche von den Inseln Lérins, die Cannes vorgelagert sind. Sehenswert ist die Templer-Kirche. Nahebei, etwa 2 km von der See entfernt, liegt die Stadt Fréjus (22 000 Einw.), einst das römische Forum Julii, dessen Hafen im 3. Jh. versandete. Die Stadt wurde 915 durch die Sarazenen und 1475 durch die Barbaresken zerstört. Sehenswert sind das römische Amphitheater – noch heute in Benutzung –, die Ruinen des Theaters und der Zitadelle, des Aquadukts und Reste von Toren aus römischer Zeit, außerdem die Kathedrale und der Klosterhof (13. Jh.) sowie das archäologische Museum. Im Raum von St. Raphaël gibt es zwei Sportboothäfen, und zwar den alten Stadthafen an der NO-Ecke des Golfe de Fréjus direkt unterhalb der Kirche und den neuen Sportboothafen Port de Santa-Lucia zwischen der Stadt und der SO gelegenen Pte. de Lions.

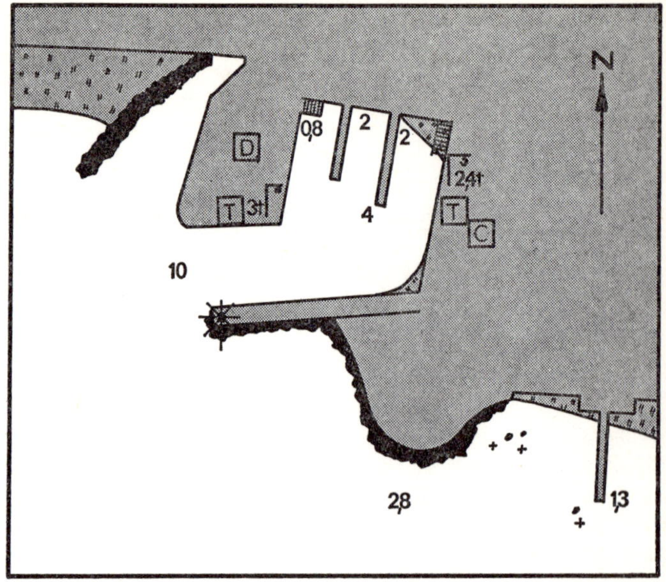

Port St. Raphaël ⟨38⟩

Port St. Raphaël

Zum Einlaufen in den Hafen der Stadt hält man sich mit O-Kurs in etwa parallel zur N-Küste des Golfes, um die große S-Mole – von O vor der Kirche in W-Richtung abgehend – etwa 20 m nördlich des grauweißen Turmes mit grünem Dach (13 m) mit Blz. w. (Lf. 11 600) zu runden. An

Backbord wird diese Einfahrt durch eine große, einem Platz ähnelnde Pier (Place J. F. Kennedy) begrenzt, an deren Fuß ein Slip und an deren Hafenseite ein 3-t-Kran sowie Trinkwasser zu finden sind. Hier sind ebenfalls eine Tankstelle und der Zoll. Ein weiterer Slip und 2,5-t-Kran sind am O-Kai, auf dem sich ebenfalls eine Tankstelle für Benzin und Diesel befindet. Trinkwasser gibt es auch entlang der S-Mole. Alle Liegeplätze an Mole, Pier, Kai und den beiden N-Stegen im Hafen (180 Liegeplätze) sind vergeben. Gastplätze stehen nicht zu Verfügung. Im Seenotfalle muß man sich an der S-Mole einen Platz suchen und auf der Capitainerie am Quai Albert 1er melden. Ein großer Parkplatz liegt direkt S der Mole.

Vorsicht: Die NO- und SO-Ecke des Hafenbeckens fallen trocken. Vor den an den Parkplatz anschließenden Stränden liegt eine Reihe von Klippen, so daß Anlandungen auch mit Kleinbooten zu gefährlich sind.

Position
Breite: 43° 25'
Länge: 6° 47'

Port de Santa-Lucia ⟨39⟩

Der Marina-Hafen *Porto Sta. Lucia* im SO von St. Raphaël ist zwar im N-Teil noch im Ausbau (700 Liegeplätze), jedoch voll benutzbar. Im S-Hafen stehen 680 Liegeplätze zur Verfügung. Alle Service-Möglichkeiten sind gegeben. Geschäftsstraßen in den Marina-Anlagen und die direkt anschließende nette Stadt bieten von Hotels über Restaurants, Einkaufsmöglichkeiten usw. alles, was man sich nur wünschen kann. Wenn es einen kleinen „Schönheitsfehler" gibt, so vor der Einfahrt zum S-Hafen die Inselgruppe *Lion de Mer* und noch mehr der landnahe *Lion de Terre,* die gefährlich werden können. Jedenfalls ist gerade die Einfahrt in das S-Hafenbecken bei Dunkelheit oder grober See alles andere als einfach.

Vorsicht: Ein Einlaufen ohne genaue Seekarte ist schwierig, oft sogar gefährlich. Die Feuer – und die Felsinseln – muß man genau ausmachen, um einwandfrei navigieren zu können.

WSW der S-Einfahrt ist die steile Felsinsel *Lion de Mer* mehr als 0,3 sm vorgelagert. Ein rot-schwarzer Träger (4 m) auf der NO-Kuppe der Insel hat die Kennung Glt. w. (Lf. 11 640). Man kann diese Insel beiderseits passieren. Wirklich gefährlich ist die dicht SO der Einfahrt gelegene zerklüftete, nur wenig bewachsene Felsinsel *Lion de Terre,* an die sich die Landpier des Hafens beinahe anschließt. Dem Molenkopf liegen daher etwa 0,1 sm S des Lion de Mer eine Leuchttonne mit Fkl. w. (Lf. 11 660) und dem Molenkopf selbst auf etwa 0,1 sm SW eine Leuchttonne mit der Kennung Blz. gn. (Lf. 11 660) vorgelagert. Der nach SO gerichtete Molenkopf verfügt über einen 8 m hohen roten Pfeiler als Leuchtträger. Kennung: Blz. w./r. (w. 40° – 57°/r. 57° – 82°/w. 82° – 130°/r. 180° – 40°).

Am besten läuft man aus Richtung *St. Raphaël* parallel zum Land – also mit SO-Kurs –, bis man die W-Mole des Hafens (die von N nach S ausgerichtet ist) recht voraus hat. In Verlängerung des etwas nach innen gerundeten

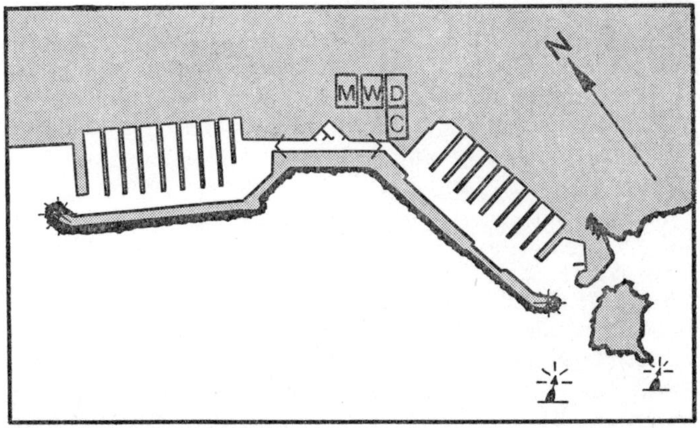

Port de Santa-Lucia ⟨39⟩

Molenkopfes macht man etwa 100 m vor Land die Felsinsel *Lion de Terre* aus. Sie ist durch Riffe mit dem Festland verbunden. Man muß daher den Molenkopf ganz dicht runden, um nicht mit Insel, Riffen oder der von Land ausgehenden breiten, kurzen O-Mole zu kollidieren. Wer von O entlang der Küste kommt, muß diese Felsinsel unbedingt seewärts runden.

Der Hafen selbst, *Bassin Sud* – mit kleinem Vorhafen an Steuerbord direkt unter Land –, verfügt an einer Pier und acht festen Steganlagen sowie Molen und Kais über 680 komplette Liegeplätze. Er ist voll ausgestattet und gehört einer Gesellschaft, die weitere Restaurants, Bars, Schwimmbad, Einkauszentren und Appartementhäuser sowie Hotels errichten will. Liegeplätze waren jedoch schon bei Fertigstellung knapp. Ein Bootslift (Elévateur) ist vorhanden.

Der N-Hafen dieser Marina – in Richtung St. Raphaël angelegt – ist durch einen Kanal mit dem S-Hafen verbunden. Die Einfahrt erfolgt um den leicht nach innen gebogenen N-Molenkopf in etwa parallel zum Land. Die Kennung des Molenkopf-Feuers ist Blz. w. Die Einfahrt in diesen Hafen zwischen Molenkopf und von Land ausgehender Gegenmole ist nicht schwierig. Bei Nacht wird sie gut ausgeleuchtet durch die Straßenbeleuchtung. Im Hafen werden 700 Liegeplätze zur Verfügung stehen.

Capitainerie und alle Versorgungs- und Service-Stellen liegen in etwa zwischen den beiden Hafenbecken.

Von St. Raphaël bis Cap Drammont

Ostwärts vom Hafen Sta. Lucia und der Huk *Pte. des Lions* mit ihren weit vorgelagerten Riffen und winzigen Felsinseln verläuft vor dem hier beginnenden Bergland, *Massif de l'Esterel*, eine verhältnismäßig flache Felsküste, die teilweise bewaldet und durchweg in Privatbesitz ist. Die Küste bei *Boulouris*, die Bucht *La Peguière* und auch ca. 1 km ostwärts der Strand *L'Homme Mort* sind – wie der ganze Küstenabschnitt – durch ein dichtes Gewirr von Klippen kaum befahrbar.

Vorsicht: Der Huk hart SSW der Berggruppe von *Drammont* vorgelagert liegt eine gefährliche kleine Felsinsel.

Westlich des Semaphors (128 m) – weißer, runder Turm auf viereckigem Haus – über dem *Cap Drammont*, liegt in der NO-Ecke der Bucht der gegen O sehr gut geschützte winzige Fischerhafen *Poussail*, auch *Le Poussat* genannt. Nur durch einen kleinen Wellenbrecher geschützt, finden hier zeitweise auch einige Sportboote bis 5 m Länge und 1 m Tiefgang – meist von Sporttauchern und Anglern – mehr schlecht als recht einen Liegeplatz. Direkt an diesen Kleinhafen schließt sich nach S ein Gürtel von Klippen an, der sich, mit einer nur wenige Meter breiten Unterbrechung, durch einen Liliput-Strand um das Kap und die *Pte. de l'Ay* sowie die *Pte. d'Agay* herumzieht. Vor dem Kap SW liegt – mit Riffen zum Festland hin – die *Ile d'Or* mit einem zinnenbewehrten viereckigen Wachtturm. Ostwärts davon, etwa 0,1 sm südlich des Kaps, befindet sich an der 10-m-Tiefenlinie eine Untiefe mit nur 1,5 m Wasser. Das Kap ist in ruhigen Zeiten ideal für Sporttaucher und Angler.

Die Rade d'Agay

Die *Rade d'Agay*, eine bis zu 1 sm breite tiefe Bucht, zieht sich von der *Pte. d'Agay* nach N tief in das Land hinein. Sie wird überragt von drei Bergen, deren höchster (288 m) sich fast genau N des Strandes erhebt. Der *Pte. d'Agay* sind drei Fels-Inselchen und einige Riffe vorgelagert, die sich unter der steilen Klippenküste etwa 0,1 sm nach N zu einer weiteren kleinen Insel am Südabschluß einer Bucht hinziehen. In Verlängerung des Nordrandes dieser Bucht genau nach O, ca. 100 m vor den Klippen, liegen nochmals, dicht zusammengedrängt, drei winzige Inseln. Die nördlich anschließenden Felsbuchten, bis 70 m über die *Pte. du*

Camp-Long hinaus, sind rein. Das gilt für den weiteren Verlauf dieser buchtenreichen Küste – mit Ausnahme zweier Riffe dicht unter Land vor der Doppel-Huk, hart nördlich der *Pte. du Camp-Long* – bis hin zur Felsinsel, die die *Anse du Camp-Long* mit ihrem roten Kies-Strand nach S begrenzt. Zwischen dieser Felsinsel und der die Bucht nördlich begrenzenden kleinen Huk besteht eine etwa nur 30 m breite Fahrinne mit bis zu 2 m Wasser.

Die kleine Halbinsel mit der *Pte. Longue,* ist durchweg bis an den Übergang zum flacheren Ufer, auch in allen kleinen Calanques, rein. Die Wassertiefe beträgt mindestens 1,5 m. Beiderseits des roten Kies-Strandes, hart N der *Pte. Longue,* liegt ein Gürtel von Riffen bis zu 30 m von den Uferklippen entfernt, der in die *Anse de Pourousset* (mit stark überfülltem Strand und Landebrücke) hineinreicht. Die Wassertiefe vor dem Strand, N der *Pte. Longue,* beträgt durchschnittlich nur 0,3 m im nördlichen Teil, in der *Anse de Pourrousset* bis 0,7 m.

Vorsicht: Der N-Rand dieser Bucht bis zur winzigen Insel vor der abschließenden Huk ist durch Felsbrocken gefährlich. Das gilt ebenfalls bis zu 30 m seewärts für den folgenden Klippenabschnitt und die Buchten um die *Pte. Gastellas* herum bis zum Wellenbrecher am sogenannten *Port Chapelle* von *Agay.*

Der kleine Ort *Agay,* an der NW-Seite der Reede, verfügt in der ersten Bucht, hart N der *Pte. Gastellas,* über einen von einem Wellenbrecher geschützten Liegeplatz, der bis zu 40 Boote aufnehmen kann. Er ist zwar gegen Wetter von allen Seiten geschützt, steht aber auch weitgehend den Booten einer Zoll-Schule zur Verfügung. Diese Liegemöglichkeit ohne besondere Anlagen ist außerdem praktisch wertlos; eventuell freie Plätze sind nur deshalb nicht besetzt, weil die Wassertiefe hier oft kaum 0,1 m beträgt. Um die 100 m weiter nördlich gelegene kleine Huk, mit ihrem kleinen Wellenbrecher zum Strand einbiegend, besteht zeitweise Liegemöglichkeit für etwa 10 kleine Sportboote im höchstens 0,5 m tiefen Wasser. Da direkt hinter dem ziemlich schmalen, schrägen Strand aus rotem Kies, die Hauptuferstraße entlangläuft, lohnt sich dieses Gebiet kaum für den Sportbootfahrer. Die beiden Stege im NO-Teil der Bucht sind in Privatbesitz, desgleichen die Bojen.

Vorsicht: Vom Ende des Strandes an der NO-Seite der Bucht, um das *Château d'Agay* herum bis zum Beginn des südlich anschließenden Strandes, wimmelt es von Klippen dicht über und unter der Wasseroberfläche. Man sollte hier mindestens 0,1 sm Abstand von den Schloß-Klippen halten. Auch direkt vor dem Nord- bzw. Mittelteil des an das Schloß südlich anschließenden Strandes liegen zwei Riffgruppen im 0,6–1 m flachen Wasser. Vor dem Südteil des Strandes gibt es bis auf 0,1 sm hinaus stellenweise sogar nur 0,2 m Wassertiefe.

Die *Rade d'Agay* wird nach SO durch die steile *Pte. de la Baumette* abgeschlossen, die rundherum auf ca. 0,1 sm durch einen dichten Gürtel von Riffen unnahbar ist. Der winzige Fischerhafen hart N der Pte. kann nur ausnahmsweise von flachgehenden, kleinen Sportboote benutzt werden. Der viereckige, weiße Leuchtturm mit rotem Oberteil (28 m), hat Ubr. w./r. (Lf. 11 680).

Im N des Leuchtturms von Beaumette gibt es in der Anse du Château bedingt Ankerplätze zwischen Riffen. Nur Ortskenner sollten sie benutzen. In der Saison sind sie sowieso besetzt. Wenn nicht, so naht schweres Wetter.

Von der Rade d'Agay bis zur Pte. d'Anthéor

Man sagt, daß der plötzlich auftretende, sehr harte Mistral – also der Nordwind, der an sich aus der Rhône-Niederung einfällt – bereits bei *St. Raphaël* nicht mehr auftritt. Ich selbst möchte als Grenze eher den O-Abschluß der *Rade d'Agay* nennen, da der Nordwind auch hier noch sehr plötzlich einfällt und sogar bis Cannes hin spürbar ist.

Vorsicht: Wer aus Richtung *Cannes* entlang der Küste des *Estérel* läuft, muß auf den roten Sektor des Feuers von der *Pte. de la Baumette* achten. Sobald dieser rote Sektor auszumachen ist, muß man 1 sm von Land entfernt hart südlich der *Pte. d'Anthéor* solange Südkurs halten, bis man in den Sektor des unterbrochenen weißen Feuers kommt. Die Felsinseln der *Vielles* und *La Chrétienne* liegen S der Huk, die sich ostwärts des Ortes *Anthéor* befindet, wie ein Riegel bis 0,7 sm in die offene See hinaus.

Die Felsküste zwischen der *Pte. de la Baumette* und der *Pte. d'Anthéor* kann praktisch nur durch eine wenige Meter breite Fahrrinne zwischen der sonst fast ununterbrochenen Kette von Riffen am sehr kleinen Strand vor dem Dorf *Anthéor* mit kleinen, flachgehenden Booten angelaufen werden. Wer die Küste nicht sehr genau kennt, sollte nicht nur südlich der kahlen, roten Felsinseln *Les Vielles d'Agay* und *Ecueil des Vielles* mit dem nach SW vorgeschobenen Fels *Roche de la Boute* diese Gefahrenstelle runden, sondern – vor allem bei auflandiger See und Wind – sich auch noch südlich der rot-weiß-roten Turmbake »La Chrétienne« (ca. 10 m) mit rotem S-Toppzeichen halten; sie steht auf einem Riff an der 18-m-Tiefenlinie und ist nicht befeuert.

Die eigentliche *Pte. d'Anthéor* liegt erst auf der O-Seite des halbinselförmigen Bergvorsprunges 0,4 sm N des *Ecueil des Vielles* bzw. 0,7 sm N der Turmbake „Chrétienne". Sie stößt von W nach O in die *Calanque d'Anthéor* vor. Beiderseits ist sie von Klippen eingefaßt.

Von der Pte. d'Anthéor bis Théoule

Die *Calanque d'Anthéor* stößt zwischen steilen Klippen nach NW in ein Tal hinein, das von einem Eisenbahn-Viadukt mit 8 Bögen überspannt wird. Sie besitzt einen kleinen, steinigen Strand und einen ungemütlichen Campingplatz jenseits der Küstenstraße direkt hinter dem Viadukt. Boote können über einen Betonslip auch mit dem Trailer gewassert werden. In der Bucht befindet sich ein Restaurant mit Bootssteg für Gäste. Die Calanque ist – außer bei O-Wind – gut geschützt. Die Ankermöglichkeiten sind je nach sehr wechselhaftem, oft unreinem Grund sehr unterschiedlich. Die Küste wird vorerst bis zur 1. Huk 0,5 sm NO stark bebaut und sollte hier unter Land wegen vieler überwachsener Klippen nicht befahren werden. An diese Huk schließt eine tiefe, landschaftlich schöne Calanque an. Ihre schmale Einfahrt weist jedoch beiderseits an den Klippen höchstens 0,8 m Wassertiefe auf. Genau mit O-Kurs gibt es in ihrer Mitte jedoch eine Fahrrinne von etwa 3 m Tiefe. Weitere 0,5 sm weiter entlang der Küste ragt die steile Felsinsel *St. Barthélémy* dicht vor der roten, sehr steilen und scharfkantigen Felsküste aus 5 m Wassertiefe auf. Die Durchfahrt zwischen der Küste und diesem Ilôt ist nur bei glasklarer See im Zickzack möglich. Selbst Festmachen ist schwierig, da die sie umgebenden Klippen teilweise kaum handbreit unter Wasser liegen.

Gegenüber der Insel – auf der die Reste eines flachen Hauses zu sehen sind – gibt es eine winzige Bucht mit einem Steinstrand, an dessen O-Seite ein etwa 5 m langer Betonsteg liegt. Zwischen diesen Steg und das felsige O-Ufer sollte man wegen verschiedener überwaschener Klippen keinesfalls einlaufen. Von hier bis zum deutlich auszumachenden *Cap Roux* – auf dem sich eine alte Beton-Geschützstellung mit modernem Ausbau befindet – fällt die Küste direkt auf gut 3 m Wassertiefe unter den Klippen ab. Alle kleinen Buchten sind nett und bieten etwas Schutz gegen Wind von NO über N bis W.

Vorsicht: 0,3 sm O des *Ilôt St. Barthélémy* liegt ein einzelnes Riff knapp 0,1 sm vor dem Klippenrand.

Nochmals 0,3 sm weiter nach NO ist der breiten, steilen Huk ein ebenso breiter Klippengürtel bis fast 0,1 sm in See hinaus vorgelagert. Die im N direkt anschließende Bucht kann nur in ihrem W-Teil unter größter Vorsicht mit N-Kurs, dann abdrehend nach NW, angelaufen werden. Von ihrem O-Rand bis zu den Felsinseln vor dem *Cap Roux* zieht sich ein Gewirr von Klippen und Riffen hin. Sie biegen vor der Felsinsel nach S ab und reichen von hier 0,2 sm in See hinaus. Der Klippengürtel zieht sich dann weiter bis in die direkt N anschließende *Calanque de Maubois* zum S-Rand des kleinen Strandes. Am N-Rand des Strandes beginnen erneut Klippen; sie ziehen sich um die folgende Huk bis zu 0,2 sm seewärts. Die direkt anschließende Calanque ist bis zu ihrem Strand auf der S-Seite völlig rein und ca. 3 m tief. Die sie nach N begrenzende Huk ist von dem eben genannten kleinen Strand aus bis in Höhe der beiden – 0,1 sm bzw. 0,15 sm vorgelagerten – *Rochers d'Aurelle* wiederum wegen eines schmalen Klippengürtels nicht anzulaufen. Die *Rochers d'Aurelle* sind, wenn man in Lee festmacht, nett zum Baden und Angeln. In die Buchten, die sich landwärts der *Rochers d'Aurelle* bis zum *Abri de Trayas* hinziehen, kann man einlaufen. Dagegen ist die Huk vor dem Ort *Trayas* und die Küste direkt unterhalb des Ortes wieder durch Klippen und Felsabbrüche gefährdet. Alle diese Buchten mit minimal 2,5 m Wassertiefe bieten gute – außer bei O-Wind – geschützte Ankerplätze mit zumeist gut haltendem Ankergrund, der teilweise bewachsen ist. Die sehr steile Felsküste mit großenteils messerscharfem, rotem Pophyrgestein erlaubt keine „Notlandungen". Bei auflandiger See muß man sich daher mindestens 1 sm von ihr freihalten. Das gilt gleichfalls für den weiteren Verlauf der *Estérel*-Küste bis *Théoule*, denn bis hierhin stehen nur zwei Privathäfen notfalls als Schutzhäfen zur Verfügung.

Beim Ort *Le Trayas* verläuft die Départements-Grenze zwischen Provence und Alpes Maritimes. Nördlich von *Le Trayas* liegt übrigens direkt an den fast durchgehend bebauten Klippen dicht über dem Meeresspiegel ein „Navihotel". Ein Hotel im Schiffsstil mit beschränkten Boots-Liegeplätzen für Hotelgäste.

Die Buchten N von *Le Trayas* sind teilweise tief eingeschnitten und zumeist sehr steil abfallend. Mit Ausnahme der beiden Huks N des Navihotels – denen deutlich auszumachende Riffe vorgelagert sind – kann man alle Calanques bis zur *Pte. des Trayas,* dem eigentlichen südlichen Abschluß der *Baie de la Figueirette,* selbst mit großen Yachten anlaufen; vorausgesetzt, daß kein auflandiger Wind steht. Der *Pte. de la Figueirette* sind ca. 20 m weit Klippen vorgelagert. Desgleichen ist der N-Rand der *Baie de la Figueirette* mit allen kleinen Buchten und teilweise nadelspitzen Huks bis um das *Cap de l'Esquillon,* auch *Cap de l'Aiguillon* genannt, durch einen dichten, ununterbrochenen Klippen-Gürtel nicht anzulaufen.

Vorsicht: Hart SW des südlichen Kap-Ausläufers *Pte. de la Paume* liegt dicht unter Land ein einzelner Fels, der bei grober See überwaschen wird. Dem Cap etwa 0,3 sm OSO vorgelagert liegt die kleine Felsinsel *La Vaguette* an der 8-m-Tiefenlinie, ringsum allerdings nur von etwa 2 m Wasser umgeben.

Position
Breite: 43° 29' N
Länge: 6° 56' O

Port de Miramar-Le Trayas ⟨40⟩

Am N-Rand der inneren *Baie de la Figueirette,* direkt an die Kette der vom *Cap de l'Esquillon* ausgehenden Riffe unterhalb der steilen Klippen anschließend, besteht ein Sportboot-Hafen (235 Liegeplätze). Am NW-Ende der Bai liegt eine durch zwei Wellenbrecher geschützte Strand-Badeanstalt. Am Tage macht man gut den hohen Mast oberhalb des Caps aus (109 m). Gut anzupeilen bei Tag und Nacht ist auch WSW der Bai auf dem *Pic de l'Ours* (496 m) ein hoher Fernseh-Mast, der bei Dunkelheit zwei rote Festfeuer trägt.

Der kleine weiße Turm auf der Hafenmole zeigt eine Kennung Fkl. w./gn. (Lf. 11 690). Sie ist nur sichtbar, wenn man vom *Cap de l'Esquillon* und der Felsinsel *La Vaquette* sowie dem Felsinselchen S der *Pte. de la Paume* im Norden und den beiden Huks im Süden der Bai frei ist.

Vorsicht: Im Gefahrensektor beiderseits der Bai zeigt die Kennung des Molenfeuers Fkl. gn.

Einlaufend in die Bai mit NW-Kurs hält man am besten auf den Strand zu, um dabei jedoch dann den Molenkopf des Hafens dicht zu runden.

Vorsicht: In Höhe der breiten Gegenmole mit dem Flachbau des Restaurants wird die Hafeneinfahrt durch eine rote Boje begrenzt. Von dieser roten Boje nach W bis zu den Wellenbrechern am Badestrand und nach N am Restaurant vorüber bis zu den Uferklippen ist dieser Buchtteil bis zur Wasseroberfläche durch Klippen und Steine verseucht.

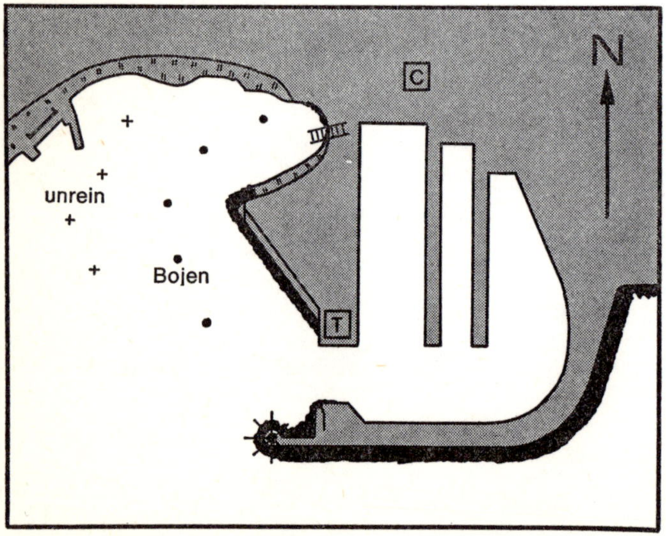

Port de Miramar-Trayas ⟨40⟩

Zwischen dem Restaurant und diesem Riffgebiet bezeichnen – von der roten Boje nach N im Bogen abgehend – kleine weiße Bojen die Zufahrt zum Slip.

Einlaufend in den Hafen kann man, je nach Windrichtung, an der Innenseite der Mole oder an der gegenüberliegenden Tankstelle (Benzin und Diesel) festmachen, um sich einen Platz an den langen Piers bzw. an zwei festen Steganlagen anweisen zu lassen. Alle Anlagen einschließlich Trinkwasser und Strom, Shipchandler und Restaurant, Parkplätzen und Tankstelle sind vorhanden. Dieser private Hafen dient zwar hauptsächlich den Inhabern der sich bis zu den Gipfeln des Estérel hinaufziehenden Villen, hat jedoch fast stets einige Liegeplätze für Gäste zur Verfügung. Hotel-Unterkunft gibt es in der Nähe. Campingplätze sind nicht im Raum dieser Bai vorhanden.

Vom *Cap de l'Esquillon (Cap de l'Aiguillon)* nach N bis zur *Pte. de la Galère* schließt sich eine sehr steile, hohe Felsküste an, zu der keine Wege oder gar Straßen hinunterführen. Die vielen, meist kleinen Buchten sind mit Ausnahme der beiden Calanques hart südlich der *Pte. des Deux Frères* durch kaum überspülte Klippen nicht befahrbar. Das gilt auch für die *Pte. de la Galère* selbst.

Vorsicht: NO des *Cap de l'Esquillon*, kaum 0,2 sm entfernt, liegt eine etwa 5 x 10 m große Klippe, oft überwaschen, vor der Südkante der Huk. An dieser Stelle reicht eine Untiefe (1,5 m) bis 0,2 sm nach O vor die Küste. Ebenfalls vor der *Pte. des Deux Frères* mit ihren Klippen zieht sich eine Untiefe (1,5 m) fast 0,3 sm nach O in See.

Port La Galère ⟨41⟩

Deutsche Seekarte Nr. 498	*Position*
Französische Seekarte Nr. 5113, 5341, 2682	*Breite: 43° 21' N*
Carte Marine Blondel Nr. 502	*Länge: 6° 57' O*

Der Privat-Hafen *Port La Galère* wurde unter Ausnutzung der Klippen direkt N an die *Pte. de la Galère* angebaut. Dabei schiebt sich die O-Mole von S nach N und dann nach NNO abknickend bis dicht an die *Pte. St. Marc,* auch *Pte. Rabiou* genannt, heran. Auf dem Molenkopf steht ein rot-weißer Leuchtturm mit Kennung Fkl. r. (Lf. 11 000). Etwa 50 m O der *Pte. St. Marc* liegt eine schwarze Spitztonne mit Blz. w. Einlaufend in diesen Hafen hält man zwischen diesem weißen Blz. und dem Fkl. r. des Hafenfeuers bzw. dem Turm auf dem Molenkopf genau W-Kurs. Den hohen Klippen mit den vorgelagerten Riffen der Pointe darf man sich nur so weit nähern, bis man eine zweite schwarze Spitztonne mit Blz. gn. gerade dwars an

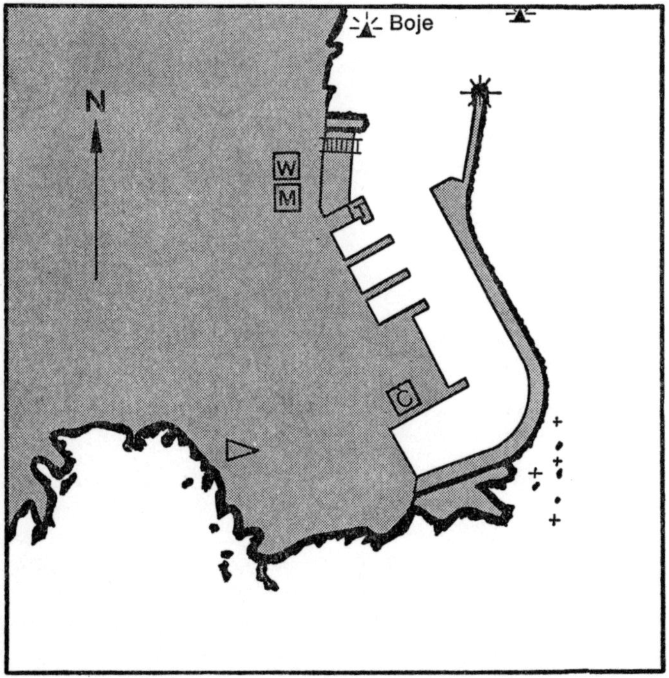

Port La Galère ⟨41⟩

Steuerbord hat. Erst jetzt legt man langsam Backbordruder, um den Molenkopf in N zu runden. An Steuerbord befindet sich innerhalb des Hafens eine vorgebaute Pier mit der Tankstellenanlage (Benzin und Diesel), die bei Dunkelheit durch weißes Gleichtaktfeuer einer langen Leuchtanlage sehr gut auszumachen ist.

Für Gäste stehen gegen Bezahlung 30 Liegeplätze bis 12 m Länge zur Verfügung. Alle anderen gehören zu den Appartementhäusern. Werft, Motoren-Service, Slip und Kran, Shipchandler, Restaurants und Bars, selbstverständlich Trinkwasser und Strom an jedem Liegeplatz, sind vorhanden. Auch der ganze Berghang bis zur hoch gelegenen Küstenstraße gehört mit allen Häusern zu diesem von Land her völlig abgesperrten Hafen. Ein komfortables Zentrum für Fahrten entlang der Küste.

Vorsicht: Das Einlaufen bei grober See von O ist schwierig und bei Nacht nur anzuraten, wenn man den Hafen kennt. Dort, wo die Hauptmole aus ihrer W-O-Richtung zum Molenkopf hin nach N abknickt, liegen nach S bis etwa 30 m in See hinaus mehrere Klippen.

Von der *Pte. St. Marc* führt die hohe Klippenwand nach N zur *Pte. de l'Aiguille,* der – wie auch der Huk hart S davon – Klippen vorgelagert sind. Die Wassertiefe beträgt zwischen dem Hafen und der Huk direkt unter Land stellenweise nicht mehr als 3 m.

Vorsicht: Am Nordende des Badestrandes liegt ca. 0,1 sm vor der Küste der Fels *Roche du Port,* der nur bei gischtender Brandung gut auszumachen ist.

Von der *Pte. de l'Aiguille* mit ihren beiden kleinen Kiesstränden biegt die Steilküste nach W ab bis zum Ort *Théoule.* Die winzigen Buchten können bis auf 0,15 sm vor dem kleinen Strand mit Steg gut angelaufen werden (minimal 1,1 m Wassertiefe). Dieser letzte Abschnitt ist jedoch dicht unter Land voller Klippen. Vom Strand – dicht darüber eine Turmruine – nach N in die Bucht zieht sich bis zu einer kleinen Felsinsel und von dort nach W zur Mole ein Riffgebiet mit höchstens 1 m Wasser.

Vorsicht: Landseitig der Felsinsel sollte man auch mit kleinsten Außenbordbooten nicht hindurchlaufen.

Port de Théoule ⟨42⟩

Deutsche Seekarte Nr. 498	*Position*
Französische Seekarte Nr. 5113, 5341, 2682	*Breite: 43° 31' N*
Carte Marine Blondel Nr. 502	*Länge: 6° 56' O*

Die Mole des kleinen Hafens ragt vom Schloß nach NNO in die Bucht hinaus und verläuft etwa parallel zum Strand. Das Molenfeuer von einem rötlich gekachelten Turm mit rotem Oberteil (8 m) besitzt die Kennung Blz. w./r., w. 335° bis 265°, r. 265°–335° (Lf. 11 720). In Richtung auf die dem

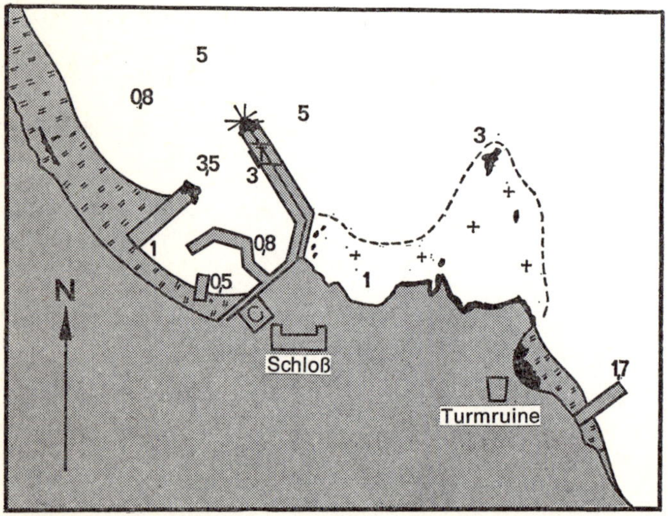

Port de Théoule ⟨42⟩

Schloß vorgelagerten Riffe ist die Kennung also Blz. r. Einlaufend in die 30 m breite und 3,50 m tiefe Einfahrt mit SSO-Kurs parallel zum Strand darf man das Molenfeuer nicht zu dicht runden, weil dem Molenkopf Fels vorgelagert ist. Das gilt auch für den vom Strand nach NO zeigenden Wellenbrecher. Auf der Hauptmole (3 m – 2 m Wasser) sind Tankstelle (Benzin und Diesel) und Trinkwasser, an der Innenseite des Wellenbrechers (2 m – 1 m Wasser) nur Trinkwasser. Der Hafen ist stets überfüllt (170 Liegeplätze).

Vorsicht: Von der SO-Seite des Hafenbeckens unterhalb des Schlosses führt parallel zur Hauptmole und dann zum Strand nach W abknickend ein fester Steg mit nur 0,5 m – 1 m Wasser. An dem dadurch begrenzten Innenbecken mit 0,5 m Wasser liegt die Capitainerie.

Guter Ankergrund befindet sich 0,1 sm in O des an den Hafen anschließenden Strandes im N des Molenkopfes zwischen der 5-m- und 10-m-Tiefenlinie.

Die Küste zwischen dem N-Rand des Strandes von *Théoule* und der *Rague*-Flußmündung ist klippenreich und weitgehend bebaut.

Port de la Rague ⟨43⟩

Deutsche Seekarte Nr. 498	*Position*
Französische Seekarte Nr. 5113, 5341, 2682	*Breite: 43° 31' N*
Carte Marine Blondel Nr. 502	*Länge: 6° 56' O*

Von See her ist der große Sportboot-Hafen *La Rague* durch einen sechsbogigen Eisenbahn-Viadukt gut auszumachen, der die nach N abfallenden bewaldeten Hänge des *Estérel*-Gebirges über das Tal der *Rague* hinweg verbindet. Dieses Tal liegt fast genau in der Mitte zwischen dem Schloß von *Théoule* und dem in die See hinausgebauten burgähnlichen Schloß von *La Napoule*.

Die lange O-Mole dieses Hafens verläuft von N nach S etwa parallel zum Klippenrand. Der Molenkopf liegt in

Höhe des N-Endes eines kleinen, steilen Taleinschnittes mit einer Eisenbahnbrücke. Die Durchfahrt ist an sich etwa 70 m breit, wird jedoch durch eine Kette von weißen Bojen vor dem Badestrand auf etwa 40 m verengt. Dicht hinter dem Molenkopf geht außerdem von der Mole eine kurze Pier mit Tankstelle ab, der gegenüber – von Land her – ebenfalls eine Pier entgegensteht. Der Grund unter Land ist unrein. Das Molenfeuer auf grün-weiß-grünem Zukkerhut-Turm mit umlaufender Fensterfront an der Basis sendet Glt. gn. (Lf. 11 730). Einlaufend mit N-Kurs in etwa parallel zur bebauten Felsküste sollte man mindestens 20 m Abstand zum Molenfeuer halten. Unter dem 4. Viadukt-Bogen (von links gezählt) besteht eine Durchfahrt in den Innenhafen. Alle Anlagen wie Strom und Trinkwasser, Bootswerft mit 36-t-Yacht-Lift und 5-t-Kran, Motoren-Service, Tankstelle für Benzin und Diesel, Bar und Restaurant, Shipchandler, Slip und Kran sowie Parkplätze sind vorhanden. Einige Gastplätze sind bei Voranmeldung erhältlich.

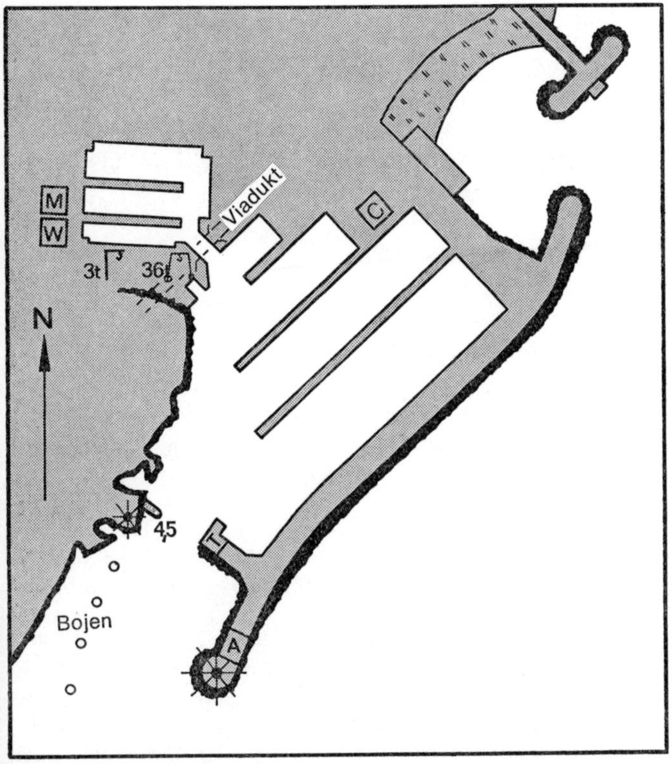

Port de la Rague ⟨43⟩

Achtung: Etwa 0,3 sm SO des Molenkopfes liegt eine rotweiße Leucht-Tonne mit rotem O-Toppzeichen, die Ubr. r. von O über S bis NNW zeigt.

Die steile Felsküste bis *La Napoule*, zumeist bebaut, ist dicht unter Land nicht für Sportboote geeignet.

Port Mandelieu-La Napoule ⟨44⟩

Deutsche Seekarte Nr. 498	*Position*
Französische Seekarte Nr. 5113, 5341, 2682	*Breite: 43° 32' N*
Carte Marine Blondel Nr. 502	*Länge: 6° 57' O*

Von See her macht man N der letzten Ausläufer des *Estérel* den Ort *La Napoule* an dem auf einer kleinen Halbinsel in das Meer hinausgebauten burgähnlichen Schloß aus, das von einem hohen viereckigen Turm – neben anderen Türmen – überragt wird. Im Hintergrund erkennt man deutlich einen spitzen Bergkegel. Hart S des Schlosses – also in Richtung *La Rague* – liegt in einer felsigen Bucht durch einen Wellenbrecher geschützt ein Badestrand, an den man wegen der vielen Klippen und Badenden nicht näher als bis zur Kette der weißen Bojen heranlaufen darf. Die Klippen des Schlosses verlängern sich bis zu 20 m seewärts unter Wasser. Auch die kleine Bucht im N vom Schloß ist bis zu den landseitigen Hafenbauten weitgehend unrein.

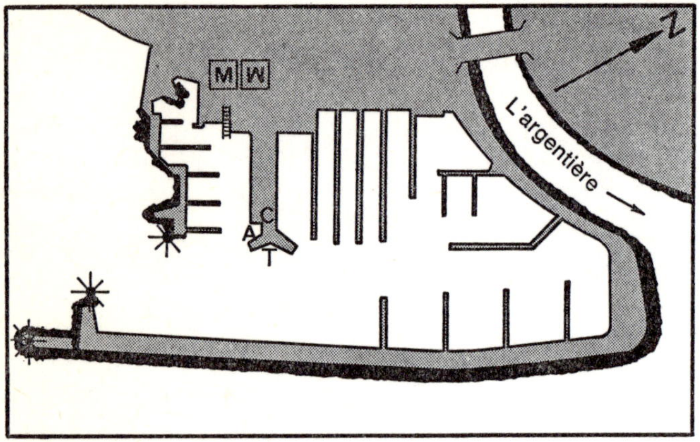

Port Mandelieu-La Napoule ⟨44⟩

Die lange O-Mole des Hafens *Mandelieu-La Napoule* schließt mit ihrem Fuß fast direkt an den Ausfluß des Flusses *L'Argentière* nach S an und verläuft aus NNO in Richtung SSW parallel zum Land. Der Molenkopf überlappt die N-Mauer des Schlosses etwas in S-Richtung. Das Molenfeuer befindet sich auf dem Molenkopf auf einem zur See hin weißen, sonst aus farblosem Stein erbauten, säulenförmigen, oben dunkel beringten Turm mit groß angeschriebenem Namen. Die Kennung ist Blz. w. (Lf. 11740). Einlaufend sollte man mit W- bzw. NW-Kurs gut 20 m Abstand zum Molenkopf halten, um dann jedoch dicht zu runden. Anderenfalls besteht Gefahr, mit den Schloßklippen oder mit der von Land senkrecht abgehenden Gegenmole (mit Schwimmbad) zu kollidieren.

Beiderseits dieser Einfahrt stehen dicht an den Molen je ein etwa 2 m hoher, dünner Pfahlträger mit F. gr. bzw. F. r., die man erst nach dem Runden des Molenkopfes ausmacht. Sie begrenzen die innere Einfahrt zwischen Molenkopf und Gegenmole.

Einlaufend an Backbord an der ersten breiten Pier mit etwas V-förmigem Einschnitt ist im Tower neben der Tankstelle die Capitainerie. Das Hafenbecken davor – an Backbord – ist öffentlich. Man bekommt aber auch dort praktisch kaum Platz. Der übrige Hafen ist Privatbesitz, jedoch kann man Liegeplätze vorübergehend erhalten. Alle Einrichtungen von Werft mit 70-t-Yacht-Lift über Motoren-Service, Tankstellen für Benzin und Diesel, Strom und Trinkwasser, Restaurant und Bar, Club, Shipchandler, Parkplätze usw. sind vorhanden. Hotels gibt es jenseits der Straße. Nördlich der *Argentière-Mündung* bis zur *Siagne-Mündung* ist ein neuer Komplex mit Hotels, Appartements, Restaurants usw. auf einer künstlichen Halbinsel im Bau. Der Flugplatz *Cannes-Mandelieu* liegt nahebei mit zeitweisem Luftfahrtfeuer (Lf. 11750) Mo (k) gn. auf 13 m rot-weißem Mast.

Port Cannes Marina ⟨45⟩

Deutsche Seekarte Nr. 498	*Position (Einfahrt):*
Französische Seekarte Nr. 5113, 5341, 2682	*Breite: 43° 32' N*
Carte Marine Blondel Nr. 502	*Länge: 6° 57' O*

Von See aus ist diese knapp 6 km ostwärts von *Cannes* gelegene Marina kaum auszumachen. Man erkennt nur einige hohe Wohntürme und mehrere nach Süd geöffnete, stark gebogene Hochhauswaben. Wer dicht unter der Küste läuft, kann jedoch hart ostwärts des Hafens *Port Mandelieu-La Napoule* die Mündung des Flusses *L'Argentière* ausmachen, hieran direkt nach Ost anschließend die (im Bau befindlichen) dazugehörenden Hotels, Appartementshäuser, Restaurants usw., die an ihrer Ostseite durch die Mündung des Flusses *Siagne* begrenzt werden. Man kann diesen Fluß gut erkennen an der langen, flachen Straßenbrücke und im nahen Hintergrund an einer mehrbogigen Eisenbahnbrücke.

In die *Siagne* einlaufend, die ausreichend breit und auch tief für seegehende Yachten ist, folgt man ihren Windungen zwischen parkähnlichen Waldungen stromauf und erreicht nach etwa 500 m die beiden 4 m tiefen Hafen-Einfahrten. Zwischen ihnen liegen Capitainerie und Tankstellenanlage.

Es stehen alle Arten von Einrichtungen zur Verfügung, begonnen bei Versorgungseinrichtungen für Schiffe und Motoren bis zu Hotels, Appartementhäusern, Restaurants und Bars, Einkaufsstraßen und vielem mehr. Der Flugplatz liegt direkt nebenan, Golfplatz, Reitställe, Tennisplätze und Autobahnausfahrt desgleichen. Bootsliegeplätze stehen jedoch nur Eignern von Wohnraum gegen Kauf zur Verfügung.

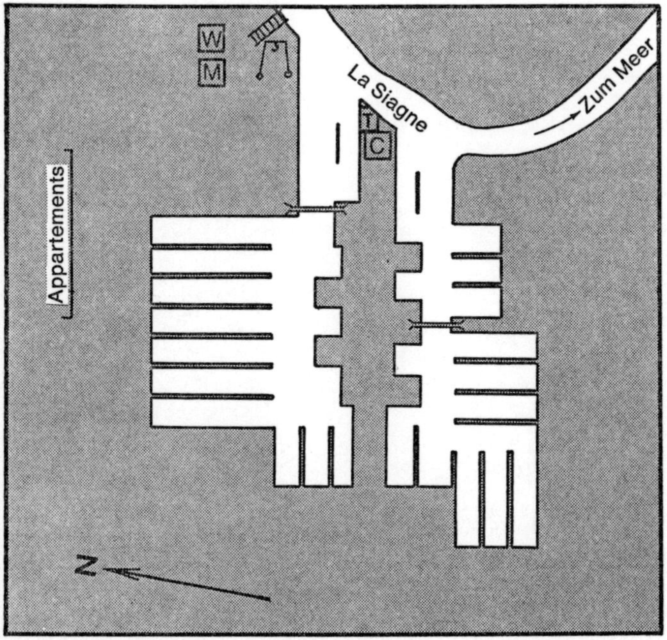

Port Cannes Marina ⟨45⟩

Es ist aber möglich, Appartements usw. einschließlich Liegeplatz vom Besitzer zu mieten, eventuell sogar sein Schiff zu chartern.

Der Flußlauf der Siagne kann hinter der ersten Biegung als vorübergehender Nothafen angesprochen werden. Schutz gegen Wind und See ist überall gegeben.

Von La Napoule bis Cannes

Im Anschluß an die *Siagne*-Mündung zieht sich vor dem mehrere Kilometer breiten Tal ein Sandstrand bis zum Alten Hafen von *Cannes* hin. Am W-Rand des Vorortes *La Bocca* ist eine große Bootswerft mit Schienenslip und Bahnanschluß. Hart O des Ortes *La Bocca* kann man eine große alte Bunkerstellung zwischen Eisenbahn bzw. Straße und Strand ausmachen. Sie liegt auf einem System von Riffen und einzelnen Klippen, so daß man sich ihr von allen Seiten her nicht mehr als 100 m mit dem Boot nähern sollte.

Entlang dem Küstenabschnitt ist übrigens das Wassern von Booten praktisch nicht möglich, weil der Strand zur höher gelegenen Straße durch eine hohe Mauer mit nur schmalen Fußgängertreppen getrennt ist. Ein Riff liegt direkt am Strand. Eine weitere Klippe zieht sich hart W des Molenfußes des Alten Hafens von *Cannes* über den Strand hinweg und zum Wellenbrecher ausgebaut etwa 50 m seewärts.

Cannes

Die Stadt Cannes (65 000 Einw.) weist keine geschichtlichen Besonderheiten auf. Erst im 15. Jh. entstand hier ein Fischerdorf, das sich im 18. Jh. zu einer kleinen Stadt entwickelte, die 1830 einen Hafen erhielt. Auf dem Mont Chevalier, der den Alten Hafen überragt, sind der Uhrenturm und die Kirche Notre Dame an der aus dem 16. Jh. stammenden Terasse. Von hier hat man einen schönen Ausblick auf den Hafen, die Bai und die Inseln. Auf den

Grundmauern eines römischen Lagers steht hier auch der eckige Wachtturm aus dem 11. Jh., der Tour du Suquet. Daneben befindet sich das sehenswerte Museum für alte Mittelmeerkulturen. Bekannt ist der an der ganzen Bucht von Cannes entlanglaufende Boulevard de la Croisette, der vom Casino am Alten Hafen bis zum Casino Palm Beach reicht. Der Bucht vorgelagert sind die Iles des Lérins. Sehenswert auf der Ile Ste. Marguérite ist die Zitadelle Fort Royale, auf der Ile St. Honorat das alte Festungskloster aus dem 11. Jh. Auf dieser Insel, die nach ihm benannt wurde, lebte der Gründer des christlichen Klosterlebens Ende des 4. Jh.

Port de Cannes ⟨46⟩

Deutsche Seekarte Nr. 498	*Position*
Französische Seekarte Nr. 5113, 5341, 2682	*Breite: 43° 33' N*
Carte Marine Blondel Nr. 502	*Länge: 7° 01' O*

Wer die Einfahrt in die Bucht und damit auch in die Häfen von *Cannes* nicht kennt, sollte sich von See her kommend gut W von den *Iles de Lérins* freihalten und mit N-Kurs auf die Mitte der großen Strandbucht, mit ihren vielen Hotels, halten. Bei Dunkelheit macht man den weitgeschwungenen Bogen der Tiefstrahler über der Croisette besser aus als alle Feuer. Erst 0,5 sm vor dem Strand – also nach Passieren des Molenfeuers vom *Port Pierre Canto*, der an Steuerbord bleibt – geht man über Backbord-Bug (315°), um Kurs auf die in der Einfahrt des Alten Hafens liegende Turmbake »Le Sécant« zu nehmen. Dabei handelt es sich um einen weißen Turm (15 m) mit grünem Dach und Ubr. gn. (Lf. 11 770). Sie steht ziemlich genau in der Mitte zwischen den beiden Hafenmolen. Ist dieses grüne Feuer nicht auszumachen, so hat man sich dem Flachwassergebiet des Strandes bereits zu sehr genähert und muß so lange nach S abfallen, bis man aus dem Dunkelsektor des Seezeichens herauskommt und grünes Feuer ausmachen kann. »Le Sécant« läßt man mit tiefgehenden Schiffen einlaufend hart Steuerbord liegen. An Backbord die lange W-Mole, aus NW in SO-Richtung gebaut, knickt für 200 m nach O ab. Der Molenkopf-Turm (14 m) zeigt Fkl. r. (Lf. 11 760). Erst wenn man die Höhe von »Le Sécant« hat, geht man auf Steuerbord-Bug (350°). Etwa 100 m in Verlängerung der W-Mole liegt eine unbefeuerte rote Spitztonne mit einem liegenden Kreuz als Toppzeichen. Man muß sie einlaufend unbedingt an Bb. lassen. Auch anschließend sollte man sich backbords gut von dem *Quai Max Laubeuf*, mit deutlich auszumachendem 7-t-Kran und einem breiten 45-t-Fahrstuhl-Slip, in der Kai-Aussparung links davon freizuhalten. Eine Tankstelle für alle Kraftstoffe ist auf der Mole. Der *Quai Max Laubeuf* ist für die Berufsschiffahrt reserviert. Der anschließende *Quai St. Pierre* dient mittleren Yachten. Die eigentliche Landseite des Hafens – einlaufend recht voraus – mit strandähnlichem Ufer und mehreren Stegen ist den Fischern und dem Yacht-Club vorbehalten, denen sich im O-Teil mehrere Werften mit großen Slips und daran anschließend der *Gare Maritime*, also der »Bahnhof für Linienschiffe«, anschließt, in dem auch Capitainerie und Zoll untergebracht sind. Der O-Kai, an dessen Fuß Casino und Yacht-Club-Gebäude zu finden sind, auch *Jetée Albert Edouard* genannt, biegt gegenüber dem Fuß des *Quai Max Laubeuf* nach SSW ein und bildet die seewärts felsige O-Mole. Sie ist jedoch nicht befeuert. Zwischen dieser O-Mole und dem Seezeichen »Le Sécant« sollte man nur mit flachgehenden Booten bei Tageslicht und ruhiger See hindurchlaufen. Am *Quai Albert Edouard* sind übrigens die Liegeplätze für seegehende Yachten mit großem Tiefgang. Strom und Trinkwasser sind überall am Hafen zu haben, Werften und Slip sowie fahrbare Krane sind vorhanden. Da der Hafen inmitten der Stadt liegt, findet man vom Shipchandler über Motoren-Service und Lebensmittelgeschäfte alles in wenigen Metern Entfernung. Der Hafen (455 Liegeplätze) ist wegen der ihn umgebenden Durchgangsstraße jedoch sehr laut.

Dem ausgedehnten Strandgebiet in der halbkreisförmigen Bucht von Cannes, O des Alten Hafens, sollte man sich keinesfalls mehr als bis zur Verbindungslinie zwischen der O-Mole und der Mole des *Port Pierre Canto* nähern, da die Badenden oft bis hierher hinausschwimmen und jedes Jahr schwere Unfälle durch ebenso unvernünftige Bootfahrer vorkommen.

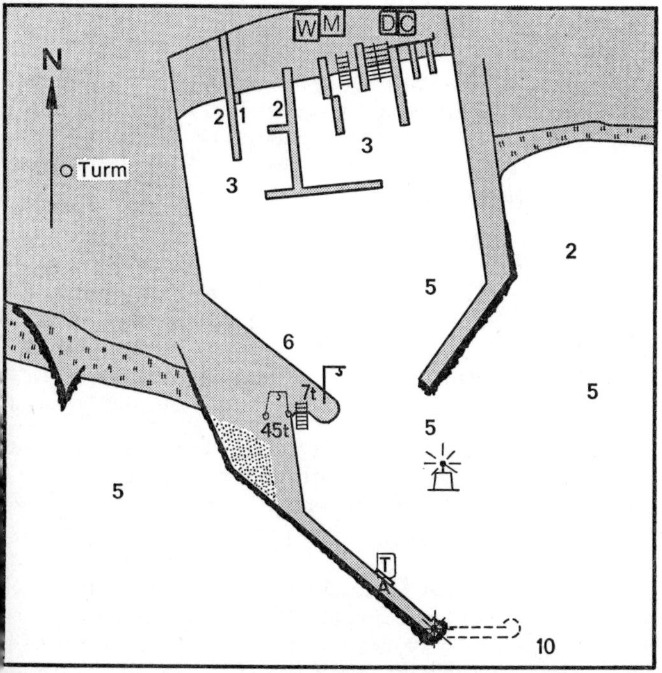

Port de Cannes ⟨46⟩

Port Pierre Canto ⟨47⟩

Deutsche Seekarte Nr. 498	*Position*
Französische Seekarte Nr. 5113, 5341, 2682	*Breite: 43° 32' N*
Carte Marine Blondel Nr. 502, 501	*Länge: 7° 02' O*

Diesen sehr ausgedehnten Privathafen (654 Liegeplätze) an der O-Seite der *Rade de Cannes* kann man selbst bei Dunkelheit gut ausmachen, weil hier durch die Lampen der Croisette und die Tiefstrahler der Kais alles in blendendes Licht getaucht ist. Trotzdem sind die Annäherung und die Einfahrt in den Hafen für den Ortsfremden beim ersten Mal nicht ganz einfach.

Die S-Mole geht anfangs nach W und biegt dann nach NNW ab. Sie trägt einen gelben Turm (11 m) mit grünem Dach; Kennung Ubr. w./gn. (Lf. 11 780), Ubr. w. von 10° bis 100°, Ubr. gn. von 100°–10°. Die lange W-Mole, die von N nach S ausgerichtet ist, biegt etwa in Höhe des Molenkopfes der S-Mole nach O in den Hafen ein. Ihr ist an diesem Knick eine rote Säule auf weißem Sockel (4 m) wenige Meter in Richtung auf den Turm der S-Mole vorgelagert. Die Kennung ist Ubr. r. (Lf. 11 790).

Wer sich jetzt die Seekarte genau ansieht, versteht dieses komplizierte System der Feuer. Nähert man sich der *Rade de Cannes* von S und macht dabei die grüne Kennung des *Port Canto* aus, so befindet man sich im Gefahrensektor der *Iles de Lérins*. Also muß man so weit nach W halten, bis der weiße Sektor des Molenfeuers auszumachen ist. In ihm läuft man so lange mit N-Kurs in die Bucht hinein auf den Strand zu, bis wieder grünes unterbrochenes Feuer und – da von 123° durch S-Mole verdeckt – wenige Meter weiter das rote unterbrochene Feuer der S-Mole auszumachen ist. Dabei darf man keinesfalls noch den weißen Sektor des Feuers erkennen. In diesem Augenblick legt man Steuerbordruder und läuft mit S-Kurs (165°) zwischen den beiden Molen ein. Eingelaufen, legt man jedoch wieder etwas Backbordruder.

An der Landseite dieses exklusiven Hafens, unterhalb des flugplatzähnlichen »Tower«, liegt eine weit hinausgebaute, breite Pier mit Tankstelle für Benzin und Diesel am Kopf. Hier befinden sich die Werften und Service-Stationen und in den Gebäuden an Land die Capitainerie. Im Hafen ist eine Reihe von Gastplätzen zu mieten. Jeder Komfort und alle Anlagen für Schiffe und Schiffer sind vorhanden, auch Restaurants, Bars, Clubgebäude, Shipchandler, Parkplätze usw. Ein 5-t-Kran und ein 50-t-Yachtlift stehen zur Verfügung. Dem Hafen südlich anschließend liegt ein Strand, dem ein Wellenbrecher, teilweise unter Wasser, vorgelagert ist.

An der W-Seite der *Pte. de la Croisette,* mit ihrem Spielkasino im Zuckerbäckerstil, bestehen noch zwei kleine private Sportboothäfen für Clubs, die nur für sehr flachgehende Boote – zumeist Segeljollen – der Clubmitglieder

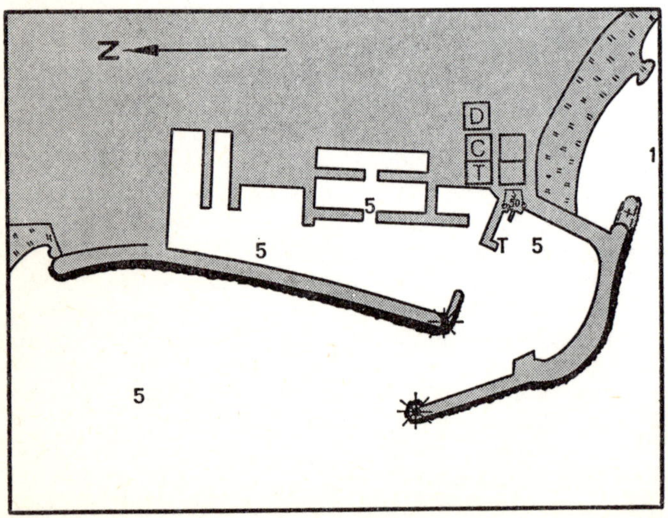

Port Pierre Canto ⟨47⟩

geeignet sind. Liegeplätze für Gäste sind hier nicht vorhanden. Zwischen dem *Port de Pierre Canto* und dem *Cap* liegt ein Flachwassergebiet, in das Klippen bis 0,1 sm hinausreichen.

Der *Pte. de la Croisette* O dicht vorgelagert im Flachwassergebiet, liegt noch ein einzelnes Riff. Ihm schließt sich ein schmaler Klippengürtel – nur unterbrochen durch den breiten Slip einer Werft – über den kleinen Hafen *Port Mouré Rouge* bis zum Strand von *Golfe Juan* an. In der an *Palm Beach* nach O anschließenden Bucht bestehen jedoch Möglichkeiten für Liegeplätze an Bojen für kleine, flachgehende Boote, die jedoch den örtlichen Hotels bzw. der Werft gehören.

Port Mouré Rouge, etwa 0,8 km NO von *Palm Beach,* besteht aus einem etwa 200 m langen Wellenbrecher, von Land nach S gehend, der ein nur ca. 1 m tiefes Becken mit mehreren Stegen notdürftig schützt. Die Einfahrt erfolgt parallel zum Land von S her. Slip und Parkplätze sowie Service-Station sind vorhanden.

Iles de Lérins

Deutsche Seekarte Nr. 498	*Position (Begrenzungen)*
Französische Seekarte	*Breite: nördlich 43° 30' N*
Nr. 5122, 5341, 2682	*südlich 43° 32' N*
Carte Marine Blondel Nr. 501	*Länge: ostwärts 7° 02' O*
	westlich 7° 05' O

Die Inseln von *Lérins* sind praktisch Fortsetzungen der *Pointe de la Croisette* – am Ostrand der *Rade von Cannes* – und bestehen aus niedrigen, felsigen und dicht bewaldeten Bergen mit wild zerrissenen Klippenrändern.

Ile Ste. Marguérite

Zwischen der *Pte. de la Croisette* und der NW-Bucht der *Ile de Ste. Marguérite* verläuft eine Unterwasser-Barre mit etwa 2,3 m Wasser, die allerdings in der Inselbucht im W bis auf 0,2 m und im O der Bucht auf ca. 1 m ansteigt. Die Entfernung der 3,3 x 1 km großen, in W-O-Richtung sich hinziehenden Insel vom Festland beträgt ca. 0,7 sm. Die Insel ist von einem dichten Klippengürtel eingefaßt, der nur in Teilen der N-Bucht fehlt. Die im O vorgelagerte kleine, felsige *Ile Tradelière* ist durch ein nicht befahrbares Riff mit der *Ile Ste. Marguérite verbunden.* Der NW-Huk der *Ile Ste. Marguérite* etwa 0,1 sm N vorgelagert liegt eine winzige Felsinsel mit schwarz-weiß gestreifter Turmbake und schwarzem W-Toppzeichen inmitten einer 3-m-Tiefenzone, die sich noch 0,2 sm nach W erstreckt.

Vorsicht: Zwischen der *Pte. de la Croisette* und der *Ile Ste. Marguérite* kann bei O- und W-Wind starke Brandung stehen. Ankern ist verboten, da hier Unterwasser-Kabel verlaufen.

Anlegemöglichkeiten für Sportboote bestehen auf der Insel nur in Ausnahmefällen bei den breiten Slips der Werft in der N-Bucht und an dem knapp 500 m weiter westlich gelegenen Steg, der einem Hotel gehört. Der Anleger hart W der Werft, dessen Kopf auf ein Riff gebaut ist, dient nur den Linienbooten von Cannes. Im übrigen kann man – je nach Windrichtung – in den kleinen Buchten zwischen den Klippen rings um die Insel festmachen, vorausgesetzt allerdings, es ist windstill und man hat einen Anker seewärts angebracht.

Im alten, hochgelegenen Fort, von Richelieu erbaut und von Vauban modernisiert, mit Kirchturm und Semaphor, soll seit 1687 der sagenhafte »Mann mit der eisernen Maske« als Gefangener sein Leben gefristet haben. Auch Marschall Bazaine war wegen der verlorenen Schlacht von Sedan hier in Haft. In den Zellen der Festung findet man noch in die Wände gekratzte Inschriften von gefangenen protestantischen Pfarrern.

Ile St. Honorat

Von der Mitte der Südküste der *Ile Ste. Marguérite* zur Mitte der Nordküste der *Ile St. Honorat* verläuft die bereits genannte Unterwasser-Barre in etwa 2 m Tiefe. Sie endet im *Port des Moines,* dem Hafen der Mönche, der jedoch nur 50 x 30 m mißt. Die beiden kleinen, halbkreisförmig nach N vorgewölbten Wellenbrecher lassen nur eine sehr schmale Durchfahrt mit etwa 1,5 m Tiefe frei. Die O-Mole zeigt weißes, ununterbrochenes Feuer von O über N bis W. Im Hafen an Stb. ist ein Werft-Slip, während ein kleiner Kran etwas außerhalb W des Hafens steht. Der Hafen ist Privatbesitz und dient fast ausschließlich den Linienschiffen von Cannes. Er ist als ausgesprochener Nothafen nur für kleine, flachgehende Sportboote geeignet.

Die Insel selbst ist – mit Ausnahme des Hafens – von einer beinahe undurchdringlichen Kette von Klippen umgeben, die allgemein 0,1 sm seewärts reicht. Der S-Huk ist im Flachwasser nach SW eine einzelne Klippen-Gruppe vorgelagert, eine andere ca. 0,1 sm nach SSO. Etwa 0,4 sm der Südhuk liegt eine weitere winzige Felsinsel mit rot-weiß-roter Turmbake und zwei roten, auf der Spitze stehenden Toppzeichen, »Les Moines« (Position: Breite: 43° 30' N – Länge: 7° 03' O). Ihr ist ein Flachwassergebiet von 3 m Tiefe mehr als 100 m vorgelagert. Auch zwischen diesem Seezeichen und der Insel beträgt die Wassertiefe nur 1,2 m. Die der *Ile St. Honorat* nach O vorgelagerte kleine Felsinsel *Ile St. Féréol* ist mit einem nicht zu passierenden Riff-Band mit der O-Huk verbunden.

Anlegemöglichkeiten mit kleinen Sportbooten sind nur direkt an den Felsen im klippenverseuchten Flachwasser bei völlig windstillem Wetter gegeben. Für Angler und Sporttaucher ist das Flachwassergebiet im S der Insel bis zum Seezeichen »Les Moines« und um die *Ile St. Féréol* herum gut geeignet.

Vorsicht: Im Flachwassergebiet N und S der Insel kann bei grober See Brandung aus O oder W stehen.

Hart W der Unterwasser-Barre zwischen der *Ile Ste. Marguérite* und der *Ile St. Honorat* verlaufen Kabel. Ankern ist verboten.

Von Cannes bis Nice

Deutsche Seekarte Nr. 498
Französische Seekarte Nr. 5122, 5341, 2682
Carte Marine Blondel Nr. 501

Der *Golfe Juan* von der *Pte. de la Croisette* bei *Cannes* bis zum *Cap d'Antibes* wird bis zum Ort *Juan les Pins* von einer Kette etwa 200 m hoher, zumeist bewaldeter und weitgehend bebauter Berge eingerahmt. Beiderseits des Ortes *Golfe Juan* besteht ein Strandgebiet, das teilweise sandig, teilweise aber auch kiesig ist. Die Halbinsel mit dem *Cap d'Antibes* fällt mit Klippen steil in den Golf ab und ist durchgehend in Privatbesitz.

Die alte Stadt *Antibes,* hoch auf den Klippen gelegen, mit der Marina St. Vauban in der *Anse St. Roch* unterhalb der alten Zitadelle ist erlebenswert. Um so uninteressanter ist die riesige *Baie des Anges* bis *Nice* hin, denn über dem meist steil abfallenden rauhen Kiesstrand verlaufen mehrere Straßen parallel zur Küste. Den Hintergrund bildet ein allerdings reizvolles Hügelland mit *Vence* und *St. Paul de Vence.* Störend wirkt sich hier aber überall der stark frequentierte Flugplatz von *Nice* direkt N der unbefahrenen Flußmündung des *Var* aus. Hart S hiervon liegt die Marina Baie des Anges mit ihrem großen Sportboothafen. Von der Var-Mündung bis zum Hafen von *Nice* gibt es keine Anlandemöglichkeit mehr für Sportboote, da der sogenannte Strand aus teilweise kopfgroßen Steinen besteht. Die Stadt *Nice* ist eine Großstadt mit entsprechendem Hafen; sie liegt landschaftlich sehr hübsch.

Golfe Juan

Von der *Pte. de la Croisette* bis kurz vor den Hafen des Ortes *Golfe Juan* gibt es – außer dem kleinen Hafen *Mourré Rouge* – an der Klippenküste mit aufgeschütteten Steindämmen keine Anlandemöglichkeiten, ausgenommen im Notfall für kleine Boote am Badestrand S des Hafens von *Golfe Juan. Golfe Juan* ist ein bekannter Sommerort mit entsprechendem Fremdenverkehr, so daß im Sportboothafen ohne langfristige Vorbestellung mit Sicherheit kein Liegeplatz zu haben ist. Der Golf von Juan ist – trotz einiger kleiner Felsinseln und Untiefen – weitgehend gegen Winde aus N und O geschützt und daher gerade auch von Kleinbooten mit und ohne Motor sowie von Wasserskiläufern stark frequentiert.

Vorsicht: Fast genau auf der Mitte einer Verbindungslinie zwischen der *Pte. de la Croisette* von *Cannes* und dem *Cap d'Antibes* liegen inmitten der Bai die flachen, schwarzen Felsen *La Fourmigue* (Position: Breite 43° 32' N / Länge 7° 05' O) mit einem 17 m hohen, schwarzen Turm mit schwarzem Toppzeichen (Spitze oben) und Blz. gn. (Lf. 11 830). Die Riffe setzen sich von diesem Turm nach N und S auf 0,1 sm fort. In O davon, wiederum auf halber Strecke zwischen *La Fourmigue* und dem *Cap d'Antibes,* liegt die Untiefe (5 m) *Le Sécanion* mit roter, unbefeuerter Tonne. Und schließlich ist 0,5 sm N von *La Fourmigue* eine einzelne, nicht gekennzeichnete Untiefe an der 20-m-Tiefenlinie. Etwa 0,3 sm W des *Port Gallice* besteht eine weitere nicht gekennzeichnete felsige Untiefe mit nur 2 m Wasser über Grund, die *Sèche de la Verne.* Hart W des Leuchtturmes von *Cap d'Antibes,* direkt unter den Klippen im nur 2 m tiefen Wassergürtel, besteht ein ausgedehntes

Riff. Und schließlich liegt 0,1 sm S des südlichen Ausläufers des *Cap d'Antibes* der *Pte. de l'Ilette* mit weißem Turm und schwarzem Dach, Ubr. w./r./gn. (Lf. 11 820), eine Untiefe *Sèche de St. Pierre* (5 m), die selbst großen Yachten nicht direkt gefährlich werden kann, jedoch bei grober See unvorgesehene Brecher verursacht.

Port Golfe Juan ⟨48⟩

Deutsche Seekarte Nr. 498	*Position*
Französische Seekarte Nr. 5122, 5341	*Breite: 43° 34' N*
Carte Marine Blondel Nr. 501	*Länge: 7° 05' O*

Kurs zum Einlaufen in den Hafen von *Golfe Juan* ist NW, und zwar im grünen Sektor des unterbrochenen Feuers vom hoch auf den Bergen (166 m) liegenden weißen viereckigen Leuchtturm von *Vallauris* – Ubr. w./r./gn. (Lf. 11 800) – der sich etwas westlich oberhalb des Hafens befindet. Das Molenfeuer der S-Mole vom weißen Turm mit rotem Sockel (9 m) ist Glt. r. (Lf. 11 840). Diese S-Mole geht als *Quai St. Pierre* am W-Ende des Hafens in SO-Richtung von Land ab und knickt nach O ein. Von ihr gehen mehrere senkrechte Stege der Yacht-Clubs ab. Am Molenknick steht ein 4-t-Kran, am Molenfuß ein 2-t-Kran. Hier sind auch Slips und Tankstelle für Benzin und Diesel, dicht daneben Parkplätze (und auf der dem Hafen abgelegenen Seite der Treppe, die auf den Wellenbrecher hinaufführt, eine Toilette). Die Stege und Liegeplätze an der Landseite bestehen ausschließlich für Fischer und Werften, deren Slips bis zum Fuß der O-Mole reichen. Diese O-Mole – von Land nach S führend – knickt an ihrem Kopf etwas zur gegenüberliegenden S-Mole ein und läßt eine Durchfahrt von ca. 75 m frei. Liegeplätze für tiefgehende Yachten gibt es zwischen der Tankstelle und dem Knick der S-Mole, auf der auch in ganzer Länge Trinkwasser vorhanden ist. Capitainerie und Zollstelle liegen beim Bahnhof. Liegeplätze (480) in der Saison sind jedoch kaum zu haben.

Vom Hafen führt im Halbbogen der Bucht ein schmaler Strand dicht unterhalb der Straße noch ca. 1,5 km weiter, um dann in ein Riff-Gebiet mit wellenbrecherartigen Straßenmauern überzugeben. Dieses Gebiet zieht sich bis zum Turm »Tour Graillon« an der W-Huk der Halbinsel *Cap d'Antibes* hin. Südlich des Ortes *Juan-les-Pins* und westlich der Kirche *Notre Dame,* des alten runden Semaphors, des viereckigen weißen Leuchtturmes mit rotem Laternenkopf, »La Garoupe«, und der beiden Gittermasten des Senders, die in 103 m Höhe auf dem höchsten Berg der Halbinsel dicht beieinander liegen, besteht der neue Marina-Hafen *Port Gallice* direkt N anschließend an den bisherigen winzigen Hafen *Port du Croton.*

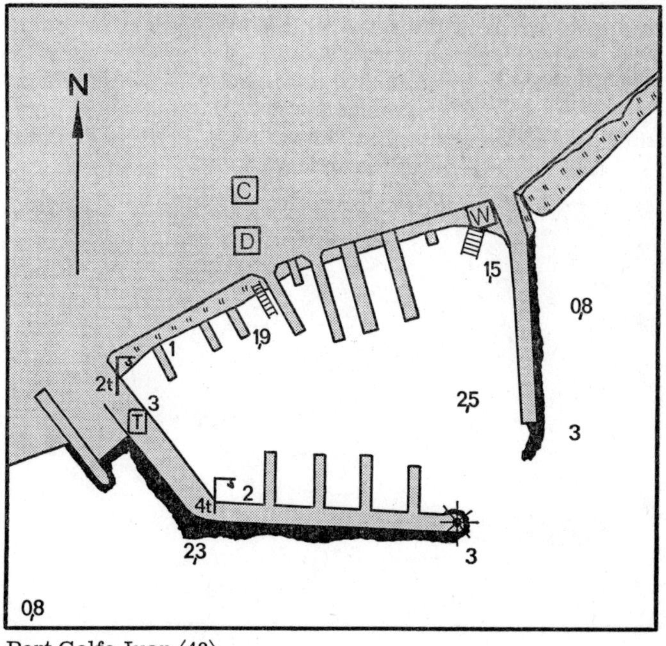

Port Golfe Juan ⟨48⟩

Port Gallice ⟨49⟩

Deutsche Seekarte Nr. 498
Französische Seekarte Nr. 5122, 5341, 2682
Carte Marine Blondel Nr. 501

Position
Breite: 43° 34' N
Länge: 7° 07' O

Die Gefahrenstellen im *Golfe Juan* wurden bereits in einem vorausgehenden Abschnitt besprochen. Besonders soll an dieser Stelle nochmals auf die Untiefe (2 m) *Sèche de la Verne,* 0,3 sm westlich der Hafeneinfahrt, hingewiesen werden.

Von SW läuft man in ein etwa 75 m breites Fahrwasser ein, das nach S abbiegend zur Hafeneinfahrt führt. Die Begrenzung dieses Fahrwassers besteht an Stb. aus einer schwarzen Tonne mit Dreiecks-Toppzeichen (Spitze oben) und grünem Gleichtaktfeuer, an Bb. aus einer roten Tonne mit rotem Doppel-Gleichtaktfeuer. Diese Fahrrinne in ONO-Richtung wird an Bb. noch durch Spitztonnen gekennzeichnet. Sie biegt in Höhe der W-Mole nach S ab und wird vor der eigentlichen, kaum 50 m breiten Einfahrt nochmals durch eine schwarze Tonne an Stb. und eine rote

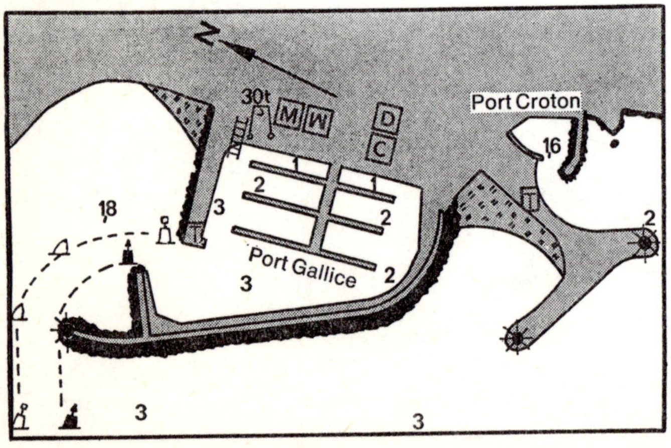

Port Gallice — Port du Croton ⟨49⟩

Tonne an Bb. direkt vor den N-Molen gekennzeichnet.

Die große W-Mole geht von Land anfangs in W-Richtung ab, um dann nach NNW abzubiegen. Sie trägt auf dem Molenkopf einen säulenförmigen, zementfarbenen Turm mit grünem Laternengehäuse (10 m) und zeigt Glt. gn. (Lf. 11 850) Etwa 75 m vor dem Molenfeuer geht von der W-Mole nach NO ein knapp 75 m langer Wellenbrecher ab, vor dem die genannte schwarze, unbefeuerte Tonne liegt. Von Land her, also von O nach W, schützt die N-Mole den Hafen. Sie läßt die Fahrrinne (50 m) zum etwas nach N versetzten, eben genannten Wellenbrecher der Hauptmole frei. Vor ihrem Kopf liegt die obengenannte unbefeuerte rote Tonne. Auf ihrem Kopf ist eine Tankstelle für Benzin und Diesel. Von Land aus gehen von einem Mittelsteg mehrere Steganlagen parallel zum *Quai Est* ab. In der NO-Ecke des Hafens (526 Liegeplätze) befinden sich die Werftanlagen mit Slip, 30-t-Elévateur und Motoren-Service, entlang den *Quai Est* Parkplätze, Shipchandler usw., und S der Steganlagen Capitainerie und Zollstelle. Trinkwasser und Strom sind vorhanden. Liegeplätze für tiefgehende Yachten sind an der Hauptmole und der Nordmole. Kleine Strände bestehen direkt N und S des Hafens.

Vorsicht: Das weiße Gleichtaktfeuer und dicht O daneben das rote Doppelblitz-Feuer gehören zum kleinen Fischerhafen *Croton,* dessen Wellenbrecher sich hart S des *Port Gallice* bis in Höhe der W-Mole vorschieben und zugleich dem S-Badestrand als Schutz dienen.

Port du Croton ⟨49⟩

Hart S des *Port Gallice* und 0,7 sm N des an Land gut auszumachenden Turmes »Tour Graillon« befindet sich der kleine Fischerhafen *Le Croton.* Die Durchschnittstiefe liegt bei nur 0,5–1 m. In ihm haben einige ortsansässige kleinere Sportboote Liegeplätze. Hinter dem kleinen Strand wurde von N nach S vom System des *Port Gallice* ausgehend eine Mole mit Tankstelle, Trinkwasser und Parkplätzen nach S gezogen, deren Molenfeuer auf einem nur 3 m hohen rotweißen Türmchen aus roten Doppelblitzen – Blz. r. – besteht (Lf. 11 860). Von hier führt ein Wellenbrecher nach W, dessen Molenfeuer auf 5 m hohem rot-weiß-rotem Turm Glt. w. ist (Lf. 11 860). Vom Land, also von O nach W, besteht ein Wellenbrecher, der zum Innenbecken eine Durchfahrt von ca. 30 m bis zur Tankstelle auf der Hauptmole freiläßt. Ein vorübergehender Liegeplatz ist in diesem durch Ortsansässige bereits überfüllten Hafen für Kleinboote nur im Seenotfall zu haben.

Vorsicht: Die Küstenlinie O des Hafens ist durch Riffe verseucht, die sich bis zum *Tour Graillon* hinziehen.

Guten Ankergrund in ca. 15 m Tiefe, zumeist mit Seegras bewachsen, findet man in der Bucht NW des Turmes »Tour Graillon«. Begrenzt wird dieser Ankergrund durch einen Festmacher für die Schiffahrt etwa 0,7 sm NW dieses Turmes. *Mouillage du Piton* heißt dieser Ankergrund auf verschiedenen Karten.

Die Steilküste bis zur *Pte. de l'Ilette,* die das *Cap d'Antibes* in Form einer Halbinsel nach S abschließt, ist verhältnismäßig ungefährlich, liegt jedoch im Bereich von Hotels.

Vorsicht: Ein Riff direkt unter Land liegt hart SW des Leuchtturmes.

Der weiße runde Leuchtturm mit schwarzem Dach (15 m) mit dicht danebenstehendem Haus befindet sich auf der verhältnismäßig flachen, felsigen Huk. Die Kennung ist Ubr. w./r./gn. (Lf. 11 820). Vom *Cap Gros* an der O-Huk der Halbinsel, über S bis SW, sieht man weißes Feuer, dann nach SW einen schmalen Sektor mit rotem Feuer, nach WSW grünes Feuer, und nach W in Richtung »La Fourmigue« wiederum einen Sektor rotes Feuer, in dem auch »Le Sécanion« liegt. Erst von W bis NW – also in Richtung des *Port Golfe Juan* – ist die Kennung wieder weißes Feuer.

Rings um die Halbinsel von *Antibes* ist auf 25 sm Entfernung das weiße Feuer des in 104 m Höhe gelegenen Berg-Leuchtturmes »La Garoupe« mit der Kennung Blz. w. (Lf. 11 870) auszumachen.

Vom Cap d'Antibes bis Antibes

Die S- und O-Seite der Halbinsel von *Antibes* ist durchgehend in Privatbesitz, oder es führen Straßen auf den Klippen praktisch direkt am Wasser entlang. Die Küste besteht aus steilen Klippen, denen – soweit nachfolgend nicht besonders erwähnt – dichte Riff-Gürtel vorgelagert sind.

Vorsicht: Besonders beim kleinen Ort *La Salis* sind der *Pte. Bacon* nach O dicht unter Land gefährliche Klippen vorgelagert, die sich nach NO zum *Ilot de la Grenille* als Felsinselchen und Riffe über mehr als 0,2 sm erstrecken. Gefährlich ist auch der Fels *Petit Grenille* 0,15 sm NNO des winzigen Hafens von *La Salis* in der *Anse de la Salis.*

Mäßigen Ankergrund findet man in 10–20 m Tiefe in der *Anse de l'Argent Faux* hart O des *Cap d'Antibes.* Alle nach O anschließenden Buchten sollte man auch mit kleinen Booten wegen der vielen Riffe nur bei ruhigem, völlig klarem Wasser im Schrittempo befahren. Erst die *Anse de la Garoupe,* SO unter dem Berg-Leuchtturm, N des *Cap Gros,* ist in ihrem N-Teil rein und hat in 5–10 m guten Ankergrund mit Sand und Seegras. Er ist gegen alle Winde, außer von NO bis O, geschützt. In der *Anse de la Salis* sollte man sich mindestens 0,3 sm von Land freihalten, ehe man Anker wirft. Entlang der 10-m-Linie ist gut haltender Sandgrund in der Bucht, die jedoch von N bis O offen ist. Die kleinen Wellenbrecher sind nur für Berufsfischer und Hotelanlieger vorhanden.

Diese Bucht ist sehr heimtückisch. Wie gefährlich die felsige Küste hier ist, mag folgende Tatsache beleuchten.

Es war Ende Oktober, warm, sonniges Wetter, kaum etwas Seegang, so daß die Klippen und Riffe nur so von Anglern wimmelten. Völlig unvorhergesehen rollte ein einzelner, mehrere Meter hoher Brecher über die Riffe und spülte drei Angler weg, die in den Sog gerieten und ertranken. Etwa zur gleichen Zeit spülten zwei Brecher nahebei über die Uferstraße und rissen eine deutsche Urlauberin im Sog hinaus, die ebenfalls ertrank. Kein Wunder daher, wenn hier und dort Reste von Booten auf den Riffen liegen.

Unterhalb der hohen Klippen, auf denen die Stadt *Antibes* liegt, sollte man nicht näher als bis zur 8-m-Tiefenlinie heranlaufen. Hier findet man gut haltenden Sandgrund und Schutz, außer vor Wind und See von NO über O bis SSO.

Vorsicht: Von der 5-m-Tiefenlinie bis zur Küste erstreckt sich ein ununterbrochener Gürtel von Riffen, nur teilweise überspült.

Vor dem oft gepriesenen Ankergrund südlich der auf Klippen gelegenen *Bastion des Cinq-Cents Francs* – von der die lange O-Mole des Hafens von *Antibes* abgeht – sei dringend gewarnt. Der Sandgrund ist an sich in 10 m Tiefe gut, jedoch stehen hier selbst bei geringem Wind Dünung und unberechenbare Kreuzseen. Hier sind außerdem stark frequentierte Badestrände. Der nahegelegene Tanker-Hafen jenseits der Mole macht diese Gegend sowieso nicht gerade anziehend.

Antibes

Deutsche Seekarte Nr. 498
Französische Seekarte
Nr. 5122, 5341, 2682
Carte Marine Blondel Nr. 501

Position (Anse Saint-Roch)
Breite: 43° 35' N
Länge: 7° 07' O

Die Stadt Antibes (40 000 Einw.) – mit den eingemeindeten mondänen Badeorten Juan-les-Pins und Cap d'Antibes – liegt auf einer kleinen, zur See hin steilen Halbinsel, die nach Ost durch die Bucht Anse de Roch begrenzt wird, über der sich eine Zitadelle, das Fort Carré, schützend erhebt. Um 350 v. Chr. durch Griechen aus Massilia (Marseille) als Antipolis gegründet, wurde der Ort um 150 v. Chr. eine römische Festung, ging jedoch während der Völkerwanderung im 5. Jh. fast völlig unter. Später zu einer Stadt ausgebaut und vielfach von Sarazenen geplündert, wurde Antibes eine bedeutende Grenzfestung mit Hafenanlagen. Schön ist der Blick von den alten Wällen auf den hohen Klippen aufs Meer hinaus. Sehenswert sind die Kathedrale sowie im Château Grimaldi das Museum mit bedeutender Picasso-Sammlung. Die alte Stadt mit vielen winkligen Gassen und einem netten Marktplatz ist besonders anheimelnd. Der moderne Yachthafen bietet alles, was man sich wünscht, wenn dadurch leider auch das »besondere Etwas« des in ihm aufgegangenen Alten Hafens, direkt unter der Stadtmauer an der Porte Aubernon, verschwunden ist.

Port d'Antibes-Port Vauban ⟨50⟩

Die innere große Bucht, *Anse St. Roch*, wurde in ihrer Gesamtheit zu einem Sportboothafen (1200 Liegeplätze) ausgebaut, in den der Alte Hafen mit einbezogen worden ist. Verschiedene Anlagen und Stege sind öffentlich, andere gehören Clubs und der größte Teil einer privaten Gesellschaft.

Von See kommend ist die hochgelegene Stadt leicht auszumachen. Das gilt auch für die mehr als 500 m lange O-Mole, die von den Klippen der *Bastion des Cinq-Cents Francs* nach NNO etwa parallel zum gegenüberliegenden Ufer der Bucht unter dem *Fort Carré* verläuft, um nach etwa 300 m fast genau nach N abzuknicken. An diesem Knick geht eine breite Pier in Richtung zum gegenüberliegenden *Fort Carré* ab. Unter dem Fort geht wiederum eine kurze Mole, *Epi du Fort Carré*, in Richtung zur Hauptmole ab. Das Feuer der O-Mole gibt ein hoher, walzenförmiger Natursteinturm mit Blz. w./r. (Lf. 11 900). Das Feuer auf der kleinen Mole kommt von einem ebenfalls walzenförmigen, nur halb so hohen Turm mit roter Spitze und zeigt Glt. gn. (Lf. 11 900). Auf dem Kopf der O-Innenmole steht ein rot-weißer Turm (12 m) mit Ubr. w. (Lf. 11 910).

Einlaufend muß man mit SW-Kurs aus der *Baie des Anges* auf das hochgelegene *Fort Carré* zu laufen, (aber nicht zu dicht, denn dort wimmelt es von Klippen) um erst in Höhe des Molenkopfes der langen O-Mole Backbordruder zu legen. Dabei muß man passieren zwischen den beiden Bojen (Stb. Pfahlboje mit Zylinder-Toppzeichen und Bb. Gittertonne mit einem aufrecht stehenden Dreieck als Toppzeichen), um nicht irgendwo aufzulaufen.

Vorsicht: Die beiden Quer-Molen in der Einfahrt sind jede etwa 100 m lang und lassen eine Passage von 100 m frei.

Der Vorhafen entlang der O-Mole dient vor allem Tankern als Liegeplatz. Achtung also vor den Dickschiffen und ihrem Schwell. Ihm gegenüber unter dem Fort liegen drei Schwimmstege von Clubs, die jedoch zu einem späteren Zeitpunkt einem anderen Bauprogramm Platz machen sollen. Bei Ostwind kann in diesem Vorhafen erhebliche Brandung stehen.

Abgeschlossen wird der Vorhafen auf seiner S-Seite durch die von der *Bastion des Cinq-Cents Francs* nach SW vor die eigentliche Bai ragende alte Mole mit ihrem hohen Leuchtturm. Parallel zu ihr liegt eine breite Pier, die noch etwas mehr nach NW vorgeschoben ist, der *Quai d'Honneur*, an dessen Fuß der runde Stelzenbau der Capitainerie steht. Hier liegen zum Alten Hafen hin auch eine kleine Tankstelle sowie ein Slip und auf dem Kopf der Pier eine große Tankstelle für Benzin und Diesel. Ihr genau gegenüber ragt eine Pier vom *Fort Carré* her anfangs nach S, um im vorderen Teil nach SO abzuknicken. Sie trägt einen kleinen Leuchtturm. Diese beiden Piers schließen die *Anse St. Roch* bis auf eine Einfahrt von ca. 50 m Breite völlig ab.

Vorsicht: Von S her, also aus Richtung Stadtmauer, reicht ein langer Betonsteg – im letzten Drittel etwas nach NNO abknickend – bis fast in diese Einfahrt hinein. Weitere Steganlagen gehen sternförmig vom Ufer aus in die Bucht hinein, wobei die von S gebauten beiden weiteren langen Betonstege jeweils am Kopf mit Querstegen ausgestattet sind.

Der *Alte Hafen* mit seinen Stegen dient vor allem tiefgehenden Yachten sowie Fischern und ist teilweise öffentlich, jedoch stets überfüllt. Am Fuß der alten Mole auf der *Bastion des Cinq-Cents Francs* befindet sich eine große

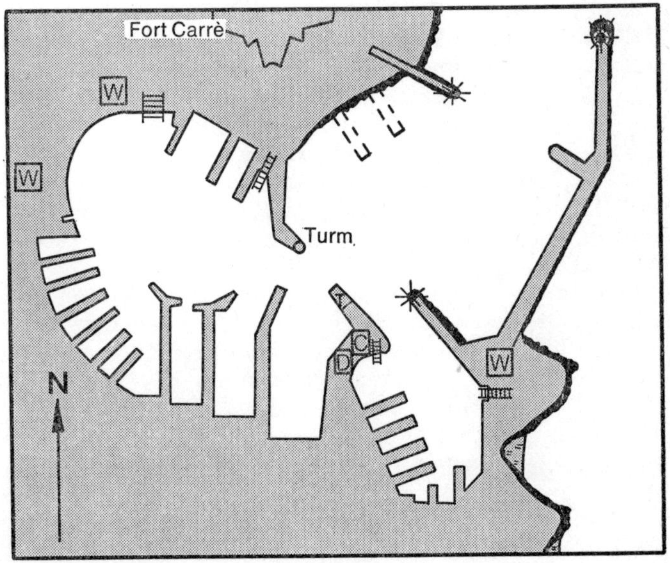

Port d'Antibes-Port Vauban ⟨50⟩

Werft mit Schienenslips. Jenseits der den Alten Hafen zur See hin begrenzenden ehemaligen Festungsmauer liegt zwischen der *Bastion des Cinq-Cents Francs* und der kleinen Halbinsel *La Gravette* ein Strand. Südlich der *Gravette* bis zum Beginn der hohen Stadt-Klippen ist ein weiterer, beiderseits durch Wellenbrecher geschützter Strand.

Die O-Seite des *Quai d'Honneur* steht mittleren bis kleineren Yachten zur Verfügung und ist öffentlich, daher auch stets ausgebucht. Die gegenüberliegende geknickte Pier mit einer Slipanlage buchteinwärts steht – wie auch die Stege im Vorhafen – ausschließlich Clubs zur Verfügung. Das im Nordteil der Bai nach W anschließende, durch zwei Stege begrenzte Becken dient ausschließlich einem Jugend-Club. Das nächste Becken ist wiederum öffentlich. Die NW-Rundung der Bucht mit Landliegeplätzen ist bis zur Werft (40-t-Slip) ebenfalls öffentlich. Das gilt auch für die beiden an die Werft nach S anschließenden Stege. Diese öffentlichen Anlagen unterstehen der Stadtverwaltung und sind hoffnungslos überfüllt. Alle anderen Anlagen zwischen dem Alten Hafen und den beiden Stegen S der Werft sind Eigentum einer Gesellschaft. Soweit während des Ausbaues noch nicht alle Dienstleistungsbetriebe am Hafen selbst untergekommen sind, findet man sie in nächster Nähe. Parkplätze sind reichlich vorhanden. Die Stadt *Antibes* mit allen Einkaufsmöglichkeiten beginnt am S-Kai des Alten Hafens.

Alle Hafenanlagen sind gut gegen Wind und Wetter geschützt und eignen sich sehr gut als Stützpunkt für Fahrten auf die hohe See hinaus und entlang der Küste nach N und S. Gute Campingplätze bestehen vor allem in Richtung *Nice* W der Schnellstraße.

Von Antibes bis Nice

Die an die Halbinsel mit dem *Fort Carré* von *Antibes* aus anschließende Küste ist für den Wassersportler uninteressant. Der steile Kiesstrand ist von Menschen überfüllt und durch den Krach von Vergnügungsbuden und einer Gocart-Bahn unzumutbar laut bis auf See hinaus. Außerdem ziehen sich direkt dahinter die Küstenstraße, die Eisenbahnlinie, eine weitere Schnellstraße und noch so einiges entlang, um dieser schattenlosen Gegend den Stempel der Trostlosigkeit aufzudrücken.

Marina Baie des Anges ⟨51⟩

Deutsche Seekarte Nr. 498	*Position*
Französische Seekarte Nr. 5341, 2682	*Breite: 43° 38' N*
Carte Marine Blondel Nr. 501	*Länge: 7° 09' O*

In *Villeneuve-Loubet Plage,* etwa auf halber Strecke zwischen dem *Fort Carré* von *Antibes* und dem Flugplatz von *Nice* ist eine große Marina entstanden, die man einfach nicht übersehen kann. Bis weit auf See hinaus macht man

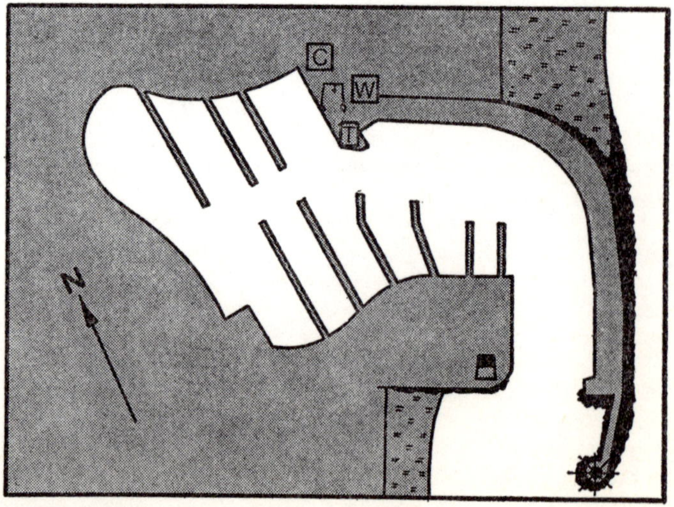

Marina Baie des Anges ⟨51⟩

die vieletagigen, pyramidenförmigen Appartementhäuser aus, die die Hafenanlagen mit 603 Liegeplätzen landein umfassen. Einlaufender Kurs ist in etwa parallel zum Strand, von *Antibes* herkommend, um die gebogene, befeuerte O-Mole ziemlich dicht an Steuerbord zu lassen, während man an Backbord hinter dem Badestrand von dem ersten der riesigen Wohnhäuser überragt wird. Man folgt der Einfahrt um die breite Gegenpier mit ihrem kleineren weißen Turm mit rotem Oberteil herum bis zu Fahrstuhl-Slip und Tankstelle an Stb., denen sich die Capitainerie anschließt. Der Hauptteil der Hafenanlagen ist für die Eigentümer von Appartements (gegen Kauf oder Miete) vorgesehen, jedoch kann man auch Liegeplätze für kürzeren oder längeren Aufenthalt als Gast mieten. Alle Anlagen sind vorgesehen; zur Zeit wird noch eifrig gebaut, jedoch sind die meisten Liegeplätze bereits benutzbar.

Cros de Cagne ⟨52⟩

Deutsche Seekarte Nr. 498	*Position*
Französische Seekarte Nr. 5176, 5347	*Breite: 43° 40' N*
Carte Marine Blondel Nr. 501	*Länge: 7° 10' O*

Dieser sehr kleine Fischerhafen mit 1 m Wasser ist oft durch eine Barre versperrt. Er dient den Fischern und für das örtliche Rettungsboot, dessen Ablaufbahn sich an der NW-Seite des kleinen Hafenbeckens neben der Slip-Schräge befindet. Liegeplätze für ortsfremde Kleinboote sind praktisch nicht zu bekommen, da der Hafen überfüllt ist. Man kann jedoch an der O-Seite des Hafens neben dem Bunker Trinkwasser bunkern.

Die Einfahrt in den nicht befeuerten kleinen Hafen ist nach WNW geöffnet und zwischen den beiden Wellenbrechern verhältnismäßig breit. Für Kleinboote mit hochklappbaren Außenbordmotoren bzw. Schwert ist er als Nothafen trotz der Barre gut anzulaufen, wenn man sich von W her bis in die Einfahrt in etwa parallel zum Strand hält.

Les Paluds

Die Mündung des Flusses *Var* ist von See her erkennbar an einer auffallenden, 3 km landeinwärts liegenden gitterförmigen Eisenbahnbrücke. Die Mündung des Flusses ist durch Kiesbarrieren und vorgelagerte Steine nicht befahrbar. An ihrer W-Seite befindet sich ein winziger Hafen für Fischer- und kleine Sportboote, *Les Paluds*. Liegeplätze sind nicht vorhanden. Direkt an der O-Seite der Mündung anschließend beginnen die Start- und Landebahnen des Flugplatzes von *Nice*. Der rot-weiße Flugplatz-Mast (25 m) zeigt nur bei Eigenbedarf unterbrochenes weißes Feuer, Mo (V) w. von 265° – 26° (Lf. 11 920).

Vorsicht: Bei starkem Wind aus O kann in der *Baie des Anges* von *Antibes* her bis zum Flugplatz *Nice* gefährliche Brandung stehen.

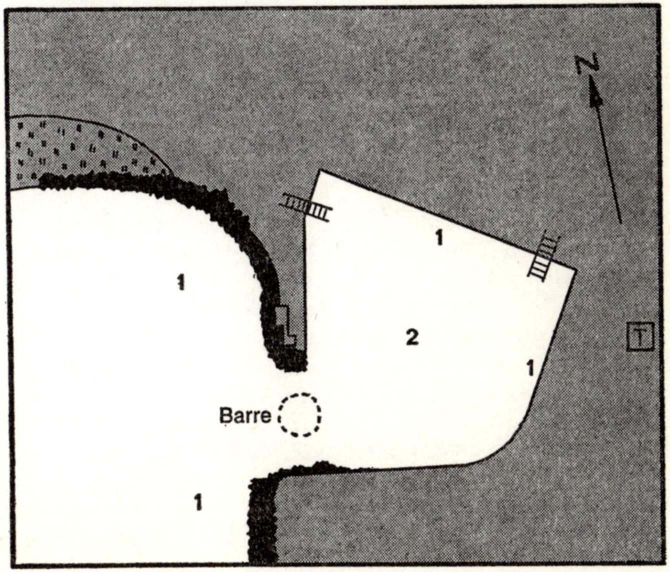

Cros de Cagne ⟨52⟩

Vom Flugplatz bis zum Hafen von *Nice* zieht sich von den Vororten *La Californie* über *Ste. Hélène* und später unter den großen Boulevards entlang ein wenig brauchbarer, steiniger Strand mit vereinzelten Klippen und Riffen, der trotzdem von Badenden stark frequentiert ist. Boote sollten nicht näher als 0,5 sm herangehen, um die Badenden und Schnorchler nicht zu gefährden. Anlandung selbst mit kleinen Kunststoff-Booten bekommt den Rümpfen schlecht. Erst im Hafen von *Nice* besteht eine – wenn auch geringe – Möglichkeit, einen Liegeplatz zu finden.

Nice

Die Stadt Nice (300 000 Einw.), im deutschen Sprachgebrauch Nizza genannt, ist eine ausgesprochenene Großstadt, dabei Hafenstadt und Badeort an der Baie des Anges in eins. Sie wird – vor allem von Engländern und Amerikanern – auch im Winter stark frequentiert. Gegründet von Griechen aus Massilia (Marseille) unter dem Namen Nikaia, wurde die Stadt im Jahre 154 v. Chr. als Nicaea römisch. Seit den ständigen Kämpfen mit Ligurern und Kelten blieb die Stadt stets ein Zankapfel aller Herrscher, auch noch, als sie 1720 durch die Pest fast entvölkert war. Erst danach wurde sie zur Großstadt ausgebaut. Seit Napoleon III. gehört die bis dahin italienische Grafschaft endgültig zu Frankreich. Kein Wunder daher, daß in Nice noch heute viel italienisch gesprochen wird und enge familiäre Verbindungen nach Italien bestehen, vor allem in den Raum von Ventimiglia. Am Meer entlang führen die erhöhten Boulevards mit ihren Hotelbauten, insbesondere die Promenade des Anglais und der Quai des Etats Unis. Sehenswert sind verschiedene Museen und einige der allerdings verhältnismäßig jungen Kirchen, die Ruinen des römischen Amphitheaters bei Cimiez, das nahegelegene Burg-Dorf Eze an der »Moyenne Corniche« und der Augustus-Turm aus dem 5. Jh. v. Chr. in La Turbie an der »Haute Corniche«. Die »Moyenne Corniche« in halber Höhe bzw. die »Haute Corniche« weit oben an den Bergen sind Aussichtsstraßen mit herrlichem Blick auf das Meer.

Port de Nice ⟨53⟩

Deutsche Seekarte Nr. 498	*Position*
Französische Seekarte Nr. 5176, 5347, 2682	*Breite: 43° 42' N*
Carte Marine Blondel Nr. 501	*Länge: 7° 17' O*

Von See her kommend, ist die Hafen-Einfahrt von *Nice* nicht einfach auszumachen, da sie von SO nach NW schräg zur steilen Felsküste liegt und auch das *Cap de Nice* auf große Entfernung keine besonderen Kennzeichen aufweist. Bei Nacht kommt hinzu, daß die Lichter der Großstadt – die in ihrem westlichen Teil noch in weitgehend flaches Land, im östlichen Teil jedoch in die Bergtäler und Hänge hineingebaut ist – die Kennung des Molenfeuers, aus roten Blitzen bestehend, leicht überdecken. Bei Tage kann man jedoch hoch über der Stadt hart NO der Hafeneinfahrt die Kuppeln des Observatoriums ausmachen. Außerdem steht das Schloß auf einem Berg (92 m), der sich genau oberhalb vom Fuß der Mole befindet. Bei Nacht erkennt man das Band der Tiefstrahler über den Boulevards W des Schloßberges, während die in Richtung nach Monaco gehende Straße in etwa 50 m Höhe O des Hafens am fast senkrechten Fels des *Cap de Nice* entlangführt.

Die etwa 400 m lange W-Mole geht am Fuß des Schloßberges ab und führt nach SO direkt in Richtung auf die Spitze des *Cap de Nice*. Das Molenfeuer auf einem pyramidenförmigen viereckigen weißen Turm mit rotem Lampenhaus und weißer Kuppel (22 m) zeigt Blz. r. (Lf. 11 940). Bis kurz vor dem Einlaufen in den Hafen sieht man jedoch außerdem noch aus östlicher Richtung das weiße Blinkfeuer des *Cap Ferrat*. Verschwindet es, so ist man im NW-Schatten des *Cap de Nice*. Dem Molenkopf gegenüber geht von den Felswänden bis zu den ihnen vorgelagerten Riffgebieten eine Gegenmole mit grünem Festfeuer ab. Zwei weitere grüne Festfeuer hafeneinwärts stehen auf weit hervorspringenden Gegenmolen. Ihnen in etwa gegenüber auf der W-Mole ist je ein (insgesamt also zwei) rotes Festfeuer.

Die Breite der Einfahrt beträgt ca. 100 m.

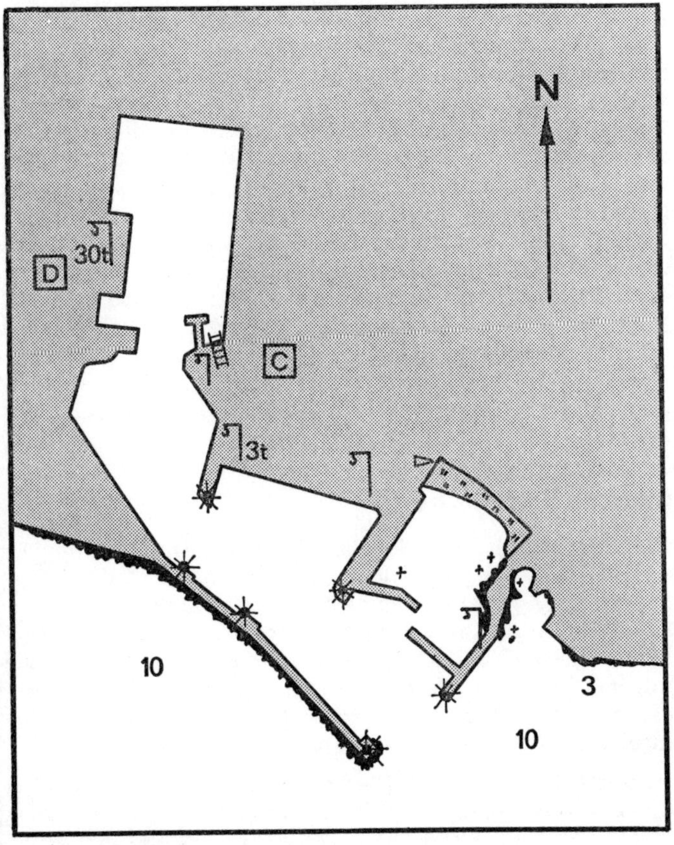

Port de Nice ⟨53⟩

Im Vorhafen an Stb. zwischen den beiden ersten senkrecht zur allgemeinen Hafeneinfahrt stehenden Quermolen liegt ein kleiner Club-Hafen mit Bojenfeldern, die jedoch völlig besetzt sind. Das gilt auch für die übrigen Anlagen in diesem Club-Gebiet, das durch je eine von jeder Quermole parallel zur Hauptfahrrinne verlaufende Pier fast völlig abgetrennt ist.

Das an Stb. folgende große Becken zwischen der 2. und 3. Quermole ist ebenso wie die gesamte Bb.-Seite der Hauptmole und des ganzen inneren Hafens ausschließlich der Berufsschiffahrt vorbehalten.

Liegeplätze für Sportboote sind in *Nice* so knapp, daß man eigentlich gar nicht darüber zu reden braucht. Im Innenhafen, dem *Bassin Lympia,* gegenüber der von Bb. vorgebauten breiten Pier, dem *Quai Lunel,* gibt es nur an der parallel zum O-Kai von S abgehenden T-förmigen Steganlage eines Clubs die Möglichkeit, einen Liegeplatz zu bekommen. Hier sind auch Slip und Kran sowie die Capitainerie. Das Zollamt liegt an Bb. in der Häuserreihe jenseits des deutlich vorgebauten, langen *Quai de la Douane,* den man an einem 30-t-Kran leicht ausmachen kann. Auch am Ende des praktisch in die Stadt hineingebauten Hafens besteht bei dem dort ansässigen Club zeitweise die Möglichkeit, einen Liegeplatz zu bekommen. Ein ausgesprochener Urlaubs-Hafen ist der *Port de Nice* jedoch keinesfalls, obwohl man jeden Motoren-Service, Bootsreparaturen usw. bekommt und rings um den Hafen alles zu kaufen ist, was man benötigt.

Vorsicht: Starker Schwell der Berufsschiffahrt macht es nötig, das Boot mit vielen Leinen festzumachen und gut durch Fender zu schützen. Sobald ein Dickschiff die Hafeneinfahrt benutzt, sollte man sich gut freihalten, denn die nahen Felswände des *Cap de Nice* lassen aus jeder Wasserbewegung starke Kreuzseen entstehen. Bei Wind von S – SO kann in der Hafeneinfahrt starker Seegang stehen.

Von Nice bis zur ital. Grenze bei Menton

Deutsche Seekarte Nr. 498
Französische Seekarte
Nr. 5176, 5347, 5207, 5208
Carte Marine Blondel Nr. 501

Die Ausläufer der *Alpes Maritimes* ziehen sich bis über 800 m hoch dicht oberhalb der klippenreichen Steilküste hin, teilweise mit Pinien bewachsen und fast durchweg bis mindestens zur halben Höhe bebaut. Die Küste ist von einer Vielzahl von Buchten zerrissen, so der *Rade de Villefranche,* der *Baie de Beaulieu,* der *Baie de Roquebrune* und schließlich der weiten Bucht von *Menton.* Bekannte Städte und Badeorte ziehen sich wie eine Kette an den Klippen entlang, oft mit Yachthäfen nahebei, teilweise auch im Winter voller Fremdenverkehr wie beispielsweise *Monte Carlo.* Entsprechend der dichten Bebauung des Küstenverlaufes – an dem zumeist die Eisenbahn etwas höher, als sonst an der *Côte d'Azur* üblich, verläuft und auch die »Corniche Inférieure«, die Küstenstraße, nicht überall direkt an den Klippen, sondern oft höher am Berg entlanggeht – ist die eigentliche Küste einschließlich der netten kleinen Buchten durchweg in Privatbesitz. Von See her ist auch dieser Küstenabschnitt sehr hübsch anzuschauen, und bei ruhigem Wetter tummeln sich hier Tausende von Booten aller Größen- und Preis-Klassen. Dementsprechend sind natürlich die Sportboothäfen belegt. Anlandungen für die Eigner kleinerer Boote sind an der Küste praktisch nicht möglich. Kleinere Boote werden hier zumeist als Zugboote für Wasserski gefahren. Für Sportangler und Sporttaucher gibt es verhältnismäßig wenige Möglichkeiten, da hier zuviel Betrieb auf dem Wasser herrscht. Camper sind schlecht dran, denn sie finden eigentlich nur bergwärts der Stadt *Menton* Stellplätze mit Voranmeldung, ohne ihre Boote am Wasser liegen lassen zu können. Alles in allem ein landschaftlich schöner Abschnitt mit weltbekannten Hotels, Casinos und Boulevards. Er bleibt jedoch weitgehend solchen Bootseignern vorbehalten, die entweder im Hotel oder an Bord wohnen. In beiden Fällen allerdings vorausgesetzt, daß ein Liegeplatz vorhanden ist. Und Liegeplätze gehören entweder Dauerliegern oder privaten Marinas, in denen sie auch tage- und wochenweise zu ermieten sind. Soweit der Platz reicht.

Rade de Villefranche

Die durchschnittlich 1 km breite und 2,5 km tief eingeschnittene Reede beginnt praktisch an der *Pte. des Sans-Culottes,* 0,3 sm O des *Cap de Nice.* Zwischen diesen beiden Huks liegt eine leicht eingebuchtete, senkrechte Klippenküste. Ihrem O-Teil sind viele Riffe vorgelagert, so daß sie nur bei ruhigem Wetter bedingt für Sportangler interessant sein könnte. Die Reede wird nach O durch die Halbinsel von *St. Jean-Cap Ferrat* weitgehend geschützt.

Vorsicht: Zwischen der *Pte. des Sans-Culottes* (auch *Pte. Sabatier* genannt) im W und der *Pte. de la Cuisse* im O steht bei Wind aus S gefährliche Brandung, unter Land sogar mit schweren Kreuzseen vermischt. In der

Bucht von *L'Espalinador* – das ist die große Bucht auf der O-Seite der Reede an der schmalsten Stelle der Halbinsel von *St. Jean-Cap Ferrat* – steht vor allem im Südteil bei SW-Wind schwere See, die auch mehrfach verankerten Booten sehr gefährlich werden kann.

Die W-Küste der Reede mit ihren hohen Felswänden ist für Sportboote keinesfalls geeignet, auch gibt es hier keinen Ankergrund. Hart S der kleinen *Pte. de Madame* ist dicht unter Land ein kleines Riff mit winzigen Felsinseln. In der NW-Ecke der Reede liegt die Stadt *Villefranche* mit ihrem Hafen und einem weiteren kleinen Fischerhafen hart N davon, der für Sportboote nicht zugelassen ist.

Villefranche (7000 Einw.) wurde erst im 14. Jh. gegründet, besitzt eine Zitadelle aus dem 16. Jh. direkt über der Einfahrt des Hafens, der zur Zeit der Könige von Sardinien-Piemont als Galeeren-Hafen diente.

Port de Villefranche ⟨54⟩

Deutsche Seekarte Nr. 498	*Position*
Französische Seekarte Nr. 5176	*Breite: 43° 42' N*
Carte Marine Blondel Nr. 501	*Länge: 7° 19' O*

Die lange O-Mole beginnt am Fuß der Felswände hart N eines kleinen Strandes. Sie führt anfangs ein kurzes Stück nach O und knickt dann nach NO ab. Der Molenkopf mit dem auf einem kleinen viereckigen weißen Gebäude stehenden weißen Leuchtturm (8 m) zeigt nochmals einige Meter weiter nach O. Direkt N des Molenfeuers erhebt sich die Zitadelle.

Das Molenfeuer mit Fkl. w./r. (Lf. 12 010) ist etwas kompliziert. Es zeigt im westlichen Gefahrensektor (unter den Klippen) rote Blitze. Genau nach S kennzeichnet ein weißer Blinksektor die Einfahrt von See. Sobald man in der Reede ist – etwa am Anfang der großen O-Bucht *L'Espalinador* –, sollte man genau N-Kurs halten. Dabei muß man ohne Kursänderung den SO-Sektor des roten Blitzfeuers durchlaufen, anschließend auch den OSO-Sektor des erneut weißen Blz. Danach läuft man im O-Sektor mit wiederum roten Blitzen so weit nach N, bis man das Molenfeuer in SSW – also etwas achterlicher als dwars – an Bb. hat.

Vorsicht: Bis hierhin liegen inmitten der Reede mehrere große Festmachertonnen für die Berufsschiffahrt und die Kriegsmarine.

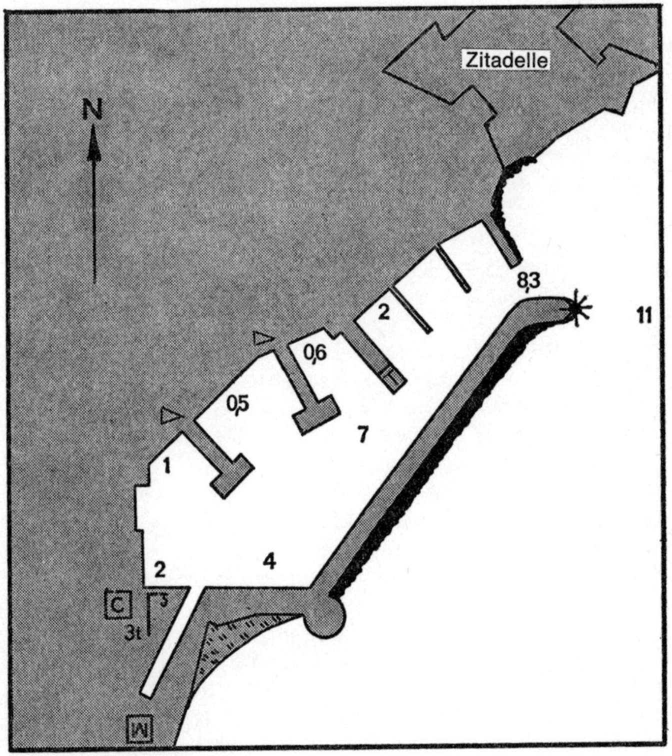

Port de Villefranche ⟨54⟩

Erst jetzt legt man hart Bb.-Ruder und läuft hart W der großen Mole mit SW-Kurs in den Hafen ein.

Einlaufend an Stb. liegt von der Zitadelle her eine unbefeuerte Quermole senkrecht zum Molenfeuer der Hauptmole. Zwischen ihr und der zweiten Quermole – auf der sich Tankstelle (Benzin und Diesel) und Trinkwasser befinden – sind im Flachwasser (0,5 m) zwei Stege und davor nochmals Festmachertonnen. Der daran anschließende Teil des landseitigen Kais mit einigen Steganlagen steht Clubs zur Verfügung. Der SW-Teil des Hafens mit 42-t-Trockendock, Slips, Schienenslip, 13-t-Kran, dient ausschließlich den Werften. Die Innenseite der großen Mole steht beschränkt größeren Sportbooten als Liegeplatz zur Verfügung. Die Capitainerie befindet sich bei dem großen Kran, die Zollstelle an der Wasserseite des Fischerhafens nördl. der Zitadelle, wo neben dem Kai für Musikdampfer, »Môle de la Santé/Gare maritime«, auch Auskunftsbüros usw. bestehen. Diese kleine *Môle de la Santé* mit grauem, viereckigem Turm (5 m) zeigt die Kennung Blz./r. (Lf. 12 040).

Nördlich des kleinen Fischerhafens, dessen Einfahrt nach N zeigt, ist das Ufer bis zum Badestrand im Nordteil der Reede nicht für Sportboote geeignet. Gleich am Beginn des Strandes, direkt unterhalb des Bahnhofes, liegt eine Felsgruppe im Wasser. Das Ufer verläuft bis 200 m weit hinaus sehr flach, so daß es hier von Badenden und Schwimmern wimmelt. Dort, wo der Strand an der O-Seite endet, beginnt eine Vielzahl von Riffen und winzigen Felsinseln. Sie reichen teilweise bis zu 150 m in die Reede hinaus und ziehen sich vereinzelt mit Abständen auch um die *Anse de Grasseuil* und die ganze Bucht bis zur *Pte. de Passable* dicht unter Land entlang. In der *Anse de Grasseuil* kann man auf krautbewachsenem Grund gut ankern, jedoch ist er erst 150 m vom Ufer entfernt etwa 5 m tief. Der Südteil der Bucht ist – wie bereits erwähnt – bei SW-Wind vor Anker unter Umständen lebensgefährlich. Das gilt auch für die S an die *Pte. de Passable* anschließende *Anse de Passable* mit ihrem kleinen Badestrand.

Der anschließende Abschnitt in S-Richtung entlang der Halbinsel *St. Jean-Cap Ferrat* – die völlig in Privatbesitz ist – ist unter Land bis zur steilen *Pte. de la Gavinette* höchstens 1 m tief. Anschließend in der flachen, jedoch durch See und Brandung gefährdeten Bucht bis hin zur riffreichen *Pte. de la Cuisse* lotet man auch nur 1,5 – 2,5 m. Die 10-m-Tiefenlinie liegt etwa 80 – 100 m seewärts. Von hier bis zum *Cap Ferrat* mit einem weißen Leuchtturm und grünem Band auf der *Pte. Malalongue* (69 m) – der Blz. w. (Lf. 11 980) als Kennung zeigt – liegt vor der Steilküste der Grund durchschnittlich in 3 m Tiefe. Die 10-m-Tiefenlinie ist 50 – 100 m vom Ufer entfernt.

Vorsicht: Hart S einer kleinen Landestelle für Linienboote, 400 m N der *Pte. Malalongue,* liegt etwa 50 m vor einer kleinen Huk der Fels *Voët* mit schwarz-weißer Turmbake und W-Toppzeichen.

Cap Ferrat

Die Südseite des dicht besiedelten *Cap Ferrat* zwischen der *Pte. Malalongue* mit dem weißen Leuchtturm (69 m) und der beiderseits ganz dicht unter Land von einigen Riffen eingefaßten *Pte. Causinière* ist die Basis mehrerer großer Hotels. Ebenso wie die O-Seite des Caps bis in die *Anse de Lilong* hinein ist die Küste daher dicht unter Land nicht für Boote geeignet. In einem Sektor von SW bis S ist vor dem Cap bis auf See hinaus jedes Ankern verboten.

Halbinsel St. Hospice

Etwa auf halber Länge der Halbinsel *St. Jean-Cap Ferrat* springt eine ca. 1,2 km lange Halbinsel, *Presqu'Ile de St. Hospice,* nach O vor in den *Golfe de St. Hospice.* Die beiden Süd-Buchten – *Anse de Lilong* westlich und, durch die *Pte. de Lilong* getrennt, östlich die *Anse des Fosses* – bieten einigermaßen brauchbare Ankerplätze. Sie bieten jedoch bei Südwind und entsprechender See keinerlei

Schutz. Die 10-m-Tiefenlinie verläuft bei beiden Buchten etwa 150 m vor der *Pte. de Lilong*. Die 5-m-Tiefenlinie liegt nur etwa 150 m landwärts der Pointe und auch dort nur inmitten der beiden Buchten, deren Ränder durchweg höchstens 2 m Wassertiefe aufweisen. Beide Seiten der *Anse de Lilong* starren von Riffen. Das gilt auch für die *Pte. de Lilong,* für die Tiefe der *Anse des Fosses* beiderseits des Strandes und für die Spitze der *Pte. du Colombier,* die die *Anse des Fosses* nach O abschirmt. Weiter entlang der Halbinsel bis zu deren O-Spitze, der *Pte. St. Hospice,* besteht ebenfalls klippenreiches Steilufer mit Wassertiefen dicht unter Land zwischen 1 m und 1,8 m bis zum gut sichtbaren Turm *Tour Vièrge*. Von ihm aus nach O ist es in Landnähe bis zu 2,5 m tief. Das Ufer ist vollständig bebaut, der *Pte. St. Hospice* 50 m NO vorgelagert liegt ein kleines Riff.

Am N-Rand dieser Halbinsel, deren Küste gleichbleibend aus Klippen besteht, bis zur ersten größeren Bucht, der *Anse de la Scaletta,* ist keine Möglichkeit, dicht unter Land zu gehen. Die Bucht selbst ist unter Land völlig von Riffen verseucht. Etwa von der 5-m-Tiefenlinie an – inmitten der Bucht liegt sie etwa 0,1 sm von Land entfernt – besteht brauchbarer Ankergrund. Er bietet jedoch gegen Wind von NW über N bis O keinen Schutz. Von hier ab bis in die im W folgende Bucht *Anse de St. Jean* steht bei O-Wind starker Strom nach W.

Zwischen der *Anse de la Scaletta* und dem Hafen von *St. Jean* besteht in der Steilküste durch zwei gegenüberliegende Wellenbrecher geschützt ein kleiner Privathafen, der nicht öffentlich zugängig ist. Er wird an dieser Stelle auch nur als Nothafen erwähnt.

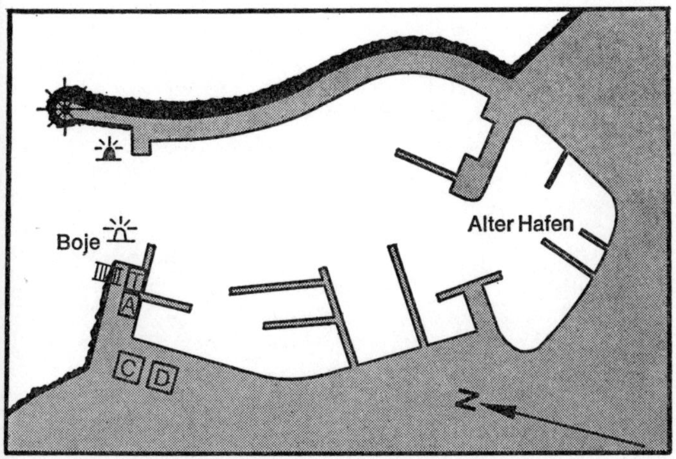

St. Jean-Cap Ferrat ⟨55⟩

St. Jean-Cap Ferrat ⟨55⟩

Deutsche Seekarte Nr. 498	*Position*
Französische Seekarte Nr. 5341, 2682	*Breite: 43° 41' N*
Carte Marine Blondel Nr. 501	*Länge: 7° 20' O*

Der Ort *St. Jean-Cap Ferrat* (3000 Einw.) gehört im weiteren Sinne zu Antibes und füllt die Halbinsel einschließlich der von ihr nach O abgehenden weiteren kleinen Halbinsel *St. Hospice* völlig aus. In der SW-Ecke der *Anse de St. Jean* wurde der bisherige kleine Sportboothafen zu einem Privathafen in Art einer modernen Marina ausgebaut. Die Einfahrt ist völlig neu. Ältere Handbücher und Karten (vor 1973) sind daher nicht mehr brauchbar.

Die O-Mole des Hafens schiebt sich parallel zum Land in leichtem Bogen nach NNW vor und ist auf dem Molenkopf befeuert. Kennung: Blz. r. (Lf. 12 070). Dem Molenkopf von Land her gegenüber, jedoch etwas nach hafeneinwärts versetzt, ist eine Gegenpier. An ihrem Kopf nach außen befindet sich eine Slip-Schräge, direkt auf dem Kopf die Bunkerstation mit Anmeldung und an ihrem Fuß die Capitainerie und die Zollstelle. Gegenüber dieser von Land ausgehenden Pier steht ein kurzer Wellenbrecher von der O-Mole entgegen. Vor dieser inneren

Einfahrt liegen an Stb. eine Boje mit Reflexband gn. und Bb. eine Boje mit Reflexband r., also nicht beleuchtet. Die Steganlagen im neuen Hafen nehmen etwa 350 Boote auf, sind jedoch nur im Kauf auf 50 Jahre zu erhalten. Gästeliegeplätze stehen, soweit vorhanden, nur im *Port Public* – dem früheren alten Hafen – am äußersten Ende des großen Hafenbeckens zur Verfügung. Die Hafenanlagen sind mit Strom, Trinkwasser und teilweise mit Fernsehanschluß und Telefon versehen. Service-Station und Werft sind vorhanden, Shipchandler sowie Einkaufsmöglichkeiten nahebei.

Der weitere Verlauf der O-Küste der Halbinsel *St. Jean-Cap Ferrat* ist entlang der Klippen bis in die *Anse des Fourmis* vor *Beaulieu* ganz flach und dort, wo die Uferstraße nicht direkt auf Schutzmauern entlangläuft, in Privatbesitz.

Vorsicht: Bei Dunkelheit ist die 150 m weit vorspringende *Pte. de Romp Talon* gefährlich. In ihrer S-Bucht besteht zwar ein kleiner, stets überfüllter Strand, vor dem die Wassertiefe auf 100 m nach SO aber teilweise nur knapp 0,60 m beträgt.

Beaulieu

Das weltbekannte Bad *Beaulieu (3500 Einw.)* mit einer Vielzahl besonders großer Hotels, besitzt zwei Sportboot-Häfen. Der alte kleine *Port à Fourmis* liegt in der äußersten NO-Ecke der Bucht, die sich am Fuß der Halbinsel *St. Jean-Cap Ferrat* befindet und wird gegen O durch die *Pte. des Fourmis* geschützt. Er ist überbelegt. Der neue *Port de Beaulieu* gehört einer Gesellschaft, ist hypermodern und nimmt den ganzen W-Teil der *Baie de Beaulieu* ein. Ein guter Stützpunkt, in dem es sogar noch Liegeplätze gibt. Geeignet jedoch nur für bewohnbare Boote bzw. dann, wenn die Besatzung im Hotel wohnt. Nächster Campingplatz ist in *Eze-sur-Mer*.

Port à Fourmis

Dieser kleine Hafen in der NO-Ecke der *Anse des Fourmis* wird durch eine von O nach W verlaufende kurze Süd-Mole und einen von NW nach SO gerichteten Wellenbrecher geschützt. Bis zur Tankstelle, 2-t-Kran und Slip in der O-Ecke des Hafenbeckens, können Boote bis 20 m Länge und 1,50 m Tiefgang in etwa parallel zum N-Ufer des Hafens mit NO-Kurs einlaufen. Liegeplätze und Parkplätze sind erfahrungsgemäß nicht zu bekommen.

Port de Beaulieu ⟨56⟩

Deutsche Seekarte Nr. 498	*Position*
Französische Seekarte Nr. 5347, 2682	*Breite: 43° 42' N*
Carte Marine Blondel Nr. 501	*Länge: 7° 20' O*

Die ausgedehnten Anlagen dieser privatbetriebenen Marina, die beinahe die ganze Bucht O von *Beaulieu* einnimmt, liegen hart S eines langen Straßenviadukts, das bis zum Meer hinunterreicht und an die senkrechten Felswände des *Cap Roux* anstößt. Sie werden durch einen langen, von NO in SW-Richtung führenden freistehenden, hohen Wellenbrecher geschützt. Das Feuer auf dem N-Kopf des Wellenbrechers auf grauem Turm mit rotem Dach (7 m) hat die Kennung Ubr. r. (Lf. 12 100), das Feuer auf dem S-Kopf Glt. gn. (Lf. 12 090). Je nach Windrichtung und Seegang kann man diesen Wellenbrecher sowohl von N als auch von S her runden. Die eigentliche Hafeneinfahrt liegt genau hinter dem leichten Knick des Wellenbrechers und ist durch grünes bzw. rotes Festfeuer gut auszumachen. Das ganze Hafengebiet ist unter Flutlicht, so daß die Einfahrt auch bei Nacht einfach ist. Am Kopf der Stb. gelegenen Mole – dem *Quai du Levant* – ragt eine breite Pier mit Tankstelle (Benzin und Diesel) etwas in den Hafen hinein. Fast genau gegenüber an Land – und zwar S der Straßeneinfahrt zum Hafengelände – befindet sich die Capitainerie. Das direkt davor liegende Hafen-

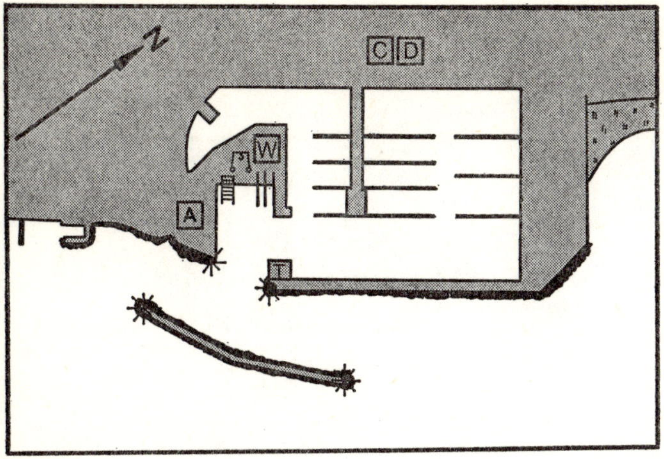

Port de Beaulieu ⟨56⟩

becken hinter der Werft ist öffentlich, während die anderen Liegeplätze zu kaufen oder zu mieten sind. In diesem Hafen (808 Liegeplätze) – der noch durch Appartements auf der großen N-Pier zum anschließenden, durch einen gebogenen Wellenbrecher geschützten Badestrand vervollständigt wird – gibt es von Strom über Trinkwasser, Werften und Motoren-Service, Slip und Krane, 2–7 t, fahrbaren 40-t-Kran und 150-t-Yachtlift, Shipchandler, Bars und Restaurants sowie Geschäfte aller Art fast alles, was man sich vorstellen kann. Parkplätze stehen genügend zur Verfügung. Ein idealer Stützpunkt für Schiffe bis etwa 20 m Länge und beliebigem Tiefgang.

Von Beaulieu bis Monaco

Vom Hafen bzw. dem anschließenden, durch einen Wellenbrecher geschützten Badestrand, führt die Steilküste – nur durch das lange, bogenreiche Straßenviadukt unterbrochen, das mit seinen Pfeilern bis zum Meer hinunterreicht – in die senkrechten Felswände des *Cap Roux* über, das als kahler Kuppelberg nach N in die flache Bucht von *Eze-sur-Mer* verläuft. Direkt »um die Ecke«, im *Mer d'Eze,* liegt ein kleiner Hafen – *Port Silva-Maris* – mit einer vom Kap bogenförmig nach N führenden Mole. Das Feuer auf dem Wellenbrecher zeigt auf weiß-roter Säule (6 m) Blz. r. (Lf. 12130). Die Einfahrt wird durch eine von W nach O von Land verlaufende Quermole geschützt. Einlaufen muß man mit SW-Kurs in spitzem Winkel zum Badestrand. Der Hafen ist privat und stets überfüllt.

Das *Mer de Eze* – also die in ihrem O-Teil von Riffen starrende Bucht unterhalb von *Eze-sur-Mer* und der alten kleinen Burgstadt *Eze,* hoch auf einer Bergkuppe an der »Corniche Moyenne« – ist verhältnismäßig flach. Die 10-m-Tiefenlinie verläuft erst etwa auf der Verbindungslinie zwischen dem *Cap Roux* und der Insel-Huk *L'Isolette.* Bei Wind und See von SO über S bis SW steht hier Brandung. Das gilt auch für die Felsküste von *L'Isolette* bis zu der der *Pte. de Cabuel* vorgelagerten kleinen Insel, die übrigens in Privatbesitz ist. Privat ist bis Monaco hin der gesamte Küstenverlauf, oft Eigentum von Hotels.

Die *Baie St. Laurent,* zwischen der *Pte. de Cabuel* und der *Pte. Mala* – unterhalb des gut auszumachenden »Eden-Hotels« –, liegt zwischen ihren Steilufern bedeutend geschützter. Sie verfügt in ihrem O-Teil im Schutze der *Pte. Mala* auch über annehmbaren Ankergrund zwischen der 8-m- und 5-m-Tiefenlinie. Dieser ist jedoch Wind und See von SSW bis WSW ausgesetzt. Starker Seegang eines Schirokko, also von Afrika her, kann sich sehr unangenehm bemerkbarmachen.

Die Felsküste zwischen der *Pte. Mala* und der von kleinen Felsinseln und Riffen vorgelagerten *Pte. Rougnouse* mit ihren winzigen Buchten ist – vor allem vor dem Hintergrund der Berge mit dem von einem Fort gekrönten nahen »Tête de Chien« (556 m) und dem Triumphbogen des Augustus in *La Turbie* (490 m) – ganz reizend. Befahrbar ist sie aber nur bei ruhiger See dicht unter Land.

Taucher und Angler finden in diesem ganzen Abschnitt kaum noch ein Wasserlebewesen.

Die Bucht zwischen der *Pte. Rougnouse* und dem *Cap d'Ail* ist mit Ausnahme des kleinen Strandes, direkt unter der Eisenbahn, dicht von Riffen umsäumt. Diese Felsbucht ist nicht als Ankergrund geeignet. Ganz abgesehen davon, daß die Küste völlig bebaut ist.

Das *Cap d'Ail* ist von Riffen dicht unter Land umgeben. Vor der Südspitze des Kaps liegt ca. 0,1 sm vorgelagert ein Flachwassergebiet, das zwar durchschnittlich 3,5 m Wassertiefe aufweist, jedoch schon bei verhältnismäßig geringer See starke Brandung hervorruft. Vom *Cap d'Ail* sollte man sich daher mindestens 0,2 sm freihalten.

Zwischen dem *Cap d'Ail* und der *Baie de Rocco* ist die nur knapp 1 km lange Steilküste fast durchgehend durch dicht vorgelagerte Riffe nicht anzulaufen. Nur der kleine Strand in der winzigen Bucht, reich an Riffen, direkt um das *Cap d'Ail* herum – also nördlich vom Felsvorsprung – eignet sich eventuell als Notlandeplatz für kleinere Boote, jedoch nicht bei Wind und See von NO über O bis SSO.

Port de Cap d'Ail ⟨57⟩

Deutsche Seekarte Nr. 498	*Position*
Französische Seekarte Nr. 5207, 5347, 2682	*Breite: 43° 43' N*
Carte Marine Blondel Nr. 501	*Länge: 7° 25' O*

In der *Baie de Rocco*, direkt an der Grenze zu *Monaco*, wurde ein weit ausgedehntes, flaches Plateau aufgeschüttet, in das nach SW hin der neue große Sportboothafen von *Cap d'Ail* eingebaut wurde. Auf diesem Plateau – das bis zur Verbindungslinie vom *Cap d'Ail* zur O-Spitze des Schloßberges von *Monte Carlo* in die See hinausreichend – werden Appartementhäuser, Hotels, Restaurants und alle erforderlichen Sportboot-Einrichtungen errichtet. (Nach Osten hin soll auf dem gleichen Plateau, auf dem Gebiet von *Monaco*, der ebenfalls neue *Port de Fontvielle* entstehen.) Die zur See hin zeigende Breitkante

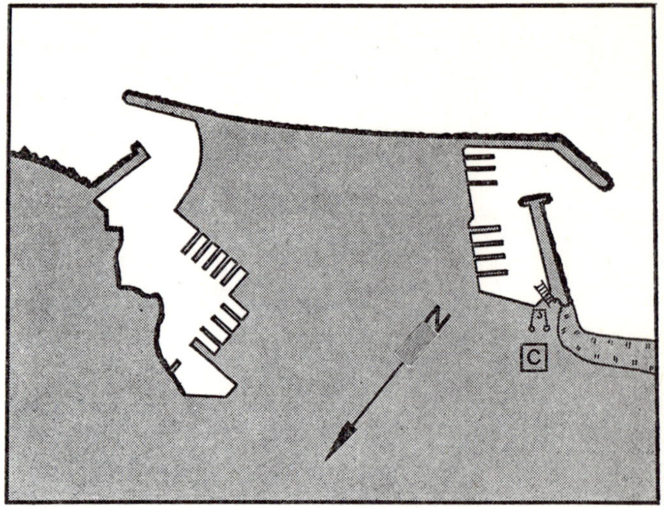

Port Cap d'Ail/Port de Fontvielle ⟨57⟩

dieser künstlichen Halbinsel ist befestigt, kann jedoch nicht von Booten angelaufen werden. Von ihr geht etwa in SW-Verlängerung die große O-Mole des Hafens ab, die bei ca. Zweidrittel-Länge fast genau nach W abknickt und ein Molenfeuer trägt. Die Gegenmole verläuft von Land etwa in OSO-Richtung auf den Knick der Hauptmole zu. Vom Plateau aus sind Steganlagen in das Hafenbecken gebaut. Einlaufend mit N-Kurs in die *Baie de Rocco* legt man nach Passieren des Molenfeuers Steuerbordruder.

(Dieser Hafen, für mehr als 500 Sportboote bis zu 17 m Länge, war bei Herausgabe dieses Buches erst im Rohbau fertig.)

Monaco

Die Grenzen des Fürstentums Monaco (30 000 Einw.) gehen praktisch nicht über die Grenzen der Stadt Monte Carlo hinaus. Schon zu phönizischer Zeit besiedelt, hieß dieser Ort später bei den Griechen Monoikos und bei den Römern Portus Monoeci. Um 1215 wurde das Kastell – ursprünglich mit fünf Türmen in der äußeren Mauer – errichtet, in dem seit 1363 die Grimaldis herrschen. Im 16. und 17. Jh. gehört Monaco zu Spanien, Ende des 18. und Anfang des 19. Jh. zu Frankreich, mit dem es heute in Zollunion verbunden ist. Sehenswert ist nahe dem Fürstenschloß auf der steilen, hohen Felshalbinsel, das Musée Océanographique mit seinem Aquarium. Außerdem auch der Jardin Exotique, die Grottes de l'Oberservatoire und in gewissem Sinne sogar das weltbekannte Casino. In der Umgebung besichtigen sollte man die hoch am Berg liegende Burg Roquebrune, die jedoch nicht mehr zum Fürstentum gehört. Monaco besitzt zwei Häfen, und zwar den Port de Monaco in der Stadt-Bucht sowie den neuen, im Bau befindlichen Sportboothafen Port de Fontvielle auf der SW-Seite der Schloß-Halbinsel.

Port de Fontvielle ⟨57⟩

Deutsche Seekarte Nr. 498	*Position*
Französische Seekarte Nr. 5207, 5347, 2682	*Breite: 43° 43' N*
Carte Marine Blondel Nr. 501	*Länge: 7° 25' O*

Die Bucht direkt SW unter den hohen Klippen der Schloß-Halbinsel wurde – wie im Abschnitt über den *Port d'Ail* bereits beschrieben – durch ein aufgeschüttetes Plateau in zwei Teile geteilt. Auf der SW-Seite dieses Plateaus ist der neue *Port de Cap d'Ail,* während sich zwischen dem Plateau und der Schloß-Halbinsel der neue *Port de Fontvielle* im Bau befindet. In ihm ging der alte kleine Hafen gleichen Namens auf. Vom Plateau – also der künstlichen Halbinsel – führt in NO-Richtung auf die S-Spitze der Schloß-Halbinsel zu die O-Mole als Hauptschutz gegen die See. Von der Schloß-Halbinsel stößt eine Gegenmole genau auf den Fuß der O-Mole vor und läßt eine etwa 50 m breite, etwas schwierige Einfahrt frei. Mit WNW-Kurs hält man sich einlaufend gut 0,1 sm von der S-Küste der Schloß-Halbinsel frei. Erst wenn das (noch nicht existierende) Molenfeuer genau querab an Bb. liegt, legt man hart Steuerbordruder. Parallel zur Innenseite der Mole bleibt man nur ganz kurz auf diesem Kurs, um dann in der bogenförmigen Einfahrt hart Stb.-Ruder zu legen und so die Gegenmole zu runden. Die Steganlagen sind einlaufend im eigentlichen Hafen an Bb. geplant. Neben allen Sportboot-Einrichtungen einschließlich Werft und Motoren-Service, Tankstelle, Slip und Kranen, Trinkwasser und Strom, ist die Errichtung von Appartementhäusern und Hotels, Restaurants, Einkaufszentrum usw. vorgesehen. Der Hafen liegt gut geschützt, jedoch kann vor und in der Einfahrt besonders bei Wind und See von NO bis SO starker Seegang sein.

(Bei Herausgabe des Buches war dieser Hafen erst im Rohbau fertiggestellt.)

Achtung: Etwa 0,2 sm vor der Mitte der künstlichen Halbinsel – also SO – liegt eine rote Tonne mit rotem Blinkfeuer als Kennung.

Port de Monaco ⟨58⟩

Deutsche Seekarte Nr. 498	*Position*
Französische Seekarte Nr. 5207, 5347, 2682	*Breite: 43° 44' N*
Carte Marine Blondel Nr. 501	*Länge: 7° 26' O*

Der *Port de Monaco,* auch *Port La Condamine* genannt, liegt tief nach W in die Bucht eingeschnitten zwischen dem »Rocher« in S, also dem Schloßberg, und der *Pte. Focinane* mit dem Kuppelbau des Spielkasinos. Die beiden großen, je 160 m langen, Molen des Hafens stehen sich genau gegenüber und lassen eine 80 m breite Einfahrt frei. Die S-Mole fußt unter dem Fort an der *Pte. St. Antoine* und trägt auf dem genau nach N gerichteten Molenkopf auf einem achteckigen, weißen Turm (15 m) ein Feuer. Ubr. r. (Lf. 12160), dessen Kennung in S-Richtung durch den *Rocher* begrenzt ist. Die N-Mole, etwa 300 m W der *Pte. Fociname* am Rande der Klippen basierend, trägt auf dem nach S gerichteten Molenkopf einen ebenfalls achteckigen Turm (15 m) mit F. gn. (Lf. 12 170). Genau in Breite der Einfahrt verläuft von ONO eine durch gelb-rot-gelbe Tonnen bezeichnete Fahrinne, dicht vor der S-Mole, und zwar vor dem vorderen Drittel, liegt eine achwechselnd rot-weiß gestreifte, säulenartige Tonne, der nach SSO nochmals eine gelb-rot-gelb gestreifte Tonne etwas vorgelagert ist. 3 Leuchttonnen (Lf. 12 200 – 12 205 – 12 210) liegen seewärts des Hafens.

Vorsicht: In der Hafeneinfahrt steht bei O-Wind starke Brandung.

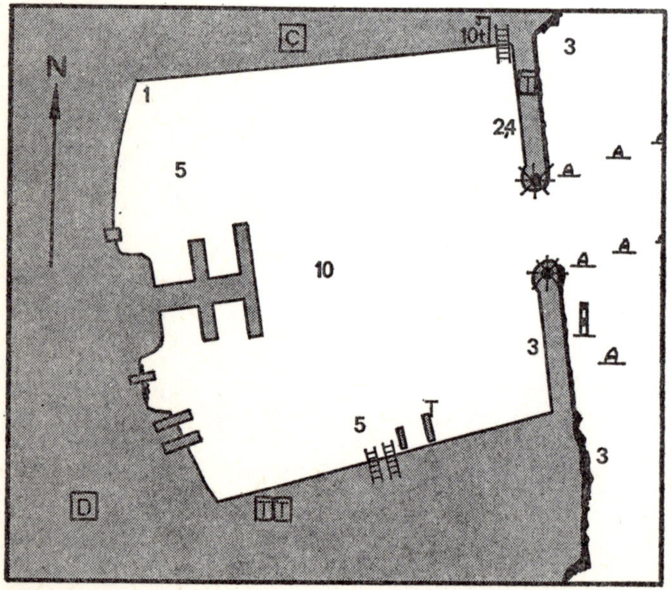

Port de Monaco ⟨58⟩

An der Innenseite beider Molen sind die Liegplätze für sehr große seegehende Yachten, sagen wir mit 20 bis über 50 m Länge. Der nördliche *Quai des Etats Unis* steht vor allem Kriegsschiffen und erst in zweiter Linie Yachten zur Verfügung. Am Fuß der N-Mole befinden sich ein 10-t-Kran und eine Tankstelle. Das NW-Ende des Hafens bis zum *Stadion Nautique* und der Doppel-T – Steganlage vor der Mitte des *Boulevard Albert 1er* – sowie der hieran anschließende SW-Teil mit Stegen und Bojen ist ausschließlich für Fischerboote zugelassen. In der SW-Ecke kann man notfalls Boote vom Trailer einsetzen. Der südliche *Quai du Commerce* unterhalb des *Rocher* mit einer Reihe von Steganlagen der Clubs und Bootsfirmen besitzt mehrere Tankstellen-Anlagen, darunter eine am Kopf eines Steges. Die Capitainerie befindet sich an der Mitte des N-Kais, das Zollamt beim Gaswerk an der SW-Ecke des Hafens. Die 10-m-Tiefenlinie liegt im Hafen in N-S-Richtung bis auf 75 m an die Steganlagen vor dem *Stade Nautique* heran. Im Hafen liegen verschiedene große Festmacher. Der Ankergrund ist gut. Liegeplätze werden durch die Capitainerie bzw. auch durch die Clubs vergeben, soweit vorhanden. Trinkwasser und Strom ist überall vorhanden, Werften, Motoren-Service, Shipchandler usw. gibt es in jeder Menge. Da der Hafen praktisch inmitten der Stadt liegt, kann man gut einkaufen und essen.

Von Monaco bis Menton

Die Küste unterhalb des Nordteiles der Stadt *Monte Carlo* ist dicht unter Land nicht für Sportboote geeignet. Das gilt auch für den durch einen gebogenen Wellenbrecher nach S begrenzten Strand in der *Anse de Larotto*. An diesen Strand schließen sich in der Ecke zur kleinen, künstlichen Halbinsel mit dem Sommer-Casino eine Badeanstalt und ein Club an. Auch hier sind daher unter Land keine Möglichkeiten für Sportboote gegeben. Das gleiche gilt im Prinzip für die anschließende Bucht bis zur *Pte. de la Vielle* mit dem eigentlichen Badestrand, dem *Monte-Carlo Beach.* Vor dem Strand an der 5-m- bis 10-m-Tiefenlinie besteht felsiger und mit Kraut bewachsener haltbarer Untergrund. Etwa 0,3 sm SO vor der Mitte der Casino-Halbinsel liegt ein rotes Seezeichen mit rotem Funkelfeuer.

Von der *Pte. de la Vieille* zieht sich die Klippenküste – mit einer kurzen Strand-Unterbrechung hart W der *Pte. de Cabbé* unterhalb des Ortes *Cabbé* – bis zum *Cap Martin* hin. Mit Ausnahme dieses etwa 300 m langen Strandes sind dieser Küste bis zur *Pte. de Cabbé* etwa 50 m seewärts durchgehende Riff-Ketten vorgelagert. Hart O des Strandes springt die *Pte. de Cabbé* als spitze Klippe nach SO vor.

Vorsicht: 0,3 sm SW der *Pte. Cabbé* befindet sich etwa 0,1 sm vor der Küste in 1 m Tiefe ein einzelner Fels. Der *Pte. de Cabbé* in ihrer Verlängerung 0,15 sm (also SO) vorgelagert liegen in ca. 1,75 m Wasser ein Fels und etwas weiter in ca. 2 m Wasser ein weiterer Fels. Hart O der *Pte. de Cabbé* dehnt sich eine Reihe von Klippen bis zu 0,1 sm in See hinaus aus, die zumeist an und über die Wasseroberfläche reichen.

Bis zur Spitze des nach SO gerichteten steilen *Cap Martin* ist von hier aus der Klippenrand steil abfallend, der Grund jedoch rein.

Inmitten der *Baie de Roquebrune* von der 10-m- bis 20-m-Tiefenlinie – die sich etwa von der *Pte. de la Vieille* in leichtem, landeinwärts gerichtetem Bogen zum Wasserturm auf dem *Cap Martin* hinzieht – besteht auf felsigem, mit Pflanzen dicht bewachsenen Grund gute Ankermöglichkeit. Die Bucht liegt jedoch nach S völlig ungeschützt.

Die NO-Seite des mit Pinien und Olivenbäumen bewachsenen und bebauten *Cap Martin* – auf dem der Wasserturm und ein Semaphor (82 m) gut auszumachen sind – zur *Baie du Cap Martin* hin ist steil. Die Wassertiefe unter Land bis zum Strand beträgt nur etwa 2,5 m. Auf dem flachen Vorderteil des Kaps liegt, gut auszumachen, das »Hôtel du Cap«.

Vom Fuß des *Cap Martin* aus zieht sich ein etwa 3 km langer, sehr schmaler Strand bis zum Hafen von *Menton* hin, allerdings direkt unter der durchgehenden Betonmauer der Küstenstraße. In diese *Baie de Cap Martin* steht bei S- und O-Wind Brandung, so daß man hier nur vor Anker liegen sollte, wenn das Boot jederzeit startklar besetzt bleibt.

Menton

Von hohen, weitgehend kahlen Felsbergen bogenförmig umgeben, liegt die Stadt Menton (22 000 Einw.) mit ihrem Vorort Garavan schon fast an der Grenze zu Italien. Geschichtlich wird diese Stadt erst im 10. Jh. erwähnt. Sie gehörte in der wechselreichen Geschichte dieser Küstenlandschaft vielen Herrschern und fiel erst 1861 an Frankreich. Sehenswert sind das Museum mit den Knochen eines prähistorischen Menschen, der Blumenmarkt und schließlich auch der alte Friedhof, weil auf ihm auf vier Terrassen die Angehörigen von vier Religionen ihre Ruhe gefunden haben. Menton verfügt über den Stadthafen, Port de Menton, und den etwas weiter O gelegenen Port de Menton-Garavan, der weitgehend von einer Gesellschaft betrieben wird. Am Berg, weitab von Meer und Häfen, gibt es Camping-Plätze.

Port de Menton ⟨59⟩

Deutsche Seekarte Nr. 498	*Position*
Französische Seekarte Nr. 5208, 5347, 2682	*Breite: 43° 47' N*
Carte Marine Blondel Nr. 501	*Länge: 7° 31' O*

Der alte Hafen von *Menton* ist erheblich modernisiert worden und verfügt zur Zeit über 397 Liegeplätze, die jedoch »ausgebucht« sind. Hin und wieder ist mit viel Glück ein einzelner Gastplatz zu haben, wenn ein Dauerlieger auf großen Törn gegangen ist.

Die etwa 350 m lange S-Mole geht von der alten viereckigen, kleinen Hafenfestung »Bastion« mit hohen Schutzmauern nach ONO, um nach etwa 200 m etwas NO abzuknicken. Das Molenfeuer auf einem viereckigen weißen Turm mit rotem Laternenkörper (16 m) zeigt Blz. r. (Lf. 12 240)). Auf dem Kopf des Wellenbrechers ist ein weißer Turm (11 m) mit Blz. gn. (Lf. 12 250). Die Außenseite dieser Mole und des Molenkopfes ist – wie fast bei allen Häfen – durch riesige Steine und Betonklötze gegen Seegang geschützt. Guten Ankergrund außerhalb des Hafens – jedoch Wind und See aus jeder Richtung ausgesetzt – findet man O und SO des Molenkopfes in etwa 0,2 sm Abstand auf krautbewachsenem Sandgrund in 10–15 m Wassertiefe.

Mit SSW-Kurs etwa parallel zum Land – besser gesagt aus Richtung des Molenfeuers vom *Port de Menton-Garavan* – einlaufend darf man sich nicht zu nah an die Hauptmole halten, da von ihr eine kurze Pier in die ca. 50 m breite Hafeneinfahrt ragt. Die N-Mole des etwa 200 m breiten Hafens geht anfangs parallel zur S-Mole von Land ab, um sich dann im Bogen nach SO der kurzen Pier an der Hauptmole zu nähern. Auch diese N-Mole ist nach außen dicht mit Felsbrocken als Wellenbrecher bepackt.

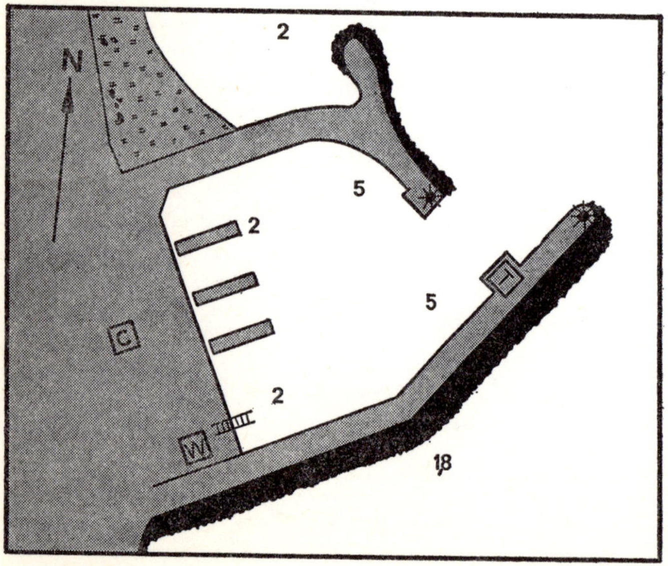

Port de Menton ⟨59⟩

An der Hauptmole liegen größere bis mittlere Yachten, an der N-Mole alles von größten Yachten bis zu kleinen Booten. Die drei von Land aus parallel zu den Molen in das Hafenbecken ragenden Steganlagen sind von Club-Booten besetzt. Trinkwasser ist vorhanden, eine Tankstelle für Benzin und Diesel etwa am Knick der Hauptmole, an deren Fuß eine Slip-Ebene verfügbar ist. Ein großer mobiler Kran kommt auf Anforderung. Capitainerie und Restaurant liegen im Hafen, Parkplätze sind vorhanden, Werften, Motoren-Service, Shipchandler usw. stehen zur Verfügung. Zollbeamte kommen auf Anforderung durch die Capitainerie. Aus- und Einklarieren des Bootes für den Grenzverkehr mit Italien ist möglich. Der Badestrand mit einer Reihe von Wellenbrechern schließt direkt an die N-Mole (Wellenbrecher) an.

Vorsicht: Bei O-Wind steht Brandung in die Hafeneinfahrt und N davon in die Bucht hinein.

Die Strandbucht in der NW-Ecke der Bai bis zu den *Rochers de Rocca Longa* und den O davon von der Uferstraße ausgehenden Anlagen ist durch quer verlaufende Wellenbrecher bis auf eine Durchfahrt geschlossen.

Port de Menton-Garavan ⟨60⟩

Deutsche Seekarte Nr. 498	*Position*
Französische Seekarte Nr. 5208, 5347, 2682	*Breite: 43° 47' N*
Carte Marine Blondel Nr. 501	*Länge: 7° 31' O*

Die etwa 900 m lange S-Mole dieses für 1050 Sportboote aller Größenklassen eingerichteten modernen Hafens verläuft parallel zur Uferstraße und biegt zum Molenkopf etwas landwärts ein. Der runde weiße Turm mit rotem Laternenhaus zeigt Blz. r. (Lf. 12240)) als Kennung. Die etwa 50 m zurückgestaffelte von Land aus senkrecht abgehende Gegenmole ist hafeneinwärts etwas abgeknickt (Kennung: F. gn.). Sie biegt sich etwas um den einlaufend an Stb. gelegenen Vorhafen, der in Fahrtrichtung durch eine breite Pier begrenzt ist. An ihm macht man zur Anmeldung fest. Ihr etwa gegenüber geht auch von der Hauptmole eine kurze breite Pier als Schutz für die Liegeplätze ab. Vom Land aus gehen die Steganlagen senkrecht in das Hafenbecken. Die Capitainerie findet man in dem viereckigen »Tower« am Fuß der Gegenmole. Die Zollstelle liegt direkt daneben. Davor befinden sich Werftanlagen mit Slip und Kränen. Längs der Küstenstraße befinden sich im Hafengelände von Restaurants über Shipchandler bis zu Bootsgaragen – die im Sommer als Ein-Zimmer-Appartement dienen – alle Einrichtungen. Tankstelle für Benzin und

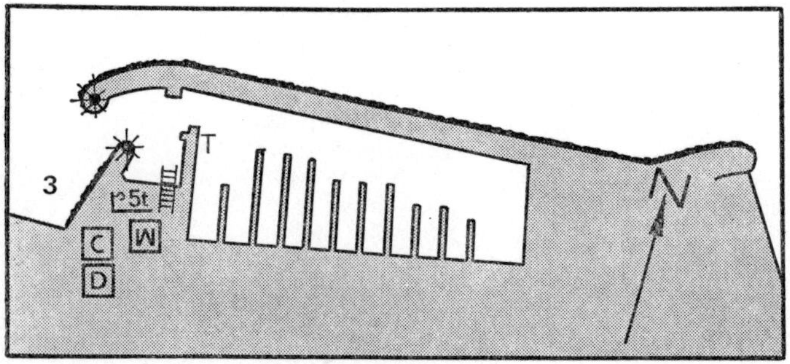

Port de Menton-Garavan ⟨60⟩

Diesel, Strom, Trinkwasser, 25-t-Elévateur, Slip usw. sind selbstverständlich vorhanden, desgleichen 600 Parkplätze, auch auf der Hauptmole. Auf dem aufgeschütteten Landkomplex im W des Hafengeländes werden neben Clubhaus usw. auch Schwimmbad-Anlagen geschaffen.

Die Einfahrt des Hafens ist nach O gerichtet.

Vorsicht: Bei O-Wind steht Brandung in der Einfahrt.

Französisch-italienische Grenze

Fast auf den Meter genau ½ km von der Einfahrt des *Port de Menton-Garavan* ostwärts befindet sich in dem schmalen Felstal eines Flüßchens die Grenze zwischen Frankreich und Italien. Bis zur bereits in Italien gelegenen *Pointa Garavono* sind es von hier 0,3 sm, und bis zu den weit in See hinausreichenden Klippen des Kaps *Punta della Martola* 1,2 sm. Die Grenzpeilung besteht aus zwei hintereinanderstehenden Masten mit Topp-Dreiecken. Mit Spitze nach unten steht das obere Peildreieck auf dem Felsen hart W der viaduktartigen Grenzbrücke, während das untere Peildreieck mit Spitze nach oben von dem Wachthaus an der Küste nach oben ragt.

Sein Boot ausklarieren muß man spätestens in einem der beiden Häfen von Menton bei der Zollstelle. Das gilt selbst dann, wenn man nur zu einer Stippvisite über die Verlängerung der Grenzlinie hinweg in italienische Gewässer einläuft.

Der erste wirklich brauchbare Hafen auf italienischer Seite ist zur Zeit noch San Remo, wo man sein Schiff auch einklarieren kann.

II. Rhône bis spanische Grenze

Seekarten mit großem Maßstab
Deutsche Seekarte Nr. 433
Französische Seekarte N. 2424, 2358

Die Mittelmeerküste westlich der Rhône-Mündung in Richtung Spanien mit der *Camargue* bis zur *Petit Rhône* ist noch *Provence*. Für wenige Kilometer, bis etwa zur Marina *La Grande Motte*, gehört der Küstenstreifen zur Provinz *Var*. Die Landschaft *Languédoc* mit der Provinz *Hérault* bis zur Mündung der *Aude* sowie von dort ab mit der Provinz *Aude* bis zur Mitte des *Etang de Leucate*, direkt südlich der Marina *Port de Leucate*, schließen sich an. Von hier hier ab bis zur spanischen Grenze stellt das *Roussillon* eine ganz eigene Provinz dar, die in vielem – auch der Landessprache – weitgehend dem spanischen Katalonien ähnelt.

Dieser Küstenabschnitt zwischen der Rhône und den Pyrenäen ähnelt der *Côte d'Azur* im Klima, nicht jedoch im landschaftlichen und völkerkundlichen Bild. Zwar ebenfalls von der letzten Eiszeit nicht erreicht und vom gleichen Vorzeit-Menschentyp besiedelt, waren es doch in geschichtlicher Zeit teilweise andere Völkerschaften, die hier durchzogen oder seßhaft geworden sind. Die Römer nahmen die Küstenregion ab 154 v. Chr. in Besitz, um den Landweg nach Spanien zu sichern. Es gibt aber viel weniger Bauten aus römischer Zeit als an der Côte d'Azur. Tempel, Thermen und Arenen in Nîmes sind die bekann-

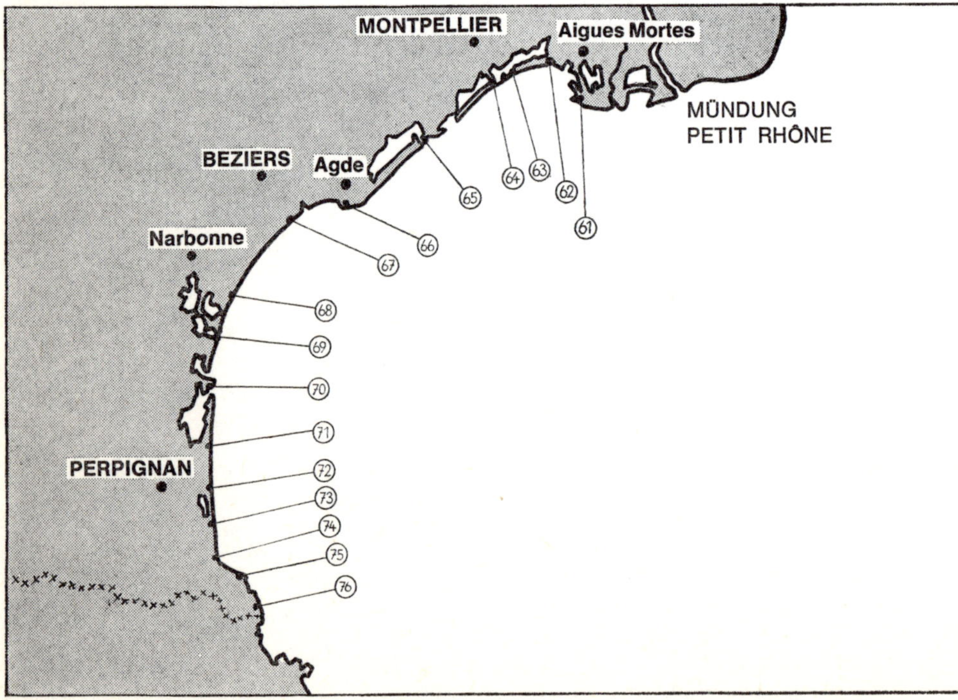

ÜBERSICHTSKARTE:

II. Rhône bis span. Grenze

Die Nummern in den Kreisen stimmen mit den Nummern der Hafenpläne im Text überein.

61 Port Camargue
62 La Grande Motte
63 Port de Carnon
64 Palavas-les-Flots
65 Sète
66 Cap d'Agde
67 Valras-Plage
68 Gruissan
69 Port-la-Nouvelle
70 Port Leucate
71 Port Barcarès
72 Port de Canet
73 Port de St. Cyprien
74 Collioure
75 Port Vendres
76 Banyuls

testen Bauwerke. Während der Völkerwanderung zwischen 300 und 500 n. Chr. siedelten die Westgoten sich in diesem Raum an, bis sie von den Franken nach Spanien abgedrängt wurden. Natürlich waren auch Mauren und Sarazenen in diesem Gebiet, und viele andere Völkerstämme, die weitgehend den heutigen, alles andere als einheitlichen Menschentyp bildeten. Erst 1258 hatte das Königreich Frankreich Landbesitz in diesem Raum, und zwar mit *Aigues Mortes* als Hafenstadt, bis die ganze *Provence* 1481 an Frankreich fiel. Das *Roussillon* dagegen gehört erst seit 1659 zu Frankreich.

Das Landschaftsbild geht von der sumpfigen *Camargue* im Norden in lange Sandstrande vor Lagunen-Gebieten über, nur zwischendurch bei *Sète* und *Agde,* später dann auch bei *Narbonne-Plage* und *Leucate* von begrenzten Berggebieten unterbrochen, ehe die Steilküste der Pyrenäen-Ausläufer südlich von *Argelès* bei *Le Racou* beginnt.

Weinanbau, Gemüse und Obst bildeten die Haupterwerbsquelle der großenteils finanziell gar nicht gut gestellten Bevölkerung, bevor jetzt die Ferien-Siedlungen mit ihren für unsere Begriffe riesig großen Marinas und Sportboothäfen gebaut wurden bzw. noch im Bau sind. Zukünftigter Haupt-Geldbringer soll der Fremdenverkehr werden. Die Küste ist es wirklich wert. Und das, obwohl nur wenig natürlicher Bewuchs außer Schilf, Gebüsch und vereinzelter Pinien vorkommt. Wichtig zu wissen: Die unvorstellbare Mückenplage wurde durch staatliche Maßnahmen völlig gebannt. Erst seitdem kann man von einem Urlaubsgebiet im *Languédoc* und *Roussillon* sprechen.

Über See und Wetter dieses Küstenabschnittes sollte man wissen: Im *Golfe de Lion* kann das Wetter unberechenbar sein, insbesondere was plötzlich auftretenden Sturm – ohne besondere Vorzeichen – angeht. Ostwind bringt oft Nebel im Küstengebiet über See und Land mit sich. SO-Wind (Levante) zeigt sich 1–2 Tage vorher an und bleibt – oft mit Dunst verbunden – 1–2 Tage. Bei SO- und S-Wind steht oft starke Dünung auf die Küste, die über Flachwassergebieten vor Strand oder über Klippen vor der Felsküste zu schweren Brechern werden kann.

Sportboot-Häfen

Die neuen Marinas im *Languédoc-Roussillon* sind weitgehend mit staatlicher Unterstützung gebaut worden. Deshalb sind Liegeplatz-Gebühren usw. nicht nur erheblich niedriger als sonst am Mittelmeer, sondern – wie auch die Preise für Krane (grue), fahrbare Portalkrane (élévateur) und Slip-Benutzung – weitgehend einheitlich.

Werften, Service-Stationen, Slip-Schrägen, Tankstellen für Benzin und Diesel, Shipchandler, Restaurants, Bar sowie große Parkplätze sind in allen Marinas vorhanden und werden daher – ebenso wie die Tarife – nicht gesondert erwähnt. Die Marina-Capitainerien sind über Funktelefonie von See her und per Telefon bei Tag und Nacht erreichbar. Außerdem bestehen in allen Sportboothäfen Zollstellen zum Ein- und Ausklarieren. Yacht-Clubs, Segel- und Wasserski-Schulen und zumeist auch Tauchschulen sowie Füllstationen für Preßluftflaschen sind vorhanden. Die Organisation der neuen Häfen ist perfekt.

Rhône-Mündung bis Port Camargue

Deutsche Seekarte Nr. 436, 494
Französische Seekarte Nr. 5116, 5034
Carte Marine Blondel Nr. 507

Durch Barren und Bänke zumeist versperrt und damit praktisch unbefahrbar, ist die *Rhône-Mündung,* deren gelblich-braunes Wasser mit Strömung bis zu 6 kn auf mehrere Seemeilen seewärts genau auszumachen ist. Bis hin zum *Port Camargue,* hart südlich Le Grau-du-Roi läuft man am Rande des berüchtigt-gefährlichen *Golfe du Lion* entlang der Camargue. Dieses von Lagunen und Gräben durchzogene, weitgehend feuchte und zumeist nur von harten Gräsern und scharfblättrigen Sträuchern bestandene Schwemmsand- und Schlickgebiet, erhebt sich kaum über das Meer. Seine Küstenlinie verlagert sich ständig, oft pro Jahr um 25 m seewärts. Es gibt praktisch auch keine Möglichkeit, im Gefahrenfalle irgendwo Schutz zu finden, da bei Schlechtwetter die Strände von Brechern bis weit hinein in die Camargue überrollt werden. Hier liegt Wrack neben Wrack.

Die eigentliche Camargue endet an der Mündung der *Petit-Rhône,* einem Nebenarm der Rhône, hart westlich *Stes. Marie-de-la-Mer,* der auch im Notfalle von Sportbooten bis zu 1,20 m Tiefgang angelaufen werden kann. Dieser Ort mit seiner weithin sichtbaren Wehrkirche und einer kleinen Arena am Strand, ist übrigens das Wallfahrts-Zentrum christlicher Zigeuner.

Von der Mündung der Petit-Rhône bis zum Port Camargue, hart südlich der Mündung des *Canal du Rhône à Sète* – bzw. seines Verbindungsstückes *Canal de la Grande Roubine* – ändert sich die Küste der Kleinen Camargue praktisch kaum. Auch hier flache Strände und Bänke, Gestrüpp und Gräser, und direkt dahinter ausgedehnte Lagunen, die jedoch unter Naturschutz stehen und nicht einmal mit Paddelbooten befahren werden dürfen. Die 10-m-Tiefenlinie liegt zwischen 2 und 1 sm vor der Küste. Man kann sich vorstellen, daß hier entlang der ganzen Küste bei bereits etwas unruhiger See ein Brecher hinter dem anderen aufrollt.

Vor dem ganzen Küstenabschnitt läuft ständig eine Strömung von O nach W, deren Stärke mit der Windrichtung wechselt.

Ein Besucher-Tip: Mit einem der von Stes. Marie-de-la-Mer abgehenden Besichtigungs-Boote auf dem *Etang de Vaccarès* die berühmten Reiher-Kolonien und das Naturschutzgebiet besichtigen.

Vom Port Saint-Louis du Rhône bis zur Rhône-Mündung

Deutsche Seekarte Nr. 436
Französische Seekarte Nr. 5116, 5034
Carte Marine Blondel Nr. 507

Im Teil I wurde das Einlaufen von der Rhône her in den Hafen von *Port Saint-Louis* eingehend beschrieben, desgleichen das Auslaufen aus dem Hafen durch den *Canal St. Louis* und die Überqerung des *Golfe du Fos.* Da man mit größeren Booten die Rhône-Mündung nicht befahren kann – selbst mit kleinsten Booten ist das Risiko zu groß, da Kies- und Sandbänke sowie Barren sich täglich verändern und oft keinerlei Rinne mehr freilassen – ist man auf die Umfahrung des Schwemmsandgebietes östlich der Rhône-Mündung angewiesen. An dieser Stelle sei der betreffende Abschnitt nochmals kurz wiederholt:

Aus dem *Canal St. Louis* auslaufend, um die offene See zu erreichen, hält man anfangs Kurs auf Port de Bouc. Nicht vor Erreichen der betonnten Fahrrinne zu den Industriehäfen von Fos neuen Kurs OSO und erst am seewärtigen Ende der Betonnung SO absetzen, bis zur schwarz-weiß quergestreiften Ansteuerungstonne »Lavera« (Lf. 08 580). Erst hier Kurs SW bis hart südlich der rot-weißen Leuchttonne »Balancelle« (Lf. 08 540) absetzen.

In der Höhe von »Lavéra« ist man frei von Land und Untiefen.

Vorsicht: Nicht dicht an dem Schwemmsandgebiet der Rhône-Mündung entlanglaufen, das sich halbkreisförmig nach NO als »They de la Gracieuse« bis auf 1 sm an die Fahrrinne zu den Industriehäfen von Fos heranschiebt und kaum aus dem Meer ragt, daher auch kaum zu erkennen ist. Am Nordende dieses Schwemmsandgebietes stehen mehrere Baken mit Radar-Reflektoren, die jedoch nur schwer auszumachen sind. Die wellenbrecherartige »Plate-Forme«, am O-Rand dieses They, ist gefährlich.

Bis hierhin die Wiederholung.

Von NO kommend, südlich der Leuchttonne »Balancelle« herum, läuft man WSW-Kurs bis südlich der beiden stumpfen, rot-weißen Tonnen »Roustan«, die direkt vor der Rhône-Mündung liegen. Die östliche ist Ubr. w. befeuert (Lf. 08 530), und die westliche eine Glocken-Tonne. Von hier aus kann man Kurs W absetzen.

Vorsicht: Bei Dunkelheit und unsichtigem Wetter, aber auch bei Seegang über 5, erst recht wenn schweres Wetter angesagt ist, sollte man keinesfalls näher an die Küste herangehen als die Leuchttonnen, die etwa an der 20-m-Grenze ungefähr eine O-W-Linie bilden.

Rhône-Mündung bis Mündung Petit Rhône

Deutsche Seekarte Nr. 494
Französische Seekarte Nr. 5116, 5150
Carte Marie Blondel Nr. 507

Entlang der Küste der eigentlichen Camargue gibt es nur wenige Punkte, die für die terrestrische Navigation geeignet sind. Dabei handelt es sich fast nur um Seezeichen und Leuchttürme. Die Küste selbst verändert sich bei Sturm zusehends, und selbst Wracks sind auf einmal verschwunden oder neue da, die so schnell gar nicht auf den Seekarten nachgetragen werden können. Bei klarem Wetter ein gutes Hilfsmittel ist, daß alle Seezeichen in diesem Abschnitt an der 20-m-Linie ausgelegt sind. Man sollte sie zur Vermeidung unnötigen Risikos seewärts passieren.

Etwas mehr als 4 sm W der beiden Seezeichen »Roustan« und 3,5 sm SO des Leuchtturms »Faraman« liegt auf Breite 43° 19' N und 4° 45' O eine stumpfe rot-weiß-rote Leuchttonne »Piemanson« mit Blz. r. (Lf. 08 520). An Land der 41 m hohe Leuchtturm »Faraman« ist 3x schwarz-weiß gestreift mit Blz. w. (Lf. 08 460) und steht mit seinem flachen Wärterhaus rechts neben einzelnen Bäumen, ostwärts der früheren Rhône-Mündung (Vieux Rhône). Ihm vorgelagert sind ein alter Leuchtturm und – wie vielfach an dieser Küste – mehr oder weniger versandete und z. T. umgekippte Bunker aus dem 2. Weltkrieg.

Vorsicht: Feuer des »Faraman«-Leuchtturmes nicht mit der ähnlichen Kennung auf der *Ile de Planier* – 5 sm W vom Cap Croisette – im Gebiet von Marseille (Lf. 09 340) verwechseln.

Etwa 3 sm SW des Leuchtturmes »Faraman« liegt die stumpfe rot-weiß-rote Leucht-Heultonne »Faraman« mit Blz. r. (Lf. 08 510). Bis zu dieser Position hält man Kurs 270°, ab hier 300 °.

Auf der *Pte. de Beauduc* – die sich wie eine Nase nach W in die Baie des Stes. Maries hineinschiebt – steht, nach W und N von Radar- und anderen Baken eingefaßt, ein 26 m hoher weißer Turm mit Blz. r. (Lf. 08 430; weitere Angaben über Morse und Sirene siehe Lfv.). Ihm etwa 1,2 sm SW vorgelagert liegt die schwarz-weiße, stumpfe Tonne »Beauduc« mit Blz. w. (nicht im Lfv. enthalten). (Eigene Messung: Blz. (4) w. – 15 sec). Von hier aus sollte man nicht in den *Golfe Stes. Maries* einlaufen, möglichst Les Stes. Maries überhaupt aussparen und direkt zum *Port-Camargue* oder den dicht daneben liegenden anderen Liegeplätzen weiterlaufen. Mit Kurs 290° sind es 20 sm von der *Pte. de Beauduc* bis zur *Pte. de l'Espiguette.*

An der NO-Küste der Baie des Stes. Maries steht der 16 m hohe weiße, viereckige Leuchtturm »La Gacholle« mit Blz. w./r./gn. (Lf. 08 420). Die Nehrung vor ihm nach O und nach W bis zum Ort Les Stes. Maries wird bei Seegang oft überspült. Das Land um ihm herum ist kein Land, sondern Schwemmsand zwischen den riesigen Lagunen und dem *Étang de Vaccarès* mit den ihn umgebenden Naturschutzgebieten. Der Ankergrund in dieser Bucht ist gut haltender Schlick-Sand.

Den Ort *Les Stes. Maries-de-la-Mer* macht man weit auf See hinaus an seiner Wehrkirche aus grau-schwarzem Lavagestein gut aus. Landung am Sandstrand ist wegen vieler Steine und einiger Wellenbrecher nicht möglich. Etwa 1,6 sm W dieser Kirche ist die Mündung der *Petit Rhône*, vor der jedoch in 1–1,2 m Tiefe eine Barre liegt. Diese Nebenmündung der Rhône hat im Sommer nur wenig Strömung. Im Sektor 343° besteht auf schwarzweiß gestreiften Masten ein grünes Richtfeuer, das bis 341° bzw. 345° verstärkt auszumachen ist. Der vordere 7 m hohe Mast ist waagerecht gestreift, der mit 700 m Abstand stromauf, ebenfalls am Ostufer des Flusses stehende 14 m hohe Mast ist schräg gestreift. Im *Fluß* kann man hinter dem 2. Mast festmachen. Ein Yachtclub mit sehr einfachen Anlagen befindet sich nochmals 1,5 km stromauf beim *Port Dromar*. Hinter dem Deich liegt ein Ranch-Restaurant, bei dem man auch Pferde für einen Ritt durch die Camargue mieten kann. Pferde und Stiere sind harmlos, die Mücken grausam!

Etwa 3 km weiter stromauf hinter der großen Schleife überbrückt eine kleine Autofähre den Fluß. Das Fährseil spannt sich etwa 4 m über der Wasseroberfläche.

Mündung Petit Rhône bis Port Camargue

Von der Petit-Rhône-Mündung bis zur *Pte. de l'Espiguette*, an der sich die Küstenlinie nach N in den *Golfe d'Aigues-Mortes* hineinschiebt, erstreckt sich das Dünengebiet der »Petit Camargue«. Anfangs sieht man W der Petit-Rhône-Mündung unterbrochene Pinien-Gehölze, denen sich weiter nach W wieder größere Lagunengebiete anschließen, die jedoch ebenfalls keine Verbindung zum Meer haben. Ein einzelner Mast und im Hinterland ein Schornstein in Deckung gebracht, ist etwa die halbe Strecke bis zum *Port-Camargue*. Beiderseits beträgt die Wassertiefe bis auf 0,5 sm hinaus oft nur 0,7 m.

Auf dem Wege zur *Pte. de l'Espinguette* passiert man einen Liegeplatz für Tanker, etwa 1 sm SSO vom 26 m hohen weißen, viereckigen Leuchtturm mit schwarzer Kuppel »Espiguette« mit Blz. w. (Lf. 08 350).

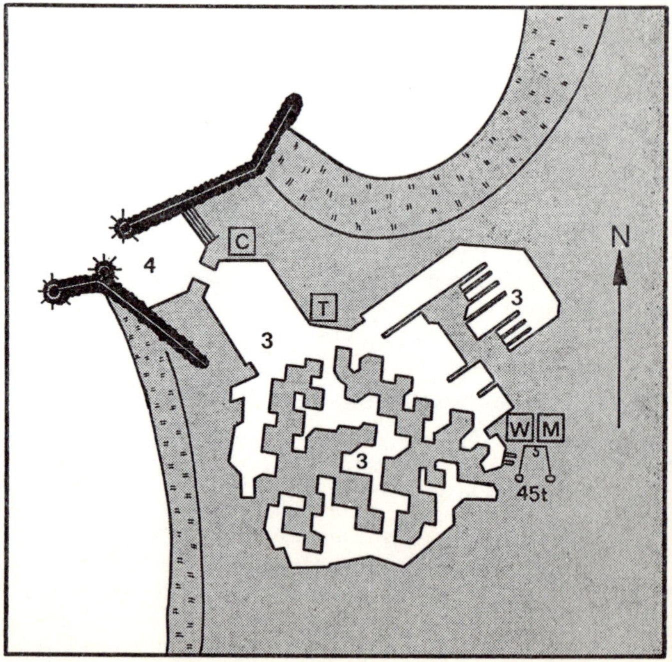

Port Camargue ⟨61⟩

Das Ende der Pipeline, an der mehrere Festmacher-Tonnen liegen, wird durch zwei Leucht-Tonnen bezeichnet. Eine Leucht-Tonne, schwarz mit rotem Band und N-Toppzeichen, liegt etwa 1,5 sm S der Pte. d'Espiguette auf 43° 28' N und 4° 09' O; Kennung: Blz. w. – 4^s. Die andere Leucht-Tonne, rot mit weißem Band und S-Toppzeichen, liegt etwa 1 sm SW des Pipeline-Endes auf 43° 27' N und 4° 08' O; Kennung: Blz. r. – 6^s.

Eine Festmacher-Tonne auch für Sportschiffe liegt im 270°-Sektor des Espiguette-Feuers, 2 sm von diesem entfernt auf 43° 29' N und 4° 05' O; Kennung: Blz. w. – 6^s.

Port Camargue ⟨61⟩

Deutsche Seekarte Nr. 494	*Position*
Französische Seekarte Nr. 5150	*Breite: 43° 31' N*
Carte Marine Blondel Nr. 507	*Länge: 4° 08' O*

Die Einfahrt in den neuen *Marina-Hafen* des *Port Camargue* liegt 2 sm NNW des Leuchtturms »Espiguette« und 1 sm SSW der Molen von *Grau-du-Roi*. Die Einfahrt mit zwei gleichhohen schlanken Türmen auf kleinen Häusern ist befeuert (Lf. 08 320). Kennung: S-Mole Blk. gn., N-Mole Blz. r.

Auf dem Sporn, der von der S-Mole senkrecht zum Vorhafen abgeht, ist ein F. gn. (180°–50°). Die inneren Hafenanlagen sind noch auf Jahre hinaus im Bau, jedoch benutzbar. Die Appartementshäuser, Restaurants usw. sind zumeist nur zweistöckig und ineinander verschachtelt bzw. im Zickzack gebaut. Die Capitainerie liegt am Bb.-Ende des Vorhafens. Die genaue Aufteilung der einzelnen 3 m tiefen Hafenbecken ist nur anhand einer Skizze möglich, da sie sehr kompliziert ineinander verschachtelt sind.

Gastliegeplätze stehen an Bb. hinter der Capitainerie zur Verfügung.

Sehenswürdigkeiten irgendwelcher Art sind erst von dem kleinen Hafenort *Grau-du-Roi* aus, 3 km entfernt, zu besuchen.

Von Port Camargue bis Sète

Deutsche Seekarte Nr. 494
Französische Seekarte Nr. 5150, 5172
Carte Marine Blondel Nr. 508

Dieser Küsten-Abschnitt besteht ausschließlich aus Stränden und Dünen, hinter denen sich größtenteils parallel zum Meer große Lagunen-Seen erstrecken. Von Le Grau-du-Roi und Sète aus ist es möglich, den *Canal du Rhône à Sète* zu benutzen. Die Stadt *Montpellier* (100 000 Einw.), mit Flugplatz auf halber Strecke nach La Grande Motte bzw. nach Carnon, liegt an der Autobahn, die meisten Küstenorte bereits an einem neuen Schnellstraßen-System. Die Sportboot-Häfen und die Badeorte sind modern und verfügen über ideale Strände.

Le Grau-du-Roi

Deutsche Seekarte Nr. 494 | *Position*
Französische Seekarte Nr. 5150, 5041 | *Breite: 43° 32' N*
Carte Marine Blondel Nr. 508 | *Länge: 4° 08' O*

Vom *Port Camargue* bis zur S-Mole des Fischerhafens *Le Grau-du-Roi* verläuft ein Sandstrand. Da infolge der ständigen Bauvorhaben die Silhouette des Hafenortes – und nicht nur dessen, sondern auch die aller anderen Küstenorte – sich ständig verändert, hat es keinen Zweck, besondere Ansteuerungspunkte aufzuzählen. Wissen muß man dagegen, daß bei N-Wind und nach starkem Regen aus dem in die Einfahrt mündenden *Canal de la Grande Roubine* eine kräftige Strömung bis gut 2 sm vor dem Hafen bemerkbar ist. Bei starkem S-Wind kann sich an der SO-Mole kurzfristig eine Barre bilden.

Die Einfahrt in den Fischereihafen *Le Grau-du-Roi* wird durch zwei Molen geschützt. Auf der O-Mole, genauer gesagt SO-Mole, steht ein 8 m hoher grün-weißer Turm mit grüner Spitze mit Ubr. w. (Lf. 08 300). Auf der W- Mole, besser NW-Mole, ist auf ebenfalls weißem Unterbau ein 8 m hoher weißer Turm mit roter Spitze mit Ubr. r. (Lf. 08 305). Der nicht mehr befeuerte alte Leuchtturm auf der W-Mole ist gegen die hohen Häuser kaum noch auszumachen.

Liegeplätze im Fischereihafen gibt es für Sportboote nicht. Er wird daher auch nur als Nothafen genannt. Kleinstboote können neben der W-Mole zu Wasser gebracht werden. Dort, etwa am Fuß des alten Leuchtturmes, gibt es auch Trinkwasser und am Hafen eine Tankstelle. Service-Stationen und Wassersportgeschäfte findet man gegenüber in den seewärtigen Häuserblocks direkt neben den großen Parkplätzen, außerdem auch in dem Häuserblock vor dem trichterförmigen Wasserturm. Eisenbahn-Verladung bis zu 6 t ist möglich.

Der Fischerhafen wird durch eine etwa nur 1,50 m hohe Straßenbrücke landein abgeschlossen, die jedoch zwischen 0800 h und 1800 h (sonnabends nur bis 1700 h) mehrfach geöffnet wird. F. r. bei geschlossener Brücke und F. w. bei geöffneter Brücke über dem Kanal. Nach Passieren dieser Drehbrücke läuft man in den Kanal nach *Aigues Mortes* ein. Sofort an Bb. besteht eine Werft, bei der man evtl. einen Liegeplatz bekommen kann. Außenbord-Motorboote können von hier aus über Bb.-Bug auch zu Liegeplätzen am Ufer der *Vidourle* weiterlaufen, größere Schiffe rechts voraus durch den Kanal zum Yachthafen in Aigues Mortes.

Campingplätze sind übrigens reichlich vorhanden.

Aigues Mortes

Jeder Sportskipper, der über die Kanäle von oder zur Rhône oder aber nach Sète und Agde oder gar noch weiter bis Bordeaux am Atlantik schippern will, muß direkt unter den Mauern und Türmen von Aigues Mortes entlanglaufen.

Von der Straßenbrücke in *Le Grau-du-Roi* führt ein 6 km langer, breiter und ausreichend tiefer Kanal, der *Canal de le Grande Roubine,* oder kurz auch *Canal Maritime,* bis zum *Canal du Rhône à Sète.* Direkt unter den NW-Mauern der Stadt gibt es ein Hafenbecken mit Liegeplätzen für Yachten, mit Capitainerie, Werften, Service-Stationen und Tankstelle, Kran und Slip. Wer nach *Sète* weiterlaufen will, muß über Bb.-Bug aus diesem Becken auslaufen. Allerdings ist zu beachten, daß die Eisenbahnbrücke nur zeitweise geöffnet wird. Über Stb.-Bug auslaufend kommt man in ein großes eckiges Becken, aus dem es unter einer hohen Straßenbrücke hindurch in Richtung Rhône geht.

Die Stadt *Aigues Mortes* hat mit ihrer Südmauer einst direkt am Meer bzw. an einem Hafen gelegen, doch versandeten diese Verbindungswege. Diese ganz von hohen Mauern und hohen Türmen eingefaßte Stadt sollte man unbedingt anschauen, vielleicht sogar einen Gang über die Mauern machen, auf jeden Fall jedoch den »Tour de Constance« besichtigen. Die Geschichte der Stadt ist es wert, in Stichworten erzählt zu werden:

Im 13. Jh. wurden Stadt und Hafen von Ludwig dem Heiligen als Ausgangspunkt für die Kreuzfahrer geschaffen. Bis zu 6 m dick und 10 m hoch sind die Mauern mit ihren 15 Türmen und 10 Toren. Im riesigen »Tour de Constance«, einem Muster mittelalterlicher Befestigungen, wurden später jahrzehntelang Protestanten gefangengehalten. Und als 1420 Burgunder in die Stadt eindrangen und niedergemacht wurden, warf man die Leichen in den »Tour des Bourguignons«, in dem sie aus Furcht vor Seuchen eingesalzen worden sind. Heute wohnen anstelle der früher 15 000 Einwohner nur noch knapp 4000 in der völlig erhaltenen Stadt, die weitgehend vom Fremdenrummel lebt. Trotzdem sollte man sie besichtigen.

Grau-du-Roi bis La Grande Motte

Die Strandküste zwischen den Molen des Fischerhafens und der Pyramiden-Sporthafenstadt wird immer mehr zugebaut. Die 5-m-Tiefenlinie liegt hier durchschnittlich 0,6 sm vor dem Strand, die 2-m-Tiefenlinie bei etwa 0,2 sm. Bei Landwind besteht nur wenig Seegang, bei S-Wind kann er dagegen sehr stark sein.

La Grande Motte ⟨62⟩

Deutsche Seekarte Nr. 494	*Position*
Französische Seekarte Nr. 5150	*Breite: 43° 34' N*
Carte Marine Blondel Nr. 508	*Länge: 4° 05' O*

Die Marina *La Grande Motte* mit ihren Pyramiden-Hausungetümen ist überwältigend. Manche sagen allerdings auch, sie sei schon zu viel des Guten. Gut ist sie aber auf jeden Fall, denn hier hat man in einem früheren Sumpfgebiet eine Anlage mit etwa 1000 Liegeplätzen im Wasser und 800 an Land geschaffen. Jeder sollte sie sich ansehen, um zu wissen, wie man einen modernen Sportboothafen zumindest von der technischen Seite her baut. Appartementhäuser und Bugalows, Hotels und Restaurants, Bars und Geschäfte aller Art, aber nahebei auch Campingplätze, Zentren für Kinder und vieles andere mehr wurden geschaffen. Ganz abgesehen von den maritimen Anlagen einschließlich Slip und Portalkranen von 30 t bzw. 4 t, einem 3-t-Kran, Werften, Service-Stationen und Hallen. Die Capitainerie ist ständig auf Funktelefonie und Landtelefon-Empfang.

Auf dem Kopf der seewärts vorgewölbten W-Mole steht ein Laternenträger in Form zweier großer M, einer kleinen Kathedrale ähnelnd. Diese beiden M sind bei Dunkelheit mit F. r. in ganzer Buchstaben-Form beleuchtet. Die Kennung des darüber angebrachten Feuers ist Blz. r. (Lf. 08 280). Auf dem zurückgesetzten Kopf der O-Mole ist die Kennung über einer weißen Säule auf kleinem, weißem Unterbau Blz. gn. (Lf. 08 285). Die Einfahrt ist 95 m breit. Man läuft von O ein und geht dann im 4 m tiefen Vorhafen sofort über Stb.-Bug. Dort wo die 50 m breite Passage in den Innenhafen beginnt, ist von O her eine breite Pier in diese Einfahrt hineingebaut, auf der an Stb. die Capitainerie liegt. Alles andere geht aus dem Hafenplan hervor. Liegeplätze im Vorhafen sind nicht vorgesehen.

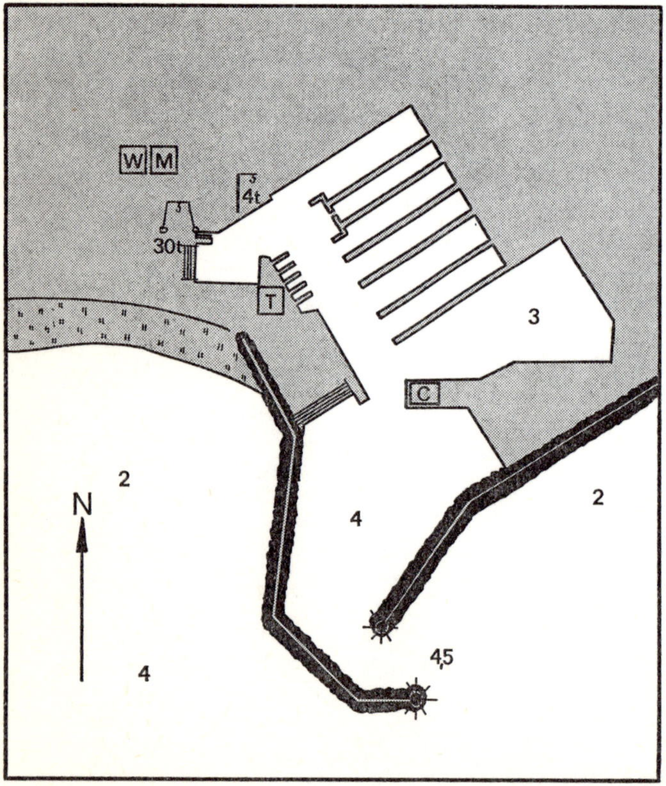

La Grande Motte ⟨62⟩

La Grande Motte bis Port de Carnon

Etwa 8,5 km lang erstreckt sich eine schmale Nehrung zwischen dem Meer und dem Lagunensee *Êtang de l'Or,* auf der dicht oberhalb des Sandstrandes eine Küstenstraße, dahinter die Schnellstraße und dicht am Ufer des Lagunensees der *Canal du Rhône à Sète* führen. Die 5-m-Tiefenlinie liegt etwa 0,5 sm, die 10-m-Tiefenlinie erst 1,5 sm vor dem Strand. In diesem Küstenabschnitt – und noch weiterreichend bis *Palaves-les-Flots* – liegen etwa parallel zum Strand in durchschnittlich 8 m – 10 m Tiefe langgestreckte felsige Kalkbänke etwa an bzw. etwas landwärts der 10-m-Tiefenlinie. Bei Seegang aus allgemein südlicher Richtung kann hier schwere Brandung stehen, die selbst großen seegehenden Yachten gefährlich wird.

Auffallende Landmarken sind in diesem Abschnitt nicht vorhanden. Der Ort *Carnon-Plage* zieht sich mit seinen meist niedrigen Villen dicht am Strand entlang zur Hafeneinfahrt – und etwas darüber hinaus – und besitzt zwei Wassertürme, deren einer einen schornsteinähnlichen, viereckigen Anbau hat.

Port de Carnon ⟨63⟩

Deutsche Seekarte Nr. 494	*Position*
Französische Seekarte Nr 5150	*Breite: 43° 32' N*
Carte Marine Blondel Nr. 508	*Länge: 3° 59' O*

Der *Port de Carnon* hat sich nach seinem Ausbau zu einer Marina so vollständig geändert, daß weder Handbücher noch Karten auch nur annähernd seine neue Gestalt wiedergeben. Die Einfahrt-Breite zwischen den Molen beträgt ca. 60 m, die Tiefe im Vorhafen und Hafen 2,50 m, Liegeplätze waren 1973 bereits mehr als 500 vorhanden. Gästeplätze stehen zur Verfügung. Ein weiterer Ausbau des Hafens durch ein West-Becken hinter der Kanal-Einfahrt ist vorgesehen.

Die hauptsächlich die Einfahrt schützende West-Mole, mit SSO-Richtung vom Land abgehend, knickt kurz vor dem Molenkopf nach SO um. Ein säulenartiger Turm mit rotem Gitter-Kopf, basierend auf einem kleinen Unterbau in Form eines Häuschens direkt auf dem Molen-Kopf zeigt die Kennung Blz. r. (Lf. 08 260). Der aus NNO-Richtung genau auf diesen Molenkopf zulaufende O-Wellenbrecher besitzt auf seinem Kopf einen gleichartigen, jedoch deutlich niedrigeren Turm mit Blz. gn. (Lf. 08 260). Die Einfahrt erfolgt mit NW-Kurs, um nach Passieren der O-Mole sofort auf N-Kurs in Richtung auf den Verbindungskanal zu gehen.

Vorsicht: Von der O-Mole geht ein unbefeuerter Wellenbrecher etwa 40 m landein des Molenkopfes genau nach O parallel zum Strand ab. Er ist bei Dunkelheit praktisch nicht auszumachen. Man halte sich daher in der 60 m breiten Einfahrt zwischen den Molenköpfen nicht zu dicht an das Blz. gn.

Dort wo der breite, 2,50 m tiefe Verbindungskanal das Hafenbecken erreicht, befinden sich an Stb. die Tankstelle für Benzin und Diesel und die Capitainerie. Gegenüber am O-Ufer des weiterführenden Kanals bestehen Slip-Ebene, fahrbarer 3-t-Kran und Service-Anlagen. Appartementhäuser und Villen, weitgehend für Bootseigner vorgesehen, Hotels, Restaurants usw. sind ebenso wie Einkaufszentren vorhanden. Der Strand beiderseits der Hafeneinfahrt ist gut. Ihm sind eine Reihe von Wellenbrechern parallel vorgelagert.

Genau in Verlängerung des Verbindungskanals zum Hafen – der dann in den *Canal du Rhône à Sète* einmündet – kann man zeitweise das Luftfahrtfeuer vom Kontrollturm des Flugplatzes Montpellier mit Mo (Y) ausmachen.

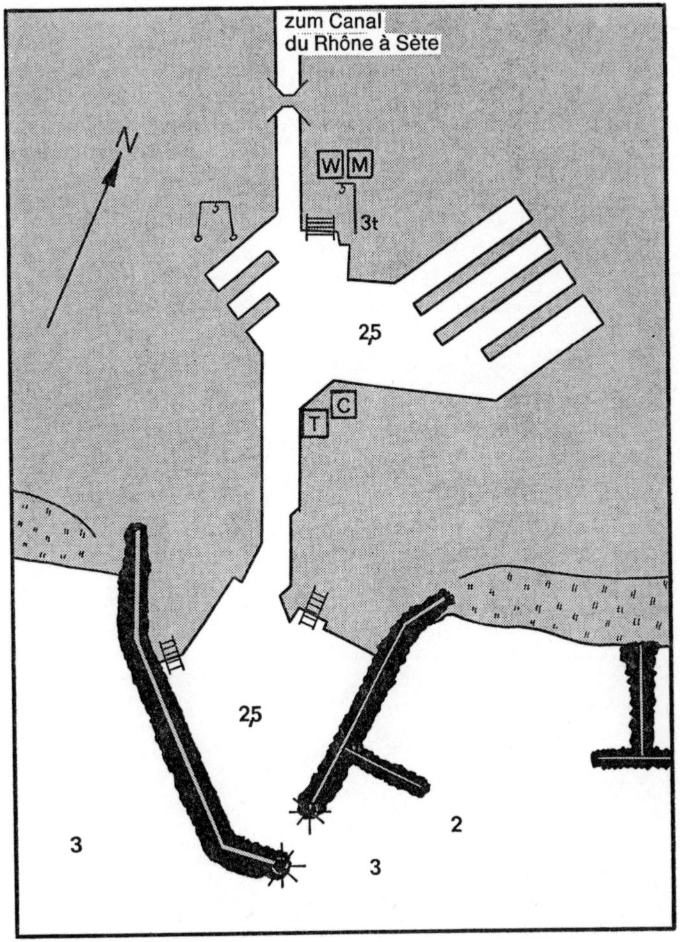

Port de Carnon ⟨63⟩

Port de Carnon bis Palavas-les-Flots

Die schmale, flache Nehrung mit gutem Strand zieht sich bis zu den kurzen, befeuerten Molen von *Palaves-les-Flots* weiter hin. Die 2-m-Tiefenlinie befindet sich etwa auf der Verbindungslinie zwischen den Molen von Port-Carnon und Palaves-les-Flots, die 5-m-Tiefenlinie liegt etwa 0,4 sm vor dem Strand. Der Grund hält schlecht Anker.

Eine Festmacher-Tonne, rot-weiß senkrecht gestreift in Baken-Form mit liegendem Kreuz als Toppzeichen, liegt etwa 2,2 sm S des Hafens auf der Position 43° 30' N – 3° 56' O. Kennung Fkl. w. ubr. (Lf. 08 230).

Palavas-les-Flots ⟨64⟩

Deutsche Seekarte Nr. 494	*Position*
Französische Seekarte Nr. 5150	*Breite: 48° 37' N*
Carte Marine Blondel Nr. 508	*Länge: 1° 76' O*

Der Fischerhafen *Palavas-les-Flots* in der kanalartigen Mündung des Flüßchens *Le Lez* besitzt zwei kurze, befeuerte Molen, deren Einfahrt mit NW-Kurs anzusteuern ist. Die gleichartigen 8 m hohen Türme – auf der W-Mole rot-weiß und auf der O-Mole grün-weiß – haben einlaufend Stb. die Kennung F. gn. (Lf. 08 220) und an Bb. Ubr. r. (Lf. 08 200). Bei Tage kann man je nach dem Sonnenstand die gegen die Häuserfronten manchmal schlecht zu erkennende Einfahrt daran ausmachen, daß etwa 50 m ostwärts ein hoher Wasserturm und ca. 300 m westlich ein hoher Schornstein stehen. Vor dem Hafen kann Strömung parallel zur Küste nach ONO versetzen.

Im Fischerhafen bis zur nur 1,50 m hohen Straßenbrücke, Wassertiefe hier 1,30 m, bestehen keine Liegemöglichkeiten für Sportboote. An seiner Ostpromenade gibt es ein Wassersport-Geschäft mit Außenbordmotoren-Service. Flachgehende Boote unter 1,50 m Höhe über der Wasserlinie finden unter der festen Straßenbrücke hindurchlaufend nach etwa 1 km stromauf an Bb. einen kleinen Sportboothafen mit Tankstelle, Slipebene sowie einem fahrbaren 5-t-Kran. Parkplätze, auch für Trailer, sind vorhanden. Die Wassertiefe im Hafen beträgt 1,50 m.

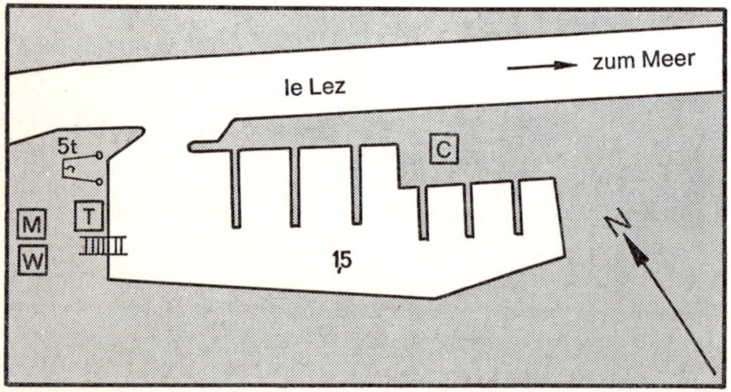

Palavas-les-Flots ⟨64⟩

Palavas-les-Flots bis Sète

Die Nehrung, die sich von *La Grande Motte* bis *Sète* als schmaler Dünenstreifen vor weit ausgedehnten Salzteichen hinzieht, ist so flach, daß man auch aus einem niedrigen Sportboot heraus weitgehend das Hinterland einsehen kann. Etwa 8 km SW von *Palavas-les-Flots* kann man kaum 1 km vom Sandstrand entfernt – auf einer in die Lagune vorgeschobenen kleinen Halbinsel – die Kirche *Manguleone* ausmachen. Sie ist alles, was von einer antiken Hafenstadt übriggeblieben ist. Ein Fahrweg führt dahin. Von hier ab bis in die Gegend von *Frontignan* gibt es keine parallel zum Strand verlaufenden Straßen mehr. Allerdings macht sich bei W-Wind überall ein regelrechter Gestank der Raffinerien von Frontignan sehr unangenehm bemerkbar.

Von *Frontignan* aus endet etwa 1,5 sm SW der beiden hintereinander in Deckung stehenden Richtfeuer-Gittermasten eine Pipeline, um die mehrere Festmacher-Tonnen liegen. Die Richtfeuer bezeichnen diese Pipeline auf 18° 30'. Im Einfahrt-Kurs von *Sète* auf 263° liegt eine gelb-schwarze Leucht- und zugleich Heultonne mit der Kennung Blz. gn. etwa 1,5 sm vom O-Kopf des großen Wellenbrechers entfernt SO der Festmacher-Tonnen.

Sète ⟨65⟩

Deutsche Seekarte Nr. 494, 493
Französische Seekarte Nr. 5172, 6428
Carte Marine Blondel Nr. 508

Position
Wellenbrecher-O-Kopf
»Epi Dellon« (Lf. 08 010)
Breite: 43° 24' N
Länge: 3° 43' O

Die Stadt *Sète,* vor noch gar nicht langer Zeit Cete geheißen, unter dem Schutz des 180 m hohen, direkt westlich angrenzenden Mont St. Clair von Ludwig XIV. angelegt, als der Hafen von Aigues Mortes versandete, ist völlig von Hafenbecken und Kanälen durchzogen. Sie ist der zweitgrößte französische Handelshafen am Mittelmeer. Ehemals der bedeutendste Wein-Importhafen, wurde es in ihm nach dem Abfall von Algier ruhig. Erst jetzt ist er dabei, sich vor allem auch durch Schüttgut wieder zu erholen. Im etwa 20 km langen *Etang de Thau,* der Sète auf auf der Festlandseite begrenzt, endet der *Canal du Rhône à Sète.* Zugleich beginnt hier jedoch der *Canal du Midi,* der bis *Bordeaux* am Atlantik reicht, aber nur eine Brückenhöhe von 3,50 m besitzt.

Bei Dunkelheit in den Hafen von Sàte einzulaufen ist ohne Hafenkarte und Lfv. bzw. genaue Kenntnis der Leuchtfeuer gefährlich. Bei Tage sollte man mit Sportbooten und auch großen Yachten bis 4,50 m Tiefgang – wenn Wind und Wetter es gestatten – von W her um den auf dieser Seite unbefeuerten, parallel zum Land verlaufenden langen Wellenbrecher einlaufen.

Vorsicht: Die großen Betonblöcke, die bisher diese Einfahrt als Unterwasserhindernis sperrten, sind geräumt worden. Dort, wo die Mole St. Louis landein abbiegt, befindet sich jedoch nach wie vor noch in ihrer Verlängerung ein Rest des früheren Molenkopfes in Art eines mehrere Meter aus dem Wasser ragenden brüchigen Felsens.

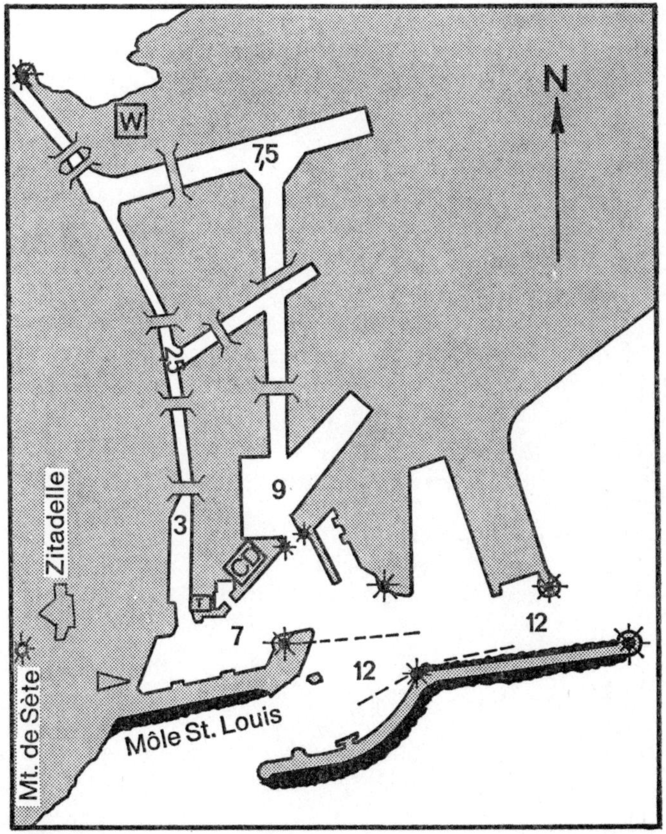

Sète ⟨65⟩

Wer von O her die gelegentliche Einfahrt der Schiffahrt benutzt, sollte auf die im vorigen Kapitel erwähnte, am Südrand der Fahrstraße liegende gelb-schwarze Leucht-Heultonne mit Blz. gn. (Lf. 08 010) achten, der WNW und NW eine Gruppe von Festmachertonnen bis in die Fahrstraße hinein landzu vorgelagert ist. Auch tiefgehende Yachten können sich bedenkenlos südlich der Schiffahrtsstraße (2 Richtfeuer mit 263°) halten. Strömung versetzt im Gebiet dieser Einfahrt mit bis zu 5 kn nach SW.

Der parallel zum Land liegende etwa 1 sm lange Wellenbrecher »Épi Dellon« an der S-Seite der Einfahrt hat auf seinem O-Kopf einen hohen rot-weißen Turm (21 m) mit Ubr. r. (Lf. 08 010) sowie ein Horn. Die etwa 0,15 sm weiter hafeneinwärts gegenüberliegende O-Mole »Digue Este« mit einem grün-weißen Träger (15 m) ist Blz. gn. (Lf. 08 035) befeuert.

Vorsicht: Die frühere, weiter hafeneinwärts gelegene »Digue Este« wird abgebrochen. Die ganze Stb.-Seite der Einfahrt besteht aus neuen Kais bzw. Hafenbecken, die z. T. noch im Bau sind (1973).

Einlaufend hält man genau auf den rot-weißen Leuchtturm auf dem Kopf der Môle St. Louis (Lf. 08 020), über dem auf dem SO-Hang des Mont St. Clair in 93 m Höhe ein achteckiger, weißer Turm mit grüner Spitze Blz. w. zeigt (Lf. 08 000). Nahebei NNO beim Semaphor an der Zitadelle steht übrigens noch ein F. r. Den rot-weißen Leuchtturm auf dem Kopf der Môle St. Louis läßt man an Bb. – an Stb. liegt die Capitainerie auf dem Kopf des F. r. befeuerten Kais, daneben der weiße Turm der Lotsenstation, daneben wiederum der Zoll – und läuft weiter mit Kurs auf den Berg zu in das *Vieux Bassin* ein, an dessen Molen-Seite sich der bereits seit 1863 bestehende Yachtclub befindet. Sanitäre Anlagen, Restaurant und Trinkwasser sowie Tankstelle sind vorhanden. Liegeplätze gibt es praktisch keine. Der Hafen kann daher nur als Nothafen und zum Bunkern bzw. Verproviantieren dienen.

Aus dem *Vieux Bassin* durch den anschließenden 2,50 m tiefen *Canal de Sète* nach Norden laufend – mit hohen bzw. tiefgehenden Yachten besser durch den 7 m tiefen *Canal Maritime* neben der Capitainerie – erreicht man den *Étang de Thau* und damit sowohl den *Canal de Rhône à Sète* als auch an seinem SW-Ende den *Canal du Midi.*

Wer vom *Étang de Thau,* also aus den Kanälen, nach *Sète* einlaufen möchte, sollte sich strikt an das betonnte Fahrwasser (217°) halten, um nicht im Schlick aufzulaufen. Die Einfahrt nach Sète erfolgt mit Kurs SSO zwischen zwei kleinen, molenartigen Kais hindurch, deren Köpfe je einen kleinen weißen Turm tragen (F. gn. bzw. F. r.). Vor dem Einlaufen befinden sich Bb. an Land eine Werft, Stb. sogar zwei, in denen auch Sportboote repariert werden können.

In der ca. 40 000 Einwohner zählenden Stadt *Sète* gibt es ausgezeichnete Einkaufsmöglichkeiten, nette kleine Restaurants und natürlich Hotels usw. Eisenbahnverladung ist möglich.

Von Sète bis Valras-Plage

Deutsche Seekarte Nr. 493
Französische Seekarte Nr. 5172, 1167
Carte Marine Blondel Nr. 509

Von der Hafenstadt *Sète* unter dem Gipfel des 180 m hohen Mont St. Clair besteht dieser Küsten-Abschnitt bis zum Pic St. Loup vor dem *Cap d'Agde* wiederum aus Sandstrand mit Dünen vor der Lagune *Étang de Thau*. Durch einen 2,50 m tiefen Kanal in *Marseillan-Plage* wird man in absehbarer Zeit mit kleineren Sportbooten in den *Étang de Thau* einlaufen können. Die *Hérault*-Mündung hat in der Stadt Agde Verbindung mit dem »Canal du Midi« nach Bordeaux oder über den »Étang de Thau« auf dem »Canal du Rhône à Sète« zur *Rhône*. Von dieser Flußmündung bis *Valras-Plage* erstreckt sich nochmals ein Strand- und Dünengebiet.

Étang de Thau und Canal du Midi

Deutsche Seekarte Nr. 493
Französische Seekarte Nr. 5729
Carte Marine Blondel Nr. 509

Der langgestreckte Lagunensee kann in seinem zur Nehrung hin gelegenen Teil bedenkenlos mit Schiffen bis 5 m Tiefgang befahren werden. Um von der Ausfahrt *Sète* in den eigentlichen See zu gelangen, muß man allerdings erst die Enge zwischen *Pointe de Balaruc* an Stb. und der *Pointe de Barrou* an Bb. passieren. Diese Durchfahrt ist gekennzeichnet an Stb. durch die rot-schwarz gestreifte, auf einem Fels stehende »Roquerols«-Leuchtbake mit rotem Ball und Kennung Ubr. w. (Lf. 08 100) und an Bb. durch die nicht befeuerte rote »Barrou«-Bake mit Zylinder-Toppzeichen.

Am Nordufer des Sees liegen drei Orte. *Bouzigues* mit Anlegemöglichkeiten für kleinere Boote; *Mèze* mit einem kleinen, 3 m tiefen Hafen und grün-weißem Turm auf der SW-Seite der O-Mole mit Kennung Blz. w. (Lf. 08 140); und schließlich das ganz reizende *Marseillan* mit grünweißem Turm auf der NO-Mole und Glt. r./gn. sowie F. r. auf der SW-Mole (Lf. 08 160). Hier gibt es übrigens im 2,50 m tiefen Hafen privat überwachte Winterliegeplätze. Auf der Fahrt von Mèze nach Marseillan muß man aber unbedingt die schwarze Turmbake mit spitzem Toppdreieck vor der *Pte. de Montpenèdre* an Stb. lassen.

Die Einfahrt in den *Canal du Midi* an der SW-Ecke des Sees durch Schlickgebiete mit oft kaum handbreit Wasser darüber erfordert, daß man genau aufpaßt. An der O-Seite zur Einfahrt gibt es eine nach NO abgeknickte Mole »Les Onglous« mit 10 m hohem, rot-weißem Turm und Blz. w/r. (Lf. 08 180). Das Blz. w. ist Sektorenfeuer 210° – 229° für die Einfahrt vom Lagunensee aus.

Einlaufend liegen an Stb. eine Reihe niedriger Fischerhäuser sowie ein verlassenes mehrstückiges Haus. Auch an Bb. erstreckt sich eine Reihe flacher Häuser. Flachgehende Boote können vorübergehend an Stb. in einem winzigen Hafen hinter dem hohen Haus festmachen.

Wenn man vor der Einfahrt in den Kanal, also am Leuchtturm Onglous, über Backbordbug geht – und die Einfahrt im Schlick genau kennt, denn sie ist noch nicht betonnt –, erreicht man einen (1973 noch im Bau befindlichen) 2,50 m tiefen Verbindungskanal zum Seebad *Marseillan-Plage* an der Strandküste.

Der *Canal du Midi*, der am Leuchtturm Onglous beginnt und bis Bordeaux am Atlantik führt, hat eine mögliche Durchfahrthöhe unter der Mitte der – meist gewölbten – Kanalbrücken von 3,50 m und eine Mindestwassertiefe von 1,80 m. Die Schleusen sind einheitlich 30 m lang und 5,50 m breit und mit Handbetrieb ausgestattet. In Richtung Bordeaux gibt es 77 Schleusen, von denen manchmal 2 bis 3 direkt ineinander übergehen. Von diesem Kanal gibt es Stichkanäle zur Garonne (Bordeaux), zum Orb, nach Port-la-Nouvelle und zum *Hérault*. Letzterer ist im Zusammenhang unseres Buches besonders interessant. Die 1. Schleuse, »écluse du bagnac« erreicht man nämlich hart nördlich der Stadt *Agde* an der Einmündung in den Fluß Hérault. Man läuft auf diesem ein kleines Stück stromab, etwa 500 m, und sieht vor sich eine Eisenbahnbrücke sowie ein hohes, fabrikähnliches Gebäude. Über Stb.-Bug geht man, etwa 250 m vor der Eisenbahnbrücke, in die Einfahrt des von hohen Platanen überdachten Kanals, in dem man zur »écluse du bassin rond« kommt, also zu einer kreisrunden Schleuse. In ihr können die genormten Lastkähne, die »péniches«, auf den Millimeter genau drehen, wenn sie durch das an Bb. gelegene Schleusentor in den Stichkanal zum Hérault laufen wollen. Nur hier kann man nämlich zum Flußlauf und der Stadt – und dann weiter stromab zum Meer –, denn zwischen der Eisenbahnbrücke und der Stadt bzw. dem Unterlauf des Flusses liegt ein hohes, nicht passierbares Wehr, das dieser Stichkanal umgeht. Von dieser runden Schleuse führt der *Canal du Midi* übrigens geradeaus weiter in Richtung Carcassonne und Bordeaux. Eine herrliche Ferienstrecke allein schon zur völlig erhaltenen Burgstadt Carcassonne mit ihren 54 Türmen.

Von Sète bis Cap d'Agde

Deutsche Seekarte Nr. 493
Französische Seekarte Nr. 5172, 5729
Carte Marine Blondel Nr. 509

Seewärts des *Étang de Thau* zieht sich vom 180 m hohen *Mont St. Clair* hart W Sète bis zum *Cap d'Agde* eine flache Nehrung mit feinsandigen Dünen und Stränden. Da beinahe 45 % aller Winde aus NW – N kommen – von hier bis zum Raum Narbonne »Cers« genannt –, weitere je etwa 15 % aus NO bzw. SO, hat man häufig damit zu rechnen, daß diese Nehrung durch Flugsand weitgehend unsichtbar wird.

Durch die SW-Passage aus Sète auslaufend sollte man bei auflandigem Wind und bei See von mehr als Beaufort 3 vor allem mit tiefgehenden Sportschiffen sofort mindestens 0,5 sm von Land abhalten, da Untiefen von nur 3 m dem achteckigen Leuchtturm 0,2 sm SW vorgelagert sind. Die teilweise ausgehöhlten rötlichen Felswände des grün bewachsenen und mit weißen Villen bebauten Berges von Sète fallen teilweise mehr als 10 m senkrecht in die See ab. Diese nur von wenigen winzigen Buchten mit kleinsten Sandstränden durchbrochene Steilküste geht etwa 1,3 sm W des Sète-Wellenbrechers bei einer kleinen Kirche mit sehr spitzem Turm in ein Dünengebiet über. In dieser Bucht hart W der Kirche entsteht ein Yachthafen für etwa 500 Boote.

Etwa 2,2 sm SW der kleinen Kirche kann man selbst bei wirbelndem Flugsand einen Wasserturm ausmachen; nach weiteren 1,2 sm außerdem – etwa 3 sm vor der *Marseillan-Plage* – den viereckigen mittelalterlichen Wachtturm »Tour du Castellas«. Fast genau S von dem Wachtturm liegt 0,6 sm vor dem Strand ein Wrack. Ein weiteres Wrack liegt 0,3 sm vor dem Strand auf halbem Wege nach Marseillan-Plage. Die Tiefenlinie für 10 m liegt durchweg etwa 0,6 sm, die für 5 m etwa 0,3 sm und die für 2 m etwa 0,1 sm vor dem flach ansteigenden Sandstrand. Bei ruhigem Wetter kann man hier notfalls überall gefahrlos auflaufen, bei Wind und See ist die Küste jedoch durch Brecher gefährlich.

Inmitten des Badeortes *Marseillan-Plage* mündet der 2,50 m tiefe Verbindungskanal vom *Étang de Thau* zum Meer in einem kleinen, 4 m tiefen Sportboothafen. Die N-Mole geht senkrecht von Land NO der Mündung ab, während die S-Mole südlich der Mündung fußt und vor dem Hafen nach NO umbiegt. Die 4 m tiefe Einfahrt liegt daher parallel zum Strand, einlaufend mit SW-Kurs (Hafen und Kanal sind noch im Bau).

Weitere ca, 2,2 sm in Richtung Cap d'Agde – bzw. etwa 1 sm vor (NO) dem Cap – ist fast genau SO unter dem 111 m hohen *Mont (oder Pic) St. Loup* ein weiterer kleiner Hafen mit Verbindungskanal im Bau (1973).

Vorerst jedoch eine kurze Beschreibung des *Mt. St. Loup* als weit hinaus auf See sichtbare Landmarke. Es handelt sich hier um einen erloschenen Vulkan mit runder Kuppe, auf der sich ein alter Semaphor wie eine Zitadelle erhebt. Noch deutlicher ist er neuerdings durch einen sehr hohen, schornsteinähnlichen Turm mit Richtspiegeln für Funktelefonie. Hart S, etwas tiefer am Hang, liegt noch ein alter, eckiger Turm.

Ähnlich dem Hafen von Marseillan-Plage ist auch die Konstruktion der Molen von *Héliopolis* mit Einlauf-Kurs SW parallel zum Strand. Diese Molen sind jedoch nicht als Vorhafen gedacht, sondern dienen nur als Schutz der Einfahrt in den Verbindungskanal zum *Ètang de Lurro*. In ihm entstehen die eigentlichen Hafenanlagen, vor allem für Kleinboote. Dieses Projekt ist eine moderne Marina, umgeben von halbmondförmigen Appartementhäusern und Bungalow-Siedlungen, aber auch von Campingplätzen . . . und völlig privat. Nur Mitglieder können alle diese Anlagen benutzen. Und bei dem Unternehmen selbst handelt es sich um die Nudisten-Vereinigung. »Textilfreier Hafen« also.

Von hier ab besteht zwar immer noch Strand, vor allerdings bereits höheren und dicht mit Buschwerk bewachsenen Dünen, jedoch wird auf wenige hundert Meter hin in Richtung zum Cap der Boden grau und dann fast schwarz, bimssteinartig. Lava-Gestein also. Das Cap selbst besteht aus etwa 10 bis 15 m hohen schwärzlichen teilweise darüber rötlichen tief ausgehöhlten Felsabbrüchen mit kleinen geschwungenen Buchten. Der Strand ist schwarz. Von den *Héliopolis*-Molen aus ist das strandnahe Gebiet etwa 0,2 sm seewärts durch viele kleine Klippen und lose Felsbrocken von Lava-Auswurf so unrein, daß man selbst mit flachgehenden Kleinbooten nur an zwei Stellen ungefährdet bis an den Strand heranlaufen kann. Man lasse sich keinesfalls durch Boote einheimischer Eigner unterhalb der Villen verführen, die oft nur mit Zick-Zack-Kurs bei Grundsicht und dann auch noch stakend oder paddelnd bei spiegelglatter See auf den Strand auflaufen.

Cap d'Agde ⟨66⟩

Deutsche Seekarte Nr. 493	
Französische Seekarte Nr. 5172, 5729, 1167, 5098	*Position*
	Breite: 43° 16' N
Carte Marine Blondel Nr. 509	*Länge: 3° 30' O*

Das eigentliche *Cap d'Agde* erstreckt sich aus dem Hügelland S des Mont St. Loup, nur etwa 20 m aus dem Meer ragend, nach SSW. Es wird durch die ca. 800 m lange *»Môle de Richelieu«* nach SSW in Richtung auf die Insel *Brescou* verlängert. Der Sage nach war einst auf dieser Insel ein Fürst in Gefangenschaft, dessen Untertanen

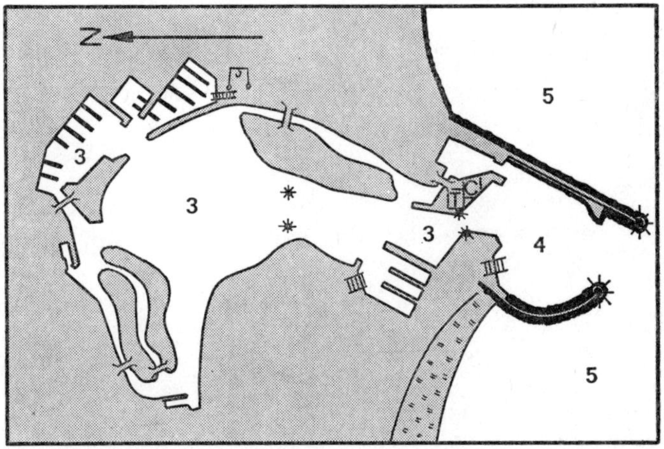

Cap d'Agde ⟨66⟩

ihn dadurch freikaufen wollten, daß sie eine Landverbindung zur Insel bauten. Während der jahrelangen Arbeiten starb der Fürst jedoch, und zurück blieb eine aus schwärzlichem Lavagestein gebaute, nicht vollendete breite Molenstraße. Übrigens waren die heute zu einer Marina ausgebaggerten Lagunen bereits zu griechischer Zeit um 500 v. Chr. eine 80 ha große Bucht mit ausgezeichnetem Ankergrund. Ihr Name, französisiert: *Agathé la Phocéenne.* Heute stehen auf der Insel das Fort Brescou mit einem deutlich auszumachenden roten Hausdach aus der Aera von Richelieu und an der SO-Ecke ein weißer Leuchtturm mit rotem Oberteil (Lf. 07 940).

Vorsicht: Der Ostküste des *Cap d'Agde* sind Klippen bis teilweise mehr als 0,2 sm vorgelagert. Die schwarzrot gestreifte Turmbake mit rotem Balltoppzeichen »La Lauze« steht auf einer gefährlichen, ausgedehnten Klippe mit nur 0,5 m Wasser. Der Fort-Insel *Brescou* sind nach allen Seiten Riffe und Klippen weit vorgelagert. Nach NO – in Richtung Turmbake »Lauze« – wird der Rand des Insel-Klippengürtels durch eine rote Tonne mit rotem Zylindertoppzeichen gekennzeichnet. Zwischen dieser Tonne und der Turmbake beträgt die Wassertiefe bei ruhiger See ca. 3,5 m. Bei starkem Seegang ist jedoch oft weniger als 1 m Wasser über unreinem Grund. Mit tiefergehenden Booten sollte man daher stets die Insel Brescou runden. Im SSO des Ilôt de Brescou liegt eine schwarz-weiß gestreifte, befeuerte Festmache-Tonne mit W-Toppzeichen. Kennung: Blz. w.

Den Riffen und Klippen der Insel, etwa 0,2 sm nach SSW vorgeschoben, ist eine rote Tonne mit rotem S-Toppzeichen. Von WSW bis NNW reichen die Insel-Klippen, teilweise etwas aus dem Wasser ragend und fast durchgehend miteinander in Verbindung stehend, bis 0,25 sm auf See hinaus. Man lasse sich durch den schmalen Strand an der NW-Seite der Insel nicht täuschen. Eine schwarze Tonne mit schwarzem N-Toppzeichen zeigt die NW-Grenze der Klippen an. Diese schwarze Tonne muß auf jeden Fall N gerundet werden. Man achte jedoch darauf, daß sich vom Kopf der W-Mole des Hafens die 2-m-Tiefenlinie nach WNW und später als 1,5-m-Tiefenlinie parallel zum Strand entlangzieht. Bei Tramontane – also nördlichem Wind – kann hier das Wasser ablaufen. Der Sandgrund ist jedoch rein.

Vorsicht: Alle Tonnen können nach Sturm – vor allem auch zu Beginn der Saison – vertrieben sein. Man runde die Insel Brescou daher stets mit mindestens 0,3 sm Abstand.

Eine schwarz-gelbe Leuchttonne mit F. gn. (Lf. 07 920) am Ende einer Abflußleitung (beiderseits Anker- und Fischverbot) liegt auf 13 m Tiefe etwa 2 sm SW der Fort-Insel *Brescou.* Daneben liegt eine Festmachertonne. Nach S, W und O (mit entsprechenden Toppzeichen) liegen im Abstand von ca. 2500 m von der befeuerten Tonne noch weiße Kugel-Bojen.

Die Einfahrt in den *Port de Cap d'Agde* erfolgt am besten mit Kurs ONO derart, daß man zwischen den beiden schlanken weißen Leuchttürmen auf den Molenköpfen direkt auf die Wellenbrechernase an der Innenseite der O-Mole – etwa 150 m landein vom Steuerbord-Leuchtturm – zuhält und erst in der 4 m tiefen Einfahrt Ruder nach N legt. Die Einfahrtfeuer sind an Steuerbord Glt. gn. (Lf. 07 930) und an Backbord Blz. r. (Lf. 07 930).

Der Gästehafen befindet sich am Fuß der O-Mole mit eigener, schmaler Einfahrt stb. der Capitainerie und der Bunkerstation. Die Fahrrinne in die Innenhäfen ist durch befeuerte Tonnen gekennzeichnet. Slipschräge für Jollen und Kleinboote liegt am Fuß der W-Mole, Werftgelände mit fahrbarem Portalkran an Stb. des Mittelsees, von dem aus die einzelnen Häfen abgehen. In ihnen sind weitere technische Anlagen aller Art. Im übrigen handelt es sich um ein (noch auf Jahre im Ausbau befindliches) Projekt, das später wohl eine der größten Sportbootanlagen Europas sein dürfte und neben allen Service-Einrichtungen auch große Appartement- und Bungalow-Anlagen, Hotels, Restaurants usw. enthält. Ausgedehnte Parkplätze sind vorhanden. Das ganze Objekt dient für 2000 Boote und ist direkt an das küstennahe System von Schnellstraßen angeschlossen.

Cap d'Agde bis Hérault-Mündung

Vom *Port de Cap d'Agde* bis zur Mündung des Flusses *Hérault* – an dem 6 km stromauf die alte Stadt Agde liegt – zieht sich ein Dünengebiet mit breitem Sandstrand. Die Einbuchtungen sind rein. Alle in das Meer vorstehenden Huks und Strandwölbungen jedoch setzen sich bis zur 2,5-m-Tiefenlinie als gefährliche Klippen und unreiner Grund fort. Das Strandgebiet als solches ist wenig empfehlenswert. Vor diesem Küstenabschnitt versetzt Strom je nach Windrichtung bis zu 1 kn nach W. Die hohen Gittermasten (Funk) 1,5 km landein auf halbem Wege zwischen dem Cap und der Flußmündung zeigen bei Dunkelheit Warnfeuer.

Hérault-Mündung und Stadt Agde

Deutsche Seekarte Nr. 493	*Position*
Französische Seekarte Nr. 1167, 5098	*Breite: 43° 17' N*
Carte Marine Blondel Nr. 509	*Länge: 3° 27' O*

Der Fluß *Hérault*, der dieser Provinz den Namen gegeben hat, ist breit, zwischen 3,5 m und 5,5 m tief, bis zur Straßenbrücke in *Agde* auf ca. 6 km befahrbar, und bei starkem Regen – da er aus dem Cévennen-Gebirge kommt – stark reißend. Etwas oberhalb der aus schwarzem Lavagestein erbauten mächtigen Wehrkirche von Agde (XII. Jh.) geht auf der jenseitigen Flußseite der Verbindungskanal zum *Canal du Midi* ab.

Die Flußmündung des Hérault ist durch zwei etwa 400 m lange Molen geschützt. Auf beiden Molen stehen 14 m hohe weiße Leuchttürme mit grüner bzw. roter Spitze. Die Kennung der O-Mole ist Ubr. w. und außerdem Nebelhorn 5+5s (Lf. 07 900), die der W-Mole Ubr. r. (Lf. 07 905).

Vorsicht: In Verlängerung der W-Mole erstreckt sich eine Barre etwa 0,4 sm genau nach S. Auf die ersten 0,2 sm nur bis zu 2 m Tiefe, dann auf 3,5 m abfallend, bricht hier die See gefährlich.

Ansteuerung der Hérault-Mündung mit tiefgehenden Yachten 360° auf den LT der O-Mole. Erst kurz vor dem Molenkopf in die Mündung einsteuern.

Einlaufend in den Fluß findet man am Fuß der W-Mole, im Ortsteil *Tamarissière*, eine Slipschräge. An Stb. im Ort *Le Grau d'Agde* gibt es eine Tankstelle für Benzin und Super, etwas stromauf der kleinen Kirche einen 3-t-Kran. Wie man in diesem Mündungsabschnitt mit Hilfe von Stangen am schrägen Ufer festmacht, sollte man den Ortsansässigen absehen. Weiter stromauf befindet sich kurz vor der Stadt an Stb. – an Bb. sind kurz zuvor die weißen Mauern einer Gartenschirm-Fabrik mit der schwarzen Aufschrift »Parassol« – eine Werft (Holz, Stahl und GFK) mit 25-t-Slip. Hier bestehen für tiefergehende bzw. sehr große Yachten auch Bojen-Liegeplätze mit 3,5 m Wassertiefe. Etwas unterhalb der Wehrkirche am Stb.-Fischerkai gibt es eine Diesel-Tankstelle. Die Straßenbrücke kann nur von Schiffen bis höchstens 3,5 m Höhe über der Wasserlinie passiert werden. Wer mit einem Sportboot in den *Canal du Midi* einlaufen möchte, muß durch den Verbindungskanal zur Schleuse »Écluse du Bassin Rond«, da der Fluß selbst durch ein Wehr nicht weiter befahrbar ist.

Hérault-Mündung bis Valras-Plage

Der Sandstrand westlich der Hérault-Mündung geht aus der Bucht heraus nach SW in rötlich-kiesigen Strand über, teilweise mit Dünen. Hier liegt ein kleiner Ort, *Redoute-Plage*, der ein Anlanden nicht lohnt. Das gleiche gilt für den Strandabschnitt von *Sérignan-Plage,* etwa 2,5 sm NNO der *Orb*-Mündung. Die Lagune *La Grande Marie* ist durch eine breite Barre vom Meer getrennt. Auch die 0,6 sm weiter nach WSW liegende sumpfige Lagune kann nicht befahren werden.

Vorsicht: Vom W-Rand des Waldes »La Tamarissière« aus – direkt W der Hérault-Mündung und auch erkenntlich durch eine Reihe von teilweise umgestürzten Bunkern – beträgt die Wassertiefe vor der Strandküste bis auf 0,3 sm hinaus oft nicht mehr als 0,6 m, hart O Redoute-Plage sogar nur 0,2 m. Erst direkt NO von Sérignan-Plage gibt es fast durchgehend bis zur Orb-Mündung 1,7 m Wasser bis dicht vor die Strandlinie.

Die Mündung des *Orb* ist von See her auszumachen durch den kleinen weißen Leuchtturm mit rotem Lampenteil und Gitter auf dem Kopf einer kaum vor die Strandlinie vorgezogenen Mole. Hiervon W steht das auffallende Kasino. Und in Verlängerung der Mole, etwas Bb., ragt der Signalmast des Yachthafens über der Mole auf.

Valras-Plage ⟨67⟩

Deutsche Seekarte Nr. 493	*Position*
Französische Seekare Nr. 1167	*Breite: 43° 15' N*
Carte Marine Blondel Nr. 509	*Länge: 3° 18' O*

Der in ständigem Ausbau befindliche Badeort mit den Städten *Béziers* (65 000 Einw.) und *Narbonne* (35 000 Einw.) im Hintergrund ist modern, besitzt einen guten, sehr breiten Sandstrand und neuerdings auch, vom Fluß *Orb* ausgehend, einen Yachthafen für z. Z. etwa 180 Boote bis 2 m Tiefgang. Der Ort liegt W des Flusses, während O davon (1973) nur ein verhältnismäßig großer und flacher weißer Gebäudekomplex besteht, in dem eine Wassersport-Firma mit Ausstellungsräumen und Wasserski-Schule ihr Domizil hat.

Einlaufend in die Mündung des *Orb* muß man darauf achten, daß die beiden Molen kaum vor die Strandlinie reichen. Auf dem Stb.-Molenkopf steht lediglich eine Stange mit schwarzem Dreiecks-Toppzeichen (Spitze oben). Der säulenartige, auf einem flachen weißen Unterbau ruhende, 9 m hohe, weiße Leuchtturm auf der W-Mole (Bb.) ist befeuert. Kennung: Blz. w./r. (Lf. 7 860). Weißes Sektorenfeuer von 290° bis 45° und rotes Feuer von 45° bis 290°.

Vorsicht: Zwischen den Molenköpfen und ihnen vorgelagert kann nach starken Regenfällen und auch nach Sturm aus SW bis O eine Barre mit nur 2,50 m Wasser bestehen. Der Fluß Orb selbst hat einlaufend an Stb. 4 m und an Bb. 3,50 m Wasser, jedoch verlängert sich die Stb.-Mauer an ihrem O-Knick weiter stromauf durch eine Kiesbank, so daß man oberhalb der Hafeneinfahrt nur noch an Bb. weiterlaufen sollte.

In der Orbmündung geht – 250 m vom Leuchtturm stromauf – an Bb. die 20 m breite und 2,50 m tiefe Hafeneinfahrt ab. Einlaufend in den 2 m tiefen Hafen stößt man

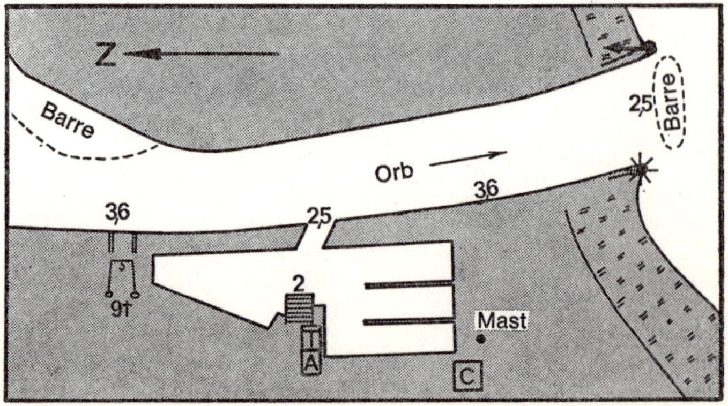

Valras-Plage ⟨67⟩

praktisch mit der Nase auf eine vorgebaute Pier mit breiter Slip-Schräge, auf deren dem Meer zu gelegener Mauer die Bunkerstation mit Anmelde-Festmacheplatz für Gäste ist. Die Capitainerie liegt direkt unter dem Flaggen- und Signalmast. Übrigens wird der Nordteil dieses Hafens während der Saison extra von den Fischern für die Sportboote geräumt. Stromauf von der Einfahrt, am Ende der Hafenanlagen, befindet sich am Bb.-Ufer des Flusses ein 9-t-Bootslift. Noch weiter stromauf bestehen hinter der Flußschleife Ankerplätze mit etwa 2,5 m Wasser.

Von Valras-Plage bis Port Leucate

Deutsche Seekarte Nr. 493
Französische Seekarte Nr. 1167, 1166
Carte Marine Blondel Nr. 510

Von *Valras-Plage* an der *Orb*-Mündung über die *Aude*-Mündung hinaus bis kurz vor *St. Pierre-sur-Mer*, erstreckt sich, entlang der Küste, ein Strand- und Dünen-Gebiet, hinter dem einzelne Lagunen und Sumpf-Gebiete liegen. Das anschließende Bergland reicht von St. Pierre-sur-Mer bis *Narbonne-Plage* fast direkt an die Küste, um sich dann bis zum *Cap Leucate* hinter ausgedehnte Salinen- und Lagunen-Gebiete zurückzuziehen. In diesem Flachland-Abschnitt liegt auch der Hafen von *Port-la-Nouvelle*. An das hohe Tafel-Bergland des Cap Leucate schließt sich wiederum ein Strand- und Dünengebiet als Nehrung zum *Étang de Leucate* an mit der Marina Leucate.

Valras-Plage bis Port-la-Nouvelle

Deutsche Seekarte Nr. 493
Französische Seekarte Nr. 1167, 1166
Carte Marine Blondel Nr. 510

Bis zur *Aude*-Mündung besteht ein flaches Dünengebiet mit breitem Sandstrand. Die 10-m-Tiefenlinie liegt bei etwa 0,6 sm, die 3-m-Linie bei ca. 0,3 sm und die 2-m-Linie bei durchschnittlich 0,1 sm. Im Hinterland gibt es riesige, gepflegte Camping-Anlagen auf Gutshöfen. Das Gebiet O der Aude-Mündung wird hinter den Dünen in absehbarer Zeit zu einer großen Marina mit entsprechenden Appartementshäusern, Bungalow-Siedlungen, Hotels, Restaurants, Bars usw. ausgebaut. Die Arbeiten sind bereits im Gange, die Hafenanlagen (1974) jedoch noch nicht benutzbar. Zwei Wellenbrecher werden in Verlängerung der Mündung nach O gebaut. Die Einfahrt in den Fluß hat 2 m Wasser. Ankerplätze sind vorhanden.

Vorsicht: Nach Regen entsteht reißender Strom mit Treibholz und rollenden Kiesbänken, so daß eine Barre die Mündung sperren kann.

Bei *St. Pierre-sur-Mer* steigt das Hinterland bis teilweise dicht ans Meer zu weißlichen, felsigen Bergen mit zerrissenen Graten und Kuppen bis 215 m an, die größtenteils kahl, teilweise mit Dornenbüschen und nur vereinzelt mit Pinien bewachsen sind. Eine nordafrikanisch anmutende Landschaft. Das Hinterland ist übrigens weitgehend militärisches Gebiet. Die Tiefenlinien gehen im Bogen sowohl um die 1 sm NO der Kirche gelegene, 0,1 sm hinausreichende Felsbank als auch um die kleine Felshalbinsel vor dem Ort herum. Auf dieser Felskuppe über einem Bunker erkennt man die kleine weiße Rettungsstation. Landemöglichkeiten sind nur für kleine Boote bei ruhigem Wetter am flachen Strand gegeben.

Vorsicht: Der Felskuppe sind Klippen in 1,5 m Tiefe auf 0,1 sm vorgelagert. Ein Wrack auf 4 m Tiefe liegt 0,25 sm S der Felskuppe.

Narbonne-Plage

nur 2,5 km an Land in SW-Richtung entfernt, liegt direkt vor einer Felswand, auf der sich ein weißer, runder Wasserturm auf Stelzen erhebt. Dieser kleine Badeort besitzt einen winzigen Sportboothafen mit zwei kurzen, nicht befeuerten Molen, die eine etwa 10 m breite Einfahrt ausschließlich für flachgehende Boote schützt. In Verlängerung der Einfahrt ist in den Fels ein Denkmal eingelassen, und zwar ein kleiner Bunker mit darüberstehender Orgel. In der NO-Ecke des Hafens besteht ein Parkplatz, in der SW-Ecke eine Slip-Schräge. Benzintankstelle und Wassersportgeschäft sowie Außenbordmotoren-Service sind vorhanden. Der Sandstrand beiderseits des Ortes ist flach und gut. Er geht in Richtung *Gruissan* hinter niedrigen Dünen in große Lagunen und Salinen über.

Gruissan ⟨68⟩

Kurz vor *Gruissan* fallen die hier weitgehend von Pinienwaldungen bedeckten Berge in eine Ebene ab, die größtenteils von Lagunen bedeckt ist. Das winzige Städtchen Gruissan rankt sich an einem Felskegel hoch, auf dem eine imposante Burgruine steht, die man von See her gut ausmachen kann. Dieser Burgkegel steht nach N hin im *Êtang de Gruissan.*

Vom Meer zu diesem Lagunensee führt der Canal du Grazel mit 1,50 m Wasser. Auf ihm können Sportboote bis zu dem an Bb. gelegenen Yachthafen kurz vor dem Ort Gruissan laufen. Dieser Hafen ist jedoch praktisch stets überfüllt.

An der Kanal-Mündung ins Meer und an den nahen Hängen von La Clape entstehen 5 Ferien-Siedlungen in Verbindung mit der Lagunen-Sportboot-Stadt (Cité Lacustre) und einer ausgedehnten Marina inmitten von Appartements- und Hotel-Anlagen. Diese Marina – vorgesehen für etwa 1500 Sportboote – ist jedoch auf Jahre hinaus im Bau und kann vorläufig nur bedingt an Liegeplätzen benutzt werden. Von der Cité Lacustre wird ein Wasserweg zum Binnensee von Mateille und von der Marina zum Binnensee von Gruissan geschaffen. Die Einfahrt in dieses neue Hafensystem liegt etwa 1,5 sm N des *Canal du Grazel.* Sie wird durch eine kürzere N-Mole (von NNW nach SSO gerichtet) und eine längere S-Mole (von W nach O mit einem Knick nach ONO) geschützt. Etwa 0,2 sm S des S-Molenkopfes liegt während der Arbeiten (1974) eine Leuchttonne mit Blk. w. (0,5 s).

Einlaufend zwischen diesen beiden Molen gelangt man in den Lagunensee Êtang du Grazel, an dessen Stb.-Seite die Cité Lacustre entsteht, während die eigentlichen Hafen-Anlagen der Marina jenseits des Teiches beginnen.

Vorsicht: 0,8 sm N von dieser Einfahrt entfernt führt von Land ein Unterwasserkabel aus NW- in SO-Richtung. Ankerverbot! Außerdem steht in diesem ganzen Ab-

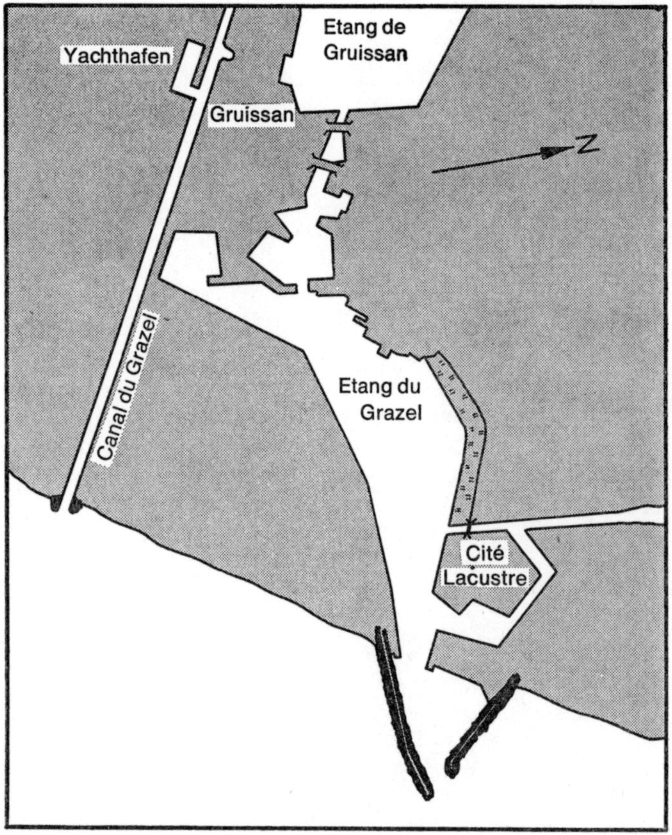

Gruissan ⟨68⟩

schnitt bei Wind von O bis N eine starke Dünung mit Brechern. Parallel zur Küste versetzt Strömung nach S, je nach Windrichtung bis zu 1 kn.

Bis zum *Port-la-Nouvelle* zieht sich ein schmaler Strandstreifen vor Lagunen-Salinen und dem *Etang de L'Ayrolle,* der zeitweise mit dem Meer in Verbindung ist. Er darf jedoch selbst mit flachgehenden, nichtmotorisierten Sportbooten nicht befahren werden. Die Tiefenlinie 0,1 sm vom Strand entfernt ist sehr unterschiedlich und beträgt zwischen 2 m und 0,3 m.

Vorsicht: Bei Sturm kann der Strandstreifen überspült werden.

Eine *rot-weiße* Leuchttonne mit rotem W-Toppzeichen liegt etwa 1,2 sm ONO der S-Mole von *Port-la-Nouvelle* am Ende einer Öl-Pipeline, in deren Nähe auch Festmache-Tonnen für Tanker vorhanden sind.

Port-la-Nouvelle ⟨69⟩

Deutsche Seekarte Nr. 493 — *Position*
Französische Seekarte Nr. 1166, 5104 — *Breite: 43° 01' N*
Carte Marine Blondel Nr. 510 — *Länge: 3° 04' O*

Diese ausgesprochene provinzielle Hafenstadt (8000 Einw.) dient ausschließlich Kümos, vor allem mit Holz-Decksladung, und Tankschiffen als Entladeziel. Für Sportskipper ist der kanalartige Hafen weder vorgesehen noch eingerichtet. Es gibt nur sehr primitive Liegeplätze mit 3 m Wasser, keine Wassertankstelle, auch keine Slip-Schräge, nur wenige Einkaufsmöglichkeiten, dagegen jedoch am N-Ufer die Möglichkeit zur Eisenbahnentladung mit Hilfe von 1- bis 10-t-Kranen.

Von See her ist die alte Stadt am Hafen mit ihren niedrigen Häusern kaum auszumachen. Landmarken sind hart S der Verlängerung des Hafens an einer Hügelkante ein Industriewerk mit rot-weiß gestreiftem Schornstein sowie außer unzählbaren silbrigen Öltanks hinter den Dünen N des Hafens auch ein fast vom N-Kai aus abgehendes sehr großes weißes Sanatorium mit rotem Dach. Am Strand S der alten Stadt und des Hafens ist eine neue Fremdenverkehrs-Stadt für 20 000 Gäste im Entstehen, deren hohe Bauten man an Bb. der Einfahrt gut ausmachen kann. (Hier soll übrigens auch ein Sportboothafen gebaut werden).

Markanter Punkt der Einfahrt ist die weit hinausreichende S-Mole an Bb. mit 23 m hohem rot-weiß gestreiftem Leuchtturm. Kennung: Ubr. w. (Lf. 07 800). Der nur 14 m hohe weiße Leuchtturm mit schwarzer Laterne mit Glt. gn. (Lf. 07 810) steht an Stb. auf dem Kopf der N-Mole, die jedoch etwa 100 m kürzer ist.

Vorsicht: Die kanalartige Hafeneinfahrt verengt sich nach etwa 175 m an Stb. erheblich. Etwa auf dieser Höhe ist auf der Innenseite der S-Mole, also gegenüber, ein gitterförmiger Sprungturm, von dem aus Badende ohne Rücksicht auf den Schiffsverkehr in die Einfahrt hineinspringen. Dicht dahinter, ebenfalls auf der S-Mole, wird an der Lotsenstation eine rote Flagge gezeigt, wenn die Einfahrt – auch für Sportboote – gesperrt ist.

Der kanalartige Hafen ist knapp 3000 m lang, an der Wasseroberfläche 60 m und am Grund 30 m breit. Seine

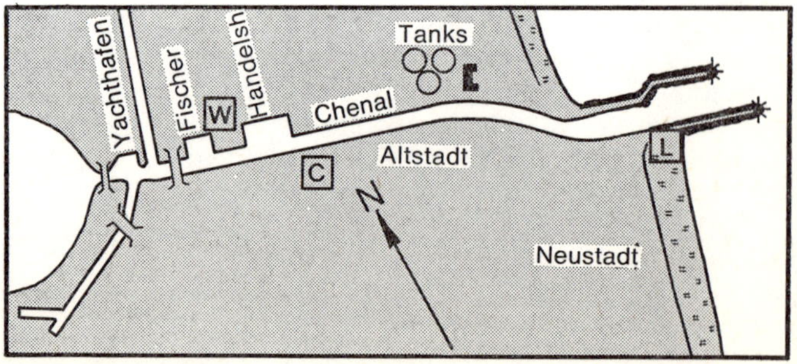

Port-la-Nouvelle ⟨69⟩

Tiefe beträgt im Frühjahr (ausgebaggert) 8 m, im Winter nur noch 6 m. Der Grund besteht aus Sand und Schlick.

Die Capitainerie befindet sich etwa 500 m vor der Straßenbrücke auf der S-Seite, etwa gegenüber dem Handelshafenbecken. Direkt vor der hohen Straßenbrücke ist an Stb. der Fischerhafen mit Werftanlagen (Holz- und Stahlbau) sowie Diesel-Bunkerstation. Jenseits der Straßenbrücke liegen an Bb. Pontons für ortsansässige Sportboote, da man an den schrägen Kaimauern nicht liegen kann. Etwa gegenüber an Stb. ist die Einfahrt in den *Canal de la Robine*. (Dieser 5,50 m breite und 1,80 m tiefe Kanal mit Schleusen von 30 m Länge führt an der 32 000 Einw. zählenden Stadt *Narbonne* vorüber und ist die letzte Möglichkeit, den *Canal du Midi* zwischen der Rhône und dem Atlantik zu erreichen. Nahe seiner Einmündung zwischen *Narbonne* und *Béziers* gibt es übrigens einen Club-Yachthafen.) Ganz dicht hinter dieser Kanal-Einfahrt befindet sich an Stb., noch vor der Eisenbahnbrücke, ein 3 m tiefes Hafenbecken für Sportboote. Kraftstoffe werden nur auf Bestellung und nur in großen Mengen durch Tanklastwagen herangebracht. Kleinboote können unter Umständen gegenüber von diesem Sporthafenbecken unter der Eisenbahnbrücke hindurch in einen Kanal einlaufen und dann in einem toten Arm zwischen Fischerbooten festmachen.

Der Handels- und Fischereihafen *Port-la-Nouvelle* kann nur als Nothafen, als Bunkerstation für große Kraftstoffmengen und notfalls als Verproviantierungshafen angesehen werden. Reparaturen in Holz und Stahl sind möglich, Reparaturen in GFK und Motoren-Service können über die Capitainerie bestellt werden.

Port-la-Nouvelle bis Port Leucate

Von der Hafeneinfahrt bis zum etwa 60 m hohen, brüchigen Plateau des *Cap Leucate* zieht sich ein Dünenstrand. Er liegt im mittleren Abschnitt praktisch kaum über Meeresniveau, so daß die See fast ungehindert in die Salinen-Lagunen einströmen kann. Der kanalartige Ausfluß des im Hinterland direkt am Übergang des Strandes in die Berge gelegenen *Étang de Lapalme* ist meist durch eine Barre völlig abgeschlossen. Selbst bei hohem Wasser ist er nur für flache Boote passierbar, wobei man Gefahr läuft, den Propeller zu beschädigen.

La Franqui-Plage, ein kleiner Ferienort mit bekannter Künstler-Kolonie, liegt am Nordhang des Plateaus direkt über der Barre. Es gibt einen »Club Nautique« für kleine Sportboote. Flache Kleinboote können sowohl über die Barre in den Schutz des Kanals als auch auf Land gezogen werden.

Cap Leucate am NO-Rand des quergeriffelten Plateaus fällt steil ab. Auf dem Plateau steht ein Semaphor inmitten eines Gebäudekomplexes. Etwa 0,5 sm weiter S steht 66 m hoch der weiße Leuchtturm von Cap Leucate mit Kennung Blz. w. (Lf. 07 740) auf der Position 42° 55' N – 3° 03' O.

Leucate-Plage, ein Badeort, schließt sich direkt S unter dem Leuchtturm am Hang und im Strandgebiet an.

Vom Leuchtturm Cap Leucate bis zur Einfahrt in den (noch auf viele Jahre hinaus im Ausbau befindlichen) *Port Leucate* sind es 2,2 sm entlang einem breiten Sandstrand mit niedrigen Dünen, die den riesigen *Étang de Leucate* vom Meer trennen.

Port Leucate ⟨70⟩

Deutsche Seekarte Nr. 493	*Position*
Französische Seekarte Nr. 1166	*Breite: 42° 52' N*
Carte Marine Blondel Nr. 510, 511	*Länge: 3° 03' O*

Port Leucate ist eine künstliche Anlage von A–Z, die mit Anschluß an das Schnellstraßen-System in den Dünen zwischen dem *Étang de Leucate* und dem Meer für 2000 Boote in Marinas und 40 000 Sommergäste in Appartementshäusern, Bungalow-Siedlungen sowie Hotels geschaffen wird. Das Wahrzeichen: Etwa 2,4 sm S der Hafeneinfahrt liegt auf dem Strand der weiße 5000-t-Passagierdampfer LYDIA als Restaurant- und Bar-Schiff. Das Schiff wurde in einem eigens dazu gebauten Kanal gefahren, in einem Betonsockel gegen Kentern montiert, der Kanal dann zugeschüttet. Darüber hinaus kann man noch nicht von endgültigen Landmarken sprechen, da sich die »Skyline« dieser immensen Siedlung beinahe täglich verändert und auf Jahre hinaus noch nicht endgültig ist.

Der Vorhafen des Port Leucate wird durch zwei befeuerte Molen geschützt. Die O-Mole hat die Kennung Ubr. r. (Lf. 07 760). Diese lange O-Mole stößt nach NNO vor und knickt dann nach N ab. Die kürzere W-Mole mit Kennung F. gn. (Lf. 07 760) geht von Land nach SSO ab und läuft nach O aus. Man läuft in etwa parallel zum Strand mit SSW-Kurs durch die 60 m breite Einfahrt in den 4 m

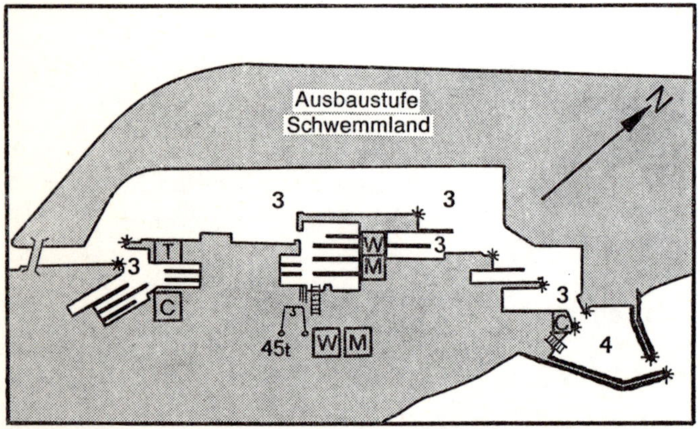

Port Leucate ⟨70⟩

tiefen Vorhafen ein. In ihm geht man über Steuerbord-Bug auf W-Kurs durch die ebenfalls 60 m breite Einfahrt mit F. gn. an Stb. und F. r. an Bb. in die 3 m tiefen Hafenbecken. Deren S-Seite ist weitgehend ausgebaut, während die N-Seite noch Dünengebiet ist. In dieser Einfahrt an Bb. ist ab etwa 1977 die Capitainerie vorgesehen. Von hier aus sind die Köpfe aller Piers und Molen bzw. die Ecken aller Hafenbecken an Bb. durch Blk. r. kenntlich. Anfangs läuft man mit W-Kurs 800 m, geht dann am 4. Blk. r. über Bb.-Bug auf Kurs SW und kommt nach weiteren 1200 m an die Einfahrt zu einem an Bb. gelegenen Hafenbecken, an der die Bunkerstation liegt. Diese Einfahrt ist an Stb. durch Blk. gn. und an Bb. durch Blk. r. kenntlich gemacht. Einlaufend in dieses Becken (Bassin Sud) liegt recht voraus die vorläufige Capitainerie. Große Slip-Schräge, 45-t-Travel-Lift, Service-Stationen usw. befinden sich am »Bassin Central«, desgleichen eine Tauchschule und ein Club. Restaurants, Bar und Einkaufsmöglichkeiten sind nahebei.

Vom Port Leucate kann man unter der hohen Brücke der Schnellstraße hindurch in den *Étang de Leucate* einlaufen. Durch ihn verläuft weiter südlich, noch vor Barcarès, die Grenze zwischen dem Languédoc und dem Roussillon. Von diesem großen, flachen Lagunensee – in dem vor allem Austern- und Muschelzuchten betrieben werden – ist eine Fläche von etwa 11 km Länge und 4,5 km Breite, durchschnittlich 1,5 m tief, für Sportboote freigegeben. Die Grenzen dieser Fläche werden durch Bojen gekennzeichnet. Der See soll vor allem dazu dienen, bei unruhiger See mit Jollen und anderen Kleinbooten auf ungefährliches Gewässer auslaufen und auch den Wasserskisport ausüben zu können. Wasserski-Reviere werden noch gesondert gekennzeichnet.

Von Port Leucate bis Banyuls

Deutsche Seekarte Nr. 493
Französische Seekarte Nr. 1166, 1218
Carte Marine Blondel Nr. 511

Zwei völlig unterschiedliche Küsten-Abschnitte schließen sich hier einander an. Von *Leucate* bis *Le Racou,* hart S von *Argelès-Plage,* erstreckt sich Strand. Anfangs als Nehrung vor dem *Étang de Leucate,* später dann mit den Flußmündungen des *Agly* und *Têt,* die alle zumeist durch Barren ebenso geschlossen sind wie der dazwischenliegende *Étang de Bordigau.* Am Ortsrand von *Le Racou* geht dieser – zuletzt teilweise kiesige – Strand urplötzlich in die Felsausläufer der Pyrenäen, das »Montagne Albères«, mit Riffen und Klippen über. Von hier aus bis *Banyuls* gibt es nur noch wenige von Sportbooten benutzbare Buchten, so daß man – zumindest als Liegeplatz – auf die Häfen von *Collioure, Port Vendres* und *Banyuls* (sprich: bannjúlss) angewiesen ist. Die steile Felsküste ist wild zerrissen und bildschön . . . bei ruhigem Meer. Anderenfalls ist sie sehr gefährlich. Die größte Stadt des Roussillon, einer weitgehend catalanischen Provinz, ist mit 80 000 Einwohnern das schöne *Perpignan,* bekannt auch für Weine und edle Textilien, zugleich 2. Wahlheimat bedeutender Künstler.

Port Barcarès ⟨71⟩

Deutsche Seekarte Nr. 493
Französische Seekarte Nr. 1166
Carte Marine Blondel Nr. 511

Position
Breite: 42° 48' N
Länge: 3° 02' O

Der Hafen von *Barcarès,* auch als *Port de Grau St. Anges* bezeichnet, ist die erste Anlage im Roussillon und zieht sich N des Dorfes Barcarès als noch im Bau befindliche Marina hin. Sie steht weitgehend mit Marina und Hafen von *Leucate* in Verbindung. Auch die Anlagen von Barcarès mit Bungalows und Hotels verfügen über eine direkte Verbindung zum Lagunen-See *Étang de Leucate* (der auch Êtang de Salces genannt wird und 6000 ha Binnen-Wasserfläche aufweist). *Port Barcarès* mit seiner Marina wird in Zukunft die gleichen Charakteristiken aufweisen wie Port Leucate, also von Appartementshäusern über Bungalow-Siedlungen und Camping-Anlagen bis hin zu Hotels, Restaurants und Bars sowie Einkaufszentren jeden Komfort bieten. Selbstverständlich sind auch alle nur denkbaren Anlagen für den Skipper vorgesehen.

Die beiden Häfen Leucate und Barcarès liegen etwa 9 km auseinander an dem Strandgebiet der Nehrung zwischen Meer und Lagune. Etwa in der Mitte zwischen beiden ragt der weiße Passagierdampfer LYDIA als Restaurant-Schiff vom Strand mit seinen Aufbauten als deutlichste Landmarke gegen die Berge im Hintergrund auf. Vor diesem Strand versetzt Strom nach S je nach Windrichtung bis zu 1 kn.

Molen und Vorhafen des *Port Barcarès* ähneln weitgehend denen des Port Leucate. Mit S-Kurs parallel zum Strand einlaufend passiert man die befeuerte S-Mole landseitig. Kennung: Blz. r. (Lf. 07 730). Der Kopf der N-Mole trägt ein weiß-leuchtendes Band ähnlich einem Leuchtgürtel. Die Tiefe im Vorhafen beträgt 4 m, im eigentlichen Hafen 2 m. Zwischen den beiden Molen geht man über Stb.-Bug, hält sich aber parallel zur S-Mole an Bb. mit Kurs auf die innere Einfahrt. Im eigentlichen Hafenbecken sind an Bb. die Bunkerstation – daneben an Bb. der Fischerhafen – und weiter am Bb.-Kai entlanglaufend Kran und Slip-Schräge. Eine andere Slip-Schräge findet man dicht hinter dieser Einfahrt an Stb. noch vor den Steganlagen. Die Capitainerie liegt in der äußersten Ecke an Stb. am Ende des Appartementshauses mit einer

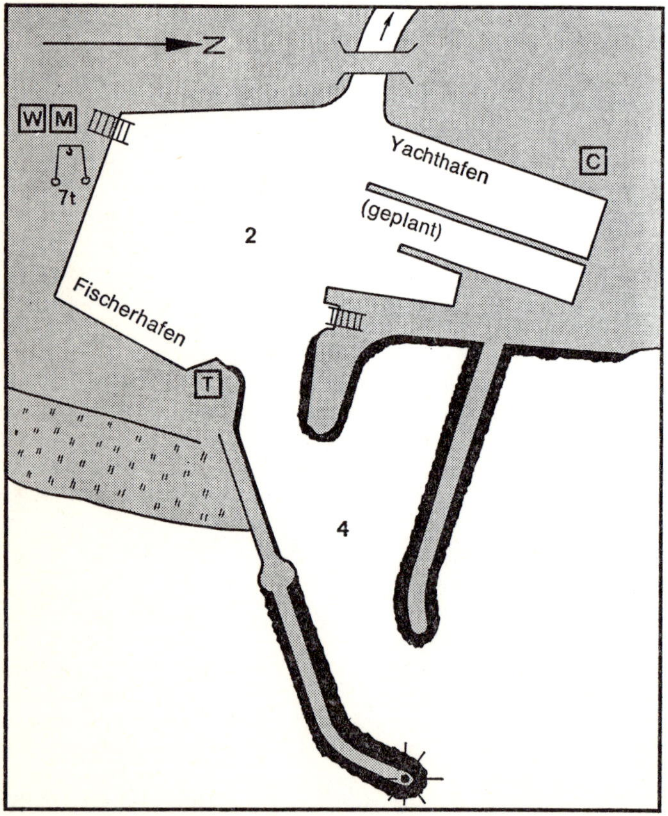

Port Barcarès ⟨71⟩

Ladenreihe. Parkplätze sind vorhanden. Unter der hohen Straßenbrücke hindurch besteht Verbindungsmöglichkeit zum *Étang de Leucate.*

Etwa 0,7 sm S der Hafeneinfahrt von Port Barcarès ist im Ort Barcarès der Kirchturm auszumachen. Dicht daneben steht am Strand auf einem flachen weißen Haus eine 14 m hohe weiße Säule als Träger für ein Feuer mit Kennung Blz. r. (Lf. 07 720) für die Fischer, die hier beiderseits am Strand anlanden.

Port Barcarès bis Canet-Plage

Von *Barcarès* über die Mündung des Flusses *Agly* hinaus bis zur Einmündung des durch einen Bach gespeisten *Étang de Bordigau* zieht sich vor Dünen und teilweise hügeligem Hinterland ein breiter Strand. Die 2-m-Tiefenlinie liegt zumeist 0,1 sm, die 5-m-Linie etwa 0,2 sm und die 10-m-Linie ca. 0,3 sm vor der Küste. Dieser Küste sind fast durchgehend Felsbänke in 30–40 m Tiefe auf 2 sm und mehr vorgelagert. Eine Untiefe besteht sogar 1 sm direkt vor der meist durch eine Barre verschlossenen Mündung des *Êtang de Bordigau* als »Roc de Rerre« in 26 m Tiefe. In die Mündungen kann man mit Sportbooten nicht einlaufen.

In diesem Abschnitt kann man (nur zeitweise bei Gebrauch in Betrieb) das Luftfahrt-Feuer vom Flugplatz Perpignan-Llabanère ausmachen. In 58 m Höhe über Meeresspiegel sieht man auf 42° 44' N und 2° 53' O das Mo (X)-8,5^{s} (Lf. 07 700).

Südlich des *Êtang de Bordigau* bis zum Ort *Ste. Marie-Plage* an der durch eine Barre geschlossenen Mündung des ebenfalls meist ausgetrockneten Flusses *Têt* und darüber hinaus bis *Canet-Plage* zieht sich ein Strandgebiet mit etwa den gleichen Tiefenbedingungen wie bisher. Die Felsbänke liegen jedoch etwa doppelt so weit seewärts, also bei etwa 4 sm.

Port de Canet ⟨72⟩

Deutsche Seekarte Nr. 493 — *Position*
Französische Seekarte Nr. 1218 — *Breite: 42° 42' N*
Carte Marine Blondel Nr. 511 — *Länge: 3° 02' O*

Dieser nur 10 km von Perpignan entfernte moderne Badeort *Canet-Plage* mit seinem außerordentlich breiten, feinen Sandstrand verfügt über einen – noch auf Jahre hinaus im Ausbau befindlichen – Marina-Hafen (750 Boote), zu dem später noch eigene Appartementshäuser, Hotel usw. kommen sollen. Bisher (1973) ist der Vorhafen ausgebaut, die eigentlichen Hafenbecken sind erst im Stadium der Planung. Fertig ist allerdings weitgehend auch das erste Hafenbecken, in dem auch die Fischer noch ihr Unterkommen haben. Hier können jetzt etwa 450 Boote aufgenommen werden. Diese Anlagen sind übrigens privat und gehören nicht zu den staatlich gewissermaßen subventionierten Marinas, haben also auch andere Liegeplatzgebühren. Ein sehr rühriger Tauch-Club besteht hier ebenfalls.

Die große S-Mole erstreckt sich von Land nach O und biegt zum Kopf hin nach NNO ab. Der 6 m hohe rot-weiße Träger auf dem S-Molenkopf hat die Kennung Ubr. r. (Lf. 07 680).

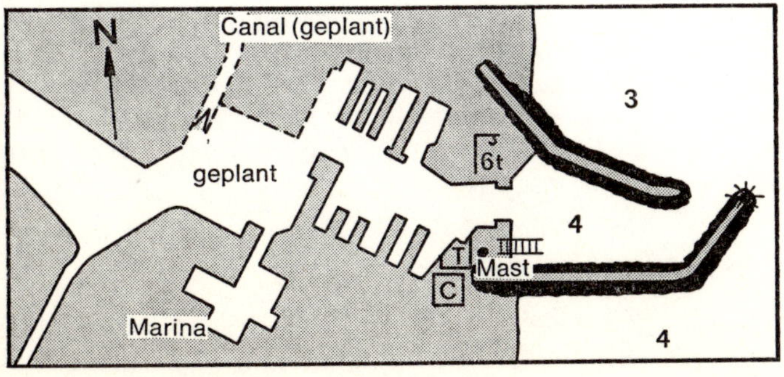

Port de Canet ⟨72⟩

Mit SSW-Kurs einlaufend legt man sofort in der 50 m breiten und 4,50 m tiefen Einfahrt Ruder nach Stb., um mit W-Kurs durch den 4 m tiefen Vorhafen in die eigentliche, 40 m breite Einfahrt des Hafens einzulaufen, der hier eine Tiefe von 3,50 m hat. Noch vor dieser Einfahrt ist an Bb. eine breite Slip-Schräge, die bis 1,25 m unter Wasser reicht. Im 1. Hafenbecken an Stb. steht ein 6-t-Kran an Bb., sind Bunkerstation und Capitainerie sowie Signalmast. Die Steganlagen sind noch im Umbau, die weiteren Hafenbecken und Kais im Ausbau.

Canet-Plage bis St. Cyprien-Plage

Die Nehrung zwischen dem *Étang de St. Nazaire* und der See ist dünenartig, ähnelt jedoch mehr einer von Dornbüschen überwucherten Steppe, schattenlos und weitgehend durch Maschendraht abgesperrt. Der Strand selbst ist verhältnismäßig gut. Die 5-m-Tiefenlinie rückt in Richtung *St. Cyprien-Plage* auf 0,2 sm an die Küste heran. Der moderne Badeort dehnt sich immer mehr aus und ähnelt keinesfalls mehr den Beschreibungen in Handbüchern. Gut auszumachende Landmarke ist etwa in der Mitte des Ortes – jedoch etwas landein der Hausbebauung – ein hoher Wasserturm, dessen topfartiger Behälter leicht nach oben angeschrägt ist und auf einem schwach pyramidenförmigen Fuß steht. Der *Port des Sables* – oder besser Port de St. Cyprien – liegt am Südrand des Ortes inmitten hoher Appartementshäuser. Der Strand wird hier teilweise bereits kiesartig.

Port de St. Cyprien ⟨73⟩

Deutsche Seekarte Nr. 493 — *Position*
Französische Seekarte Nr. 1218 — *Breite: 42° 37' N*
Carte Marine Blondel Nr. 511 — *Länge: 3° 02' O*

Der S-Wellenbrecher – von Land aus etwas nach NNO abgehend und dann genau nach N abknickend – besitzt einen 5 m hohen rot-weißen Träger mit der Kennung Blz. r. (Lf. 07 660). Die N-Mole, von NW ausgehend und dann auf O abknickend und senkrecht auf die S-Mole zeigend, liegt etwas hafeneinwärts. Sie ist nicht befeuert, dafür jedoch durch ein neonbeleuchtetes grünes Band – außerdem reflektierend – um ihren runden Kopf herum gut auszumachen. Die 50 m breite Einfahrt in den 4 m tiefen Vorhafen läuft man mit S-Kurs (180°) an, um sofort im Vorhafen über Stb.-Bug zu gehen. Auf SW-Kurs macht man die Einfahrt in das langgestreckte *Bassin Sud* aus, die ebenfalls 50 m breit ist. An Bb. dieser Einfahrt liegt eine breite Slip-Schräge, die bis auf 2 m in das 4 m tiefe Becken des Vorhafens hinunterreicht. Das gleiche gilt für die Slip-Schräge am Fuß der N-Mole. Die Capitainerie und die Anmelde-Pier ist direkt Stb. dieser Einfahrt in das Bassin Sud, in dem sich wiederum sofort an Stb. die Bunkerstation befindet. Alle Hafenbecken sind 3 m tief. Im Bassin Sud liegen anfangs an Bb. Fischer. Im äußersten

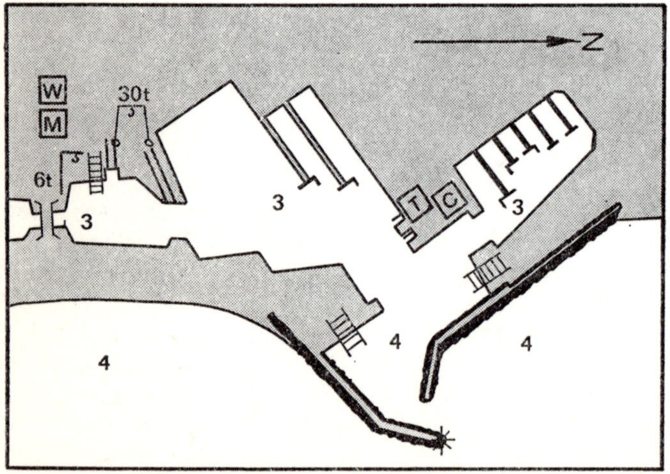

Port de St. Cyprien ⟨73⟩

südlichen Becken findet man Werft und Service-Station mit 2 Schienen-Slips und einem fahrbaren 30-t-Kran auf einer Schräge, daneben eine breite Slip-Schräge und den handbetriebenen 6-t-Kran eines Clubs. Im *Bassin Nord,* dessen Einfahrt direkt an Stb. neben der Capitainerie liegt, sind ebenfalls eine Reihe von Steganlagen. Insgesamt stehen 800 Liegeplätze zur Verfügung.

Cyprien-Plage bis Le Racou

Von *Port de St. Cyprien* an wird der Strand an einzelnen Stellen immer kiesiger und teilweise sogar steiniger, auch zunehmend steiler ins Wasser abfallend. Der Grund dieses Küstenstreifens fällt direkt vor dem Strand immer steiler seewärts ab, je weiter man nach Süden kommt. Auch die durch eine nach N herumgebogene Nehrung und eine Barre verschlossene Mündung des *Tech* macht hiervon keine Ausnahme.

Argelès-Plage mit einem hohen Wasserturm nördlich des Badeortes, dicht hinter dem Strandgebiet, liegt in einer oft überschwemmten Niederung schon unter den Ausläufern der Pyrenäen. Nicht zuletzt durch die Vielzahl von Campingplätzen ist dieser Badeort sehr beliebt. Für Eigner, selbst kleiner Boote, ist er nicht empfehlenswert, da keine Boots-Anlagen vorhanden sind und Boote an dem Strand kaum gelandet werden können. Das wird allerdings in absehbarer Zeit besser, wenn im kleinen Ort *Le Racou,* dort, wo der Kiesstrand in die Felsen übergeht, der Sportboothafen von *Argelès* (Port d'Argelès) gebaut wird.

Von Le Racou bis Collioure

Am Ende von *Le Racou* geht der Strand endgültig in das rote Felsgebirge Albères und damit in die Ausläufer der Pyrenäen über. Die erste Überraschung vor den sich scharf auftürmenden rötlichen Riffen sind gleich die bis auf 30 m, später sogar auf 60 m vorgelagerten gefährlichen Klippen. Von hier aus ziehen sich eine Vielzahl kleiner Fels-Kaps abwechselnd mit kleinen und kleinsten Fels-Buchten bis zur Hafenbucht von *Collioure* hin. Nur wenige von ihnen sind bei ganz ruhigem Wetter anzulaufen, und kaum eine besitzt einen kleinen Fleck Sand- oder Kies-Strand. Auch die beiden Buchten NW des auf einer Bergkuppe liegenden *Fort Carrée* sind nicht für Sportboote brauchbar. Außerdem liegen hier bis über die Hafen-Bucht von Collioure hinaus Schießplätze direkt vor der Steilküste, denn hier werden im Fort Miradau vor allem Kommando-Trupps der französischen Armee ausgebildet. Überall begegnet man ihnen in Schlauchbooten und unter Wasser. Man tut gut, sich genau nach militärischen Übungen, vor allem Schießübungen, zu erkundigen.

Collioure ⟨74⟩

Deutsche Seekarte Nr. 493
Französische Seekarte Nr. 1218, 5131
Carte Marine Blondel Nr. 511

Position
Breite: 42° 32' N
Länge: 3° 05' O

Diese reizende catalanische Stadt in einer in die Berge eingeschnittenen kleinen Bucht, wird von einer Reihe von Wachttürmen auf den Bergen im Hintergrund, von alten Forts und zur See hin besonders von dem hochgelegenen Fort Miradau überragt. Das »Château des Templiers« beherrscht den Hafen und teilt ihn gewissermaßen in zwei Teile. Genau unter den N-Wällen dieses Schlosses liegt der neue, allerdings sehr kleine Yachthafen in der Mündung des *Douy*. Ursprünglich gegründet wurde dieser Hafen übrigens von den Ligurern der norditalienischen Küste, dem sie den Namen der iberischen Prinzessin Pyrénée gaben. Auch die Phönizier besuchten diesen Hafen laufend. Im Mittelalter war hier immer noch ein bedeutender Handelshafen, und später Zentrum kriegerischer Auseinandersetzungen, während heute nur noch die eingesalzenen Anchovis bekannt sind. Wirklich sehenswürdig ist die hohe Molenanlage. Und zwar nicht nur wegen ihres interessant geformten Leuchtträgers, sondern wegen der beinahe an sie herangebauten – auch innen sehenswerten – Kirche mit einem runden, von einer sechseckigen, glockenartigen Kuppel bedeckten Kirchturm, der ursprünglich vom Mittelalter bis zum 17. Jh. als Leuchtturm diente.

Die Einfahrt in die an sich kaum geschützte *Baie de Collioure* ist von See her schwer auszumachen, da die Berge ihre Charakteristik völlig überdecken. Man suche bei klarem Wetter erst den hohen eckigen Kirchturm von Argelès vor dem etwas N, abseits des Montagne Albères, stehenden Mont Canigou mit seinem Doppelgipfel. Jetzt

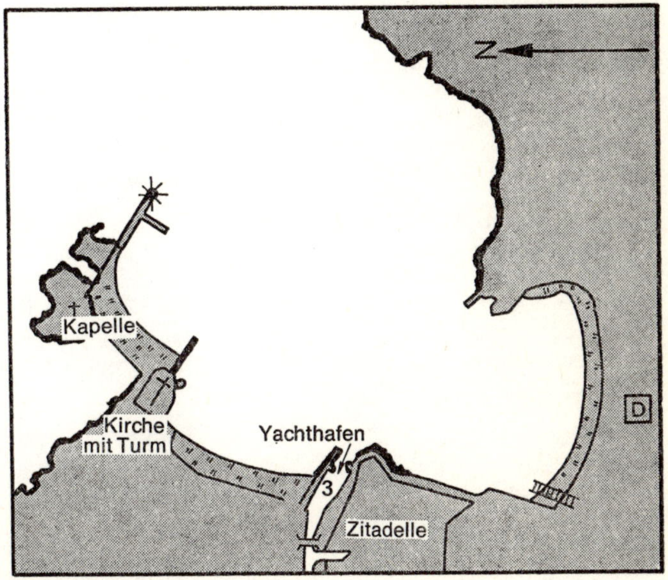

Collioure ⟨74⟩

erkennt man etwa 1,4 sm weiter an Bb. die hochgelegenen Mauern des Fort Miradau, weiterhin etwas an Stb. oberhalb dieses Forts den Wachtturm Tour de l' Étoile und an Bb. des Forts den Glockenturm der Kirche an der hohen Mole. Diese Mole von *Collioure* (besser gesagt, eine sehr hohe Schutzmauer) geht von den steilen, hohen Felsen der Halbinsel Saint-Vincent ab – auf der eine kleine Kapelle steht – und ist auf ihrem Kopf befeuert. Kennung: Glt. gn. 135° – 278°. (Lf. 07 640).

Kurs einlaufend ist 240°, wobei man sich gleichweit von der Mole und von der SO-Huk freihalten sollte. Sobald man das Feuer auf dem Molenkopf Stb. dwars hat und sowohl die Nordecke der Festung als auch den Kirchturm am Fuß der Halbinsel St. Vincent völlig sehen kann, hat man einigermaßen Schutz vor Wind und See außer von NO bis O. Der Ankergrund bei 6 m ist Sand. Der Strand am S-Rand der Bucht ist Fischern vorbehalten, eignet sich auch nicht für Sportboote. An seinem äußersten W-Rand besteht eine Möglichkeit, mit dem Trailer kleine Boote zu slippen. In dem Wachtturm am Strand ist die Zollstelle untergebracht. Auch der Strand zwischen der Kirche und dem Hafen ist ausschließlich Fischern vorbehalten.

Vorsicht: Gegenüber »Château des Templiers« stößt eine Felshuk in die Bai, an der man – wie auch an den südlich anschließenden Kaimauern – nicht festmachen kann. Direkt O unter den Mauern des Château des Templiers ist ebenfalls eine Reihe von gefährlichen Felsnasen hart S der Hafeneinfahrt. Zwischen Kirche und Hafen ist ein belebter Strand.

Die Einfahrt in den kleinen Hafen ist offen nach SO. Der Hafen ist durch Boote eines Clubs überfüllt und steht außerdem militärischen Einheiten zur Verfügung. Für Gäste bleibt praktisch also nur die Hafen-Bucht, wobei man sich seinen Ankerplatz je nach Windrichtung suchen bzw. ständig wechseln sollte. Es handelt sich keinesfalls um einen Dauerliegeplatz.

Collioure bis Port Vendres

Zwischen der O-Huk der Hafen-Bucht von *Collioure* und der langen, quer vor die Einfahrt reichenden N-Mole von *Port Vendres* zieht sich ein wild zerrissenes, steiles Felsgebiet mit einer Vielzahl von Buchten hin, dem fast durchgehend Klippen bis zu 0,1 sm vorgelagert sind. Bei auflandiger See sollte man sich gut von dieser Küste freihalten. Bei ruhigem Wetter kann man – Ortskenntnisse vorausgesetzt – die erste große und die 0,3 sm weiter O gelegene erste größere Bucht jeweils in der Mitte senkrecht zum Land hin mit geringster Fahrt anlaufen. Sofern keine See auf diese Buchten steht, bieten sie im Notfall Schutz bei ausreichender Tiefe auch für seegehende Yachten über mit Felsbrocken durchgesetztem Sandgrund. Das gleiche gilt für die tief eingeschnittene Bucht 0,3 sm W der Einfahrt von *Port Vendres*, vorausgesetzt allerdings, daß man sich gut freihält von der NW-Huk, der ein Klippengürtel vorgelagert ist.

Port Vendres ⟨75⟩

Deutsche Seekarte Nr. 493	*Position*
Französische Seekarte Nr. 1218, 5131, 5130	*Breite: 42° 31' N*
Carte Marine Blondel Nr. 511	*Länge: 3° 05' O*

Port Vendres, schon zu früherer Zeit ein bedeutender Hafen dieses Küstenabschnittes, diente ehemals vor allem der Personen-Schiffahrt nach Algier, während heute Küstenfrachtverkehr vorwiegt. Der für Sportboote reservierte Teil im äußersten SW-Becken am Ende des Hafens mit Steganlagen sowie mit 100 m Gästeplätzen am »Quai Pierre Fourgas« mit seinen Festmachern aus alten Kanonen – am äußersten Hafenende an Stb. gelegen und selbst für größte seegehende Yachten geeignet – wird in absehbarer Zeit dem zunehmenden Frachtverkehr weichen müssen. Es ist daher damit zu rechnen, daß schon um 1975 der Hafen Sportbooten nur noch vorübergehend zur Verfügung steht.

Von See her Port Vendres anzusteuern ist bei Dunst nicht ganz einfach. Der *Pic Sailfort* weist als höchster Berg direkt hinter der Einfahrt auf einem langen Grat drei kleine Gipfel auf. Nicht zu verwechseln mit dem spitzen Gipfel des *Pic Neulos* fast direkt hinter dem hoch gelegenen *Fort St. Elme,* der bereits auf 1/3 der Strecke nach Collioure gegen den Himmel auszumachen ist. Gut zu erkennen ist der Stb. (W) der Hafeneinfahrt von einer Felshalbinsel hoch aufragende viereckige weiße Leuchtturm »Redoute du Fanal« mit grünem Streifen und grünem Kopf (29 m hoch) Ubr. w. von 147° – 264° (Lf. 07 610). Der 20 m hohe Bb.-(O)-Leuchtturm auf dem Kopf der von O nach W gehenden Mole ist rot-weiß, sechseckig auf hohen Säulen stehend, mit der Kennung Ubr. r. von 110°–287° (Lf. 07 580). Einlaufend muß man sich also an der Stb.-(W)-Seite der Einfahrt halten. Nicht zu dicht allerdings an die Felswand herangehen, da hier eine Untiefe nur wenige Meter von der Steilküste entfernt liegt. Diese *Pointe Fanal* mit grün-weißem Turm hat die Kennung F. gn., auslaufend allerdings F. r. (Lf. 07 615). Sobald man in die Einfahrt eingelaufen ist, sollte man das Richtfeuer mit Kurs 197,5° genau einhalten. Das Unterfeuer in 12 m Höhe auf rot-weißem Träger mit Ubr. w. (Lf. 07 590) und das Oberfeuer in 23 m Höhe von viereckigem Turm mit rot-weiß gewürfeltem Band – etwa 0,1 sm vom Unterfeuer entfernt – mit gleicher Kennung Ubr. w. (Lf. 07 591) leuchten UF von 184,5° – 200,5° und OF verstärkt auf 195,5° – 199,5°.

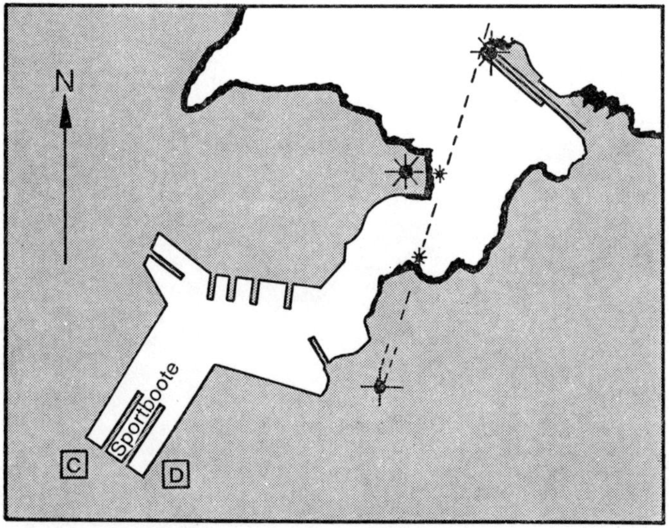

Port Vendres ⟨75⟩

Kurz vor dem Unterfeuer geht man über Stb.-Bug bis in in die Mitte des Hafens und hier über Bb.-Bug entlang des jenseitigen Kais bis zu den (15. 5. – 15. 9.) gekennzeichneten Gästeliegeplätzen neben den Stegen vor der Capitainerie. Sie befindet sich am rechten Ende der das Hafenbecken abschließenden Gebäudekette. Die Zollstelle ist an der linken Ecke des gleichen Hafenbeckens im Abfertigungsgebäude. Dicht daneben liegt die Bunkerstation für Diesel. Die Benzin-Tankstelle ist an der O-Ecke dieses Kais am Übergang zur Ausfahrt, also zum Oberfeuer hin, gut auszumachen.

Dicht daneben liegt ein Strand mit Campingplatz im Hintergrund.

Port Vendres eignet sich zum Ein- und Ausklarieren bei Grenzübergängen von Spanien her, zum Bunkern und Verproviantieren sowie auch zur Eisenbahnverladung bis 13 t. Als Liegehafen für Fahrten entlang der Küste ist er zu überfüllt und zu laut.

Port Vendres bis Banyuls

Vom Molenkopf *Port Vendres* bis hin zum niedrig auslaufenden Felsen-Cap *Béar* zieht sich über 1,3 sm hin eine stark zerklüftete Felsküste. Hart O von Port Vendres macht man dicht neben und etwas unter dem Pic Sailfort der Wachtturm »Tour Madeloc« aus, später, auf einem

Hügel dicht über der Küstenlinie einen Semaphor-Turm auf eckigem Unterbau und endlich – noch 0,4 sm vom eigentlichen Cap Béar entfernt – den viereckigen, rötlichen Stein-Leuchtturm Cap Béar in 80 Höhe mit Blz. w. von 122° – 338° (Lf. 07 560). Der beinahe durchgehenden Felswand sind eine Kette von Riffen und Klippen bis etwas mehr als 0,1 sm vorgelagert. Vor einer Annäherung mit Sportbooten wird dringend gewarnt.

Die auf das *Cap Béar* folgende große Bucht ist nur an ihrer SW-Seite mit Vorsicht zu benutzen. Am weitesten W liegt ein Sandstrand, hinter dem man eine hohe Beton-Schutzmauer erkennt. Eine Zufahrt zu diesem Strand ist nur genau mit W-Kurs (270°) zwischen sehr flach liegenden Klippen möglich. Ähnliches gilt im Prinzip für den südlich beinahe angrenzenden, jedoch deutlich grauen Strand mit SW-Kurs (225°) in durchschnittlich 5 m tiefem Wasser. Auch der nur durch eine kleine Fels-Huk davon getrennte, fast daran anschließende graue Strand mit 4,5 m Wasser zwischen den Huks ist mit Einlaufkurs S (180°) benutzbar, vorausgesetzt, man hält ziemlich weit nach Bb., also nach O, wo der Grund rein ist. In allen Buchten besteht der Grund aus Sand bzw. Kies.

Von hier ab um die nach NO hervorstehende Fels-Huk herum weiter in allgemeiner S-Richtung ist die ganze Küste bis zu der Bucht N von *Banyuls* vollkommen durch Riffe und Klippen bis 0,15 sm vor der Küste verseucht. Nur in der großen, strandlosen Doppel-Bucht, in der ein Sanatorium deutlich auszumachen ist, kann man im Südteil mit W-Kurs (270°) genau in der Mitte zwischen den Felswänden langsam bis ans Ufer laufen. Die Tiefe zwischen den gerade sichtbaren Klippen innerhalb der beiden Huks beträgt um 6 m. Das gilt im Durchschnitt auch für den weiteren Verlauf der Küste außerhalb der Klippen-Linie um die Huk »Cap d'Osne« herum bis in die Bucht von Banyuls hinein.

Banyuls ⟨76⟩

Deutsche Seekarte Nr. 493	*Position*
Französische Seekarte Nr. 1218	*Breite: 43° 29' N*
Carte Marine Blondel Nr. 511	*Länge: 3° 08' O*

Hart S des *Cap d'Osne* steht in 19 m Höhe ein grün-weißer Mast an der N-Seite der Einfahrt in die Bucht von *Banyuls* mit Blz. w./gn. (Lf. 07 540). Die Kennung ist grün von 165° – 203° und weiß von 203° – 285° und dann nochmals grün von 285° – 45°. (Der Dunkelsektor liegt zwischen 45° und 165°). Die Einfahrt in den eigentlichen Sportboothafen von Banyuls ist bei unsichtigem Wetter oder Dunkelheit und erst recht bei auflandiger See und Wind alles andere als einfach. Es besteht ein Leitfeuer Fkl. w./r./gn. (gn. von 174° – 179°, w. von 179° – 183°, r. von 183° – 187°). (Lf. 07 550)

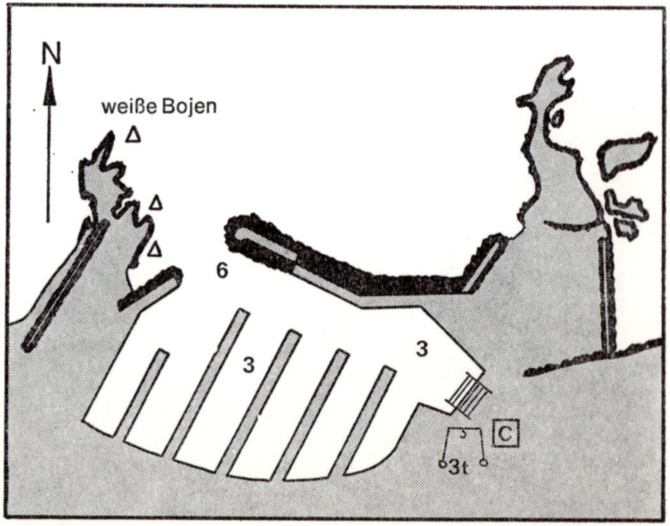

Banyuls ⟨76⟩

Der Sportboot-Hafen von Banyuls – ein Projekt der Gemeinde – liegt in der SO-Ecke der Bucht, *Anse de Fontaulé,* und bezieht die Ile Grosse und die Ile Petite ein. Zwei gefährliche Inseln mit Riffen und Klippen also, deren NW gelegene kleine zwar durch Kais und Wellenbrecher entschärft, durch weit vor die Einfahrt reichende Klippen – die nur unvollständig durch ausschließlich bei ruhiger See gut auszumachende weiße Bojen sichtbar gemacht sind – aber überaus gefährlich ist. Im N der *Ile Petite,* etwa 300 m N des Hafens, liegt eine schwarze Leuchttonne mit Blz. gn. (Lf. 07555).

Vorsicht: Man halte sich stets 50 m O der weißen Bojen.

Die Hafeneinfahrt ist (1973) nicht befeuert. (Auch nicht durch dringend fehlende F. gn. an Stb. bzw. F. r. an Bb. auf den Köpfen der Wellenbrecher.) Die lange und hohe N-Mole geht vor dem gut auszumachenden großen Gebäude des meeresbiologischen Instituts von der »Großen Insel« nach W ab, um nach etwa 50 m etwas nach NNW abzuknicken. Sie ist insgesamt etwa 150 m lang. Die kleine Mole, direkt aus SW auf den Kopf der großen Mole zeigend, ist ungefähr 45 m lang. Ein weiterer Wellenbrecher zieht sich, etwas mehr nach NO ausgerichtet, zur »Kleinen Insel« hin und gehört zur breiten W-Pier.

Vorsicht: Vor dem Kopf der Hauptmole liegen mehrere Meter weit Felsbrocken.

Die *Petite* Ile und ihr langer Wellenbrecher dürfen keinesfalls direkt gerundet werden, auch nicht direkt O der weißen Bojen.

Einlaufend in die Hafen-Bucht von *Banyuls* sollte man am besten S-Kurs laufen und dann den Kopf der großen Mole in 20 m Abstand nach SO, also über Bb.-Bug, runden. Die Einfahrt ist 40 m breit, wenn man die Felsbrocken vor dem Molenkopf bereits abrechnet, und 6 m tief. An der Innenseite der großen Mole können seegehende Yachten festmachen. Die Köpfe der Stege liegen durchweg in 3,50 m Wasser. Entlang der Stege ist 1,50 – 2 m Wasser.

Vor dem Institut am Kai sind die provisorische Capitainerie und auf Bestellung ein fahrbarer Kran. Eine Bunkerstation ist geplant. Eine breite Slip-Schräge ist hier vorhanden. Die endgültige Capitainerie ist auf der »Petite Ile« vorgesehen. Der Hafen faßt etwa 300 Sportboote.

Banyuls bis zur spanischen Grenze

Deutsche Seekarte Nr. 493
Französische Seekarte Nr. 1218
Carte Marine Blondel Nr. E 03

Der weitere Verlauf der Küste ist wieder völlig zerrissen, steil und mit dichten Gürteln von Riffen und Klippen bis zu 0,2 sm eingefaßt; besonders um das *Cap de Rédéris* herum ist es gefährlich, denn hier gibt es zwei solcher Gürtel. Dem Cap NO vorgelagert auf knapp 0,2 sm ist in nur 1,7 m Tiefe eine bis 0,3 sm hinausreichende Klippe. Notfalls kann die *Anse de Peyrefite* – es ist die erste größere Bucht mit Strand S des Cap Rédéris – angelaufen werden, wenn man sich mit WSW-Kurs (250°) etwas N ihrer Mittellinie hält. Die Tiefe zwischen den beiden Huks liegt bei 9 m. Ihr Grund ist kiesiger Sand mit einzelnen Felsbrocken. Um die S-Huk dieser Bucht sollte man einen weiten Bogen machen – mindestens 0,2 sm – und sich dann möglichst an die 10-m-Tiefenlinie halten. Nur die Steilküste am N-Rand des *Cap Peyrefite* kann man bei völlig ruhiger See bis auf wenige Meter anlaufen.

Alles was jetzt noch an Buchten kommt, auch die große *Anse Terrembou,* ist von beiden Seiten derart mit Klippen eingefaßt, daß die Einfahrten höchstens ein paar Meter breit sind. Nur bei glasklarem, unbewegtem Wasser kann man diese oft kaum 0,2 m unter der Oberfläche stehenden Felsnadeln und Klippen ausmachen. Ein lebensgefährliches Spiel, das man lieber sein lassen sollte.

Vorsicht: Dem *Cap Canadell* sind zwei sehr kleine, nur 2 m hohe Felsinseln auf etwa 0,1 sm vorgelagert. Die Steilküste bis in die *Bai de Cerbère* hinein ist völlig mit Klippen durchsetzt.

Position
Breite: 42° 27' N
Länge: 3° 10' O

Cerbère

Dieses durch seinen Wein bekannte Städtchen ist der letzte Ort auf französischer Seite. Er ist Grenzbahnhof mit vielen Gleisanlagen in einem sehr engen Tal. Die Bucht selbst mit gutem Kiesgrund kann bei ablandigem Wind als vorübergehender Ankerplatz dienen. Unter dem Leuchtfeuer liegt quer über die Bucht in etwa die 5-m-Tiefenlinie. Das Leuchtfeuer auf grün-weißem Träger in 10 m Höhe an der N-Seite der Bucht hat die Kennung Ubr. w. von 212°–277° (Lf. 07 500).

Am Ausfluß einer Abflußleitung in der Anse Cerbère – NW des Cap Cerbère – liegt eine rot-schwarze Leuchttonne. Kennung: Fkl. w. (Lf. 07 520).

Cap Cerbère (42° 26' N / 3° 10' O) ist der östlichste Ausläufer des Montage Albères, ähnelt einem Tafelgebirge und fällt steil ins Meer ab. An der landeinwärts gelegenen tiefsten Bucht hart S des Cap Cerbère verläuft die Grenze zwischen Frankreich und Spanien quer durch einen Strand, an den sich – bereits auf spanischer Seite – das *Cap Lauseil* (Cap Falco) anschließt.

Die Bucht von *Port Bou* in Spanien ist – ähnlich der Bucht von Cerbère – nur bei ablandigem Wind als Ankerplatz und zum Aus- und Einklarieren zu benutzen. Sie besitzt kein Feuer. Die erste befeuerte Ankerbucht, über See parallel zur Küste 6 sm von Cerbère entfernt, ist *Puerto de la Selva* mit rotem Festfeuer auf dem Kopf des Wellenbrechers. Der erste befeuerte Hafen – zwischen zwei Wellenbrechern allerdings nur notfalls als solcher anzusprechen – ist *Rosas*. An dem Sandstrand auf der W-Seite der *Baia de Rosas* ist die Einfahrt in die große, mit Werft und Motoren-Service ausgestattete Marina von *Ampuriabrava*. In ihr kann man auch mit seegehenden Yachten einlaufen.

III. Korsika

Allgemeines

Die Insel

Nach Sardinien, Sizilien und Cypern ist La Corse mit etwa 200 000 qkm bei 183 km Länge und bis zu 83 km Breite die viertgrößte Insel des Mittelmeeres. Korsika wird heute von etwa 300 000 Menschen bewohnt.

Geschichte

Ursprünglich war die Bevölkerung wohl iberisch-ligurisch, vermischte sich jedoch stark mit Phöniziern, Etruskern, Griechen und Römern, Spaniern und Mauren, Italienern und Franzosen und natürlich in den Zeiten fremder Beherrschung mit Karthagern, Vandalen, Ostgoten, Byzantinern, Franken und Sarazenen. Es gibt deshalb keinen einheitlichen korsischen Menschentyp. Als »Haussprache« wird im Osten und Süden der Insel heute aber noch weitgehend mittelitalienisch gesprochen. Amtssprache ist Französisch, das auch fast alle Einwohner mehr oder weniger fließend beherrschen. Korsika gehörte nämlich auch in neuerer Zeit verschiedenen Herren, so ab 1070 zu Pisa, dann von 1284 an zu Genua, von dem es sich nach langen Freiheitskämpfen 1726 lossagte, um den deutschen Abenteurer Freiherr Theodor von Neuhof zum König Theodor I. auszurufen. Er konnte sich aber nur knapp ein Jahr halten. Ab 1746 wieder unabhängig, jedoch von Genua immer noch bedrängt, wurde es 1768 an Frankreich abgetreten. Napoleon I. wurde 1769 in Ajaccio geboren und war zweimal als Offizier in Bonifacio. Um 1794 gab es für kurze Zeit eine englische Herrschaft über diese Insel, die dann 1796 von Napoleon I. wieder erobert und endgültig an Frankreich angegliedert wurde.

Landschaft

Landschaftlich gehört Korsika zu den schönsten Ländern, deren natürliches Gepräge noch weitgehend erhalten ist. Gebirge bis zu 2700 m Höhe sind teilweise von dichten Wäldern, u.a. Pinien und Kastanien, bedeckt. Im Westen liegen wildromantische, zerrissene Felsküsten. Im Osten, vor allem im mittleren Teil, gibt es lange Sandstrände. Diese Insel ist auch landschaftlich und klimatisch voller Gegensätze. Entlang der Küste liegt die Durchschnittstemperatur bei + 14 ° C, während in den Bergen jeder Wintersport ausgeübt werden kann.

Flug und Fähren

Flugverbindung nach Bastia, Ajaccio und Calvi besteht von Nice und Marseille aus. Fährschiffe mit Verladung von Autos und Trailern verkehren ständig von Marseille nach Ajaccio und Bastia, im Sommer auch von Nice nach Ajaccio und Calvi sowie von Genua und Livorno (Italien) nach Bastia.

Wetter

Für den Skipper eines Sportbootes – ganz gleich welcher Größe – ist Korsika in allem, was die Küstenverhältnisse und das Wetter betrifft, völlig verschieden vom französischen Mutterland. Aus Gründen der Sicherheit werden deshalb hier die wichtigsten Einzelheiten kurz zusammengefaßt.

Norden, Westen und Süden der Insel sind bergig und felsig; die mittlere Ostküste ist auf etwa 100 km meist hügelig mit einer Reihe von Flachlandgebieten und vorgelagerten Sandstränden. Im NW ist der Mont Cinto als höchster Berg (2707 m) fast stets von Schnee bedeckt; er ist bis zu 90 sm weit auszumachen. Von Bastia bis nach Elba sind es 32 sm, von Bonifacio bis Sardinien nur ungefähr 6 sm.

Die korsische Küste liegt auch im Sommer viel unter Dunst, im Mai/Juni besonders morgens auch im Nebel. In den Monaten November, März und April fällt starker Regen, während der Hochsommer sehr trocken ist. Etwa 70 % aller Winde kommen aus N bis W, besonders gefährliche Winde auch als *Libeccio* aus SW. Gerade an der N- und

NW-Küste kann daher bei *Mistral* (N-Wind) schwerer Sturm aufkommen, der sich bei anschließender *Tramontane* (NO-Wind) beruhigt. Aus SW steht *Libeccio,* der vor der W-Küste grobe See bringt. Im N und W der Insel gibt es fast nur Felsküste und Felsbuchten, jedoch ist der Grund außerhalb einer 0,2-sm-Zone meist rein. Im O der Insel gibt es im N, teilweise auch an der mittleren Küste und im S Fels, sonst Strand mit reinem Grund. Nur vor der SO-Küste mit ihren Felsbuchten liegen viele Riffe und kleine Inseln, und der Grund ist hier fast durchweg unrein.

Wetterberichte

Wetterberichte in französischer Sprache werden ausgestrahlt für Korsika und den Golf von Genua:

Radio Grasse (2649 kHz)	die Sendezeiten
Radio Marseille (1906 kHz)	wechseln manchmal
Radio Nice (1554 m)	jährlich

Wetterberichte in italienischer Sprache werden ausgestrahlt für Korsika, den Golf von Genua und den Abschnitt des Tyrrhenischen Meeres (Alto Tirreno) zwischen Korsika und Elba sowie der toskanischen Küste:

Radio Genova (1722 kHz)

(Zu beachten: im Sommer zur MEZ 1 Stunde addieren.)

Funkfeuer

Seefunkfeuer und *Flugfunkfeuer* überschneiden sich gerade im Raum von Korsika derart, daß sie an dieser Stelle nicht einzeln aufgeführt werden können. Außerdem sind erhebliche jährliche Änderungen möglich.

Nautische Unterlagen

Seekarten sind zu den einzelnen Küsten-Abschnitten jeweils angegeben.

Als deutsche Seekarte steht nur Nr. 499 als Übersicht zur Verfügung, weiterhin „Ankerplätze von Korsika" Nr. 675. Die französische Seekarte Nr. 4993 „La Corse" ist ebenfalls eine reine Übersichtskarte über die ganze Insel. Es gibt eine ganze Reihe von örtlich begrenzten Küstenkarten, deren Nummern aus Katalogen zu entnehmen sind. (Bei Drucklegung des Buches wechselt gerade eine ganze Reihe dieser Nummern.)

Mittelmeer-Handbuch, Teil I, Nr. 2027, des DHI ist besonders für Korsika empfehlenswert, da in ihm auch eine Beschreibund der küstennahen und küstenfernen Berge als Landmarken enthalten ist.

Hafenhandbuch Mittelmeer, Teil II – Mitte (West- und Südküste Italiens mit Korsika, Sardinien und Sizilien) der Kreuzer-Abteilung des Deutschen Segler-Verbandes ist sehr brauchbar, auch weil es laufend nach Erfahrungen von Skippern berichtigt wird.

Leuchtfeuer-Verzeichnis, Teil V A (Mittelmeer, W-licher Teil, Nr. 2105 A), vom Deutschen Hydrographischen Institut wird jährlich neu herausgegeben und ist unbedingt erforderlich.

Landkarte Michelin Nr. 90 - Corse - wird auch dem Sportskipper empfohlen, da sie eine gute Übersicht über die Küstenformationen, die Landmarken und die Straßen mit den Ortschaften gibt.

Häfen und Liegeplätze

Korsika hat nicht viele Häfen, die für Sportboote aller Größen geeignet sind. Die Küste der Insel weist auch nicht viele gute Ankergründe auf, die unter allen Wetter-Bedingungen Schutz bieten. Häfen und Ankerplätze aufzuzählen, ist daher nicht schwierig. Unmöglich wird es dagegen, jede der Tausende und Abertausende von Felsbuchten zu beschreiben oder jedes Stückchen des gut 100 km langen Strandes. Buchten und Strände können daher nur insoweit erwähnt oder gar beschrieben werden, wie sie für den Skipper eines Sportbootes besonders wichtig erscheinen, sei es durch Landmarken oder Feuer oder aber weil sie besonders gefährlich bzw. ungefährlich sind. Für alle Küstenabschnitte abseits der Häfen und Ankerplätze entlang der Küste von Korsika kann dieses Buch deshalb nur eine allgemeine Übersicht als Anhalt bieten.

ÜBERSICHTSKARTE:

III. Korsika

Die Nummern in den Kreisen stimmen mit den Nummern der Hafenpläne im Text überein.

1 Marina de Macinaggio
2 Marine de Luri
3 Bastia
4 Porto Campoloro
5 Porto Vecchio
6 Baie de Centuri
7 St. Florent
8 Ile Rousse
9 Marina Ambrogio
10 Calvi
11 Golfe de Girolata
12 Ajaccio
13 Propriano
14 Baie de Figari
15 Bonifacio (Ausfeuerung)
16 Bonifacio (Hafen)

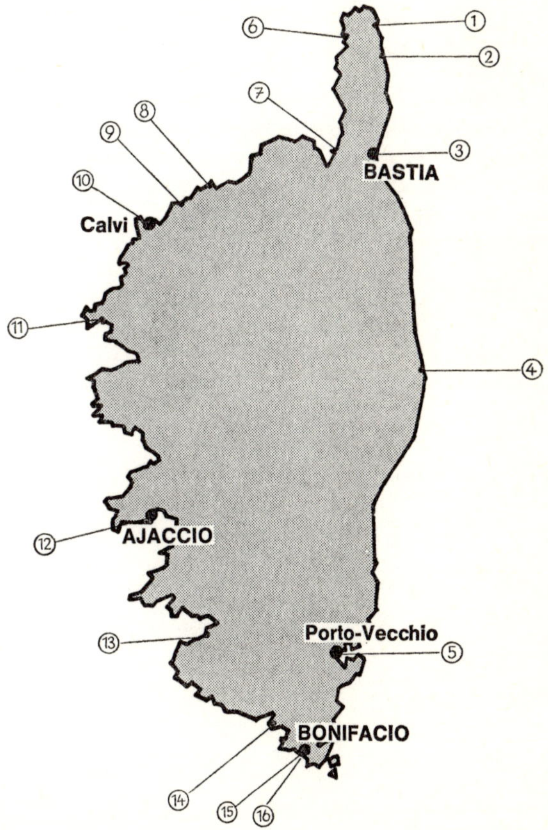

Ile de la Giraglia

Deutsche Seekarte Nr. 499, 504
Französische Seekarte Nr. 4911
Carte Marine Blondel Nr. 1006

Position
Breite: 43° 02' N
Länge: 9° 24' O

Die steile, größtenteils weißliche Felseninsel Giraglia ist der Nordküste von Korsika, dem Cap Corse, etwa 1 sm N vorgelagert. Auf ihrem hohen N-Rand stehen ein alter viereckiger Naturstein-Turm und dahinter (also südlich) auf einem weißen, burgähnlichen Unterbau der runde, weiße Leuchtturm (85 m) mit der Kennung Blz. w. (Lf. 13 200), jedoch von 314° – 57° verdeckt. Im gleichen Turm ist auch das Giraglia-Funkfeuer anzupeilen. An der O-Seite der abweisend steilen, teilweise mit Macquis bedeckten Insel gibt es eine kleine Landestelle mit ca. 2 m Wasser, an der W-Seite eine mit etwa 1,5 m Wasser. Sie dürfen aber nur im Notfall und können nur bei ruhiger See benutzt werden.

Vorsicht: 0,1 sm vor der NW-Huk liegt knapp unter Wasser eine Klippe.

Die steile Felsküste von Nord-Korsika, das Cap Corse, liegt fast ständig unter Wind, der nur in den Hochsommer-Monaten abschwächt, allerdings auch innerhalb ganz kurzer Zeit wieder bis zu Beaufort 7, ja sogar 9 auffrischen kann. Hier an der Insel Giraglia muß man sich – von Norden kommend – je nach der Windrichtung entschließen, ob man O oder W um Korsika herumläuft. Da rund 70 % der Winde aus allgemein westlicher Richtung auf die Insel stehen, wird man im Zweifelsfalle die Insel in Ost runden. Aus diesem Grunde beginnt die Beschreibung der Küste auch in Ost-Richtung.

Ein Phänomen der Windrichtung besteht zwischen der Ile de la Giraglia und Korsika. Kommt man mit achterlichem W-Wind, so kann einem auf einmal starker O-Wind entgegenstehen. Und umgekehrt. Seewetterbericht und Ausprobieren sind hier die Grundlagen für jede Entscheidung des Skippers, auf welcher Seite der Insel er besser entlangläuft, ohne ein unnötiges Risiko einzugehen. Es wäre falsch, hier etwas mit Gewalt erzwingen zu wollen.

Von Marine de Barcaggio bis Bonifacio

Marine de Barcaggio bis Iles Finocchiarola

Die Felsküste von Korsika ist gefährlich. Nicht nur durch Riffe und Klippen oder infolge weniger Landemöglichkeiten in den Felsabschnitten, sondern vor allem durch den Wind. Bei W-Wind halte man sich deshalb im N und NO des *Cap Corse* gut frei von der Küste, auch bei Mistral. Und selbst in den Buchten sei man stets darauf gefaßt, daß durch die Schluchten urplötzlich Fallböen bis Beaufort 7 herunterstoßen können.

Position
Breite: 43° 00' N
Länge: 9° 24' O

Barcaggio

liegt an der gleichnamigen Bucht, nur 0,7 sm O von *Tollare*. Im O-Teil der Bucht sind mehrere von Felshuks unterbrochene kleine Sandstrände. Der Ankergrund auf Schlick und Sand in 3 – 8 m Tiefe ist gut. Es gibt einen kleinen Kai für Fischerboote, an dem man – wenn Platz vorhanden – festmachen kann. In diesem Abschnitt ist die Küste erheblich niedriger und nicht so steil abfallend. Schutz vor Wind besteht daher nicht.

Pointe d'Agnello

heißt die Fels-Huk im NO des *Cap Corse*, kenntlich an einem runden Turm, der direkt an der Steilküsten-Kante steht. Die nach SO anschließende Küste ist auf etwa 1 sm wegen der Klippen nicht anzulaufen.

Position
Breite: 42° 59' N
Länge: 9° 27' O

Rade de Sainte Maria

liegt beiderseits der unbedeutenden Huk und ist N der Huk bei Wind aus S, W und N ein einigermaßen geschützter Ankerplatz mit Grund aus Sand und Seetang, weiter draußen allerdings auch felsig. In etwa 5 m Wasser hält der Anker am besten. Die Huk kann man gut ausmachen an einem alten Turm und der nur etwa 200 m S gelegenen gleichnamigen Kapelle. Die Huk selbst und die Küste bis zu den *Iles Finocchiarola* ist – außer direkt N der Kapelle – unrein.

Iles Finocchiarola

schließen die Reede ab. Es handelt sich um drei vor der Felsküste dicht beieinander gelegene, von Klippen umgebene Fels-Inseln, die bis zu 0,4 sm vorgelagert sind. Eine in der Mitte tiefgespaltene Turm-Ruine steht auf der größten, am weitesten nach O in See hinaus liegenden Insel. Die Durchfahrt zwischen Küste und Inseln sowie zwischen den Inseln ist nicht möglich.

Ile Finocchiarola bis Bastia

Deutsche Seekarte Nr. 499, 504
Französische Seekarte Nr. 4911, 4887
Carte Marine Blondel Nr. 1006

Im Nordteil von Korsika zieht sich das durchschnittlich 1000 m hohe Bergland fast genau zwischen der O- und der

W-Küste entlang. Die NO-Küste ist durchgehend steil felsig mit nur wenigen Buchten, in denen sich ungefährdete Sandstrände und damit verhältnismäßig reine, wenn auch kleine Ankerplätze finden. Bei ablandigem Wind kann man mit kräftigem Ankergeschirr fast überall an der 10-m-Tiefenlinie vor Anker gehen, da die Riffe und Klippen nur selten über die 5-m-Linie hinaus reichen. Bei Windwechsel muß man jedoch sofort Anker aufgehen.

Position
Breite: 42° 58' N
Länge: 9° 27' O

Baie de Tamarone

Die wenig ausgeprägte, breite Bucht, 0,5 sm S der Inseln, ist ungefähr 0,6 sm breit und nur direkt O vom Strand bis an das Ufer rein. Die N-Huk der Bucht geht in den 112 m hohen *Sommet de Tamarone* über, der daran erkenntlich ist, daß auf seinem Gipfel eine Pyramide und am Hang ein kleines, aber auffallendes Haus stehen. Außerhalb der 5-m-Tiefenlinie kann man auf Sand und Seetang gut ankern. Die Bucht bietet Schutz gegen Wind von N über W bis SW. Gerade den gefährlichen Libeccio (SW) kann man hier besser abwettern als in allen anderen Buchten.

Position
Breite: 42° 57' N
Länge: 9° 27' O

Macinaggio ⟨1⟩

Die Bucht von Macinaggio, zwischen der *Pointe de la Coscia* im N mit einer runden Turm-Ruine als Landmarke und dem Dorf *Macinaggio* direkt landwärts der Hafenanlagen, besitzt eine moderne Marina. Die 200 m lange O-Mole verläuft in allgemeiner N-Richtung, der Wellenbrecher von W nach O etwa 50 m hafeneinwärts des Molenkopfes. Der schlanke Naturstein-Turm auf dem Molenkopf mit rotem Lampenkörper hat – entgegen veralteten amtlichen Angaben in Handbüchern – die Kennung Blz. (2) r. – 6 s. in allgemein nördlicher Gefahren-Richtung zu den Klippen und Inseln *Finocchiarola*. F. r. wird auch in allgemein südlicher Richtung zum Molenfuß und den S gelegenen Klippen und Untiefen ausgestrahlt. Weißes Feuer (Bl. w. – 2 s.) zeigt den Einfahrtwinkel mit allgemeinem W-Kurs bis vor die Hafeneinfahrt an. Jedoch muß man den Turm so weit in N runden, daß man direkt vor der Hafeneinfahrt in den roten Sektor kommt, um dann mit S-Kurs einzulaufen. Der niedrige weiße Turm mit grünem Oberteil auf dem Kopf des Wellenbrechers sendet Blz. gr. – 2 s. Bei grober See halte man sich gut vom Molenkopf frei. Man kann direkt innerhalb des Molenkopfes vorläufig festmachen oder auch bis zur Tankstelle am Molenvorbau weiterlaufen. Am Molenfuß ist die Capitai-

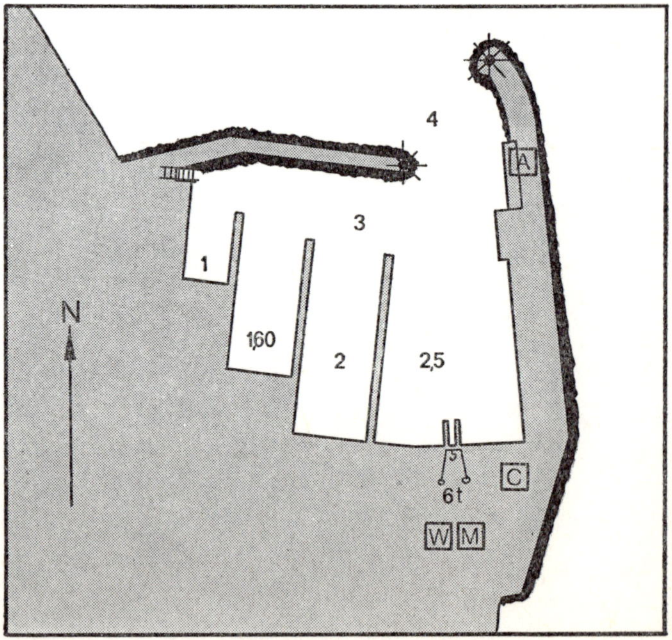

Marina de Macinaggio ⟨1⟩

nerie neben dem 15-t-Travel-Lift (élévateur). Die Mindest-Tiefe im O-Teil des Hafens beträgt 2,5 m. Trinkwasser und Strom sowie Werft und Motorenservice sind vorhanden, Geschäfte, Restaurants und Hotels gibt es am Hafen.

Position
Breite: 42° 55' N
Länge: 9° 28' O

Marine de Meria

In die Felsküste mit vorgelagerten Klippen ist nach NW eine Sandbucht eingeschnitten, die in ein teilweise bewaldetes Tal übergeht. Am Nordrand dieser Bucht auf der Huk steht ein sehr gut erhaltener runder Wachtturm. Der Südrand der Bucht wird von Häusern eines kleinen Dorfes begleitet, die sich bis auf die abschließenden Klippen hinziehen. Darüber kann man eine Kapelle ausmachen nahe dem hochgelegenen Bergdorf *Meria* unterhalb des *Monte Castello* (475 m). Die Bucht ist nur sehr bedingt als Ankerplatz geeignet, und das auch nur bei wenig Wind aus SW über W bis N. Der größtenteils mit Seegras bewachsene Grund in der Flachwasserzone hält zwar Anker, liegt jedoch nach O völlig frei und in allgemeiner W-Richtung gefährdet durch jeden plötzlichen Windeinfall durch die Täler.

Position
Breite: 42° 53' N
Länge: 9° 28' O

Marine de Luri ⟨2⟩

Das Dorf *Luri* liegt etwa 5 km landein dieser Bucht, deren felsige Huk nach S durch einen unbefeuerten Wellenbrecher verlängert ist. An diesem kleinen Schutzhafen, an tiefsten Stellen mit etwa 2 m Wasser, stehen einige Häuser neben einem besonders auffälligen großen Haus mit weißem Dach. Etwa 400 m S kann man die beiden Bögen einer über den *Fluß Luri* führenden Brücke ausmachen. (Mit einem Umbau der Brücke im Zuge der Straßenverbreiterung ist zu rechnen, wobei die markanten Bögen wegfallen könnten.) Dieser kleine Wellenbrecher – an der Innenseite durch Felsbrocken zum Anlegen unbrauchbar – bietet kaum Schutz für flachgehende Fischerboote und noch weniger Platz für fremde Boote. Bei Seegang oder Wind ist dieser Platz völlig ungeeignet, außer es gelingt einem, kleine Boote auf den oft meterhoch von Seetang bedeckten Strand aufzuziehen.

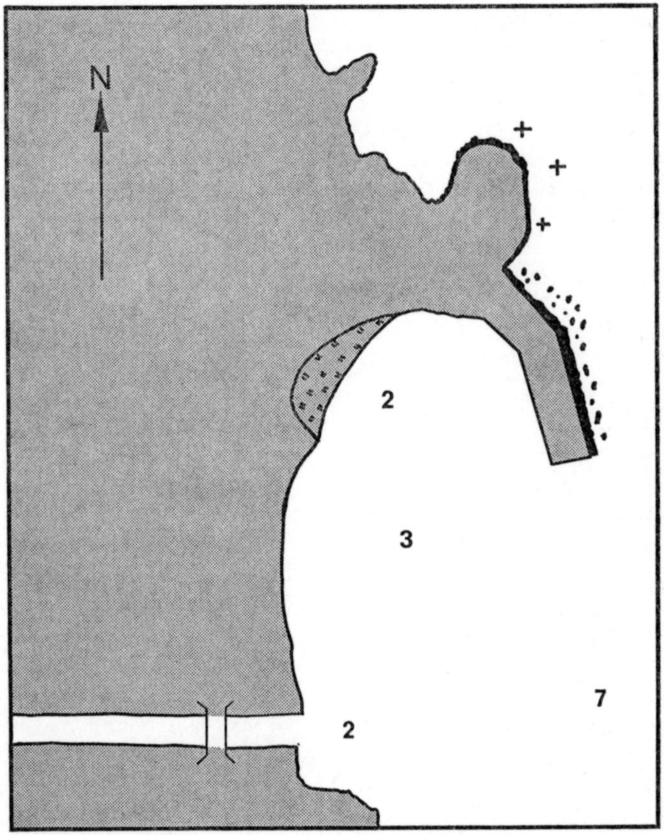

Marine de Luri ⟨2⟩

Porticciolo

Position
Breite: 42° 52' N
Länge: 9° 28' O

Nur durch einen breiten Landvorsprung getrennt liegt der kleine Ort *Marine de Porticciolo* mit seinem Sandstrand etwas tiefer in die Felsküste eingeschnitten. Gut auszumachen ist das Dorf an der S-Seite der Bucht. Etwas weiter im S steht auf der Felsküste dicht an der Uferstraße der hervorragend erhaltene runde »Tour de Losse«. Etwa 800 m SW im Hinterland liegt der *Sommet Giunco* (214 m) mit einer Gipfel-Pyramide. Der winzige Wellenbrecher des Fischerhafens inmitten von Riffen direkt unter dem Dorf ist für Sportboote ungeeignet. Der Hotel-Hafen am N-Rande des Ortes ist völlig versandet.

Marine de Piétra Corbora

Position
Breite: 42° 50' N
Länge: 9° 29' O

Etwa 4 sm S von Porticciolo und 2 sm S des Giunco-Gipfels liegt zwischen zwei Fels-Huks etwas eingeschnitten diese Bucht mit einem Sandstrand, an dessen Südrand der Fluß *Piétra Corbora* mündet. Etwas N der Mündung stehen einige Häuser mit einer Kapelle. Etwa 250 m S der Mündung ist auf einem 134 m hohen, steil anfallenden Berg die Ruine des spitzen »Tour d'Aquila« auszumachen. Im Schutz der N-Huk kann man in bis 5 m Wasser über Sandgrund Wind aus W – N abwettern.

Vorsicht: Vor der N-Huk und 0,1 sm nach S vor dem Strand reichend liegen Riffe.

Marine de Sisco

Position
Breite: 42° 48' N
Länge: 9° 29' O

Etwa 1 sm S des »Tour d'Aquila« steht dicht an der Steilküste das Kloster »Sta. Catherina« mit einem kreuzförmigen Glockenturm. Nochmals 0,4 sm nach S beginnt der völlig ungeschützte Sandstrand *Sisco,* in dessen Mitte der gleichnamige Fluß mündet, über dessen beide Läufe eine Brücke führt. Der Ort Sisco liegt am S-Rand des Strandes, vor dem die 5-m-Tiefenlinie etwa 0,1 sm entfernt ist.

Die zwischen die alten Häuser einschneidende sehr schmale und flache, unreine kleine Bucht wird durch einen nach S abknickenden Wellenbrecher etwas geschützt. Einlaufen ist nur mit flachgehenden Booten bedingt möglich. Eine Benzin-Tankstelle ist nahe dem Restaurant vorhanden. Der Hafen ist nur für kleine Fischerboote geeignet, die bei Schlechtwetter auf die wenigen Landplätze gezogen werden, wo für Gastboote keinesfalls Platz vorhanden ist. Es besteht ein Geschäft mit Boots-Ausrüstung.

Cap Sagro

Position
Breite: 42° 48' N
Länge: 9° 30' O

Cap Sagro, etwa 0,5 sm S Sisco, springt kaum vor die Küstenlinie vor. Berge und Küste sind steil abfallend. Als Landmarke dient 0,2 sm N des Caps ein verfallener Semaphor in 136 m Höhe auf einem Hügel. Überragt wird das Cap von dem 778 m hohen *Mont Merizatodio* 3 km landein in W. Schutz bietet das Cap in keinem Falle.

Marine d'Erbalunga

Position
Breite: 42° 46' N
Länge: 9° 28' O

Zwischen dem Sagro und dem Ort *Erbalunga* sieht man mehrere alte Grabkapellen nahe der Steilküste sowie 0,3 sm N des Dorfes ein auffälliges Kloster. Auf der die kleine Bucht nach N abschließenden felsigen Huk stehen einige alte Gebäude sowie die Reste eines genuesischen Turms. Die Kirche des Dorfes besitzt einen dreieckigen Giebel, jedoch keinen Turm. Landmarken sind außerdem 0,7 sm WNW der einzelne Kirchturm von *Brando* und 0,2 sm in SO der Turm des Klosters »Saint-Francois.« Außerdem hat das 0,7 sm SW am Hang gelegene Dorf *Pozzo* einen auffallenden Kirchturm. Ankergrund bei ablandigem Wind ist erst von der 10-m-Tiefenlinie aus seewärts in Seetang gegeben, da die Bucht selbst unrein ist. Es besteht ein sehr kleiner, flacher Schutzhafen für kleine Fischerboote, der aber selbst im Seenotfalle nicht für Sportboote geeignet ist.

Position
Breite: 42° 45' N
Länge: 9° 28' O

La Vasina

In der kleinen Bucht des Ortes *La Vasina,* die nach S einigermaßen durch eine felsige Huk abgedeckt ist, besteht an 0,1 sm vorgelagerten Klippen in S anschließend ein kleiner Sandstrand, auf den Kleinboote aufgezogen werden können. Der Ankergrund innerhalb der 5-m-Tiefenlinie ist zwar sandig und gut, aber kaum geschützt. Einzige Landmarke ist eine Kirche nahe einigen Häusern.

Position
Breite: 42° 44' N
Länge: 9° 27' O

Marine de Miomo

An diesem Fischerort ziehen auch die Fischer ihre Boote auf Land, da die kleine Bucht praktisch ungeschützt ist. Landmarke ist ein runder Turm, »Tour Miomo«, auf einer felsigen Huk direkt am Strand neben mehreren Häusern. Vom Turm aus nach N ist die Küste unrein. Von hier steigt die Küste steil zum *Sommet Cornicchiola* (282 m) auf.

Anse de Toga

Diese unreine, kaum 0,3 sm lange flache Bucht zwischen der *Pointe de Toga* – Landmarke ist ein Hüttenwerk – und der N-Mole von Bastia ist nicht für Sportboote geeignet.

Position
Port St. Nicolas *Breite: 42° 42' N*
Länge: 9° 27' O
Vieux Port *Breite: 42° 41' N*
Länge: 9° 27' O

Bastia ⟨3⟩

Die Zitadelle direkt S des Alten Hafens (Vieux Port), an den sich im N der neue Handelshafen anschließt, beherrscht Häfen und 55 000-Einwohner-Stadt. Gegründet wurde die Stadt von den Genuesen im Jahr 1380. Sie war bis 1811 Hauptstadt von Korsika. Zu Nelsons Zeiten war sie – wie auch Calvi und Ajaccio sowie die Insel Elba – in britischem Besitz. Die Stadt liegt abends im Schatten der Berge und ist daher im Sommer verhältnismäßig kühl.

Von See her ist Bastia gut auszumachen: die Stadt selbst besitzt viele Hochhäuser. Hart N liegt ein Hüttenwerk. Der *Vieux Port* wird nach S durch die Zitadelle abgeschlossen. Oberhalb des Vieux Port steht auf der Gipfelkette (ca. 950 m) auf einem breiten, weißen Haus-Unterbau ein sehr hoher, gestreifter „dünner" Sendeturm. Hart N davon macht man zwei niedrige Masten mit Spiegeln aus.

Die Häfen von *Bastia* besitzen eine gemeinsame Einfahrt. Auf dem Kopf der N-Mole, der »Jetée St. Nicolas« an Stb., steht ein grün-weißer Turm (9 m) mit der Kennung Blz. gn. (Lf. 13 300). Die etwa 400 m breite Einfahrt wird an Bb. durch die S-Mole, die »Jetée du Dragon«, abgeschlossen, deren grauer Turm mit rotem Oberteil die Kennung Blz. w./r. (Lf. 13 260) sendet.

Große Yachten mit erheblichem Tiefgang laufen über Steuerbord-Bug um den Molenkopf der »Jetée St. Nicolas« in das erste Hafenbecken mit 4–6 m Wasser ein und machen an der linken Seite der kurzen Mole fest, auf deren Kopf ein rot-weißer Turm steht mit Kennung F. r.

Dieses Vorbecken liegt noch außerhalb des eigentlichen großen Hafens, des *Port St. Nicolas.* Es kann durch Fährschiffe besetzt sein.

Kleinere Yachten mit Tiefgang bis zu 4 m und alle anderen Sportboote gehen in der Einfahrt über Backbord-Bug und passieren mit Kurs auf die hochgelegene Zitadelle die Einfahrt zwischen der »Jetée du Dragon« an Bb. und der an Stb. liegenden gebogenen Gegenmole, »Môle Génois«, mit ihrem grauen Turm und grünem Dach; Kennung Ubr. w. (Lf. 12 280). Liegeplätze gibt es an der Innenseite der »Môle Génois«, am anschließenden »Quai de la Santé«, gegenüber – unter der Zitadelle – am »Quai du Sud« und bedingt auch an der Innenseite der »Jetée du Dragon«. Die lange Steganlage, die vom Ende des Hafens ausgeht sowie auch die Bojenplätze zum »Quai du Sud« hin sind durch einen Club voll besetzt.

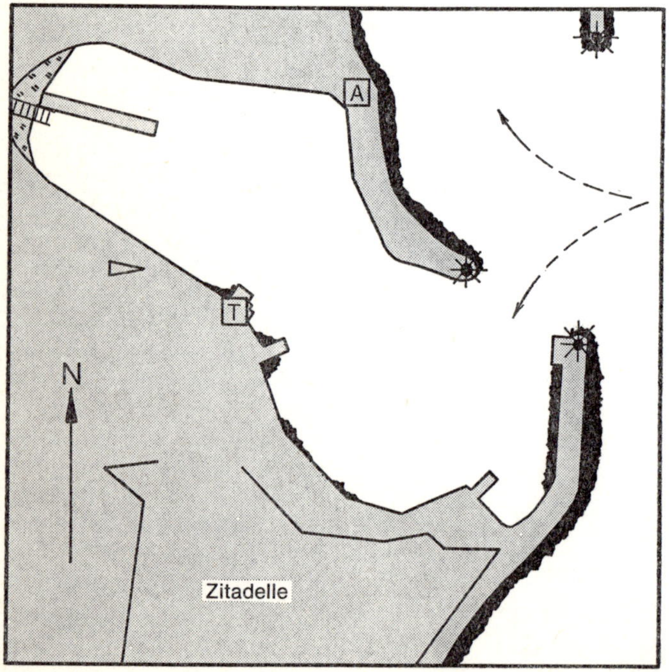

Bastia ⟨3⟩

Vorsicht: An der Innenseite der »Môle Génois« bis zu ihrem Knick und an der Innenseite der »Jetée du Dragon« bestehen schräg zum Grund abfallende Steinschüttungen, so daß man nicht anlegen kann. Zwischen der »Môle Génois« und dem Vorhafen zieht sich ein Klippenstreifen bis 50 m vor der Straßenmauer hin.

Capitainerie und Zoll liegen im Handelshafen an der langen Landpier »Quai du Fango«. Die Anmeldung im *Vieux Port* befindet sich am Fuß der »Môle du Génois«. Ihr etwa gegenüber, am »Quai du Sud«, sind die Tankstelle und das Büro des Clubs.

Der *Vieux Port* liegt inmitten der Altstadt und ist von der Hauptstraße kaum 200 m entfernt. Werft, Motorenservice, Shipchandler, Slip usw. sind vorhanden. Mit Ausnahme der Liegeplätze an der Innenseite der »Jétée du Dragon« ist der Hafen gut gegen Wind und See geschützt.

Bastia bis Moriani-Plage

Deutsche Seekarte Nr. 499, 504
Französische Seekarte Nr. 4936
Carte Marine Blondel Nr. 1006

Von Bastia bis Moriani-Plage ziehen sich auf 20 sm die Berge von der Küste zurück, die fast durchweg aus Flachland mit Sandstrand besteht. Nur vor der *Golo*-Mündung und vor der Mündung des *Fiume Alto* gibt es Barren, sonst unreinen Grund nur 0,5 sm S der Alto-Mündung. Dieser unreine Grund zieht sich weitere 0,8 sm nach S und reicht etwa 0,15 sm seewärts.

Étang de Biguglia

zieht sich als – mit dem Meer und dem *Golo* in Verbindung stehende – sehr flache Lagune von 2,5 sm S des Hafens *Bastia* über 6,5 sm weit nach S und wird nur durch eine Nehrung vom Meer getrennt. Landmarke entlang dieses Küstenabschnittes ist das etwa 3 sm SW von Bastia an den Berghängen liegende Dorf *Furiani* mit auffallendem weißen Kirchenturm. Weiterhin kann man gut ausmachen das etwa 5 sm SSO von Bastia auf der Nehrung stehende *Maison Casone,* erkenntlich durch Terrassen. Und schließlich stehen weitere 2 sm SSO hiervon, ebenfalls auf der Nehrung, die beiden Häuser des *Maison Pinetta.* Vor der Küste ist gut haltender, jedoch völlig ungeschützter Sandgrund mit Flachwasser bis 0,2 sm seewärts.

Position
Breite: 42° 35' N
Länge: 9° 30' O

Pointe d'Arco

Die niedrige Huk mit einem verfallenen Turm, etwa 8,5 sm SSO von *Bastia,* ist nur schlecht auszumachen. Besser erkennt man nahebei ein weißes Transformatorenhaus. Etwa 1,5 sm WSW hiervon steht ein 24-m-Mast mit Funkfeuer (369 kHz) auf dem Militär-Flugplatz *Poretta,* der außerdem bei Bedarf in 24 m Höhe ein Luftfahrtfeuer Mo (F) ausstrahlt (Lf. 13 330).

Golo-Mündung

Etwa 1 sm NNO der Flußmündung – gut auszumachen an Öltankanlagen, ca. 1,3 sm NW des Flusses – liegt (Position: Breite: 42° 31' N – Länge: 9° 33' O) der Tanker-Liegeplatz »Lucciana« 1,2 sm NO der Flußmündung. Die Tanker vermuren in etwa 10 m Wasser, nahe der rot-weiß gestreiften Leuchttonne »Lucciana« mit rotem Toppzeichen und Kennung Blz. r. (Lf. 13 340). Am Strand hart W der Leuchttonne liegt ein Wrack. Die *Golo*-Mündung ist fast durchweg durch eine Barre gesperrt.

Fiume Alto

mündet etwa 5 sm S des Golo-Flusses. Zwischen diesen beiden Mündungen wird der Sandstrand schmaler und die Flachwasserzone reicht teilweise bis 0,3 sm seewärts. Ungefähr 1,5 sm N der *Alto-Mündung* steht an der Küste eine Unterbake mit weißem Scheiben-Toppzeichen. Etwa 1,5 sm weiter W ist die Oberbake mit weißem Dreiecks-Toppzeichen. Beide haben sie mit dem *Mont S. Angelo* in 270° Deckpeilung. Die Mündung des Fiume Alto ist durch eine steinige Barre völlig gesperrt. Der ungeschützte Ankergrund in diesem Abschnitt besteht aus gut haltendem Sand und Seetang. Etwa 0,3 sm S der Mündung und ca. 0,2 sm landein steht eine Radio-Bake (Position: Breite: 42° 25' N – Länge: 9° 32' O). Ungefähr 0,7 sm S der Mündung reicht eine sich nach S über 0,8 sm erstreckende Klippe bis 0,2 sm vor die Küste. Hart N dieser Untiefe ist ein Fabrikschornstein und WSW landein, an den Hängen der wieder ans Meer heranrückenden Berge, das Dorf *Pero* mit einem doppelten Kirchturm auszumachen.

Position
Breite: 42° 22' N
Länge: 9° 32' O

Moriani Plage
Marine de Padulella

An einem feinen Sandstrand liegt das nur aus wenigen Häusern bestehende Dorf, aus dem ein weißes Haus hervorsticht. Etwa 1 sm N hiervon steht die gut auszumachende Kapelle »St. Michel« dicht am Strand. Der Ankergrund in Sand und Seetang ist gut, aber ungeschützt.

Moriani-Plage bis Anse de Favone

Deutsche Seekarte Nr. 499
Französische Seekarte Nr. 4936
Carte Marine Blondel Nr. 1007

Von *Marine de Padulello* bzw. *Moriani-Plage* zieht sich eine hügelige Küste mit fast durchgehendem Sandstrand bis kurz vor *Marine de Solenzara,* d. h. N des Rio Solenzara. Hier geht der Strand in steil-felsige Küstenformationen mit Riffen und Klippen über, denen sich die Vorberge bis auf wenige hundert Meter nähern. In diesem ganzen, knapp 40 sm langen Küstenabschnitt gibt es als völlig sicheren Liegeplatz nur die neue Marina *Port Campoloro* bei *Marine de Prunete.* Außerdem besteht noch eine Club-Anlage am Südufer des Flusses *Solenzara,* dicht hinter der Mündung, die jedoch oft durch Barren fast unpassierbar und bei auflandigem Wind außerdem noch gefährlich ist. Im Hinterland auf den Hügeln, die weitgehend mit Macquis, Korkeichen und kleinen, grünen Eichen – dagegen kaum noch mit Oliven – bewachsen und von Windschutzmauern durchzogen sind, sieht man verfallene Schlösser und Dörfer. An der Küste fallen viele, wenn auch teilweise nur noch als Ruinen existierende Wachttürme auf. Nicht schön, da mit viel Lärm verbunden, ist der Flug-Schießplatz im Hinterland, SW des Leuchtturmes *d'Alistro* sowie der Militär-Flughafen N der *Travo*-Mündung, von dem aus auch eine Pipeline ins Meer führt.

Position
Breite: 42° 20' N
Länge: 9° 32' O

Porto Campoloro ⟨4⟩

Zwischen *Marine de Padulella* und *Marine de Prunete* zieht sich vor dem Strand ein Flachwassergebiet mit nicht mehr als 1,5 m Wasser bis 0,3 sm seewärts. Etwa 0,3 sm S vom Dorf *Moriani Plage* ist dicht vor dem Strand ein einzelnes Riff. Zwei weitere Klippen, die vom Strand bis an die 5-m-Tiefenlinie heranreichen, liegen beiderseits des »Maison de la Nuit«. Dabei handelt es sich um ein gelbes Haus auf einem Hügel dicht an der Küste. Von einem auffälligen runden Hügel überragt liegt in WSW dieses Hauses das Dorf *Cervione,* etwa 1,5 sm von der Küste entfernt. Unterhalb dieses Dorfes in der *Marine de Prunete* befindet sich der neue Sportboot-Hafen *Campoloro.*

Die lange O-Mole geht von der Südkante des Hafens seewärts ab und biegt dann nach NNO ein. Die von Land aus in SSO-Richtung abgehende nördliche Quermole biegt an ihrem Kopf etwas nach O ein, wobei sie jedoch hinter dem Kopf der Hauptmole zurückbleibt. Beide Molenköpfe sind befeuert.

Zum Einlaufen hält man sich mit S-Kurs parallel zum Strand. Die Anmeldung befindet sich am Kopf der Haupt-Pier. Die Tankstelle liegt nahe dem Kopf der Quermole, an der auch ein 15-t-Travellift eingerichtet ist. Am Molenfuß besteht eine Werft. Die Capitainerie liegt am Molenfuß neben dem ersten Hafenbecken, das jedoch nur etwa 1,5 m Wasser aufweist, während die bis zur Hauptpier an-

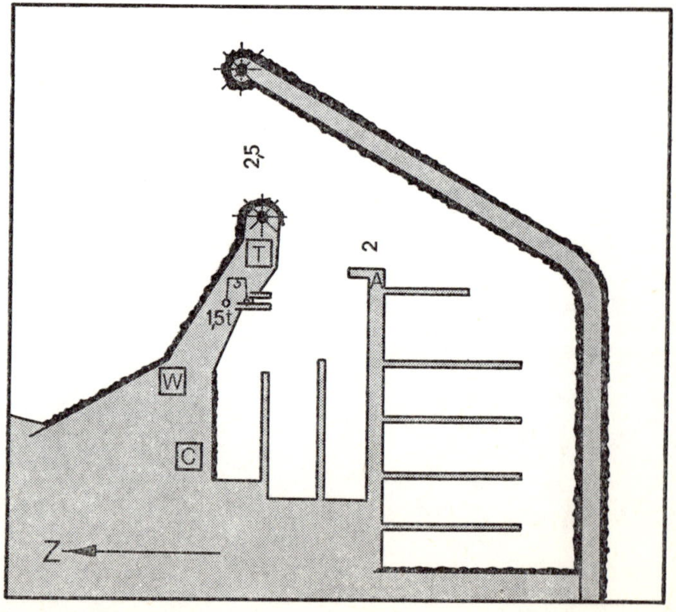

Porto Campoloro ⟨4⟩

schließenden Liegeplätze durchschnittlich 2 m Wasser haben. In der Einfahrt und vor der Anmeldung sind 4 m Wasser, im S-Becken mit den Steganlagen zum Kopf der Hauptpier hin allgemein 3 m Wasser. Club-Haus und Einkaufsmöglichkeiten sind vorhanden.

Der Hafen bietet guten Schutz und wird ständig überwacht.

Position
Breite: 42° 16' N
Länge: 9° 32' O

Phare d'Alistro

Zwischen dem *Porto Campoloro* und dem Leuchtturm *d'Alistro* mündet der Fluß *Alèsani,* an dessen Südufer der alte Wachtturm »Florentine« steht. Im Flachwasser beiderseits der Mündung und O des Turms auf 3–5 m Wasser ist guter, wenn auch ungeschützter Ankergrund auf Sand.

Der auf ein rotes Haus gebaute 24 m hohe, achteckige graue und oben schwarze Leuchtturm *Alistro* steht auf einem Hügel und hat in 93 m Höhe die Kennung Blz. w. (Lf. 13 360). Der Ankergrund ist rein.

Etwa 0,5 sm an der Küste weiter nach S steht der verfallene Wachtturm Alistro. Nochmals 1,5 sm weiter S fällt oberhalb des Strandes an der Straße das »Maison Giustignana« mit seinem einseitig schrägen Dach auf. Knapp weitere 1 sm S liegt bis auf 0,4 sm seewärts ein Riff vor dem Strand. Etwa 1,3 sm S hiervon mündet der Fluß *Bravone.* Etwa 0,7 sm S auf einem 50 m hohen Hügel wird er von dem verfallenen »Tour Bravone« überragt.

Étang de Diane

Diese große Lagune hat eine Verbindung zum Meer, die jedoch im Sommer trockenfällt. An der Südseite der Einfahrt ist die Ruine des »Tour de Diane«. Etwa 0,4 sm NW dieses Turmes macht man auf einem Hügel, in etwa 30 m Höhe, die Kapelle »Ste. Marie« gut aus.

Vorsicht: Vom »Tour Bravone« am *Étang de Diane* vorüber bis hin zur Mündung des Flusses *Tavignano* liegen etwa 10 gefährliche Klippen-Gebiete bis 0,4 sm seewärts, die zum Teil überwaschen sind. Die südlichste, etwa 30 cm aus dem Wasser ragende Klippe liegt direkt vor dem Dorf *Padulone* 0,4 sm N der *Tavignano*-Mündung. Etwa 1,7 sm W steht im Hinterland der auffallende Aussichtsturm des Dorfes *Cateragio.*

Tavignano-Mündung

Die Flußmündung liegt in Deckpeilung 270° mit dem viereckigen, hohen Kirchturm von *Aleria* und dahinter – etwa 3,8 sm von der Küste entfernt – einem hohen Wasserturm mit rot-weißer Bänderung. Vor und S der Mündung ist der Grund mit oft nur 1,5 m Wasser sehr flach, oft bis 1 sm seewärts. An der Fluß-Mündung knickt die Küste nach SW um.

Étang d'Urbino

Diese Lagune liegt etwa 4,5 sm der *Tavignano*-Mündung hinter einer bewaldeten Landzunge. An ihrem Südufer steht 0,5 sm landein eine steinerne Landmarke. Dem N-Rand der Lagune ist dem Strand eine ausgedehnte Klippe bis 0,2 sm vorgelagert.

Fiumorbo-Mündung

Hart südlich eines ausgedehnten Waldgebietes – vor dessen N-Rand ein Klippengebiet dem Strand im Flachwasser vorgelagert ist – mündet der *Fiumorbo.* Eine Barre macht ihn unbefahrbar. Am Strand erhebt sich ein weißes, würfelförmiges Gebäude mit zylindrischem Turm, der von Säulen umgeben ist. Etwa 0,5 sm des Dorfes steht ein rosa Turm, der einem Leuchtturm ähnelt. Strand und Ankergrund im Flachwasser sind gut. Rund 2 sm S, direkt unter dem Dorf *Mignataja,* liegt vor dem Strand eine einzelne Klippe. Etwa S hiervon ist der Lagunen-See *Étang de Palo,* an den sich nach S der Militär-Flugplatz *Solenzara* anschließt.

Travo-Mündung

Die Mündung des Flusses, dem sich die Berge wieder nähern, ist gut auszumachen. Am N-Ufer, 1 sm landein, steht eine weiße Kapelle nahe einer großen Fluß-Brücke. Ein viereckiger Kirchturm und dicht NO davon eine dreieckige Bake stehen auf den sich 4 sm in WNW erhebenden *Venteseri-Bergen.* Der Fluß mündet zwischen Wäldern in einem Flachwassergebiet, das sich mit 3 m Wasser bis 0,4 sm seewärts ausdehnt.

Vorsicht: Etwa 1,5 sm N der Flußmündung liegt 0,4 sm vor der Küste der Kopf einer Versorgungsleitung des Flugplatzes. Kenntlich gemacht ist er durch eine schwarz-gelbe Tonne, in deren Nähe weiße Festmachertonnen ausliegen. Knapp 0,2 sm NO liegt eine rot-weiße Leuchttonne mit rotem Doppelkegel-Toppzeichen, Radar-Reflektor und der Kennung Fkl. r. (Lf. 13 420) auf der Position: Breite 41° 55' N – Länge: 9° 26' O. Bis zum Beginn des Steilufers zieht sich ein Flachwassergebiet direkt vor dem Kiesstrand hin, das bis 0,5 sm seewärts oft nicht mehr als 1,5 m Wasser hat.

Position
Breite: 41° 51' N
Länge: 9° 24' O

Solenzara-Mündung

Fast genau 1 sm N dieser Flußmündung beginnt die Felsküste, die sich fast ununterbrochen bis zum Süd-Ende von Korsika erstreckt. Die breite Flußmündung kann von kleinen Booten vorsichtig unter dem Süd-Ufer befahren werden. Am Süd-Ufer der Mündung stehen die Ruinen eines alten Turmes und etwa 0,5 sm darüber eine große, pyramidenförmige Bake. Das Dorf *Solenzara* liegt ebenfalls an der Südseite des Flusses. Nördlich der Mündung gibt es einen Sandstrand. Südlich der Mündung schließt sich 0,1 sm in See reichend eine durchgehende Kette von Klippen an, die nur von drei kleinen Buchten bis zur *Anse de Favone* hin unterbrochen wird.

Vorsicht: Alle Buchten südlich der *Solenzara*-Mündung auf 5 sm hin sind meist zwischen Klippen unter Fels-Steilufer kaum 0,1 sm breit und haben selten mehr als 2 m Wasser.

Anse de Manichino

liegt 1,1 sm S der *Solenzara*-Mündung. Diese kleine Bucht mit ihrem Sandstrand ist auszumachen an dem Dorf *Sari* mit einer Kirche auf dem SO-Hang des 601 m hohen *Mont Santo.*

Cala d'Oro

ist 1 sm S hiervon eine sehr kleine Felsbucht mit Strand OSO des Kirchdorfes *Sari.* Die Südhuk ist frei von Klippen. Ankergrund besteht auf 2,5 m Wasser in Sand und Kies.

Anse de Canelle

etwa 3,5 sm S der *Solenzara*-Mündung ist auszumachen an den rötlichen Steilhängen und einer verfallenen Brücke hart N der Bucht sowie einer Pyramide auf der Höhe. Die N-Huk ist etwas nach SO vorgezogen und zum Strand hin frei von Klippen, die jedoch im ganzen S-Teil der Bucht vorhanden sind. In der Bucht mit Sandgrund ist gut 2 m Wasser.

Position
Breite: 41° 46' N
Länge: 9° 24' O

Anse de Favone

Etwa 8 sm S der *Solenzara*-Mündung liegt diese etwas größere Bucht, die sich nach NO öffnet und in dieser Richtung ungeschützt ist. Etwa in ihrer Mitte mündet der Fluß *Favone* ein. Am S-Strand und S-Hang liegt direkt an der Hauptstraße das Dorf Favone. Nahe der N-Huk der Bucht steht eine weißliche Kapelle. Diese Bucht ist zwischen der Kapelle und der Strandmitte durchschnittlich nur 0,3 m tief. Im Südteil der Bucht liegen viele Klippen.

Schutz findet man etwa 0,2 sm O und OSO der Kapelle an der 10-m-Tiefenlinie auf Ankergrund aus Sand und Kies. Kleine Boote können zwischen der N-Huk und dem Steg in der kleinen N-Bucht vorsichtig bis an den Strand heranlaufen.

Anse de Favone bis Pointe Capicciolo

Deutsche Seekarte Nr. 499
Französische Seekarte Nr. 5951, 4703
Carte Marine Blondel Nr. 1008

Dieser Küstenabschnitt ist durch seine teilweise zerrissene Steilküste und die vielen Buchten und Golfe sehenswert und gerade auch durch eine Reihe kleiner Inseln und Halbinseln interessant zu befahren. Im Hinterland ziehen sich teilweise dicht bewaldete Berge bis weit über 1000 m Höhe hin, vor denen sich dichtbebaute Hochebenen und Hügel erstrecken. Mit dem Yachthafen in *Porto Vecchio* im tiefen, gleichnamigen Golf, findet man etwa 15 sm N der Südspitze Korsikas einen ausgezeichneten Liegeplatz auch für große Yachten. Man sollte darauf achten, daß alle Flüsse je nach Jahreszeit und Regenfällen unterschiedliche Wasser führen und daher nur dann in den Mündungen befahren werden können, wenn ein Ortskundiger an Bord ist. Sie haben fast alle wildnisähnliche Ufer und sind sehr schön. Die in diesem Abschnitt vorkommenden Klippen – es sind teilweise fast ununterbrochene Ketten – liegen innerhalb der 10-m-Tiefenlinie. Diese 10-m-Tiefenlinie ist, außer vor Buchten, meist innerhalb der 0,5-sm-Zone.

Position
Breite: 41° 45' N
Länge: 9° 24' O

Anse de Tarco

Etwa 1,5 sm S der *Anse de Favone* liegt diese kleine Bucht mit 2 m Wasser. Ihre S-Seite ist rein. Über die Buchtbreite hin zieht sich ein Strand, in dessen Mitte der *Tarco*-Fluß mündet. Landmarke ist eine Straßenbrücke mit Bögen.

Ile de Fautea

Ungefähr 2 sm S der *Anse de Tarco* liegt ganz dicht vor dem steilen Cap mit seinem alten Turm die 32 m hohe *Insel Fautea*. Die kleinen Buchten im N und S der Insel sind unrein und gefährlich. Erst die Bucht 0,5 sm S mit 3 m Wasser vor dem *Étang de Lovo Santo* ist vor dem Strand rein.

Position
Breite: 41° 41' N
Länge: 9° 23' O

Golf von Pinarello

Dieser Golf ist zwischen seiner N-Huk und der Insel *Pinarello* etwa 1,2 sm breit und knapp 1 sm einschneidend. Die N-Seite der großen Bucht, bis etwa zu ihrer W-O-Achse, ist übersät mit Klippen, die von einer flachen, bis 0,4 sm von der Küste sich ausdehnenden Bank ausgehen und teilweise überwaschen werden. Etwa 0,5 sm von der N-Huk der Bucht entfernt liegt die Insel *Roscana*. Dabei handelt es sich eigentlich um eine sehr dicht zusammenliegende, Gruppe von steilen Klippen, die unten rot und oben weiß sind und bis zu 20 m aus dem Wasser ragen. Der steilen S-Huk der Bucht dicht vorgelagert ist die von Maquis bewachsene 51 m hohe *Ile Pinarello* mit einem viereckigen Turm. Der O-Huk und die SW-Huk der Insel sind Klippen vorgelagert, desgleichen dem S-Rand des Strandes im S-Teil des Golfes. Der Ankerplatz im SW-Teil des Golfes, etwa zwischen 10 m und 7 m Wasser, schützt gut vor Wind aus SW – S – SSO. Der Ankergrund hält jedoch schlecht.

Ile Pinarello – Pointe d'Araso

An dieser etwa 2 sm nach WSW führenden Steilküste – mit die schönste an der O-Küste von Korsika – sind zwei Punkte beachtenswert. Einmal 0,3 sm SW der Ile Pinarello die *Anse de Cola,* in deren SW-Ecke zwischen Klippen ein Sandstrand liegt. Vor ihm sind 1–3 m Wasser. Hinter dem Strand liegt eine hohe Düne mit dichtem Bewuchs von Korkeichen, Eukalyptus und Pinien, denen sich landeinwärts ein kleiner See anschließt. Zum anderen ist an dieser fast durchgehend durch vorgelagerte Klippen unreinen Küste die etwa 0,3 sm nach SO vorspringende schmale, etwa 30 m hohe rote Landnase *Pte. Capicciola* auffallend, vor der seewärts noch eine Klippe liegt. In der nach SW direkt anschließenden Bucht mit allerdings nur 2 m Wasser und einer Klippe direkt vor dem Sandstrand, können flachgehende Boote Schutz vor Anker finden gegen Wind von NW über N bis NO. Von hier bis zur *Pte. d'Araso* besteht eine Steilküste, die den *Golfe de Saint Cyprien* teilweise gegen NO-Wind schützt.

Golfe de Saint Cyprien

Zwischen der *Pte. d'Araso* und der *Pte. St. Cyprien* liegt ein auch für Sportskipper gefährlicher Golf, den man ohne genaue Ortskenntnisse selbst bei ruhigem Wetter nicht befahren sollte. Der Pte. d'Araso etwa 0,2 sm S vorgelagert ist die kleine, rote Insel *Cornuta* und etwas mehr als 0,3 sm WSW vorgelagert die oben runde, 23 m hohe Insel *St. Cyprien.* Von dieser Insel zur Huk hin ist das Wasser unrein. Außerdem zieht sich eine Bank mit teilweise nicht mehr als 1 m Wasser im Halbkreis bis zu den Klippen vor der S-Huk des immerhin 1,2 sm breiten und 0,7 sm tiefen Golfes hin. Landwärts dieser Bank folgt eine Kette von zum Teil überwaschenen Klippen. Im Notfall findet man auf schlecht haltendem Grund in 5–6 m Wasser einen Ankerplatz hart O der *Ile St. Cyprien* mit Schutz gegen Wind aus W bis NNO. Die *Pte. St. Cyprien* – die sich zwischen dem Golf von St. Cyprien und dem Golfe de Porto Vecchio befindet – ist rundum unrein.

Position
Breite: 41° 36' N
Länge: 9° 21' O

Golfe de Porto Vecchio ⟨5⟩

Das Einlaufen in den Golf von Porto Vecchio bis hin zum Sportboot-Hafen in seinem SW-Teil ist schwierig. Es wimmelt nur so von Klippen und Untiefen. Baken und Feuer sind für den Ortsfremden kompliziert. Ohne genaue Karte und Leuchtfeuerverzeichnis rate ich dringend von einem Einlaufen in diesen Golf bei Schlechtwetter und auch bei Dunkelheit ab, solange nicht die geplante Fahrwasser-Baggerung abgeschlossen ist (1974/75?). Ganz gleich, ob man sich von NO oder von S dem Golf nähert, sollte man so weit von Land abbleiben, daß man genau O der steinernen Turmbake »Pecorello« (schwarz-weiß-rot mit schwarzem Kugeltoppzeichen) steht.

Vorsicht: Keinesfalls verwechseln mit der genau so aussehenden Turmbake »Chiapino« hart NO der *Pointe de la Chiappa* mit dem gleichnamigen Leuchtturm S an der S-Huk des Golfes!

Man läuft nun von NO kommend steuerbords der unbefeuerten Turmbake »Pecorello« etwa auf der Fahrwasser-Mitte zum Leuchtturm auf der *Pte. St. Cyprien* hindurch bis etwa zur Mitte des hier 1,5 sm breiten Golfes. Von O – oder wer von SO kommend auf W-Kurs geht – läuft man mit W-Kurs zwischen den beiden Turmbaken »Pecorello« und »Chiapino« hindurch bis zu einer schwarzgrünen Tonne mit Dreieck-Toppzeichen (Spitze oben). Knapp 0,2 sm N dieser Tonne beginnt eine bis zur N-Küste reichende, nicht erkennbare Bank mit nur 0,3 m Wasser. Von dieser Tonne hält man Kurs 224° auf den sogenannten Handels-Kai mit den gut auszumachenden Hallen und Tankbehältern.

Hart W des Handels-Kais – aber durch Untiefen getrennt – liegt der neue Yachthafen. Sobald daher die unbefeuerte rot-weiß gewürfelte Bake mit rotem, quadratischem Toppzeichen »Cioccia« in Sicht kommt, nimmt man auf diese Bake Kurs und passiert sie dicht an Steuerbord, da der Einfahrt-Kanal sehr schmal ist.

Zwischen der schwarz-grünen Tonne und dieser Bake darf man keinesfalls nach O abfallen, da hier die unbefeuerte winzige Insel *Zoglione* liegt. Auch WNW der Bake ist kaum 100 m entfernt ein Überwasser-Riff.

Die Einfahrt in den Yachthafen ist insofern etwas ungewöhnlich, als man bis dicht an den Molenkopf der O-Mole heranlaufen und dann Ruder hart Stb. legen muß. Man läuft dann mit NW-Kurs zwischen diesem O-Molenkopf und dem nach S ausgerichteten Kopf der N-Mole (früher Ilôt Ficaja) hindurch. Die Einfahrt hat 3,5 m Wasser, der vordere Teil des Hafens mit den Köpfen der Steganlagen 3 m Wasser und zu den W-Kais hin 2 m Wasser. Bunkerstation und Anmeldung befinden sich Stb. in der Einfahrt auf der verbreiterten N-Mole. Der Hafen ist z. Z. noch nicht befeuert. Er verfügt jedoch über jeden erforderlichen Service und liegt direkt unterhalb der Stadt.

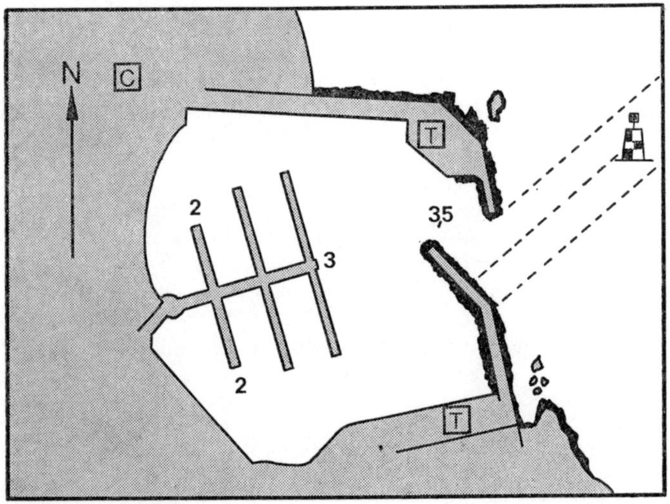

Porto Vecchio ⟨5⟩

Das Einlaufen bei Nacht wird teilweise durch Feuer etwas erleichtert. Im S der Golf-Einfahrt auf der felsigen, mit Macquis bewachsenen *Pointe de la Chiappa,* steht in 66 m Höhe auf einem weißen Haus der weiße, oben rote, viereckige Turm »Pte. de la Chiappa« mit der roten Aufschrift »Chiappa«. Kennung: Ubr. w./r. (Lf. 13 450). Neben dem Leuchtturm ist ein gut auszumachender Semaphor. Auf gleicher Position arbeitet ein Funkfeuer. Im N der Einfahrt in den Golf – WNW der Turmbake »Pecorello« – steht in 25 m Höhe auf einem weißen Haus der weiße, oben schwarze, viereckige Turm »Pte. Saint Cyprien« mit Blz. w./gn. (Lf. 13 480). Der grüne Sektor des Feuers zeigt, von See aus einlaufend, genau auf die Turmbake »Pecorello«. Ein weiteres Feuer Ubr. w./r./gn. (Lf. 13 465) kann man an der N-Seite des Golfes ausmachen. Und schließlich steht auf der NW-Ecke des großen Schuppens auf dem »Quai de Commerce« im Handelshafen in 9 m Höhe eine weiße Säule mit roter Spitze, deren Kennung Glt. w./r./gn. ist (Lf. 13 500). Im grünen Sektor liegt die rot-weiß gewürfelte Turmbake »Cioccia«.

Wer sich als Ortsfremder diese etwas schwierigen Verhältnisse nicht zutraut, setze sich am besten hinter irgendein einlaufendes Schiff. Von der schwarz-grünen Tonne aus ist das Auffinden des Yachthafens dann einfacher.

Der Yachthafen von *Porto Vecchio* ist übrigens sicher bei Wetter aus allen Richtungen.

Pte. Cerbicale

Von der *Pointe de Chiappa* bis zur *Pointe Cerbicale,* einer nur wenig nach O vorspringenden Huk unter einem 145 m hohen Hügel, sollte man sich mindestens 0,2 sm freihalten.

Etwa auf halber Strecke liegt ganz dicht unter der Küste die kleine Insel *Farina*.

Iles Cerbicales

Bis zu 0,7 sm reichen die verschiedenen Inseln und Klippen dieser Gruppe an die Küste NO bis SO der *Pte. Cerbicale* heran. Sie liegen teilweise in weniger als 1,5 m Wasser. Von N nach S sind es: *Ile Forana* (34 m) mit einem breiten Klippengürtel um ihre N-Huk und Flachwasser in der NO-Bucht. *Ile Maestro-Maria* mit Klippen ringsum und Flachwasser an der gesamten W-Seite. *Ile Piana* (34 m) in 2 m Wasser – WSW 0,2 sm vorgelagert sogar nur 1,2 m Wasser – und einem Klippengürtel um die ganze N-Huk. *Ile Pietricaggosia*, flach und kahl, mit Klippen vor der NO- und SO-Huk. Außerdem gibt es die *Ile de la Vacca* (21 m), die kleinste der Inseln und völlig von Klippen umgeben, etwa 0,7 sm SO der Ile Forana. Nochmals ca. 0,7 sm SO hiervon sind 4 m bzw. 4,5 m unter Wasser die beiden Felsen »Danger de la Vacca«. Zwischen ihnen, hart O, liegt eine rot-weiße Spitztonne mit rotem Toppzeichen.

Position
Breite: 41° 30' N
Länge: 9° 23' O

Iles du Toro

Etwa 2 sm SSO der *Ile Pietricaggosia* liegen zwei völlig kahle, ganz von Klippen umgebene Inseln (40 m), deren W-Insel einen fingerförmigen Gipfel besitzt. Etwa 0,5 sm O dieser Inseln liegt in 2,6 m Tiefe die Felsklippe »Danger du Toro«, an ihrer SW-Seite mit einer roten, weiß-gestreiften Tonne und S-Toppzeichen.

Pointe d'Aciajo

Von der *Pte. Cerbicale* nach SW erstreckt sich zwischen den steilen Felsen ein ausgedehnter Strand nach SW, der sowohl beiderseits von Klippen eingefaßt ist als auch in seiner Mitte eine Gruppe von Klippen aufweist. Der S-Teil dieses Strandes hat teilweise bis 0,2 sm seewärts nur knapp 0,5 m Wasser. Die S anschließenden Klippen ziehen sich um die Fels-Huk herum. Vor der Huk, etwas in S, liegt kaum 0,1 sm seewärts in 3 m Wasser nochmals eine winzige Insel, *Ile de Folaca*. Zwischen dieser Insel und der nach S fingerförmig abgebogenen *Pte. d'Aciajo* kann man von SSO her vorsichtig in 3 m Wasser bis an den Strand laufen. Ebenfalls kann man mit langsamer Fahrt von SSW her an den Strand hart W der *Pte. d'Aciajo* in etwa 4 m Wasser heranlaufen. Man sollte sich jedoch gut freihalten von den Klippen, die die Pointe völlig umgeben. Die direkt anschließende Felsküste ist auf 0,4 sm rein, dann ist ihr wieder ein Klippengürtel vorgelagert.

Golfe de Sta. Giulia

Etwa 1 sm N der auffallenden Höhe *Sommet de Rafaello* (273 m) ist der 0,5 sm breite und etwa 0,7 sm tiefe Golf. Er ist ringsum von breiten Klippengürteln eingefaßt und hat auch in seiner Mitte eine Bank mit nur 2,5 m Wasser. Vor der S-Küste des Golfes auf 7–10 m Wasser kann man ankern. Die Lagune am Ende der Bucht ist nicht befahrbar. Am Sandstrand haben sich Segelschulen und nahebei Campingplätze sowie ein Hotel und Bungalows etabliert.

Golfe de Porto Nuovo

Der *Sommet de Rafaello* liegt etwa 0,3 sm N dieser nach SW tief eingeschnittenen Bucht, deren S-Seite durchgehend Klippen oder Untiefen aufweist. Man kann in der Mitte des Golfes (nach N hin) auf 7–10 m Wasser gut ankern. Flachgehende Boote können an den schmalen Strand heranlaufen, vor dem flaches (nur bis 2 m) aber reines Wasser ist.

Pointe de Rondinara

Vom *Golf de Porto Nuovo* 1 sm nach S bis zur *Pte. de Sponsaglia* sind der felsigen Küste Klippen vorgelagert – zwei direkt seewärts dieser Huk – und auch nach SW weiter an der Küste bis kurz vor der *Pte. de Rondinara* ist die an kleinen Buchten reiche Küste völlig unrein. Die 10-m-Tiefenlinie geht bis direkt an die Klippen heran. Die *Pte. de Rondinara* ist eine 60 m hohe, felsige, von Klippen umgebene Halbinsel, die durch eine strandähnliche Landzunge mit dem Land verbunden ist. Die tiefe Bucht N davon – *Port de Rondinara* – ist in ihrem S-Teil gut befahrbar, jedoch ist das Wasser vor dem Strand nur 0,7 m tief. Zum Landen besser ist die S der Halbinsel befindliche, nach N bis an die Landzunge reichende Bucht, deren O-Teil – freihalten von den Klippen beiderseits – knapp 1,5 m Wasser hat. Für kleinere Yachten und alle anderen Arten von Booten besteht hier an Land oder über gut haltendem Ankergrund an der 5-m-Tiefenlinie Schutz gegen Wind aus NW und bedingt auch aus N.

Pointe Capicciolo
Golfe de Santa Manza

Position
Breite: 41° 26' N
Länge: 9° 14' O

Der 2,2 sm breite Golf zieht sich 2,5 sm von NO nach SW. Seine felsige N-Küste endet in der *Pte. de Rondinara.* Nach S wird er durch die 4 km lange, steile, aus rötlichem Granit bestehende Halbinsel *Santa Manza* begrenzt, die sich von SW nach NO hinzieht und in der *Pointe Capicciolo* ausläuft. Nur 0,2 sm SW dieser Huk ist ein etwas über 100 m hoher Hügel, der einer Bischofsmütze ähnelt. Etwa 0,8 sm SSW der Huk steht auf einem 127 m hohen Berg die Turm-Ruine »Sta. Manza«. Gut auszumachen ist auf der W-Seite des Golfes das 46 m hohe *Cap Blanc* mit seinen weißen Abhängen. Entlang der Küste des Golfes zieht sich, etwa 0,1 sm breit, ein teilweise sehr flacher Wasserstreifen mit vielen Klippen. Frei davon ist nur der Strand S des *Étang de Balistro,* der sich am NW-Ende des Golfes befindet. Achtung auch vor der dem Cap Blanc vorgelagerten Klippe und der 0,4 sm NO vorgelagerten 2,5 m Untiefe! Guter Ankergrund aus Sand, teilweise mit Seetang, ist im ganzen S-Teil des Golfes, in dem die 10-m-Tiefenlinie nur etwa 0,2 sm vor der Küste liegt. Yachten finden den meisten Schutz in der äußersten SW-Bucht, die außer gegen Wind aus NO völlig sicher ist.

Vorsicht: Der Grund steigt 0,1 sm vor dem Strand von der 10-m-Tiefenlinie ganz steil auf 1 m, am Südrand sogar auf 0,5 m Wassertiefe an. Am NW-Rand dieser SW-Bucht liegen viele Klippen bis 0,1 sm ins Wasser. Die daran anschließende, tief nach W einschneidende *Calanque de Stentino* sollte man wegen ihrer Klippen und Untiefen als Ortsfremder auch mit kleinen, flachgehenden Booten nicht befahren.

Weit hinaus vor der *Pointe della Nave* besteht ein durch kleine Bojen gekennzeichnetes Austern-Schutzgebiet. In der äußersten SW-Ecke der langgestreckten Bucht liegt die Austern-Station. (Dicht daneben, seewärts, ein Wrack vor einem guten Restaurant mit Anlegesteg für flachgehende Boote sowie Campingplätze.) Das SO-Ufer der Bucht vor dem Wrack ist übersät von Untiefen. Die ausgelegten Bojen täuschen gute Liegeplätze vor, die jedoch nur für Schwertjollen und Angelboote benutzbar sind.

Pointe Capicciolo bis Pointe Sprono

Deutsche Seekarte Nr. 499
Französische Seekarte Nr. 4595
Carte Marine Blondel Nr. 1008

Diesen Abschnitt der SO-Küste sollte man selbst mit flachgehenden Booten nicht unter Land befahren, da sowohl der Steilküste Klippen vorgelagert sind als auch Klippen und Untiefen von See bzw. den Inseln her oft nur eine Durchfahrt von 0,1 sm lassen.

Les Gavetti

sind eine Reihe von bis zu 4 m hohen, teilweise aber auch gerade nur überwaschenen Klippen 0,8 sm S des Turmes »Santa Manza«. Sie dehnen sich nach O noch mehr als 0,2 sm mit Untiefen von weniger als 1 m Wasser aus. Zwischen diesen Klippen und denen der Küste ist eine knapp 0,1 sm breite befahrbare Rinne.

Cala Longa

ist ein Sandstrand zwischen Steilfelsen, dessen N-Teil Klipppen benachbart sind. Vor ihm und dem hinter einer 0,1 sm langen Steilwand anschließenden weiteren Strand ist etwa 3 m Wasser. Diesem S-Strand 0,4 sm nach O vorgelagert ist eine überwaschene, sich etwa 0,2 sm nach O ausdehnende Klippe mit nur 0,5 m Wasser.

Position
Breite: 41° 22' N
Länge: 9° 13' O

Pte. Sprono

Der weitere Küstenverlauf bis zu diesem SO-Cap besteht aus Steilwänden mit vorgelagerten Klipppen. Etwa 0,6 sm vor der Huk beginnt ein völlig reiner, breiter Strand, dem – nur durch eine schmale Felswand unterbrochen – nochmals der Strand einer tief in das Land gezogenen Calanque folgt. Beide sind sie in Privatbesitz. Vor den Klippen bzw. Steilwänden bis zur kleinen Insel *Piana Mur Noir* gibt es bis zu 1,6 m Wasser. Die *Pte. Sprono* ist der Kopf einer nach S vorspringenden, schmalen und beiderseits steil abfallenden Bergnase. Eine an der NO-Seite schwarze und an der SW-Seite weiße, viereckige Steinbake steht auf der Huk.

Ile Piana-Mur-Noir

Diese kleine, etwa 10 m aus dem Wasser ragende und beinahe ebene, kaum bewachsene Insel befindet sich etwa 0,5 sm NO der *Pte. Sprono* und O vor der Mitte des langen Strandes. Ein dichter Klippen-Gürtel zieht sich um diese Insel, der sich nach S etwa 0,2 sm ausdehnt und dort durch die herausragende Klippe *La Vachetta* besonders kenntlich ist. Nach NO verlängert sich der Klippengürtel der Insel mehr als 0,5 sm mit teilweise nur 1,4 m Wasser in Richtung auf die Untiefe, die vor *Cala Longa* liegt. Auf der NO-Seite der Insel steht eine viereckige Steinbake, deren NO-Seite schwarz und deren SW-Seite weiß ist.

Passage de la Piantarella

Die Steinbaken der *Ile Piana* und der *Pte. Sprono* in Dekkung gebracht, ergibt mit Kurs 228° von NO her die *Passage de la Piantarella* zur Südküste von Korsika. Diese Baken sind von Bord niedriger Yachten aus allerdings kaum auszumachen.

Vorsicht: Parallel zu den bei *Cala Longa* und *Ile Piana* genannten Untiefen, Klippen und Inseln liegt eine zweite Längsgruppe von NO nach SW so nahe den bereits genannten Untiefen usw., daß diese Passage von Ortsunkundigen nur bei Tage, klarer Sicht und unbewegter See mit langsamster Fahrt benutzt werden sollte.

Iles Poraggia

Etwa 2 sm S der *Pte. Capicciolo* und 0,9 sm OSO des Strandes *Cala Longa* liegen die beiden kleinen Inseln *Poraggia,* denen 0,2 sm W und bis zu 0,4 sm WSW sowie 0,1 sm O eine Vielzahl von Klippen vorgelagert sind. Auf der 12 m hohen S-Insel steht eine Stein-Pyramide.

Ecueil de Poraggia ist eine Gruppe von mehreren aus dem Wasser ragenden, aber auch überwaschenen Klippen, die ein Areal von etwa 0,2 sm nach allen Seiten gefährden. Sie liegen knapp 0,2 sm NNO der nördlichen Insel Poraggia bzw. 0,6 sm SO der Klippen »Les Gavetti«.

Ile Ratino

Etwa 1 sm SW der *Iles Poraggia,* ca. 0,7 sm ONO der *Ile Piana,* liegt eine knapp 400 m lange und an der Nordhuk 14 m hohe Fels-Insel, die – mit Ausnahme einer schmalen Stelle an ihrer NW-Seite – von einer gut 0,3 sm Untiefe umgeben wird, die von Klippen, Riffen und überwaschenen Felsen gespickt ist. Nur etwa 0,5 sm NO der *Ile Piana* steht auf den Ausläufern dieser NW-Untiefen der Insel *Ratino* eine 5 m hohe schwarze, eiserne Bake mit waagerechtem weißen Streifen und N-Toppzeichen. Sie begrenzt die *Passage de la Piantarella* an Bb. Von der N-Huk der langgestreckten Insel NO in Richtung auf die *Ile Poraggia,* knapp 0,4 sm von der N-Huk bzw. 0,6 sm ONO der Bake entfernt, liegt eine 0,5 m aus dem Wasser ragende einzelne Klippe.

Ile Cavallo und Iles Lavezzi

Deutsche Seekarte Nr. 499
Französische Seekarte Nr. 4595
Carte Marine Blondel Nr. 1008

Ile Cavallo

Wild zerklüftet ist die in W-O-Richtung ungefähr 1 sm lange und vor allem im NW-Teil bis zu 30 m hohe Insel *Cavallo.* Fast rundherum wird sie von tiefgegliederten Klippen-Gürteln eingefaßt. die teilweise 0,3 sm vorgelagert sind und – nach S – zu den *Iles Lavezzi* bzw. deren N-Klippen nur eine schmale Durchfahrt mit 2–4,5 m Wasser lassen. Die W-Klippen dieser Insel lassen eine etwas mehr als 5 m tiefe Durchfahrt von 0,15 sm Breite zu den SO-Klipppen der *Ile Ratino,* also 0,6 sm parallel zur *Passage de la Piantarella* (siehe diese).

Die dicht mit Maquis und kleineren Bäumen bewachsene Insel, auf der es kein Trinkwasser gibt, besitzt viele nette Buchten, in die man allerdings fast ausschließlich nur mit flachgehenden Booten im Schrittempo einlaufen kann. Voraussetzung dafür ist völlig unbewegtes, klares Wasser, um die Hunderte von oft nur handbreit überwaschenen Klippen ausmachen zu können. Die im SO gelegene *Anse du Palma* besitzt SW einen kleinen Strand, den man mit Beibooten anlaufen kann. Die im NO gelegene *Anse de Zéri* ist hart unter ihrer NW-Steilküste bis zum kleinen Strand rein und ausreichend tief. Das gleiche gilt für die im N gelegene *Cala di Greco,* der jedoch an der 10-m-Tiefenlinie einige Klippen vorgelagert und deren beide Seiten unrein sind. In den NW-Hügeln der Insel bestand einmal eine Einsiedelei. Am SO-Strand hausen gern Nudisten. Im übrigen ist die Insel – soweit mir bekannt ist – in Privatbesitz. Unterwasserjagd ist in diesem Gebiet verboten.

Position
Breite: 41° 22' N
Länge: 9° 18' O

Ile Perduto

Etwa 1,5 sm O der *Ile Cavallo* liegt diese hell wirkende, niedrige, von Felsen auffallend überragte, kleine, nackte Insel. Durch einen 0,3 sm breiten Gürtel von Klippen ist sie praktisch unnahbar. In diesem Gürtel liegen W und S jeweils noch eine winzige Insel.

Écueil de Perduto

Noch gefährlicher, auch für den Sportskipper, ist diese 0,5 sm SO der *Ile Perduto* gelegene Klippe, die kaum aus dem Wasser ragt.

Vorsicht vor diesen *Ile Perduto* und *Écueil de Perduto.* Sie liegen übrigens im grünen Sektor des Lavezzi-Leuchtfeuers.

Iles Lavezzi

Position
Breite: 41° 20' N
Länge: 9° 16' O

Die Insel *Lavezzi* – um die herum eine Reihe kleinerer Inseln innerhalb der 10-m-Tiefenzone, teilweise sogar in weniger als 1 m Wasser liegen – besteht aus wild aufgetürmten Granitbrocken und ist teilweise mit Maquis bewachsen. Sie liegt etwa 2 sm SO der *Pointe Sprono* mit ihren Klippen ganz hart S der *Ile-Lavezzi*-Klippen, die durch ein Unterwasser-Riff miteinander verbunden sind.

Leuchtfeuer Lavezzi: Ein viereckiger Turm auf einem Haus, alles rot-weiß gestreift, mit roter Aufschrift »Lavezzi«, auf dem Südausläufer der Insel Lavezzi, der *Pte. Becchi,* gelegen. Kennung in 27 m Höhe ist Ubr. w./r./gn., das von 138°–218° durch die Felskuppe der Insel verdeckt ist (Lf. 13 520). Funkfeuer geht von gleicher Position aus. Dem Turm sind zwei winzige Felsinseln 0,1 sm S bzw. O vorgelagert.

Leuchtfeuer Écueil Lavezzi: Etwa 1,1 sm SSW der *Pte. Becchi* auf einer Untiefe mit 3 m Wasser gelegen – die sich noch 0,5 sm SSO ausdehnt – gibt ein schwarz-rot gestreifter Turm in 22 m Höhe (Position: Breite: 41° 19' N – Länge: 9° 15' O) mit Ubr. w. (Lf. 13 540).

Im NO der Insel *Lavezzi* sind zwei kleine Buchten mit weniger als 2 m Wasser, in denen man bei ruhiger See notfalls ankern kann, um im Beiboot an Land zu gehen. Etwa 0,5 sm W des Leuchtturms auf einer kleinen, nach SW gerichteten Felsinsel, steht eine Pyramide. Wenn man sich 0,1 sm von ihr freihält und 0,25 sm nach ONO hält, hat man genau Kurs auf ein Steilufer. Man kann hier bei glatter See in die westliche Bucht mit Sandstrand um zwei kleine Riffe herum einlaufen und über Sandgrund mit etwa 3 m Wasser ankern, um mit dem Beiboot an Land zu gehen. Flachgehende kleinere Boote können bei großer Vorsicht bis an den Strand heranlaufen. Die Pyramide erinnert an einen der folgenschwersten Schiffsunfälle, dessen Opfer auf zwei kleinen, verwahrlosten Friedhöfen auf der Insel liegen. Auf dem Weg von Toulon zum Krimkrieg scheiterte hier im Sturm am 15. August 1859 die »Semillante« mit 350 Seeleuten und 400 Soldaten an Bord, von denen keiner am Leben blieb.

Wichtig zu wissen ist übrigens, daß auch um die Iles Lavezzi herum ein absolutes Verbot der Unterwasserjagd besteht.

Die Grenze zwischen Frankreich und Italien verläuft etwa 1 sm S des *Écueil de Lavezzi* von OSO nach WNW, entlang der Seestraße von *Bonifacio.*

Ein guter Rat: Wer den Südteil der O-Küste von Korsika und vor allem die Inseln und Klippen nicht genau kennt, sollte als Yachtskipper nicht eine unter Umständen unsichere Passage suchen, sondern bei Schlechtwetter ebenso wie bei Dunkelheit rund *Écueil de Lavezzi* laufen.

Pointe Sprono bis Bonifacio

Deutsche Seekarte Nr. 499
Französische Seekarte Nr. 4595
Carte Marine Blondel Nr. 1008

Die rötliche Fels-Steilküste zwischen der *Pte. Sprono* und dem *Cap Pertusato* ist durch eine Vielzahl kleiner Buchten zerklüftet. Die *Calanque Labra,* 0,3 sm W der *Pte. Sprono,* besitzt einen kleinen Strand, dessen O-Seite Klippen vorgelagert sind. Die *Anse Fiuamare,* 0,7 sm O des *Cap Pertusato,* ist unrein. Der gesamten Küste sind Klippen zumeist bis 0,3 sm vorgelagert. Gut 0,25 sm S der *Cal. Labra* liegt die Untiefe »Le Prêtre« mit 4,5 m Wasser und einer schwarz-rot gestreiften 6 m hohen Bake mit Balltoppzeichen. Durch die *Anse Fiuamare* läuft von Land aus ein Kabel nach Sizilien. Ankerverbot. Hier können Kompaß-Störungen von etwa 3° auftreten.

Cap Pertusato

Position
Breite: 41° 22' N
Länge: 9° 11' O

Das knapp 90 m hohe Cap hat etwas Ähnlichkeit mit einer Matrosenmütze und ist in seinen senkrecht aufragenden, aus weißem Kalkstein bestehenden Wänden teilweise tief ausgehöhlt. Hart S des Caps liegt die 25 m hohe Felsinsel *Ilôt Saint Antoine* mit einer auffallenden kleinen Kapelle. Landwärts ist keine Durchfahrt durch den dichten Klippengürtel.

Etwa 0,5 sm N des Kaps steht auf der etwas über 100 m hohen Wand ein Semaphor.

In 0,2 sm ONO vom eigentlichen Kap steht auf weißem Haus der viereckige, weiße Leuchtturm mit schwarzen Kanten und schwarzem Oberteil (Position: Breite: 41° 23' N – Länge: 9° 06' O). Kennung in 20 m Höhe ist Ubr. w. (Lf. 13 750), von 106°–114° verstärkt.

Bis zur Einfahrt *Bonifacio* besteht die hohe, weiße bis weißgraue und teilweise streifige Steilküste aus zerklüftetem, ausgehöhltem Kalkstein. Ihr sind durchgehend viel Felsabbruch und Klippen bis zu 0,2 sm vorgelagert.

Von Marine de Tollare bis Bonifacio

Marine de Tollare bis Golfe de Saint Florent

Deutsche Seekarte Nr. 499
Französische Seekarte Nr. 4911, 4881
Carte Marine Blondel Nr. 1006

Gerade auf diesem N- und NW-Teil des *Cap Corse* steht oft und viel Wind, zumeist aus NW über W bis SW. Die verhältnismäßig kleinen Buchten geben keinen Schutz. Selbst bei windstillem Wetter rechne man in Buchten mit sehr starken, plötzlichen Fallböen, auch bei O-Wind. Seewärts des Abschnittes zwischen *Marine de Tollare* und *Cap Grosso* kann es vorkommen, daß man vor Wind und See aus O laufend plötzlich beides gegenan hat. Und umgekehrt.

Position
Breite: 43° 00' N
Länge: 9° 23' O

Tollare

ist ein winziges Dorf in einer Bucht hart O der *Pte. Tollare,* die an einem runden Turm auszumachen ist. Gut haltender Grund aus Sand mit Tang und ein kleiner Kai mit etwa 1 m Wasser, zum Festmachen von allerdings nur kleineren Booten, ergeben bei Wind und See aus SW über S nach SO einen brauchbaren Ankerplatz an der 7–10-m-Tiefenlinie.

Vorsicht: Direkt vor dem Ort liegen Klippen.

Anse de l'Arinetta

Etwa 0,7 sm W von *Tollare* liegt eine verhältnismäßig große Bucht, deren tiefster Punkt unter der Steilküste rein ist. Als Ankerplatz ist sie nicht geeignet, jedoch nett zum Baden, Angeln und Tauchen bei glatter See.

Position
Breite: 43° 00' N
Länge: 9° 21' O

Cap Grosso

Gut auszumachen ist das Cap an dem weißen Semaphor auf der hohen Felsküste (127 m). Etwas landein fällt der *Mont Maggiore* (364 m) mit seiner Gipfelpyramide auf. Die Buchten sind wegen der vielen Riffe und Klippen selbst für flachgehende Kleinboote kaum befahrbar. Schutz geben sie alle nicht.

Pointe Corno di Becco

etwa 0,7 sm SW vom *Cap Grosso* ist eine gute Landmarke zur Orientierung. Ihre spitze Huk ähnelt einem Schnabel.

Cap Bianco

ist das NW-Kap von Korsika und mit seiner weißen Steilküste vor den dunklen Felshängen gut auszumachen. Vor allem nach N hin erstrecken sich lange Klippengürtel bis 0,1 sm seewärts. Die kleinen Fels-Buchten bis *Centuri* sind fast ausnahmslos nicht befahrbar, da sie voller Klippen sind.

Position
Breite: 42° 58' N
Länge: 9° 21' O

Baie de Centuri ⟨6⟩

Ansteuerungs-Hilfe für die Bucht von *Centuri* ist die N des Ortes auf einem hohen Grat liegende Windmühle mit rotem Dach. Auch das in Nähe liegende alte Schloß mit einem nahebeigelegenen zweiten Turm ist kaum zu übersehen. Fast genau O des sehr gepflegten Dorfes liegt hoch auf der Bergkuppe *Toricella* (544 m) die Aluminium-Kuppel einer Radarstation mit hohen Sendemasten. (Luftfahrtfeuer F. r.)

Die Bucht von *Centuri* öffnet sich nach NW. Ihr ist nach SW die *Ile de Centuri* mit einem bis zum Land reichenden

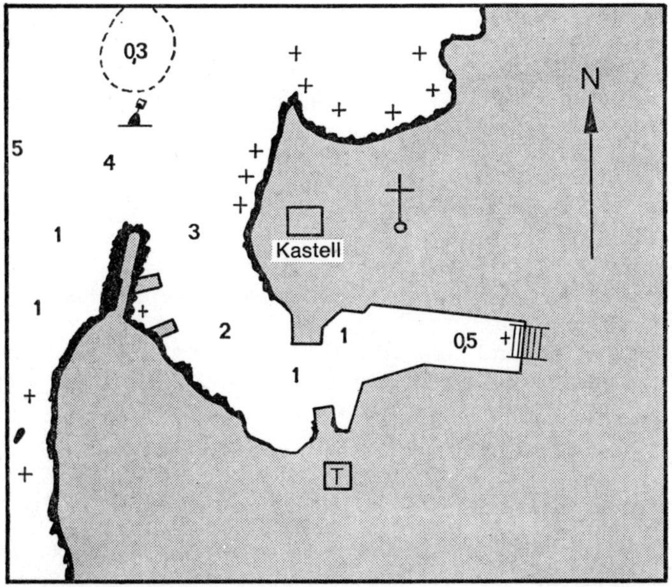

Baie de Centuri ⟨6⟩

Gewirr von kleinsten Inseln und Klippen vorgelagert. Die Insel ist ringsherum und bis zum Land hin durch großenteils überwaschene Klippen unrein. Eine tückische Klippe liegt auch direkt N der kleinen Mole und ist durch eine Bake mit rotem Zylinder-Toppzeichen gekennzeichnet.

Die Fahrtrinne befindet sich zwischen der Bake und dem Molenkopf. Einlaufend hält man allgemein O-Kurs in etwa auf den Turm auf dem Steilufer, um ca. 15 m nach Passieren des Molenkopfes hart Steuerbordruder zu legen. Die Innenseite der Mole ist durchgehend unrein.

Gegenüber vom Molenkopf stößt von der Steilwand eine Klippengruppe etwas nach W vor und verengt die an sich schon sehr schmale Einfahrt noch mehr. Beim Einlaufen unbedingt auf die von der Mole in den Vorhafen abgehende kleine Pier achten. Nur hier kann man notfalls in bis zu 2 m Wasser vorsichtig festmachen. Am Südufer des kleinen Hafens, zwischen den beiden Hotels, liegt eine kurze Pier mit 0,7 m Wasser, an der man von der direkt darüber gelegenen Straßentankstelle aus Diesel und Benzin bunkern kann. Zwischen dieser Tank-Pier und der Mole liegt noch eine weitere kleine, nach O abknickende Pier am Rande des Flachwassers. Am Molenfuß ebenso wie im ganzen übrigen Hafen kann man nicht direkt an Ufer oder Kais festmachen, da der Grund rundherum unrein ist. Das von hier nach O anschließende Hafenbecken hat bis zu 1,5 m Wasser und besitzt an seinem O-Ende eine breite Slipfläche. Der Hafen ist schon von Fischerbooten überbelegt, so daß höchstens ein Liegeplatz für trailerfähige Boote von Hotelgästen freizumachen ist. Bei Schlechtwetter sollte man, wie die Fischer auch, kein Boot im weitaus ungeschützten Hafen liegenlassen.

Anse d'Aliso

Die nach S weiterführende Küste besteht meist aus senkrechten Felswänden mit dicht vorgelagerten Klippen. Anlandungen sind unmöglich. Auch in der von vielen Türmen überragten weiten Bucht von *Mosiglia,* die keinerlei Schutz bietet, sollte man auf dem steinigen, nicht haltenden Grund nicht ankern.

Auf der *Pte. d'Aliso* steht als Landmarke eine Pyramide.

Die ziemlich tief eingeschnittene Bucht von *Aliso* hat an der Küstenlinie 5 m Wasser, das dann zum Ufer hin schnell flacher wird. Beiderseits ist die Bucht durch großenteils überwaschene Klippen sehr eingeengt und nur genau in der Mittellinie in etwa rein. Der grob steinige Strand am Ende der Bucht steigt steil an. Etwas oberhalb des Strandes führt die Küstenstraße entlang.

Pointe Minerbio

etwa 2,3 sm SW der *Pte. d'Aliso,* von dem nur 0,3 sm O gelegenen *Mont Minerbio* (418 m) mit einer Gipfel-Pyramide überragt, liegt SW des Dorfes *Pino* mit seinem auffälligen Schloß *Piccioni.* Eine Reihe weiterer Landmarken kann man dem Mittelmeer-Handbuch, I. Teil, entnehmen. Für Sportskipper ist dieser Küstenabschnitt mit seinen senkrechten roten, grünen und grauen zerlöcherten Felswänden, trotz landschaftlicher Schönheiten, keinesfalls als Ankerplatz geeignet, da jeder Schutz vor Wind und See fehlt, der Grund nur sehr schlecht hält und Anlandungen auch im Notfalle nicht möglich sind.

Marine de Giottani

etwa 2 sm SSO der *Pte. Minerbio,* ist eine tiefe Bucht, die in die niedriger gewordene weißliche und teilweise grünliche Felsküste einschneidet. Vor dem Strand – Landmarken sind die Kirche und etwas N davon ein alter viereckiger Turm – besteht im gesamten N-Teil brauchbarer Ankergrund in 5 m Wassertiefe, vor dem S-Teil im Schutze des Steilufers in 2—3 Tiefe über Sand. Der S-Huk sind Riffe vorgelagert. Im N-Teil gibt es einen winzigen Fischerhafen.

Von hier bis zur *Pointe de Canelle* zieht sich die Küste nach SW hin, steil und von Klippen starrend. Auffallende Landmarke etwa 2 sm SSW der *Marine de Giottani* ist der hoch am Berg liegende viereckige weiße, leuchtturmähnliche Kirchturm von *Canari,* nahebei das viertürmige Schloß und der rötliche Glockenturm eines großen Klosters unter dem *Mt. Cuccaro* (932 m). Genau W des Schlosses liegt die *Pte. de Scala,* der eine Reihe von Klippen 0,2 sm vorgelagert sind.

Position
Breite: 42° 50' N
Länge: 9° 19' O

Pointe de Canelle

ist die westlichste Huk des Insel-Nordens und fällt sehr steil ab. Auszumachen ist sie an einer Pyramide auf der Huk und 0,2 sm S an einigen Häusern. Die nach SSO weitergehende Küste ist steil und ungeeignet für Sportboote.

Etwa 0,2 sm bevor man an das hoch an der Straße gelegene, gut auszumachende frühere Asbest-Werk kommt, liegt dicht vor der Klippen-Kette ein hoch herausragendes Riff, etwa 0,1 sm vor Land.

Marine d'Albo

ungefähr 1 sm S der *Pte. de Canelle* gelegen, ist eine kleine, in das Land eingeschnittene Bucht mit kleinem Kies-Strand, beiderseits aber durch Klippen sehr gefährdet. Der N-Rand dieser Bucht, die *Rochers d'Albo,* ist als senkrechter, weißer Steilhang eine gute Landmarke. Auf der S-Huk steht ein runder Turm.

Position
Breite: 42° 47' N
Länge: 9° 20' O

Marine de Nonza

ist ein etwa 0,7 sm S *Marine d'Albo* auf einem Steilfelsen erbautes Dorf mit großem viereckigem Turm und weißem Kirchturm als Landmarke. Die Küste ist von Klippen bis an die 10-m-Tiefenlinie auf 0,1 sm verseucht. Entgegen einiger günstiger Beschreibungen sollte man um die gefährliche Mini-Bucht unter dem Ort doch lieber einen großen Bogen machen. Besser, wenn auch ungeschützt, ist 0,3 sm N des Ortes der lange, graue Kiesstrand.

Marine de Negro

liegt etwa 0,8 sm S von *Nonza.* Es handelt sich um einen nur sehr flachen Küsteneinschnitt mit einem beiderseits durch Klippen stark gefährdeten Strand, an dessen N-Kante ein runder Turm steht. Nur bei spiegelglatter See ist diese keinerlei Schutz bietende Bucht für flachgehende Boote geeignet.

Marine de Farinole

ist 1 sm S der *Marine de Negro* ein ausgedehntes Gebiet mit zwei – durch eine kurze Steilküste getrennte – Kiesstränden. Hinter dem S-Strand steht ein gut auszumachender runder Turm. (Nicht verwechseln mit dem Turm etwa 0,4 sm N des kleineren N-Strandes auf der Steilküste.) Vor beiden Stränden besteht guter Sandgrund. Vor dem N-Strand gibt es 5 m Wasser, während die 10-m-Linie vor dem S-Strand sogar bis dicht vor das Ufer reicht. Schutz gegen Wind und See ist nicht vorhanden. Das gilt auch für die beiden 0,3 sm S anschließenden Strände zwischen hohen Steilfelsen, an die sich die *Pte. Vecchiaja* fast direkt anschließt.

Pointe Vecchiaja

ist die NO-Huk des *Golfe de St. Florent,* auf deren Steilküste eine Pyramide steht. Von hier ab zieht sich ein 0,3 sm-Flachwasser-Streifen in die Bucht hinein bis *St. Florent,* in dem kleine Klippen bis unterhalb des *Mont St. Forlino* (266 m) liegen.

Golfe de St. Florent ⟨7⟩

Dieser Golf liegt dort, wo die W-Seite des »ausgestreckten Fingers« vom *Cap Corse* an die eigentliche Insel stößt. Er ist nach S in das Land 2,5 sm weit eingeschnitten und reicht in 3,5 sm Breite von der *Pte. Vecchiaja* im O bis zur *Pte. de la Mortella* im W. Der Golf besitzt an seiner O-Seite eine Reihe von Stränden und an seiner W-Seite weitgehend Steilküste mit Klippenrändern. Er ist in allgemeiner N-Richtung völlig offen und daher als Ankerplatz nur bedingt geeignet. Das ufernahe Gebiet im O und

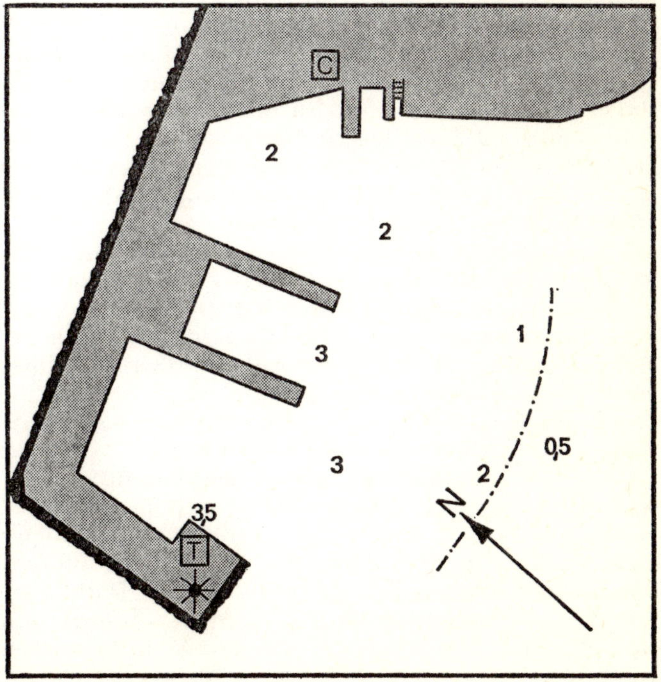

St. Florent ⟨7⟩

S, teilweise auch im W, ist flach und liegt meist oberhalb der 3-m-Linie.

Leuchtfeuer: Auf der *Pte. de la Mortella* (42° 43' N – 9° 15' O) steht auf weißem Wärterhaus ein viereckiger, weißer Turm mit schwarzem Oberteil und der Aufschrift »Mortella«. Kennung (43 m): Ubr. w. (Lf. 13 160). Auf *Cap Fornali* NW, schräg gegenüber von St. Florent, am inneren Golf (42° 41' N – 9° 16' O) steht ein F. gn. (14 m).

Dem Hafen von *St. Florent* ist eine Reihe von Untiefen vorgelagert. Insbesondere mit nur 0,2 m Wasser ist die 0,15 sm NW der Mole gelegene Untiefe »La Tegnosa« mit unbefeuerter Turm-Bake mit rotem Zylinder-Toppzeichen gefährlich. Ihr sind NO noch einige Klippen vorgelagert. Wer die Einfahrt nicht sehr genau kennt, sollte sich W der Turm-Bake gut freihalten. Bei der Annäherung an den Hafen halte man sich möglichst dicht N der ausgelegten Tonnen in einer Fahrrinne. Insbesondere die äußerste O-Seite der Bucht ist sehr flach, weswegen man spätestens an der letzten Tonne Bb.-Ruder legen und auf die Innenkante des Molenkopfes zulaufen sollte.

Der gut ausgebaute Hafen für etwa 90 Boote liegt direkt unter dem Kastell. Die Mole ist von NO nach SW gerichtet und besitzt einen nach SO abgeknickten, befeuerten Kopf, auf dessen Innenseite sich Anmeldung und Tankstelle befinden. Die Wassertiefe mit gut haltendem Grund nimmt von 3,5 m am Molenkopf auf das Land zu bis 1 m ab. Eine Slip-Schräge ist vorhanden. Ankern verboten – Telefonkabel – ist zwischen dem Hafen und einem Schild (191°).

Für große Yachten ist der beste Ankerplatz auf gut haltendem Grund S der Untiefe »La Tegnosa« und 0,2 sm W des Molenkopfes. Dieser Platz ist allerdings nicht in allgemeiner N-Richtung geschützt. Ein weiterer, nur bedingt brauchbarer Ankerplatz liegt in der kleinen Bucht hart NW des *Cap Fornali,* auf dem außer dem Leuchtfeuer noch ein Schloß mit Zinnenturm als Landmarke auszumachen ist.

Die N dieses Kaps nach W einschneidende kleine Bucht ist voller Klippen an beiden Seiten. Die Wassertiefe liegt überall unter 5 m. Schutz besteht nicht gegen Winde von NW bis O.

Golfe de St. Florent bis Ile Rousse

Deutsche Seekarte Nr. 499
Französische Seekarte Nr. 4881
Carte Marine Blondel Nr. 1006

Pointe de la Mortella

Die Huk ist felsig, ziemlich niedrig und bietet keinen Schutz in ihrer N-Bucht. Außer dem bereits beschriebenen Leuchtturm sind gut auszumachen 0,1 sm SW der weiße ehemalige Semaphor und 0,2 sm S eine Turm-Ruine.

Pointe de Curza

ist eine niedrige Huk in auffallend weißer Färbung mit einer Pyramide unter dem *Mont Porcini* (114 m). Der Huk sind beiderseits 0,1 sm Klippen vorgelagert bis zum WSW anschließenden reinen Strand. In dieser Bucht ist bedingt Schutz bei ablandigem Wind. An den Strand anschließend nach W liegt wieder eine Steilküste mit Klippengürtel.

Pointe de Mignole

unterhalb des 153 m hohen Küstenberges mit schwarzer Pyramide, besitzt eine auffallend hohe Sanddüne.

Pointe Cenibaretta

etwas zurückgesetzt, ist ebenfalls eine Huk mit hoher Sanddüne. Die Küste zwischen beiden – auch die winzige Sandbucht – ist unrein. Dagegen kann man in die W anschließende Bucht einlaufen, deren O-Seite allerdings bis vor den Strand durch Klippen unrein ist.

Anse de Malfalco

mit 2–5 m Wasser, ist tief und schmal eingeschnitten. Sie bietet bei ablandigem Wind Schutz. In die Einfahrt reichen von beiden Seiten her Klippen.

Pointe de l'Alciolo

Die steile Felsküste bis zu dieser hohen, auffällig vorspringenden Huk und darüber hinaus nach S in die *Anse de Porajola,* ist ungeeignet als Liegeplatz für Sportboote. Da sich seewärts eine Bank in etwa 50 m Tiefe weit hinaus ausbreitet, steht in diesem Küstengebiet oft schwere Brandung.

Position
Breite: 42° 40' N
Länge: 9° 03' O

Anse de Porajola

Die felsige N-Huk dieser nicht tief in die Berge hineinreichenden Bucht ist an einer Turm-Ruine auf einem weiß erscheinenden Sandhang auszumachen. Der breite, graue und steile Sandstrand im SO der Bucht ist rein, die Wassertiefe davor beträgt in 0,2 sm erst 3 m. Bei Wind aus NO und aus S besteht bedingter Schutz auf gut haltendem Grund in 5 m Wasser.

Pointe de Lozari

ist eine nur wenig vorspringende, niedrige Huk, an deren W-Seite ein großes Haus mit Schuppen und an deren O-Seite ein Turm auszumachen sind. Der breite Sandstrand O der Huk ist rein, allerdings beträgt die Wassertiefe 0,1 sm entfernt noch keine 2 m. Direkt hinter dem Strand liegt eine weiße Ferienstadt mit vielen Häusern, Hotels usw., so daß der Strand von Kleinbooten nur so wimmelt.

Bis hierher können – von der Bucht SO der *Pte. de Curza* aus gesehen – Kleinboote auf allen Stränden gefahrlos anlanden und auch geslipt werden.

Die Küste bis in die O-Bucht vor der *Ile Rousse* hinein ist steil. Ihr sind im Flachwasser einzelne Klippen vorgelagert. Die winzigen Buchten geben keinerlei Schutz.

Position
Breite: 42° 38' N
Länge: 8° 56' O

Ile Rousse ⟨8⟩

Der kleinen, lebhaften Stadt Ile Rousse N vorgelagert und durch einen Damm verbunden, liegen insgesamt 4 Inseln. Genau genommen sind es nur die zur *Grande Ile Rousse* zusammengeschlossenen Inselteile *Sicota* und *Pietra,* der im N zwei kleine Inseln dicht vorgelagert sind. Zwischen diesen beiden kleinen Inseln gibt es noch eine Klippe. Eine weitere Klippe liegt dicht vor der gelblichen äußersten W-Wand der großen Insel. Diese immerhin bis über 50 m aufragende Hauptinsel gibt der SO anschließenden Bucht einigermaßen Schutz. Auf dem höchsten Punkt der Hauptinsel steht auf einem weißen Haus der viereckige weiße, oben schwarze Leuchtturm (64 m) mit der Kennung Blz. w./gn. (Lf. 13 100). Als Landmarke kann der Kegel-Gipfel des vom Leuchtturm 4 km, von der inneren Bucht nur 2,5 km, SSO gelegenen *Sommet d'Orcica* (409 m) dienen.

Von der SO-Huk der Hauptinsel geht eine etwa 200 m lange Mole in SO-Richtung ab. Auf dem Molenkopf steht ein weißer Turm mit schwarz-grünem Kopf. Kennung: Glt. gn. (Lf. 13 130). Die Innenseite der Mole – der sogenannte Hafen – ist Linienschiffen vorbehalten; das nach S anschließende Ufer dient ausschließlich Fischerbooten. Vom Inseldamm in Richtung Stadt schließt sich in der Bucht ein schmaler Strand mit Wassertiefen bis zu 1,7 m (50 m vor dem Strand) an. Der kleinen Huk ist etwa 150 m weit ein gerade überwaschener Klippen-Streifen seewärts vorgelagert. Direkt hinter ihm erkennt man die Reste alter Befestigungen aus Naturstein. Dort ist auch, an der Uferstraße etwas weiter stadteinwärts, die Capitainerie.

Einige Liegeplätze stehen (zeitweise) am Fuße der Mole in 3–5 m Wasser an Bojen oder als Ankerplatz zur Ver-

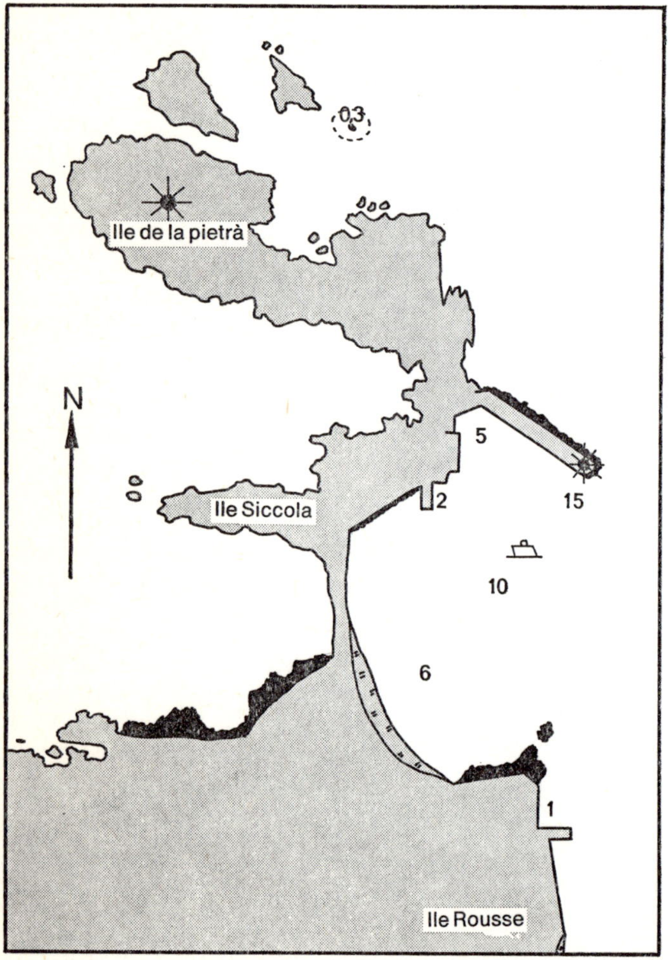

Ile Rousse ⟨8⟩

fügung. Der Grund hält jedoch schlecht Anker, und Linienschiffe machen viel Schwell. Die Bucht selbst S der Mole ist nur wenig geschützt gegen Wind und See. Vor allem See und Wind aus N über O bis SSO – also über Land – und über den Damm hinweg, auch der *Libeccio* aus SW, treffen ungehindert auf alle Liegeplätze.

Vor dem grauen Strand, der sich vor der ganzen Stadt entlangzieht – und dem teilweise gefährliche Klippengebiete bis zu 0,15 sm vorgelagert sind – sind die Ankermöglichkeiten noch schlechter. Hier kann man an der 7-m-Tiefenlinie höchstens mal einen *Libeccio* vor genügend Ankern abwettern.

Die Buchten im W der Inseln und des Dammes – unterhalb des weißen Semaphors mit angebautem Haus – sind völlig verseucht von Klippen, schutzlos gegen Wind und See und daher ungeeignet als Ankerplätze.

Ile Rousse bis Golfe de Calvi

Deutsche Seekarte Nr. 499
Französische Seekarte Nr. 4860
Carte Marine Blondel Nr. 1006

Der Felsküste sind fast durchweg Klippen vorgelagert. Die Sandstrände mit Wasser von weniger als 3 m auf 0,1 sm seewärts sind gering an Zahl, jedoch bis auf einen rein. Hierbei handelt es sich um die etwa 1 sm SW der *Ile Rousse* gelegene Bai, deren kleiner O-Strand beiderseits von Klippen eingefaßt ist. In der ganzen, dicht umbauten Bai ist übrigens wegen der Unterwasserkabel das Ankern verboten.

Pointe Vallitoni

etwa 2,5 sm WSW der *Ile Rousse,* mit ihren Neben-Huks ist völlig von Klippen verseucht, die jede Annäherung auf

0,2 sm unmöglich machen. Der Pointe selbst ungefähr 0,3 sm NO vorgelagert liegt noch die einzelne, gerade überwaschene Klippe »La Galère«.

Algajola

Etwa 0,5 sm OSO der niedrigen Felshuk mit weißen Klippen, *Pte. St. Damiano,* liegt der kleine Fischerhafen des gleichnamigen, befestigten Dorfes mit seinem spitzen Kirchturm. Ein kleiner Wellenbrecher W des Ortes am N-Rand des Strandes für Boote bis zu 6 m Länge und 1,30 m Tiefgang, verfügt über 15 Liegeplätze. Allerdings nur bei gutem Wetter, da der im Ausbau befindliche Hafen sonst ungeschützt ist.

Vorsicht: Etwa 0,1 sm vor der Einfahrt in diesen Schutzhafen ragt eine größere Klippe etwa 2 m aus der See. Sie ist nicht gekennzeichnet.

Danger de l'Algajola 1 sm NNW der Pointe ist ein gefährliches Riff mit teilweise über Wasser liegenden Klippen, das zur Zeit nicht gekennzeichnet ist.

Position
Breite: 42° 36' N
Länge: 8° 49' O

Sant'Ambrogio ⟨9⟩

In der Bucht, direkt S anschließend an die flache *Pointe S. Ambrogio,* liegt eine Marina für etwa 200 Boote bis zu 3,45 m Tiefgang, die gegen See gut und gegen Wind weitgehend geschützt ist. Die nach S – also zum Inneren der Bai – offene Einfahrt ist zwischen der langen O-Mole und dem kurzen Wellenbrecher gut auszumachen. Die Mole ist mit F.gn., der Wellenbrecher mit F.r. befeuert. Einlaufend ist an der Innenseite der Mole die Anmeldung für Gäste. Über Bb.-Bug gehend befindet sich am langen W-O-Kai die Bunkerstation für alle Kraftstoffe. Shipchandler, Einkaufszentrum, fahrbarer Kran und Service-Stationen sowie nahebei Unterkunft, Strand und Schwimmbecken sind vorhanden. Die Umgebung ist eine Ferienstadt mit Bungalows, Appartements und Hotels.

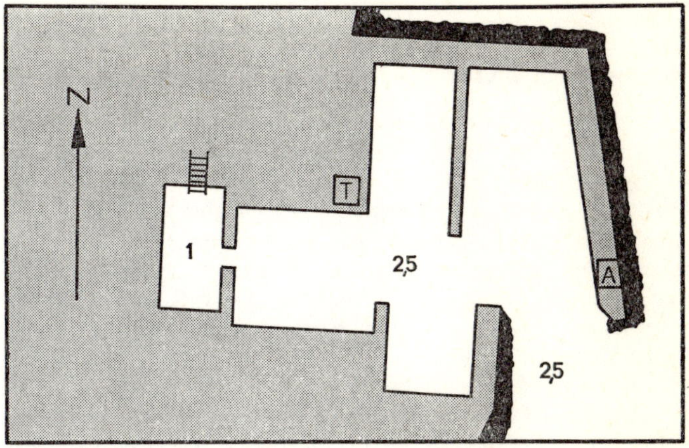

Marina Ambrogio ⟨9⟩

Pte. S. Ambrogio – Pte. Caldano

Zwischen der kaum vorspringenden *Pte. Saint Ambrogio* und der 1,2 sm W gelegenen *Pte. d'Espano* – auch *Pte. de Spano* genannt – erheben sich zwei auffallende, runde Felsen oberhalb der nicht allzu hohen Felsküste, »Rocher Élephant«, also der Elefanten-Felsen. Der stark nach W vorspringenden *Pte. d'Espano* ist eine oben flache, etwa 15 m hohe Felsinsel vorgelagert. Etwa 0,2 sm ONO der Huk steht eine Turm-Ruine. Von der Huk aus zieht sich ein breiter, fast durchgehender Klippen-Gürtel entlang der nach O einbiegenden *Baie d'Algajo,* deren S-Felsrand jedoch rein ist mit mehr als 5 m Wasser. Der Ankergrund dicht unter der Küste, hart N der *Pte. Caldano* mit ihrem eckigen, weißen Turm, hält mäßig. Schutz gibt es nur bedingt gegen Wind aus S–SO.

Golfe de Calvi ⟨10⟩

Position
Breite: 42° 35' N
Länge: 8° 46' O

Der eigentliche Golf – dem im NO noch die *Baie d'Algajo* und im NW die *Baie de Revellata* vergrößernd vorgelagert sind – erstreckt sich zwischen der *Pte. Caldano* und der *Pte. de Saint-François* mit 2 sm Breite und 1 sm Tiefe. Von der Pte. Caldano etwa 0,7 sm S zieht sich bis 0,15 sm vor der Steilküste ein Klippengürtel zum Beginn des halbkreisförmigen, reinen, flachen Strandes, mit allerdings nur etwa 2 m Wasser in 0,2 sm Entfernung seewärts. Dieser Strand endet auf der anderen Seite des Golfes an den Häusern der Stadt *Calvi*.

Die Stadt *Calvi* (3500 Einw.) liegt auf einer Fels-Halbinsel S der *Pte. de Saint-François*, direkt unter den Mauern einer Zitadelle. Diese Zitadelle wiederum befindet sich auf der O-Nase der Halbinsel direkt N oberhalb des Hafens.

Die Ansteuerung bei Tage ist einfach, wenn man die *Pte. Revellata* an der NO-Huk einer 1 sm langen, von S nach N gerichteten Halbinsel NW von Calvi mit sicherem Abstand an Stb. läßt. In 97 m Höhe an der NO-Seite der *Pte. Revellata* steht ein viereckiger weißer, oben schwarzer Turm, der von einer weißen Mauer umgeben ist. Kennung: Blz. w. (Lf. 13 020), die jedoch bei Peilungen kleiner als 60° verdeckt ist. Sehr gut auszumachen bei Tage ist die Zitadelle, von der man sich gut 0,2 sm O freihalten sollte. Das weiße, oben schwarze Laternenhaus am NO-Fuß der Zitadelle in 29 m Höhe hat die Kennung Ubr. w. (Lf. 13 050).

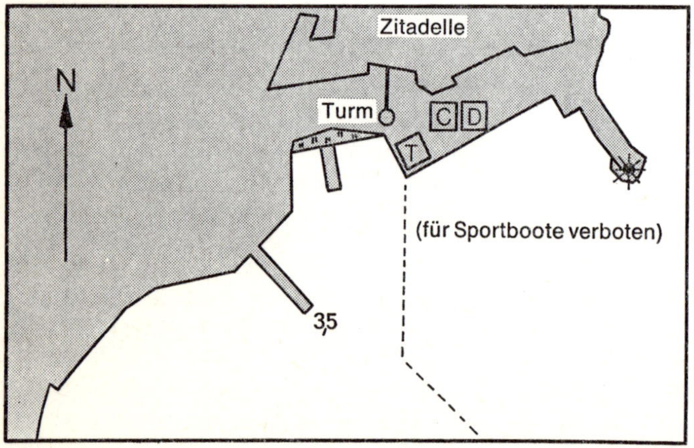

Calvi ⟨10⟩

Der Hafen von *Calvi* direkt S unter der Zitadelle wird geschützt durch eine O-Mole mit einer weißen Säule auf dem Molenkopf und Kennung Glt. gn. (Lf. 13 070), die jedoch von N nach W hin durch die Huk verdeckt ist. Etwa 350 m weiter in die Bucht hinein befindet sich unter der aufragenden Stadt eine knapp 100 m lange Pier. Beiderseits der Pier gibt es (manchmal) Liegeplätze mit bis 4 m Wasser. SSW der Pier ist auf etwa 4 m guter Ankergrund. Man sollte sich hier jedoch nicht näher in Landnähe vor Anker legen als bis zur halben Länge der Pier, da das Wasser in Landnähe flach wird. Der Kai neben dem alten Turm und die Mole sind für Sportboote gesperrt. Capitainerie und Zoll findet man in einem Gebäude zwischen dem Molenfuß und dem Turm. An der SW-Ecke dieses »Quai Landry« gibt es auch eine Bunkerstation für alle Kraftstoffarten. Trinkwasser ist auf der Pier vorhanden. Shipchandler und Geschäfte sowie Restaurants und Hotels gibt es in der anschließenden Stadt. Es besteht Fährverkehr nach Frankreich. Der Hafen ist geschützt gegen Wind von NW–SW, während unangenehme Seen bei Wind von N bis NO auf die Liegeplätze stehen können.

Baie de Revellata

zwischen der *Pte. de St. François* mit der Zitadelle und der fast 0,2 sm – von der in schrägen Felshängen abfallenden Halbinsel nach O – vorspringenden *Pte. Oscelluccia* liegt eine nach SW tief eingeschnittene Bucht. Mit

Ausnahme des schmalen Strandes an ihrer tiefsten SW-Ecke ist die Küste jedoch auf 0,1 sm unrein durch Klippen. In 10–15 m Tiefe, auf Sandgrund mit Tang, gibt es gute Ankerplätze mit Schutz gegen Wind aus allgemein westlichen Richtungen. N der *Pte. Oscelluccia* ist nochmals eine kleine, jedoch weitgehend ungeschützte Bucht an der O-Seite der Halbinsel. In ihr besteht die Möglichkeit, in einer kleinen Bucht N der Klippen anzulanden.

Pointe Revellata

Auf dem verhältnismäßig niedrigen NO-Kap steht ein Radiosender. Es handelt sich um ein auffallendes weißes Gebäude mit schwarzen Kanten und einem viereckigen, weißen Turm (97 m). Rings um das Cap sind gute Taucher- und Angelgründe.

Golfe de Calvi bis Pointe Palazzo

Deutsche Seekarte Nr. 499
Französische Seekarte Nr. 4860, 4818
Carte Marine Blondel Nr. 1006

Fast durchgehend zieht sich – oftmals unzugänglich – die Steilküste bis zum NW-Kap der Insel *Pointe Palazzo* mit der SW vorgelagerten *Ile de Gargalo*. Eine ganze Anzahl verhältnismäßig großer Buchten und Golfe, einige davon sogar einigermaßen geschützt gegen Wind aus N über O bis S, keine jedoch mit wirklichem Schutz gegen Wind aus allgemein W-Richtungen, erstreckt sich in das wilde Bergland hinein, das bis fast an das Meer heranreicht. Allen bedeutenden Huks sind gefährliche Klippen vorgelagert, während die wenigen kleinen Strände verhältnismäßig rein sind. Die Küste ist bildschön, mit die schönste von ganz Korsika. Mit Yachten ist sie aber nur bei gutem Wetter zum Buchtenbummel befahrbar, da es zwischen *Calvi* und *Ajaccio* praktisch keinen völlig geschützten Anker- oder Liegeplatz gibt.

Pointe Bianca

läuft niedrig aus. Von hier aus beginnt eine rötlich-graue Felsküste an der unreinen Bucht *Porto Vecchio*, deren Südhuk eine auffallende, etwa 10 m hohe Insel auf ca. 0,2 sm inmitten einiger überwaschener Klippen vorgelagert ist. Diese Bucht eignet sich keinesfalls als Ankergrund.

Anse Recisa

ist in die verhältnismäßig hohen Felswände nur wenig eingeschnitten, in ihrem N-Teil klippenreich und im S-Teil flach. An der 10-m-Tiefenlinie kann man auf Tanggrund notfalls Wind und See aus N über O bis SSO vor Anker abwettern. Gegen Winde aus allgemeiner W-Richtung besteht keinerlei Schutz.

Pointe Guale

ist eine Huk, auszumachen an einer Pyramide an der NNW-Seite, deren SW-Seite eine in die meisten Karten nicht eingezeichnete flache Insel mit seewärts gelegener Klippe etwa 0,1 sm vorgelagert ist.

Baie de Nichiarete

öffnet sich S der *Pte. Guale* in allgemeiner SO-Richtung. Die nördliche kleine Bucht, bis zu einer kleinen, etwa 12 m hohen Felsinsel hin, hat schlechten Ankergrund und ist gefährlich. Der Strand im SO-Teil ist beiderseits dicht mit Klippen eingefaßt, in der Mitte jedoch im Flachwasser rein. Im äußersten SW-Teil der Bucht, entlang der dicht unter dem Ufer verlaufenden 10-m-Tiefenlinie, kann man notfalls auf Kiesgrund mit Tangbewuchs ankern und Wetter aus SW bis S abwettern, also auch den gefährlichen *Libeccio*.

Position
Breite: 42° 31' N
Länge: 8° 40' O

Cap Cavallo

fällt vom 296 m hohen Gipfel steil ab, auf dem ein Semaphor steht. Knapp 2 sm NW des Kaps ist eine an sich ungefährliche 50-m-Bank, über der jedoch bei Schlechtwetter Brandung entsteht. In diesem Falle sollte man 3 sm von Land entfernt »außenrum« laufen.

Cap de la Morsetta

liegt 2,5 sm SW vom *Cap Cavallo*. Die Küste bis dahin ist steil und unzugänglich. Etwa 1 sm vor dem Kap steht auf einem fast 300 m hohen kahlen Gipfel die Turm-Ruine »Tour Truccia«. Auf dem Gipfel und dem SW-Abhang des *Mont St. Vigatoggio* (259 m) 0,7 sm NO des Kaps stehen deutlich auszumachende Pyramiden. Dem hohen, steilen Kap 0,2 sm SSW vorgelagert liegt eine kleine, etwa 15 m hohe Insel, die von Klippen und Untiefen bis zum Land hin eingefaßt ist. Die steil abfallende Küste besteht weigehend aus Granit.

Baie de Crovani

zwischen dem *Cap de la Morsetta* und dem kleinen *Cap Martino* besitzt in ihrem NO-Teil einen steil ansteigenden, breiten, rötlichen Kiesstrand mit tiefem, reinem Wasser. Guter Ankergrund, aber nur bedingter Schutz ausschließlich bei Wind aus N bis NO. Dem N-Rand der Bucht sind verschiedene Klippen vorgelagert, so daß man nicht über die 15-m-Tiefenlinie herangehen sollte, die etwa 0,1–0,15 sm vor der Steilküste liegt. Südlich des Strandes bis hin zum *Cap Martino* besteht ebenfalls Steilküste, die Anlandungen nicht zuläßt. Notfalls kann man an der 20-m-Tiefenlinie dicht vor den Riffen ankern.

Landmarke für diese Baie sind NO des Strandes etwa 0,7 sm landein am Hang die mehrstöckige Ruine eines Klosters und SO des Strandes, etwa 0,3 sm landein, der Schornstein einer Fabrikruine mit nahegelegenen kleinen Hotels und Bungalows.

Die südlich anschließende Bucht zwischen dem *Cap Martino* und der *Pointe Ciuttone* – auf der eine Pyramide steht – besitzt eine Steilküste, der fast durchweg Klippen vorgelagert sind. Im SO-Teil, etwa 0,1 sm vom Ufer entfernt, kann man an der 20-m-Tiefenlinie auf einigermaßen haltendem Kies- und Tanggrund vor Anker bedingt Schutz gegen Wetter aus NO über O bis S finden.

Position
Breite: 42° 25' N
Länge: 8° 38' O

Golfe de Galleria

zwischen der *Pte. Ciuttone* und der *Pte. Stollo* NO unter dem Berg *Mufrareccia* (408 m) ist etwa 1,7 sm breit. Das gleichnamige Dorf, mit mehreren Appartementhäusern, befindet sich an der S-Seite der nach SO tief eingeschnittenen Bucht hinter einem reinen, rotkiesigen Strand. Etwa 0,5 sm N des Dorfes steht auf einer Huk am Anfang eines sich weiter nach N erstreckenden, ebenfalls reinen Strandes, der Turm »Tour Galleria« über der Mündung eines kleinen Flusses. Vor dem Dorf besteht guter Ankergrund in 10 m Tiefe mit Sandgrund, Schlick und Seetang. Gegen Wind und See aus allgemein W-Richtung besteht keinerlei Schutz.

Vorsicht: Im N-Teil des Golfes sind den beiden Felsnasen gelblich-graue Klippen bis zu 0,2 sm vorgelagert, die in Karten nicht berücksichtigt sind.

Les Scoglietti

sind zwei kleine bis zu 4,5 m hohe Felsinseln 0,3 sm NW des unbenannten Kaps NW des *Mont St. Mufrareccia* zwischen der *Pte. Stollo* und dem *Cap Bianca*. Sie sind durch eine Reihe von Untiefen mit dem Festland verbunden. Hier kann bei Schlechtwetter schwere Brandung stehen.

Position
Breite: 42° 22' N
Länge: 8° 33' O

Marine d'Elbo

ist eine kleine, fjordähnliche Bucht zwischen der *Pte. Nera* und der *Pte. Palazzo* bzw. der kleinen, dieser Huk vorgelagerten Insel. Hart W einer kleinen Huk mit einer Turmruine liegt ein winziger Strand. Vor den beiderseitigen Huks sind ausgedehnte Klippen. Die Bucht, in der einige Fischerhäuser stehen, besitzt guten Sandgrund, ist jedoch gegen Wind und See aus N–NW völlig offen.

Pointe Palazzo

mit stark zerklüfteten, dunkelroten Steilhängen besitzt einen flachen, aufgetürmt-würfelförmigen Gipfel. Dicht NW liegt die kleine, fast senkrecht aufragende Insel *Ilôt Palazzo* (58 m).

Pointe Palazzo bis Cap Rosso

Deutsche Seekarte Nr. 499
Französische Seekarte Nr. 4818
Carte Marine Blondel Nr. 1007

Der *Pte. Palazzo* mit ihren dunkelroten, zerrissenen Steilhängen und einem flachen, würfelförmigen Gipfel an SW vorgelagert ist die steile *Ile de Gargalo,* an deren S-Ende noch das niedrige Inselchen *Garganello* »dranhängt«. Auf der NW-Huk der langgestreckten Insel steht in 37 m Höhe als Feuerträger eine weiße Säule mit schwarzer Spitze. Kennung: Blz. w. (Lf. 13 010). Das Feuer ist jedoch von 221°–345° verdeckt. Auf dem Gipfel steht ein Turm, nahebei in NW, auf einer kleinen Ebene, der helmförmige Felsen »La Casque«.

Der im SO an die Insel anschließende *Golfe de Lolena* mit mehreren kleinen Felsinseln und Klippen dicht unter der dunkelroten Steilküste, ist ebenso wie die hart N der *Pte. Rossa* gelegene *Anse de Catoja* mit ihren vielen engen Buchten nur bei spiegelblanker See zu befahren und bietet keine Ankerplätze.

Position
Breite: 42° 20' N
Länge: 8° 33' O

Pointe Rossa

fällt mit einem rötlichen Steilabhang ins Meer ab. Eine kleine Felsinsel ist vorgelagert, und um die Huk herum liegen überwaschene Klippen sowie eine Untiefe in SO mit kaum mehr als 0,5 m Wasser.

Golfe de Girolata ⟨11⟩

Beinahe einzigartig ist dieser kleine Golf zwischen *Pte. Rossa* und *Cap Senino.* Mit Ausnahme der Ankerbucht wird der Golf von oft senkrechten Wänden umgeben, die jedoch dicht bewachsen sind. Die See ist bis an die fast durchgehende Klippenlinie sofort 10 m tief.

Im äußersten NO-Teil des etwa 2mal 2 sm großen Golfes liegt vor flacherem, teilweise mit Bäumen bestandenem Land eine etwa 50 m aufragende Halbinsel mit einem gut auszumachenden Kastell. Rundet man diese Halbinsel mit etwa 50 m Abstand, so läuft man in die *Anse de Girolata* ein, die weniger als 10 m Wasser, 100 m vor dem Ufer teilweise nur noch 2 m Wasser hat. Es gibt 3 Anleger. Man sollte sich am besten keinem nähern. Vor allem dem am weitesten an Stb. gelegenen ist eine gefährliche Untiefe vorgelagert. In 3–5 m findet man allgemein guten Ankergrund auf Sand mit teilweise dichtem Bewuchs. Außer nach S findet man in dieser Bucht einigermaßen Schutz.

Restaurants, Geschäfte und Telefon sind vorhanden. Elektrischen Strom und eine Straßenverbindung gibt es dagegen nicht. Das kleine Dorf ist ausschließlich auf Verbindung über See oder mit Mulis über einen steilen Bergpfad angewiesen. Den Bau einer Straße sollen die Bewohner abgelehnt haben.

Ein dichter Klippengürtel zieht sich bis zu der im gleichen Golf 0,7 sm weiter SO gelegenen *Anse de Tuara.* Um zu dem kleinen Strand am Buchtende zu gelangen, muß man sich genau in der Mitte der Einfahrt halten, da beiderseits ein Gewirr von Klippen besteht. Ganz ruhige See ist Voraussetzung für ein Befahren dieser Bucht.

Das S-Ufer dieses Golfes mit fast senkrecht ansteigenden Wänden ist zwar für Sporttaucher und Angler sehr schön, als Liegeplatz jedoch ungeeignet, weil jedes Wetter hineinsteht.

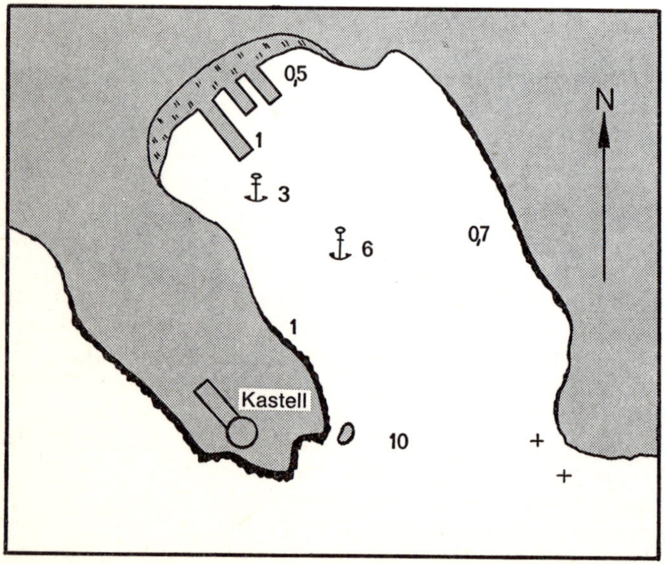

Golfe de Girolata ⟨11⟩

Golfe de Porto

zwischen dem *Cap Cenino* und dem *Cap Rosso* schneidet etwa 4,5 sm nach O in die hohen Berghänge ein und ist ca. 5 sm breit. Einzelne Berge steigen bis auf fast 1400 m an. Der Küste des Golfes sind fast durchgehend Klippen vorgelagert, im Süden auch einige kleine Inseln, vor allem im Gebiet der *Calanques de Piana.* Dicht unter der Küste bzw. in die Buchten im N und Calanques im S kann man nur bei ausgesprochen ruhigem Wetter einlaufen. Sobald Wind aufkommt – vor allem aus SW über W bis N – besteht kein Schutz, und dann ist der Golf äußerst gefährlich. Alle Ankerplätze im Golf sind nicht sicher.

Marine de Bussagna

liegt etwa 1 sm N von *Porto* an einem kleinen Fluß mit Strand, hinter dem ein Kloster aufragt. Von diesem Kloster ab nach S ist der Strand unrein, nach N hin jedoch rein mit ausreichenden Tiefen, selbst für größere Yachten. Schutz ist nur sehr bedingt nach NW vorhanden.

Am äußersten O-Ende des Golfes liegt der zumeist aus Hotels und Restaurants bestehende kleine Ort *Porto* am N-Ufer des gleichnamigen Flusses. Eine steile, kleine Halbinsel, direkt N der Mündung, wird von einem auffallend gut erhaltenen, viereckigen Wachtturm überragt.

Einlaufend an Bb. dieser Halbinsel, also nördlich, gibt es eine sehr enge, kleine Bucht zwischen den Felswänden mit tödlichen Klippen, die teilweise auch noch überwaschen sind. Der kurze Kai steht Sportbooten nicht zur Verfügung, sondern dient Linien- und Ausflugsbooten.

Einlaufend an Stb. der Halbinsel liegt ein breiter Strand. Das Flußufer ist dicht bewaldet, mit Liegeplätzen für Fischer und Kleinboote sowie Campingplätzen. Nur ist die Flußmündung meist durch eine Barre geschlossen, so daß man Kleinboote über den Strand in den Fluß ziehen muß.

Die Bucht vor dem Strand ist rein. Der Grund besteht aus gut haltendem Sand. Schutz gegen See und Wind gibt es nicht.

Anse de la Castagna

hart W von *Porto,* am S-Ufer des Golfes, besitzt einen Verladekai mit 2 m Wasser, der jedoch von Sportbooten nicht benutzt werden soll. Schutz besteht nur gering nach SO über S bis SW durch die unbedeutende *Pte. Capicciolo.*

Anse des Calanques

etwas weiter W, ist unbefahrbar durch Klippen und Untiefen von kaum 0,5 m Tiefe. Vor der O gelegenen kleinen Huk liegt eine kleine Insel mit Pyramide.

Anse de Ficajola

liegt O der *Pte. Ficajola,* der verschiedene Klippen und eine Untiefe mit weniger als 3 m Wasser vorgelagert sind. Über der Bucht ist das Dorf *Piana* mit einem auffallenden weißen Kirchturm. In diese Bucht mit einem kleinen Sandstrand mündet ein Fluß. Direkt W vor dem Sandstrand ist eine Klippe. Von dieser Klippe 0,1 sm NNW, dicht unter der Steilküste der Huk, besteht guter Ankergrund mit Schutz ausschließlich bei Wind aus SW und W. Bei NW-Wind ist dieser Platz völlig ungeschützt und unbenutzbar.

Die Bucht W der *Pte. Ficajola* ist rein, aber schutzlos. Den folgenden Küstenstrecken sind bis zu 0,2 sm breite Klippengürtel fast ununterbrochen vorgelagert bis zum *Ilôt Vardiola.* Auf ihrem auffallend spitzen Gipfel steht eine Pyramide. Keine 100 m N vor dem Inselchen liegt eine Untiefe mit knapp 2 m Wasser. Von der *Pte. Vardiola* bis zur NO-Huk des *Cap Rosso* wimmelt es nur so von Klippen, die teilweise erst 0,15 sm vor dem eigentlichen Klippengebiet wie winzige Inseln auftauchen.

Vorsicht: Vor allem vor den der säulenartigen *Pte. Palani* etwa 0,2 sm vorgelagerten Klippen. Die Buchten sind alle unrein. Bis zum *Cap Rosso* sind alle Küstenhänge hoch und steil und nicht zu begehen.

Position
Breite: 42° 14' N
Länge: 8° 33' O

Cap Rosso

Mit rötlichen Steilhängen endet eine etwa 1,5 sm nach W herausragende Halbinsel im steilen *Cap Rosso,* auf dessen Gipfel (342 m) etwa 0,5 sm O des eigentlichen Kaps sich der »Tour Turghio« erhebt. Dem Kap sind nach W bis 0,2 sm Klippen und kleine Felsinseln vorgelagert. An der NO-Seite liegt dicht unter der Küste der *Rocher Sbira,* ein Felsinselchen inmitten einer Untiefe mit 3,5 m Wasser von gut 0,1 sm Ausdehnung. An der SW-Küste des Kaps, fast genau SW unter dem Tour Turghio, ist der Steilküste ebenfalls ein einzelner Fels, *Rocher Noir,* knapp 0,1 sm vorgelagert.

Cap Rosso bis Cap de Feno

Deutsche Seekarte Nr. 499
Französische Seekarte Nr. 4790
Carte Marine Blondel Nr. 1007

Dieser Küstenabschnitt ist von tiefen Buchten zerrissen und liegt unter den dunklen Hängen der im nördlichen Teil bis über 800 m und im südlichen Teil um 400 m hohen Berge. Die Küste ist außerdem gefährlich durch viele Klippen und weit in die Golfe hinausreichende Felsinseln oder felsige Untiefen. Bedingter Schutz für Sportboote bei Schlechtwetter ist nur auf Ankerplätzen in der Bucht von *Cargèse* mit einem sehr kleinen Schutzhafen und in der *Baie de Sagone* zu finden. Bei wenig Wind und See ist dieser Abschnitt gut zu befahren.

Anse de Palo

ist am S-Rand der Halbinsel des *Cap Rosso* nach O in die Hänge der Küste eingeschnitten. Ihre N- und O-Seite ist unter der Küste mit Klippen durchsetzt, auch die NW-Seite bis 0,1 sm. Wenn man sich hier gut freihält, findet man festen Ankergrund in Sand und Seetang auf 17–20 m mit Schutz nur nach NW und N.

Pte. Tuselli

Etwa 1,5 sm S der *Anse de Palo* reckt sich eine Huk aus der Küstenlinie hervor, der über 0,2 sm W gefährliche Klippen vorgelagert sind. Direkt S anschließend liegt die *Anse d'Arone* mit einem reinen Sandstrand und davor Wasser um 5 m. Vor dem Strand kann man vor Anker Wind aus NW und N abwettern. Kleine Boote lassen sich auf Strand ziehen. Die übrige 2 sm breite Baie ist zwar bis zum *Tour d'Orchino* (185 m) hübsch, aber vollkommen ungeschützt. Die Bucht im äußersten SO der Baie ist durch Klippen unbenutzbar.

Baie de Chioni

zwischen der *Pte. d'Orchino* im N und der *Pte. d'Omignia* im S – mit einem alten Turm an der S-Seite des Kaps – zieht sich über 1,5 sm nach O in die Küstenberge hinein. Die Küste ist voller Klippen. Nur der schmale Strand mit 2 m Wasser bis 0,1 sm ist rein. Die Baie bietet keinen Schutz. Der Ankergrund auf 7–12 m Wasser hält gut.

Baie de Pero

schließt sich S der *Pte. d'Omignia* an. Ihr sind am S-Ufer Klippen vorgelagert. Ein Turm steht oberhalb der *Pte. de Cargèse* zur Bai hin. Die Bucht schneidet etwa nach NO gut 1 sm weit ein und verfügt an ihrem Ende über einen breiten Strand mit mehr als 1,5 m Wasser. Beiderseits wird der Strand von einigen Klippen begrenzt. Die Bucht hat Sandgrund mit Tang und bietet unter ihrem N-Rand etwas Schutz nach NW bis N. Entsprechend gibt es bedingten Schutz gegen SO an ihrem S-Rand, wenn man sich von der steilen, wenn auch ziemlich niedrigen *Pte. de Cargèse* bis zur 10-m-Tiefenlinie freihält.

Position
Breite: 42° 08' N
Länge: 8° 35' O

Baie de Cargèse

wird im N von der *Pte. de Cargèse* begrenzt, der 0,1 sm SW eine überwaschene Klippe vorgelagert ist. Im N dieser Bucht, nur etwa 0,7 sm in O-Richtung, liegt die kleine Bucht von Cargèse zwischen Gruppen von Klippen an ihren beiden kleinen Huks. An der W-Seite dieser kleinen Bucht ist ein winziger Strand. Hier liegt ein kleiner Hafen für Fischer, in dem außerhalb der Saison einige Liegeplätze für Sportboote im Schutz einer etwa 60 m langen Mole mit Tiefen zwischen 0,7 und 3,5 m bestehen. Das Dorf selbst zieht sich wie ein Amphitheater um die kleine Bucht, besitzt zwei Kirchtürme und wird auf jeder Seite von einem alten Turm eingerahmt.

Pte. Puntiglione

begrenzt die tief eingeschnittene *Baie de Sagone* nach N. Von *Cargèse* aus sollte man sich gut freihalten von der Steilküste, der viele Klippen und unreine Fahrwasser-Streifen vorgelagert sind.

Der *Pte. des Moines* lagert sich eine Felsbank in etwa 11 m Wasser vor, deren Abschluß 0,7 sm seewärts die – nur bei ruhiger See deutlich auszumachende – 1,5 m hohe Felsklippe »Rocher Morifaja« bildet. Ihr schließt sich zur Huk hin noch eine etwa 0,1 sm lange felsige Untiefe mit 1,6 m Wasser an. Zwischen dieser Felsinsel und der Pointe des Moines kann man mit großen Yachten durchlaufen.

Die etwas weiter S ins Land eingeschnittene Bucht – gut auszumachen an der auffallenden Brücke »Pont de Stagnoli« – bis hin zur *Pte. Puntiglione* ist unrein. Nur direkt unterhalb der Brücke, beiderseits der Flußmündung am Strand, kann man im Flachwasser an Land gehen. Schutz gegen See oder Wind besteht nicht.

Die *Pte. Puntiglione* stößt in S-Richtung etwa 0,3 sm in den *Golfe de Sagone* vor, den sie im N begrenzt. Der Huk ist eine Klippe und dieser nochmals eine felsige Untiefe vorgelagert. Hier steht bei Schlechtwetter starke Brandung. Dieser Küstenabschnitt mit seinen steil abfallenden haarscharfen Felsen ist zur Annäherung mit Sportbooten nicht geeignet.

Golfe de Sagone

zwischen der *Pte. Puntiglione* im N und der *Pte. Parragiola* im S ist in seinem N-Teil von niedrigeren Bergen eingefaßt, während der S-Teil eine steilere Kulisse hat. Im Golf gibt es eine ganze Reihe von einzelnen, sehr unterschiedlichen Buchten.

Baie de Savone

mit etwa 1 sm Breite und 0,6 sm Tiefe zieht sich nach N zwischen hohen Abhängen ins Land. An der N-Küste wird sie bei der *Pte. de la Batterie* bis fast 0,2 sm seewärts durch Klippen eingefaßt. Am Ende der Bai gibt es einen Sandstrand, an dessen O-Ende das eigentliche Dorf liegt. Am W-Ende dieses Strandes mündet der Fluß *Savone* ein. An der W-Seite der inneren Bai steht ein alter, runder Turm über viel neuer Bebauung durch Villen und Appartementshäuser, die überall um die Bucht herum entstehen. Von diesem Turm aus, etwas mehr als 0,1 sm in Richtung zum Strand, liegen ein kleiner privater Kai mit unterschiedlichem Wasser bis 1,5 m und davor private Bojen über Wasser bis zu 4 m. Notfalls kann man hier mal kurzfristig festmachen. Eine weitere kleine Landungsbrücke – nur für Fischer – befindet sich 0,1 sm S der Häuser am O-Rand der allerdings durch Klippen hier nicht ungefährlichen Bai. Am Fuße dieser Brücke steht das Zollamt. Schutz in der Bai gibt es selbst gegen Landwind kaum, der hier in starken Fallböen die Bai beherrscht. Vor dem Turm auf Sand und Schlick ankernd, findet man jedoch Schutz vor W-Wind, nicht aber SW. Ungefähr 0,7 sm S des Dorfes liegt ein langegezogener Sandstrand mit 2 m Wasser, dessen Zufahrt rein ist. Von hier bis zur *Pte. St. Joseph* zieht sich ein Klippengürtel 0,1 sm seewärts.

Plage de Liamone

ist ein sehr weitgezogenes Strandgebiet zwischen der *Pte. St. Joseph* und der *Pte. Locca*. In Verlängerung der *Pte. St. Joseph* und ihrer vorgelagerten Klippe zieht sich das etwa 25 m hohe gefährliche Riff *Récif de St. Joseph* von etwa 0,4 sm WSW der Huk über 0,5 sm nach SW. Mehrere winzige Felsinseln und überwaschene Klippen sowie SW hiervon ein ausgedehntes Felsplateau mit kaum mehr als 1 m Wasser bilden eine große Gefahr. Eine weitere besteht etwa 0,3 sm vor dem breiten Strand durch eine einzelne Klippe, die direkt vor der Flußmündung des *Liamone* liegt.

Baie de Liscia

Ungefähr 1,2 sm breit ist die 0,9 sm nach O in das Land eindringende Bucht. Im N wird sie durch die *Pte. Locca* begrenzt, von der sich Klippen mehr als 0,2 sm nach W ziehen und auch die Huk selbst dicht umgeben. Als Landmarken dienen etwas mehr als 0,1 sm O der Huk in 110 m Höhe der »Tour Capigliolo«, der von einem weiteren alten Turm überragt wird. Auffallend ist auch der dicht über der Bucht stehende Berg *Mont St. Castela Capraja,* der nach W steil zur See abfällt.

Im SO der Bucht, direkt S der *Liscia*-Mündung, gibt es einen ausgedehnten Kies-Strand mit allerdings nur 0,7 m Wasser bis 0,1 sm seewärts. Dahinter liegen Bungalows und etwas S eine alte Abtei. Die 10-m-Tiefenlinie verläuft in der ganzen Bucht kaum mehr als 0,15 sm vor der Küste. Der einzige Ankerplatz mit 10 m bis 5 m Wasser ist in der äußersten NO-Bucht, die aber nur Schutz nach N bietet. Sie wird beiderseits von Klippen eingefaßt und ist, vor Anker schwoiend, nicht ungefährlich. Die Bai wird nach S durch die felsige *Pte. Palmentojo* begrenzt, an deren N-Huk der »Tour d'Orcine« steht. Der Huk sind dicht unter Land und vor allem nach NW kleine Felsinseln und Klippen bis auf 0,3 sm vorgelagert. WNW davon liegt nochmals, kaum 100 m entfernt, eine Felsbank mit nur 1 m Wasser.

Anse d'Ancone

ist eine direkt S an die *Pte. Palmentojo* anschließende felsige Bucht mit sehr flachem Wasser vor der Küste und einer Reihe von Riffen. Für Sportboote ist sie ungeeignet. Ihr – und der sie im W abschließenden *Pte. Paliagi* – ist eine sich von NO nach SW erstreckende, weit ausgedehnte und etwa 0,3 sm lange Felsbank, das »Récif de Pagliagi«, mit nur 1 bis 2 m Wasser vorgelagert. Drei alte Klöster liegen an dieser Bucht, eins im N und zwei im S.

Von der *Pte. Paliagi* bis zur *Pte. Parragiola* auf 2,5 sm hin, unter dem 384 m hohen *Mont St. Angelo,* liegt eine Felsküste, der man sich wegen des durchgehenden Klippengürtels und der Untiefen nicht mehr als 0,2 sm nähern sollte. Sie ist außerdem für Sportskipper weitgehend uninteressant.

Golfe de Lava

ist 3,5 sm breit und schiebt sich nach OSO etwa 1,2 sm in die Felsküste hinein. In seinem NO-Teil, der Bucht *Port Provençal,* liegt ein Strand mit 2 m Wasser bis zu 0,1 sm seewärts. Zwischen der diese kleine Bucht etwas nach SW umfassenden *Pte. Pelusella* mit einer Turm-Ruine und dem Strand kann man auf Sandgrund in 7–10 m Tiefe ankern und findet Schutz gegen N-Wind. Kleine Boote können auf den Strand gezogen werden. Direkt S des Strandes beginnen jedoch bis 0,1 sm hinausreichende Klippen.

Im äußersten SSW-Teil der *Anse de Figiera* ist nochmals reiner Grund mit 2 m Wasser, dem sich dann jedoch bis zu 0,2 sm hinausreichend ununterbrochen Klippengürtel anschließen. Dazu gehört auch die winzige Felsinsel *La Figiera,* die rundum unrein ist. Dem N-Scheitelpunkt der Küste 0,35 sm vorgelagert ist die kleine Felsinsel *Pietra Piombata,* der sich im S nur 2 m Wasser anschließt.

Position
Breite: 41° 58' N
Länge: 8° 36' O

Cap Feno

schließt diesen Küstenabschnitt ab. Es fällt steil ab und ist von Klippen umgeben. Etwa 0,1 sm O des Kaps steht in 68 m Höhe, über einer heller wirkenden Steilküste, der auffallende »Tour de Feno«. Von hier aus biegt die Küste nach S ab.

Cap de Feno bis Cap Muro

Deutsche Seekarte Nr. 499
Französische Seekarte Nr. 4787
Carte Marine Blondel Nr. 1007, 1008

Dieser felsige, nicht allzu hohe Küstenabschnitt ist nur 4,5 sm lang und erstreckt sich von N nach S.

Anse de Fico

Bis zur kleinen *Anse de Fico* wird die Küste durchgehend von einem 0,1 sm breiten Klippengürtel begleitet. Vor ihrer N-Huk liegt in 0,3 sm Entfernung eine Felsbank mit nur 2 m Wasser. Ein winziger Strand mit tiefem Wasser ist am Ende der Bucht, die gegen Landwind einigermaßen Schutz bietet. Ankergrund besteht auf Sand mit Tang.

Von der S-Huk der Bucht bis zur nächsten Bucht ziehen sich Klippen und Flachwasserstellen hin.

La Botte

Etwa 0,7 sm WSW vor der S-Huk der *Anse de Fico* und 1,3 sm SSW des *Cap Feno* liegt die 22 m hohe, kleine Felsinsel *La Botte.*

Anse de Minaccia

geht etwa 0,5 sm in die hier nicht mehr so hohe Küste hinein und hat einen etwa 0,5 sm breiten Strand mit 2 m Wasser bis 0,1 sm hinausreichend. Das N-Ufer der Bucht ist voller Klippen. Ihrer S-Huk ist eine Untiefe mit nur 1,5 m Wasser in NW vorgelagert. Die Bucht bietet keinerlei Schutz.

Nur durch eine kleine Fels-Huk getrennt schließt sich im S eine weitere winzige Bucht mit 3 m Wasser vor dem Strand an, die jedoch an beiden Seiten von Klippen begrenzt ist, so daß kaum 100 m Fahrrinne bleiben.

Bis zur *Pte. de la Corba* ist die Küste unrein bzw. dort, wo keine Klippen liegen, ist Flachwasser unter 1,5 m bis auf 0,1 sm seewärts.

Pte. de la Corba

unterhalb des Parata-Semaphors (152 m), auszumachen an einer Pyramide (43 m), ist dicht von Klippen umgeben. Etwa 0,4 sm N der Huk und 0,2 sm von Land entfernt liegt die etwas über 1 m hohe Klippe »Roche Plate« (fehlt in fast allen Seekarten). Etwa 0,2 sm WSW der Huk ist eine Felsbank mit nur 2 m Wasser.

Pte. Parata

heißt die SW-Huk einer 0,6 sm langen nach SW vorspringenden Fels-Halbinsel. Auf dem Gipfel dieser Huk steht der auffallende viereckige »Tour Parata« mit einem Mast. Die Passage zu den vorgelagerten Inseln ist zwar schmal, aber befahrbar mit 7,5 m Wasser.

Golfe d'Ajaccio

Zwischen der *Pte. Parata* im N und dem *Cap Muro* im S zieht sich diese größte Bucht der Insel Korsika etwa 10 sm nach NO landein. Die N-Küste des Golfes verläuft ohne größere Buchten, während die SO-Küste stark gegliedert und voller teilweise tiefer Einschnitte ist. Im NO des Golfes, unterhalb des Flugplatzes *Campo del Oro,* erstreckt sich ein ausgedehntes Strandgebiet. Die Stadt *Ajaccio* (50 000 Einwohner) platzt durch neue Hochhäuser fast aus den Nähten. Viele der alten, in Seehandbüchern angegebenen Landmarken sind aber nicht mehr auszumachen. Der Hafen an der NO-Kante des Golfes ist wettersicher.

Position
Breite: 41° 53' N
Länge: 8° 36' O

Iles Sanguinaires

sind vier Felsinseln aus rötlichem Granit, die sich in Verlängerung der durch einen weißgrauen Turm kenntlichen *Pte. Parata* – von ihr durch eine Durchfahrt getrennt – nach SW ziehen und alle untereinander durch Klippen und Riffe verbunden sind. Klippen liegen auch rund um diese Inseln. Die südlichste, größte hat an ihrer SO-Seite unter dem Leuchtturm – genau in Deckpeilung mit der Klippe »Écueil du Tabernacle« – eine reine Bucht mit 3 m Wasser, übrigens die einzige einigermaßen reine Stelle im ganzen Archipel. Ile Sanguinaires-Leuchtfeuer auf dem höchsten Gipfel der südlichsten Insel gibt der auf weißem Wärterhaus stehende, viereckige, weiße Turm mit schwarzem Oberteil (98 m). Kennung: Blz. w. (Lf. 12 810). Auf dem Südende der Insel steht übrigens noch ein viereckiger Wachtturm. Dem Leuchtturm knapp 1 sm SO vorgelagert liegt die 3 m hohe Klippe »Écueil du Tabernacle« mit einer roten Spitztonne und rotem Zylinder-Toppzeichen.

Pte. Parata – Ajaccio

Die N-Küste des Golfes ist felsig und hat weitgehend bis 0,1 sm vorgelagerte Klippen, vor der *Pte. Scudo* sogar weiter als 0,2 sm. Etwas mehr als 1 sm O der Pte. Scudo liegt ein auffallender Friedhof dicht über der Küste. Nicht ganz 0,2 sm S dieses Friedhofes ist die 4 m hohe, unbezeichnete Klippen-Gruppe »La Botte«, der sich bis 0,1 sm nach SW eine überwaschene Klippe anschließt. Etwas weiter O liegt 0,3 sm im S einer Kapelle die Klippe »La Guardiola« mit roter Turmbake und rotem Zylinder-Toppzeichen. Kaum 0,1 sm W dieser Bake gibt es noch die nur 0,3 m über Wasser reichende, nicht gekennzeichnete Klippe »Butticioni«. Es empfiehlt sich daher, sich der N-Küste nicht mehr als 0,5 sm zu nähern. Dazu gehört auch, daß man S der Klippe »Écueil de la Citadelle« (0,2 sm S der Huk unter der Zitadelle) entlanglaufen muß. Auf dieser Klippe steht ein roter Turm (12 m) mit rotem Zylinder-Toppzeichen. Kennung: Blz. r. (Lf. 12 870).

Position
Breite: 41° 55' N
Länge: 8° 44' O

Ajaccio – Hafen ⟨12⟩

Auf der O-Bastei der Zitadelle steht eine weiße Säule mit roter Spitze (19 m). Kennung: Blz. w./r. (Lf. 12 870). Von der Klippe »La Citadelle« und vom Zitadelle-Feuer auf der Festung soll man sich gut freihalten. Auch vom Feuer auf dem Kopf der nach NNO auslaufenden Mole »Jetée de la Citadelle«, NO der Festung, sollte man Abstand halten, um nicht mit ein- und auslaufenden Schiffen auf Kollisions-Kurs zu kommen. Dieses (1973 noch nicht installierte) Feuer auf dem Molenkopf von einer weißen Säule mit rotem Oberteil (12 m) soll zeigen Ubr. r. (Lf. 12 900). Der weiter N in der Bai gelegene Wellenbrecher »Jetée des Capucines« mit Ubr. w. (Lf. 12 930) von einer weißen Säule mit grünem Oberteil (7 m) und »Jetée du Margonajo« mit Fr. r./gn. (Lf. 12 960) von einer rot-weiß gestreiften Säule (7 m) sind für den Sportskipper zur Orientierung, nicht aber für das Einlaufen in den Hafen wichtig. An der N-Seite der »Jetée des Capucines« gibt es jedoch Liegeplätze für Yachten. Zum Einlaufen in das »Bassin Sud« legt man N der »Jetée de la Citadelle« Bb.-Ruder, um dann erst zurück in Richtung auf die Festung Kurs zu nehmen. Der Hafen ist stets sehr voll. Das Club-Haus befindet sich am Fuß der Mole. Service-Stationen, fahrbarer Kran, Trinkwasser und Bunkerstation sind nahebei.

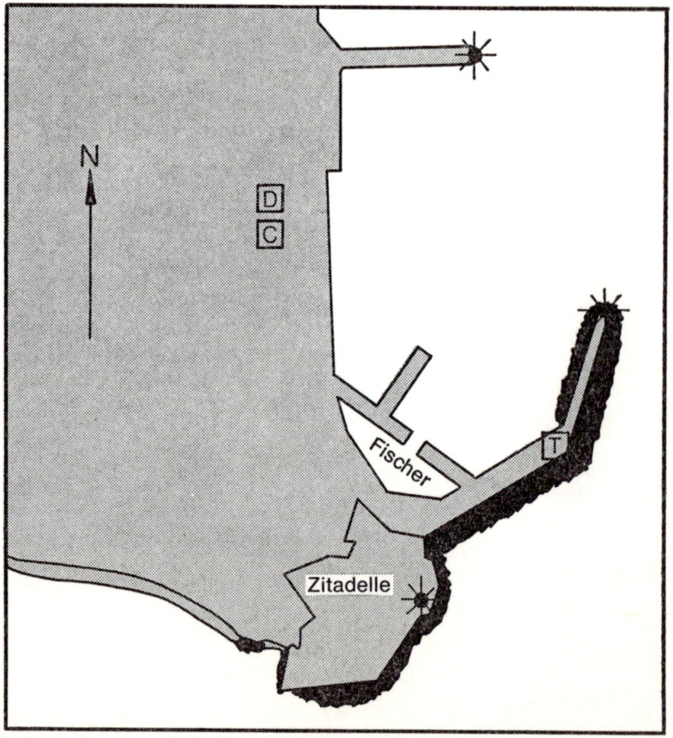

Ajaccio ⟨12⟩

Achtung: Der N-Teil des Hafengebietes, »Mouillage de Cannes«, ist gesperrtes Militärgebiet. Im S der *Pte. d'Aspretto* liegt ein ebenfalls gesperrter Hafen für See-Flugzeuge mit einer schlecht auszumachenden grauen Säule. Kennung: Fkl. r./gn. (Lf. 12 990). Starts und Landungen werden durch ein Signal auf der Zitadelle und auf dem Mast des Seeflughafens angezeigt.
Praktisch in der gesamten Bai ist das Ankern und Fischen verboten.

Der im NO-Teil der Bai liegende lange Sandstrand mit den Mündungen zweier Flüsse ist rein mit ausreichenden Tiefen bis ans Ufer. Nur direkt S des auffallenden »Tour Capitello« liegt eine Klippe. Hinter dem Strand zwischen den Flüssen liegt der Flugplatz mit Befeuerung von einem Transformator (15 m) aus. (Mo [A], siehe Campo del Oro [Lf. 12 980]).

Pte. de Porticcio

liegt SW des Strandes und ist von ihm aus rings von Klippen eingefaßt, die sich knapp 0,4 sm nach SSW bis zur 33 m hohen Klippengruppe »Écueil Dorbera« hinziehen. Landmarke hierfür ist ein auffälliges Chalet auf der *Pte. Porticcio*. Man sollte diesen Küstenabschnitt bis zum etwa 1 sm S anschließenden Strand meiden, aber auch dort nur den N-Strand anlaufen, der über genügend Wasser verfügt.

Pointe Sette Nave

genau S der Stadt *Ajaccio* an der S-Küste ist gut auszumachen an dem »Tour Isolabella« auf einem Hügel (66 m) knapp 0,3 sm O der Huk. Etwa 0,5 sm SW der Huk liegt die gerade überspülte Klippe »La Campanina« mit einer schwarz-rot gestreiften Bake mit schwarzem Kugel-Toppzeichen.

Die hieran nach Richtung SW anschließende große Bucht – über die kleine Insel *Ile Piana* hinaus bis zur *Pte. Castagne* – ist bis zu 0,4 sm seewärts von Klippengürteln regelrecht verseucht und für Ortsfremde unbefahrbar. Bei spiegelglatter See kann man den Strand hart O der Bucht *Port de Chiavari* anlaufen, ebenfalls SW der *Ile Piana* den Sandstrand in der Bucht *Port de Portigliolo*. Beide Strände mit bis zu 3 m Wasser in 50 m Entfernung sind jedoch beiderseits dicht von Klippen eingefaßt.

Pte. Castagna

ist ein 91 m hoher Bergausläufer mit dem auffallenden, runden »Tour Castagna«. Rings um die Huk liegt bis zu 0,4 sm ein dichter Gürtel sowohl sichtbarer als auch überwaschener Klippen. Ihm sind nach W noch felsige Untiefen mit knapp 0,5 m Wasser vorgelagert. Auch die anschließende 3 sm breite Bai wird von einem praktisch ununterbrochenen Klippengürtel umschlossen.

Position
Breite: 41° 44' N
Länge: 8° 40' O

Cap Muro

ist die eigentliche S-Begrenzung des *Golfes von Ajaccio*. Es liegt an der S-Seite einer weit vorspringenden, über 300 m hohen Halbinsel. Auf dem Kap steht zurückgesetzt ein weißer, viereckiger Leuchtturm mit schwarzer Spitze (54 m). Kennung: Ubr. w. (Lf. 12 780). Nahebei ist eine kleine rechteckige Kapelle. Auf der N-Seite der Halbinsel, etwa 0,2 sm N des Gipfels (167 m), steht an der Küste eine Bake in Pyramidenform. Etwas mehr als 0,1 sm O des Gipfels erhebt sich der »Tour Muro«. Ganz hart O dieses »Tour Muro« in der N-Bucht der Halbinsel liegt die kleine *Anse de Cacao* im Schutz einer Huk – aber die 0,1 sm vorgelagerten Klippen beachten –, in der man am SO-Teil notfalls Wind aus S und SW abwettern kann. Hier liegen oft einige Fischerboote.

Cap Muro bis Pointe de Sénétose

Deutsche Seekarte Nr. 499
Französische Seekarte Nr. 4786
Carte Marine Blondel Nr. 1008

Golfe de Valinco

Dieser Golf zwischen dem *Cap Muro* und der *Pte. Campo-Moro* zieht sich von Bergen umgeben etwa 8 sm nach O ins Land. An seinem O-Ende liegt die kleine Stadt *Propriano.*

Cap Nero

liegt ungefähr 2,2 sm SO des *Cap Muro*. Der helle »Tour Nero« ist an den dunklen Steilhängen gut auszumachen.

Anse d'Orzo

N des dicht von Klippen umgebenen Kaps hat zwar an ihrem Scheitel einen kleinen Strand, dem aber eine schlecht sichtbare Klippe vorgelagert ist. Schutz gibt diese Bucht nicht. Der Ankergrund ist nicht gut.

Baie de Cupabia,

die S des *Cap Nero* etwa 2 sm weit in die Berge einschneidet, ist in der eigentlichen Bucht ungefähr 1,3 sm breit. An ihrem Scheitelpunkt liegt ein kleiner Strand zwischen Klippen, an dessen S-Rand ein Fluß mündet. Gegen Wind aus NW bis N und aus SO gibt es hier auf gutem, ausreichend tiefem Sandgrund an der 10-m-Tiefenlinie brauchbare Ankerplätze. An der O-Küste der Bucht steht 0,2 sm landein die auffallende Ruine des »Tour de Capanelle«. Obwohl die ganze O-Küste durch gut 0,1 sm tiefe Klippengürtel nicht anzulaufen ist, gibt es auf gut haltbarem Sand-Grund WNW des »Tour Capanelle« auf 15 m einen aus S über O bis NNO geschützten Ankerplatz.

Pte. die Porto-Pollo

ist die felsige Huk einer Halbinsel. Sowohl der Pointe in SW sind 0,2 sm Klippen vorgelagert als auch der SO-Huk, vor der sich die Klippen fast 0,5 sm nach SSO ziehen. In der NW-Seite der anschließenden Bucht liegt das Dorf *Porto-Pollo* mit einem langen Strand zwischen Klippen. Als Ankerplatz ist die kleine Bucht nur sehr bedingt geeignet, da sie See und Wind – außer aus NW bis N – stark ausgesetzt ist und der Grund nicht gut hält. Der beste Ankergrund besteht O des auf einem Felsen gelegenen Turmes am S-Rand des Strandes auf 7 m. Kleine Boote kann man auf Land ziehen.

Der Strand ostwärts der flachen Huk mit Flachwasser ist nur bei Windstille bis unterhalb des »Tour Bajacca« (59 m) benutzbar, da sich nach S Klippen anschließen, die sich mit Unterbrechungen bis zur *Pte. Aglio* mit ihrem auffallenden Turm entlangziehen.

Position
Breite: 41° 41' N
Länge: 8° 54' O

Propriano ⟨13⟩

Der Ort *Propriano* liegt am S-Ufer der äußersten Baie in diesem Golf. Er ist gut auszumachen an einem oberhalb der Ortschaft stehenden viereckigen, weißen Glockenturm, der jedoch durch Neubauten im Laufe der Zeit etwas verdeckt werden könnte.

Der Hafen besteht aus einem W-Kai mit Quer-Mole. Dieser »Quai de l'Herminier« geht unterhalb eines hohen Schornsteines als 320 m langer Damm unter Ausnutzung von Klippen und kleinen Felsinseln nach NNW. Auf seinem Kopf steht ein weißer Turm mit schwarzem Oberteil (16 m). Kennung: Ubr. w./gn. (Lf. 12730). Etwa 70 m vor dem Kopf geht eine knapp 200 m lange Mole nach ONO ab, auf deren Kopf eine weiße Säule mit grünem Unterbau und grünem Oberteil steht (11 m). Kennung: Glt. gn. (Lf. 12750).

Vorsicht: W und NW des langen Hafendammes und O seines Kopfes liegen die »*Rochers de Scoglio Longo*« mit einer Vielzahl von Klippen, die sich bis auf den W-Strand ziehen. Etwa 50 m N des Damm-Kopfes ist eine Untiefe mit nur 1,5 m Wasser. W und N der Molen bis in Höhe der Tankstelle auf dem Damm besteht auf 0,15 sm selbst für Kleinboote keine Möglichkeit, zu ankern oder festzumachen.

Einlaufend muß man vom Kopf der Quermole 100 m Abstand halten, um von Klippen und Untiefen frei zu bleiben. Erst wenn man den kleinen, säulenartigen Turm auf der Quermole gut 100 m passiert hat, sollte man Stb.-Ruder legen. Vorläufig kann man dann an der vorgebauten Pier mit Tankstelle, Trinkwasser und Zollstelle festmachen.

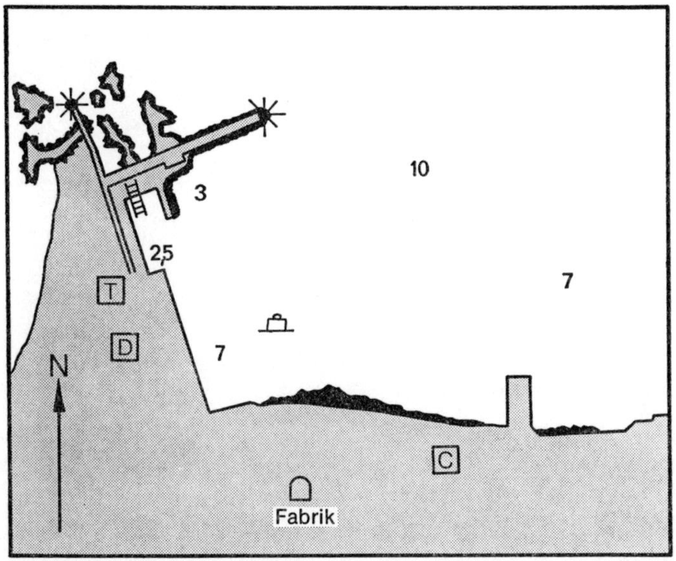

Propriano ⟨13⟩

Vor der stadtseitigen Kante dieses »Quai de l'Herminier« liegt eine Festmachetonne. Eine Slip-Schräge befindet sich im kleinen Fischerhafen am Fuß der Quermole. Die Capitainerie ist in der Avenue Napoléon, also auf der Uferstraße etwa 200 m vom Schornstein entfernt vor der »Vieux Môle«. Einen Liegeplatz muß man sich unbedingt anweisen lassen, da starker Berufsverkehr herrscht, der absolutes Vorrecht hat. Auf dem Wege vom Hafendamm zur Capitainerie und der kurzen alten Mole gibt es unter Umständen vor der Uferstraße bzw. der Uferlinie im Flachwasser Ankermöglichkeiten für kleine, flachgehende Boote, die auch auf Land gezogen werden können. In 2 bis 3 m Wasser bestehen zu beiden Seiten der »Vieux Môle« unter Umständen Liegeplätze. Es gibt allerdings keinerlei Schutz gegen Wind und nur bedingt gegen See. Im Sommer ist der Hafen überfüllt. Zwei Service-Stationen befinden sich in Hafennähe.

Cap Lauroso

liegt 1 sm W des Damm-Kopfes, völlig von Brandungs-Klippen umgeben, und begrenzt einen langen Strand. Dessen N-Teil reicht nach S hin zu einer 0,3 sm bis an die 10-m-Tiefenlinie hinausgehende Gruppe von Klippen, »Rochers de Tavaria«. Der S-Teil des Strandes bis zum Ort *Portiglilo* und dem Beginn eines weiteren Klippengürtels ist rein. Der Grund fällt 0,1 sm vor dem Strand von etwa 1,90 m steil auf 10 m ab. An diesem Strand besteht keinerlei Schutz.

Pte. Cardicciani

liegt etwa 2 sm O der *Pte. de Campo-Moro* und ist beiderseits völlig von Klippen bis 0,15 sm seewärts umgeben. Etwa 0,6 sm W der Huk liegt in 0,3 sm Abstand eine auffallende einzelne weiße Klippe vor einem dichten Klippengürtel.

Baie de Campo-Moro

schließt sich O an die gleichnamige Pointe an. Vor der O-Seite erstreckt sich ein Klippengürtel 0,3 sm nach N. In der 0,6 sm tiefen Bucht liegt ein beiderseits von Klippen eingefaßter Strand direkt unter dem Dorf. WSW des Dorfes ist ein auffallendes dreitürmiges Schlößchen. Im Dorf steht ein Wachtturm. Auf Sand und Seegras in etwa 7–9 m Tiefe findet man vor der SW-Ecke des Strandes gut haltenden Ankergrund. Die Bucht ist gegen W, nicht aber nach NW gut geschützt und selbst bei schwerem Wetter weitgehend sicher.

Pointe de Campo-Moro

fällt als Halbinsel nach N ab. Auf ihrer Höhe steht ein kleines altes Kastell mit einem hohen, runden Turm. Die Küste dieser Huk wird beiderseits von einem dichten Klippen-Gürtel begleitet, deren ostwärtiger sich mehr als 0,3 sm nach N zieht und meist durch Brandung gut auszumachen ist. Nach S läßt dieser Klippen-Gürtel nur wenige Buchten offen. Bis zur *Pte d'Eccica* sind fast durchgehend Klippen der Küste vorgelagert.

Anse d'Agulia

ist eine sehr enge, flache Bucht, die knapp 0,5 sm NO des Gipfels auf der *Pte. d'Eccica* nach SO in die felsige Küste gut 0,3 sm eindringt. Sie hat an ihrem Ende einen winzigen Sandstrand. Außer gegen NW- und N-Wind bietet sie guten Schutz für flachgehende Boote bis 8 m Länge.

Pointe d'Eccica

mit einem etwa 100 m hohen Hügel ist gut 0,3 sm von Klippen eingefaßt. Zwischen dem Land und der 0,4 sm vorgelagerten niedrigen, kleinen Felseninsel *Ile d'Eccicia* besteht keine Durchfahrt, auch nicht für kleinste Boote. Dem Inselchen sind nach W noch Klippen und in S eine Untiefe bis 0,1 sm vorgelagert.

Anse de Ferro,

die direkt S anschließende Bucht, ist durch Klippen so gefährlich, daß man keinesfalls einlaufen sollte. Ihrer S-Huk ist auf etwa 100 m eine felsige Untiefe mit knapp 0,5 m Wasser vorgelagert.

Anse d'Arana

ist – von der *Pte. d'Eccica* aus – die zweite Bucht. Die Klippen lassen keine Annäherung an Land zu. Am N-Ufer auf 7 m Wasser kann man notfalls Schutz gegen Wind aus NW über N bis O finden.

Calanque de Conca

heißt die Bucht N der Halbinsel mit der *Pte. de Sénétose*. Die Bucht schneidet fast 1 sm nach NO ein. Klippen ziehen sich bis zu dem sehr kleinen Strand, den man nur an seiner S-Kante anlaufen kann. Notfalls findet man hier auf gut haltendem Grund Schutz. Kein Schutz besteht gegen Wind aus allgemeinen W-Richtungen, wobei verheerende Brandung herrschen kann.

Pte. de Sénétose

ist die NW-Huk eines Vorgebirges, der Klippen und Untiefen bis etwa 0,4 sm vorgelagert sind, die sich auch weiter nach S zur *Pte. Aquila* ziehen. Auf dem Gipfel steht der gut auszumachende graue »Tour Blanche« genau O der Huk.

Zwei weiße, oben schwarze Türme mit dazwischenliegendem Wärterhaus in 54 m Höhe an der SW-Küste des Vorgebirges über der *Pte. Aquila* haben die Kennung Blz. w./r. (Lf. 12 700). (Position: Breite 41° 33' N – Länge 8° 48' O). Die gleiche Station sendet das Pte. Sénétose-Funkfeuer.

Pointe de Sénétose bis Bonifacio

Deutsche Seekarte Nr. 499
Französische Seekarte Nr. 4784, 4595
Carte Marine Blondel Nr. 1008

Die SW-Küste von Korsika ist felsig und steil, durchgehend stark zerklüftet und von vielen, meist stark unreinen Buchten durchzogen. Die vom Wind ausgehöhlten rötlichen Felsmassive haben teilweise bizarre Formen und sind überaus interessant. Die Hügel im küstennahen Raum sind meist nicht sehr hoch und häufig nur mit Macquis bedeckt, während sich im Hintergrund das *Montagne de Cagna* mit Gipfelhöhen bis 1400 m erhebt. Es gibt in diesem Abschnitt einige breite, oft sogar fast reine Sandstrände.

Position
Breite: 41° 33' N
Länge: 8° 47' O

Pointe Aquila

Diese eigentliche SW-Huk von Korsika ist niedrig und trägt 0,4 sm landeinwärts die beiden Leuchttürme *Sénétose*. Auf dem Gipfel des Kaps, NO der Huk in etwa 0,8 sm Entfernung, steht der graue Turm »Tour Blanche«.

Anse de Tivella,

direkt S anschließend an die Halbinsel, ist durchgehend unrein. Notfalls kann man in einer der winzigen Buchten vor der eigentlichen Anse abwettern, wobei man sich jedoch von allen kleinen Huks freihalten muß, da sie von Klippen umgeben sind.

Cala Longa

ist die hieran nach S anschließende, etwas tiefer eingeschnittene Bucht, deren Einfahrt jedoch durch Klippen praktisch geschlossen ist.

Anse Tromba

kann in ihrem N-Teil notfalls von kleinen Booten benutzt werden, jedoch reicht die 2-m-Tiefenlinie fast 0,2 sm seewärts. Das S-Ufer der Bucht ist bis an die Huk voller Klippen.

Position
Breite: 41° 32' N
Länge: 8° 51' O

Port de Tizzano

ist eine schmale, etwa 0,5 sm nach N eingeschnittene Bucht, die keinen Schutz nach SW und W, auch nicht nach NO gibt. Ein altes graues Fort erhebt sich auf der W-Huk. Gegenüber stehen Häuser auf dem O-Ufer. Im Inneren ist die Bucht bis kurz vor den Strand flach und unrein. Ankergrund auf Seetang besteht in 7 bis 10 m Wasser nur ONO des Forts etwa 0,15 sm innerhalb der Bucht. Der weitere Verlauf der Bucht kann bei größter Vorsicht nur von kleinen, flachgehenden Booten mit höchstens 0,5 m Tiefgang befahren werden, wenn das Wasser so ruhig ist, daß man die vielen Untiefen vom Bug her ausmachen kann. Am Strand gibt es übrigens einen kleinen Kai.

Pointe Latoniccia

ist eine steil-felsige Halbinsel, die rings von Klippen umgeben ist. Etwa 0,3 sm S liegt eine kleine weiße, gut 20 m hohe Felsinsel, das *Ilôt Latoniccia*, von dem aus sich ein durchgehender Klippengürtel wie eine Landzunge zur Huk zieht. Diesem Inselchen weitere 0,2 sm nach S vorgelagert ist die Untiefe »Botte de Tizzano« mit nicht mehr als 4,6 m Wasser, auf der bereits bei geringem Wind bzw. See schwere Grundseen entstehen können. Man sollte sich daher in jedem Falle mehr als 0,5 sm von der Huk entfernt halten.

Golfe di Mortoli

zieht sich S der *Pte. Latoniccia* – und im S begrenzt durch die *Pte. Mortoli* – nach ONO etwa 0,7 sm weit ins Land.

Der breite Sandstrand mit 5 m Wasser bis 0,1 sm seewärts ist rein, jedoch schließen sich an den Felsufern beiderseits Klippen an. Inmitten des Strandes mündet der *Loreto*-Fluß. Schutz gegen Wind und See ist nicht vorhanden. Kleine Boote können auf den Strand gezogen werden.

Golfe de Roccapina

schließt sich an die *Pte. Mortoli* an und ist etwa 2 sm breit. An seinem Ufer kann man wegen der vielen Klippen nicht landen. Etwa in halber Tiefe des Golfes liegt an der N-Küste eine Gruppe von etwa 4 m hohen, langgestreckten Klippen, die sich in S-Richtung ausdehnen. Der breite Sandstrand an der O-Seite des Golfes ist rein und hat bereits 60 m vom Ufer entfernt 5 m Wasser. Er wird S etwas durch die *Pte. Roccapina* geschützt, von der sich jedoch bis zum Strand Klippen entlangziehen. Am Strand stehen einige Häuser. In der N-Ecke findet man auf 7 bis 10 m Wasser über Sandgrund Schutz gegen O-Wind. Die nach O anschließenden Buchten – insbesondere die durch Klippen völlig verseuchte *Anse de Roccapina* – sind für größere Sportboote nicht geeignet. Diese Bucht liegt SO vom runden »Tour de Roccapina« (134 m) auf dem wildromantischen, rötlichen Felsrücken *Le Lion*. Auf seinem etwas landein auf dem Grat gelegenen – löwenkopfartigen höchsten Felsen sind noch die Reste eines alten Turmes auszumachen.

Position
Breite: 41° 27' N
Länge: 8° 54' O

Les Moines

Drei Klippen-Gruppen sind es, die sich SSW der *Pte. Roccapina* in SW-Richtung von etwa 1,5 sm vor der Küste bis fast 3 sm seewärts erstrecken. Die höchste Klippe der mittleren Gruppe ragt fast 6,5 m aus dem Wasser, andere wiederum sind kaum zu erkennen oder überwaschen, und die südliche Gruppe liegt völlig unter Wasser. Der schlanke, rot-weiß gestreifte Leuchtturm *Les Moines* (27 m) steht über 3 m Wasser. Kennung: Blz. r. (Lf. 13 840). Die Untiefe zieht sich jedoch noch etwa 0,15 sm nach SW. *Les Moines* liegen im roten Sektor des Sénétose-Leuchtfeuers.

Bei Schlechtwetter sollte man unbedingt S um diese Klippen-Gruppe herumlaufen, da ihr weiter nach O noch weitere Untiefen folgen, von denen schwere Brandung ausgehen kann.

Écueils d'Olmeto

sind eine Gruppe von Klippen und Untiefen, die sich – hart W der Huk mit dem »Tour d'Olmeto« beginnend – fast 2 sm nach SW hinziehen, etwa parallel zu *»Les Moines«*. Die Untiefe *»Le Prètre«* 0,6 sm W der Huk – durch eine unbefeuerte schwarz-rot gestreifte Turmbake auf dem Felsen gekennzeichnet – erstreckt sich mit 1,7 bis 2,8 m Wasser über fast 0,3 sm im Quadrat. Ihr schließt sich in wenig mehr als 0,1 sm SW das teilweise überwaschene Riff »Grand Écueil d'Olmeto« an. Wiederum etwa 1,7 sm SW liegt mit 3,7 m Wasser die felsige Untiefe »Petit Écueil d'Olmeto«.

Bei Schlechtwetter sollte man die Reihe von Riffen, Klippen und Untiefen keinesfalls passieren, sondern *Les Moines* in S runden.

Anse Fornello

direkt O der Huk mit der auffallenden weißen Ruine des »Tour d'Olmeto« zieht sich nach NNO tief in die Felsküste hinein und ist an ihrer W-Seite bis an den Strand heran rein. Dagegen ist die O-Seite bis um die Huk herum zur »Anse d'Arbitro« voller Klippen und hat teilweise kaum mehr als 1 m Wasser. Ein guter Ankerplatz auf Sandgrund mit Seetang besteht in der *Fornello-Bucht* etwa 0,1 sm von der W-Küste entfernt in 6 bis 8 m Wasser gegenüber der Stelle, wo am O-Ufer die Klippen beginnen. Schutz gegen Wind aus SW bis SO besteht allerdings nicht.

Pointe Bruzzi

heißt die SO anschließende Fels-Huk, der eine Vielzahl von Klippen und Inselchen – die *Iles Bruzzi* – bis 0,4 sm vorgelagert ist.

Vorsicht: Von den sichtbaren Felsinseln muß man sich mindestens 0,3 sm entfernt halten, da überall weitere, kaum überwaschene Klippen liegen.

Anse de Capinero

schließt sich direkt O an die Gruppe der *Iles Bruzzi* an. Sie ist auf beiden Seiten von Klippen eingefaßt. Die äußerste NW-Seite des kleinen Strandes an ihrem Ende, also an Bb., kann von Booten mit Tiefgang bis zu 2 m angelaufen werden.

Position
Breite: 41° 27' N
Länge: 9° 03' O

Baie de Figari ⟨14⟩

Diese etwa 2 sm nach NNO einschneidende Bucht ist derart mit Klippen durchsetzt, daß man die Untiefen gar nicht einzeln aufführen kann. Der Einlaufkurs mit allen Hinweisen ist daher für den Sportskipper wichtiger als eine genaue Beschreibung der Untiefen.

Man sollte sich so weit von Land und Klippen freihalten – vor denen oft noch Untiefen mit weniger als 0,5 m Wasser bis 0,3 sm seewärts liegen –, daß man mindestens 0,5 sm seewärts der Küstenlinie und etwa 0,4 sm W der »Écueil de Testa di Gatto« steht. Diese kaum mehr als 0,5 m aus dem Wasser ragende und von Untiefen umgebene Klippe liegt 0,7 sm W der *Pte. de Ventilegne* bzw. SW eines 69 m hohen Hügels im Auslauf des kegelförmigen Hauptberges, des *Mont Scopeto* (181 m). Sein Grat weist ungefähr auf die Klippen hin.

Von hier aus sucht man eine Position, aus der man den runden, grauen Turm am Westufer der Bai, »Tour de Figari«, mit der Kuppel einer Kapelle mit gelblichem Säulen-Vorbau vor dem Dorf *Caldarello* in Deckung bringt (nicht verwechseln mit dem spitzen Naturstein-Turm der etwas NW gelegenen Kirche des Dorfes). Das ergibt einen Kurs von 8°. Er führt frei von allen Klippen und Untiefen. Jetzt läuft man so weit, bis das Inselchen *Ilôt Porraja* an Stb. nur noch etwas voraus – beinahe schon querab – liegt. Dicht N des W-Endes des Ilôt Porraja kann man auf 10 m in Tang und Seegras ankern. Der Grund hält aber schlecht. Bereits etwas weiter nach O, vor der Mitte dieser kleinen Insel, ist übrigens nur noch 2 m Wasser, und dann folgen auch gleich zum O-Ufer zu die Klippen. Bei W-Wind gibt es hier aber keinen Schutz. In diesem Falle muß man mit Kurs 44° weiterlaufen, um an der NO-Kante des 5 m hohen *Ilôt de Port* in 5 m Wasser zu ankern. Es empfiehlt

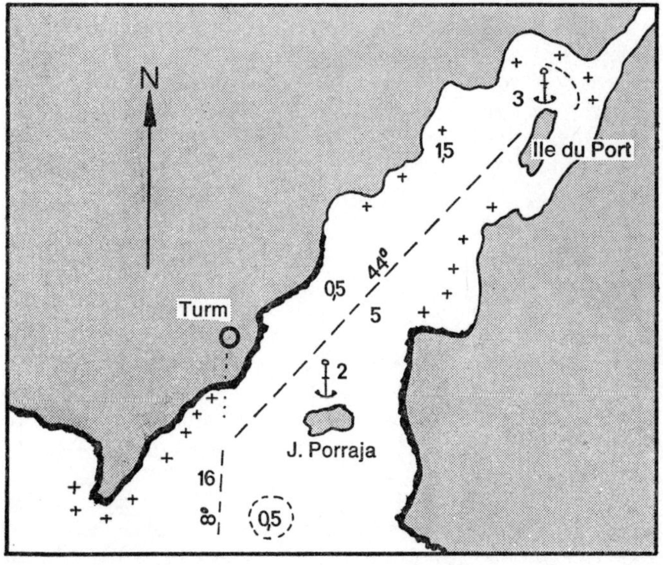

Baie de Figari ⟨14⟩

sich auf jeden Fall, Festmacher zum Inselchen auszubringen, um nicht zu schwoien.

Vorsicht: Bei Schlechtwetter ist das Einlaufen in diese *Baie de Figari* zu gefährlich.

Golfe de Ventilegne

zwischen der *Pte. de Ventilegne* und den *Iles de la Tonnara* ist ungefähr 1,2 sm breit und dringt etwa 1,2 sm nach NO in die Küste ein. Die *Iles de la Tonnara* an der O-Seite der Bucht bestehen aus mehreren niedrigen Felsinseln und einer Vielzahl von Klippen, die mit Untiefen von weniger als 1 m Wasser bis zu 0,4 sm nach W in die Bucht reichen. Auf der größten der Inseln steht eine Pyramide. Da dem Golf eine flache Bank vorgelagert ist, steht bei W-Wind in allen Buchten grobe See.

In den Buchten sind kleine Strände mit sehr flachem Wasser davor. Nur die tiefer eingeschnittene NW-Bucht ist frei von gefährlichen Klippen. Der Golf ist daher nur bei ruhiger See befahrbar. In der NO-Bucht, die beiderseits dichte Klippengürtel aufweist, liegt kurz vor der Straßenbrücke an Stb. ein Restaurant mit einem kleinen Bootssteg und Bojen in 2–3 m Wasser. Nur hier kann man einigermaßen gut bei Schlechtwetter liegen.

Port de Stagnole

ist die kleine Bucht hart S der *Iles de la Tonnara* an der O-Seite des Golfes. Vor der Mitte des schmalen Strandes an der Grenze zum Flachwasser liegt eine Gruppe von Klippen. Kleinboote finden nach vorsichtigem Anlaufen des Strandes im Flachwasser einigermaßen guten Ankergrund und Schutz.

Der weitere Verlauf der steilen O-Küste des Golfes wird auf 0,1 sm seewärts von Klippen-Gruppen begleitet über die sehr flache *Anse Grande* hinaus bis zum *Cap de Feno.*

Position
Breite: 41° 23' N
Länge: 9° 06' O

Cap de Feno

liegt etwa 2,4 sm W der Einfahrt nach *Bonifacio* und begrenzt zugleich die *Straße von Bonifacio* zwischen Korsika und Sardinien nach W. Auf der S-Huk des Kaps steht ein unten weißer und oben schwarzer Turm (20 m). Kennung: Ubr. w. (Lf. 13 750), verstärkt 106° – 114°. Hart W des Leuchtturmes liegen zwei aus dem Wasser ragende Klippen. Etwa 1,5 sm NO vom Kap ergeben die drei Gipfel des *Sommet de la Trinité* – deren W-Gipfel 230 m hoch ist – eine gute Landmarke.

Anse de Paragnano

heißt die in Verlängerung der klippenreichen Küste nach ONO einschneidende Bucht, deren S-Ufer rein ist. Etwa 0,2 sm vor dem kleinen Strand kann man in 5 – 7 m Tiefe auf Sand und Seegras ankern. Die Bucht ist allerdings nicht nach SW und W und auch nicht nach NO geschützt.

Port du Fazzio

heißt ein kaum als Bucht zu bezeichnendes Strandgebiet etwa 0,4 sm O der *Anse de Paragnano,* vor dem ganz dicht an Land 18 m hohe kleine Felsinseln, *Iles des Fazzuolo,* liegen. Bei ruhiger See ein netter Platz, an dem sich ein Tauch-Club etabliert hat.

Pointe de la Madonetta

Die nicht allzuhohe Küste läuft in dieser Huk vor der Hafeneinfahrt von *Bonifacio* aus. Es handelt sich hierbei um eine Halbinsel mit einem viereckigen, roten Leuchtturm und Wärterhaus (21 m). Kennung: Glt. w. (Lf. 13 580).

Bonifacio

Deutsche Seekarte Nr. 499
Französische Seekarte Nr. 4595
Carte Marine Blondel Nr. 1008

Position
Breite: 41° 23' N
Länge: 9° 09' O

Bonifacio ⟨15⟩ und ⟨16⟩

Die Stadt *Bonifacio* (2500 Einw.) ist auf einer hohen Fels-Halbinsel aus weißlichem Kalkgestein mit schwärzlichen Rinnen erbaut. Diese Halbinsel liegt etwa 1,5 sm NNW vom *Cap Pertusato* bzw. 2,5 sm O vom *Cap de Feno* und erstreckt sich an der O-Seite einer 0,7 sm tiefen, schmalen Bucht fast genau nach W. Die Huk dieser Halbinsel, *Pointe du Timon,* ist nicht befeuert. Bei Tage sind die weißen Mauern der Festung und eine Reihe von Kirchtürmen gute Landmarken. Die W-Huk der Einfahrt *Pointe de la Madonetta* auf einer kleinen, 0,2 sm breiten, kaum von See auszumachenden Halbinsel trägt das Leuchtfeuer Bonifacio.

Leuchtfeuer Bonifacio auf der W-Halbinsel *Pointe de la Madonetta* auf viereckigem, rotem Leuchtturm mit Wärterhaus in 21 m Höhe. Kennung: Glt. w. (Lf. 13 580). Dieses Feuer wird sowohl durch das *Cap de Feno* als auch durch das *Cap Pertusato* verdeckt.

Die Einsteuerung in den Hafen ist für den Ortsfremden nicht ganz einfach, da die Einfahrt der Calanque sich nur schlecht von den Felsen abhebt. Man sollte sich – vor allem bei Dunkelheit – mindestens 0,5 sm von der Küste entfernt

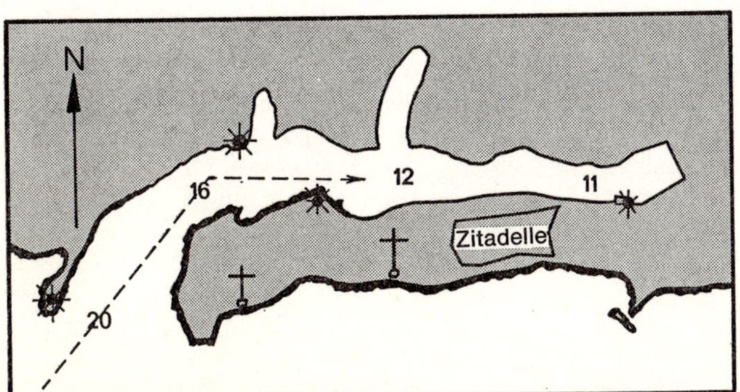

Bonifacio (Ausfeuerung) ⟨15⟩

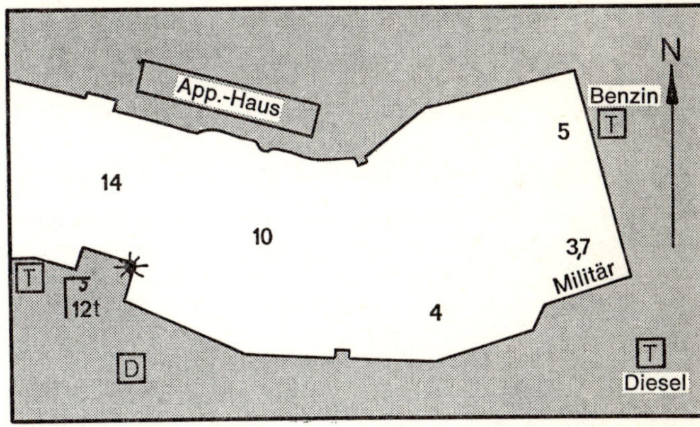

Bonifacio (Hafen) ⟨16⟩

halten, bis man zwischen der hochgelegenen Stadt O der Einfahrt und dem Leuchtturm W der Einfahrt das Backbord-Hafenfeuer an der Einfahrt in die *Calanque d'Arenella,* ein rotes Türmchen mit einem Behälter und F. r., ausmachen kann. Die 150–100 m breite Bucht ist in ihrem mittleren Drittel ausreichend tief, selbst für Fährschiffe. Sobald man in der Einfahrt nach etwa 0,25 sm das Stb.-Hafenfeuer ausmacht, eine weiße Pyramide mit rotem Behälter und grüner Laterne sowie F. gn., geht man etwas über Stb.-Bug und kann nun, in Höhe des Bb.-Feuers, bis zum Ende der Hafenbucht sehen.

Vorsicht: Winde von SW – NW sowie von O lassen Einlauf-Manöver und auch Manöver im Hafen unter Umständen sehr schwierig werden. Diese Winde rufen auch im Hafen an den Liegeplätzen starke Fallböen hervor.

Achtung: Einlaufende Schiffe, auch größere Yachten, erhalten von einem Mast auf der *Pointe de la Madonetta* nahe dem Leuchtturm Signale, die unbedingt zu befolgen sind, da sowohl Fährverkehr besteht als auch große Teile der Bb.-Seite des Hafens und an Stb. unter der Festung militärisches Gebiet sind. Es bedeuten:

1 schwarzer Kegel, Spitze unten = Einlaufen verboten
1 schwarzer Kegel, Spitze oben = Lotsen abwarten
1 schwarzer Ball = Einlaufen gestattet
Kegel über Ball = außerhalb der Hafenanlagen festmachen.

Im Hafen an Stb. liegt eine vorgebaute, befeuerte Pier mit einer weißen Säule auf grüner Basis und grünem Kopf. Kennung: Ubr. gn. Etwas seewärts der Pier liegen Zoll und Tankstelle (mit nur 2 m Wasser). An dieser Pier machen jedoch die Fährschiffe von Sardinien kommend fest, wodurch das Feuer oft verdeckt wird. Hinter dem Feuer, hafeneinwärts, kann man – wenn Platz vorhanden – in 3 m Wasser am Kai festmachen. An der darauffolgenden, nur etwas vorgebauten Pier gibt es Trinkwasser. Die den Hafen abschließende O-Mole mit 5 m Wasser dient dem Militär- und Werftbetrieb, so daß Liegeplätze nur für den Club zur Verfügung stehen. Ein fahrbarer Kran kann benutzt werden.

Im Hafen an Bb. erstreckt sich ein langes Appartementgebäude längs eines unreinen Kais. Landein folgt ein Hotel. Am Ende des Hafens liegt am Bb.-Kai mit 5 m Wasser der Yacht-Club mit Clubräumen und selbst zweistöckigen Appartements. Bootsservice ist vorhanden, desgleichen Shipchandler und Benzin-Tankstelle. Dieselkraftstoff kann von einer Straßentankstelle am Stb.-Ende des Hafens bezogen werden.

Vorsicht: Im Hafen kann Tide von 0,5 – 1 m bestehen.

Zum Schluß eine Bitte an den Leser

Dieses Buch ist ein sachliches Buch. Es soll dem Skipper möglichst viele nautische und andere zweckdienliche Informationen geben, die für einen unbeschwerten Bootsurlaub ohne gefährliche Zwischenfälle wichtig und unerläßlich sind. Deshalb, und um das Ganze nicht unübersichtlich zu machen, mußte mit jedem Wort gegeizt werden. Das Schwergewicht liegt auf der genauen, zuverlässigen Beschreibung aller Küstenabschnitte und ihrer Gewässer auf dem jüngsten Stand (1974).

Wenn — hoffentlich recht bald — die nächste Auflage dieses Buches erscheint, wird sich manches an den beschriebenen Küsten geändert haben. Solche Veränderungen müssen laufend zusammengetragen und ausgewertet werden. Schon bei Erscheinen dieser Auflage beginnt die zeitraubende Kleinarbeit für die nächste.

Der Autor erfährt vieles, aber nicht alles. Er kann sich ständig bemühen, aber nicht überall sein. Deshalb meine besondere Bitte an Sie, lieber Leser: Wenn Sie irgendwelche Veränderungen feststellen — auch Irrtümer, die ja nie auszuschalten sind —, außerdem auch Vorschläge haben zur Erweiterung vor allem der allgemeinen Angaben, dann schreiben Sie doch bitte. Im Telegrammstil und mit ganz präzisen Angaben, vielleicht auch mit einer kleinen Handskizze. Dazu sollte die Textstelle mit Buchseite angegeben werden, damit Ihre wertvolle Unterstützung auch wirklich genau ausgewertet werden kann.

Alles interessiert, was auch Sie selbst interessiert, gleichgültig, ob es sich um Erfahrungen mit großen Yachten oder mit Kleinbooten und Schlauchbooten handelt. Mit solcher Mitarbeit aus der Praxis heraus helfen Sie mir und allen Skippern. Darf ich mit Ihnen rechnen? Ich würde mich sehr freuen.

Ihr
Eberhard Bondick

Schreiben Sie bitte an:
BUSSESCHE VERLAGSHANDLUNG
D-4900 Herford, Brüderstraße 30

Register

Alle Eintragungen erfolgten ausschließlich nach dem Hauptnamen. Namensbezeichnungen wie Sankt, Port, Ile, Cap usw. wurden nicht berücksichtigt, sondern im Register hinter den Eigennamen gestellt. Nur die französischen Kanäle wurden unter der Bezeichnung CANAL zusammengefaßt.